U0947259

China's Education
Research & Review

郑金洲　程　亮◎主编

中国教育研究新进展 2012

华东师范大学出版社

图书在版编目(CIP)数据

中国教育研究新进展. 2012/郑金洲,程亮主编. —上海:华东师范大学出版社,2014. 11
ISBN 978 - 7 - 5675 - 2734 - 8

Ⅰ. ①中… Ⅱ. ①郑…②程… Ⅲ. ①教育工作-研究-中国- 2012 Ⅳ. ①G52

中国版本图书馆 CIP 数据核字(2014)第 259905 号

中国教育研究新进展 2012

主　　编　郑金洲　程　亮
策划编辑　彭呈军
项目编辑　孙　娟
审读编辑　贾　斌
责任校对　邱红穗
装帧设计　卢晓红

出版发行　华东师范大学出版社
社　　址　上海市中山北路 3663 号　邮编 200062
网　　址　www.ecnupress.com.cn
电　　话　021 - 60821666　行政传真 021 - 62572105
客服电话　021 - 62865537　门市(邮购)电话 021 - 62869887
地　　址　上海市中山北路 3663 号华东师范大学校内先锋路口
网　　店　http://hdsdcbs.tmall.com

印 刷 者　常熟市文化印刷有限公司
开　　本　787×1092　16 开
印　　张　23.25
字　　数　427 千字
版　　次　2015 年 1 月第 1 版
印　　次　2015 年 1 月第 1 次
印　　数　1100
书　　号　ISBN 978 - 7 - 5675 - 2734 - 8/G · 7718
定　　价　48.00 元

出 版 人　王　焰

(如发现本版图书有印订质量问题,请寄回本社客服中心调换或电话 021 - 62865537 联系)

目 录

前 言

步入21世纪,“全球化”、“信息化”、“网络化”、“数字化时代”、“学习化社会”、“城市化”、“后现代”等一连串字眼,已经成为新世纪词典中的重要词汇。它们所预示的,不仅仅是社会的一些外在变化,更意味着社会转型时期所产生的一些深刻的内在变革。处于社会变革宏大场景中的教育,也必须与时俱进。

每个年度对教育所展开的研究,都或多或少地有新的课题进入研究者的视野;每个年度都会对先前一些课题的已有研究有所推进。教育研究的历程,也正是在这样年复一年的进展中向前发展着;对教育的规律性认识,也正是借助于这样年复一年的研究向前提升着。努力汇总中国教育研究每个年度的一些热点课题,努力展示中国教育研究每个年度的发展状况,努力辨察中国教育研究每个年度后续研究的态势,回溯过去,梳理现状,铺垫未来,这就是《中国教育研究新进展》(以下简称《进展》)的旨趣。

纂辑《进展》的想法由来已久。在1995年由全国教育科学规划办公室组织的“教育学学科调查”中,我们承担了“教育基本理论”学科的调查任务,调查结果最后体现在《教育基本理论之研究(1978—1995)》(福建教育出版社1996年版)中。当时,就曾设想将这样的学科调查经常化、系统化,每个年度进行一次,每次以年度进展报告的形式反映出来。由于种种原因,这一想法当时并未践行。临近新世纪,这一想法遂以2000年为开端,逐年积累相关的研究素材,为教育理论工作者和教育实践工作者提供各年度的借鉴资料。

在取材上,《进展》并不局限于教育理论研究的成果,还涉及教育实践中有关课题的研究。这是因为考虑到每个年度研究者关注的课题不一,有的年度理论性课题探讨多些,而有的年度实践性课题反映多些;并且,读者所关心的课题也各有侧重,有些读者偏重于理论性课题的把握,有些读者偏重于实践性课题的评析。何况理论性课题与实践性课题之间往往多有联系,互相印证。

既然各个课题的素材是来自过去一年中已有的研究成果,因而每个年度所汇总的课题不尽相同。有些具有一定的连续性,几年中一直成为关注的研究对象;而有些几乎是“年度课题”,这一年度关注者较多,而下一年度则问津者甚少。对前者,会在不同年度得以持续反映;而对后者,只能在出现较频繁的年度加以集锦,以后也许会成为

“历史的陈迹”。另外，由于《进展》的立意是各个课题在横向上，介绍存在的不同观点及其所持的依据，辨析观点与观点之间的差异；在纵向上，探寻研究所取得的进展，尽量理清脉络，悉心把握源流。因而，有些课题可能会涉及前些年度尤其是前一年度的研究成果，会引用一些密切相关但又非该年度的研究论、著。

努力客观叙述，审慎评说，这是《进展》纂辑过程中秉承的一个准则。按照我们的理解，年度“进展”应该反映的是研究者们过去一年里发表的研究成果，我们要做的或主要能做的是对这些研究成果进行一定的梳理，让读者明了过去一年里教育研究主要做了些什么，在哪些方面取得了进展。虽然在这样的过程中，也会掺杂一些我们的见解，如我们对课题的选择、对各个课题逻辑框架的安排和对一些研究的评说。但是，与叙述研究者们已有的成果相比而言，我们的评说是居于极次要的地位的，甚至在一定程度上是内隐的而不是外显的。

努力博采众长，合理取材，这是《进展》纂辑过程中的另一个准则。研究者们在各个年度内关注的课题会有所不同；在同一个课题上，不同的研究者往往会有不同的识见。我们力求做到不以人定题，不以人选题，从论、著的质量出发，从课题被关注的程度出发，努力客观地确定入选课题以及与课题相关的研究论、著。因而，在《进展》中，您既可以看到一些知名研究者对相关课题的研究成果，也可以看到一些名尚未见“经传”的研究者睿智的见解。

努力梳繁理纷，连缀篇章，这是《进展》纂辑过程中的又一个准则。每年我国出版的教育类著作成千，发表的教育研究论文上万，如何甄别材料，再将这些材料加以整合？纂辑的过程就是我们学习的过程。在经过集思广益、粗定课题“总目”初稿的前提下，我们采用了如下工作步骤：①查检索引和收集其他有关的论、著目录；②按图索骥，悉心查找相应的报刊和书籍；③分门别类摘要记录论、著的主要观点；④在进一步确定各个课题框架结构的同时，把摘要加以汇总分析，整合进框架结构之中，这样一个过程，实际上也是纂辑者较全面地学习、了解与掌握该课题的过程；⑤确定各个课题序列，形成“总目”；⑥各个课题纂辑的初稿，在统稿中都作了少则两三次，甚至更多次的修改与调整。

《进展》是一本资料书，是着眼于“工具”的角度来考虑书的篇章结构的。为了便于参阅和使用，每个课题前附有目录，每个课题后附有论、著索引，用文中夹注反映引用研究成果的出处。在夹注中，成果论点出自期刊的，注出作者与刊出期号；出自报纸的，注出作者与刊载日期；出自著作的，注出作者、页码与出版年份。我们期望通过《进展》，理论工作者能够明了自身研究的一定的基础与价值，实践工作者能够知晓教育研究的一定的概况，使理论研究与实践工作的定位清一些、韬略明一些。

纂辑中的缺点、错误，敬请读者批评。

瞿葆奎　郑金洲　程　亮

2012 年 10 月

一、教育学的理论研究

目录

教育学的学科性问题一直是我国教育研究者所关注的重要议题，2012 年论者们对教育学的性质与地位等老话题继续给予了积极的关注，对时下教育学发展困境以及理论建设的路径进行了广泛的分析，同时也对教育理论与实践关系展开了深入的探索。

（一）教育学的学科性

1. 教育学的学科定位

有论者认为，教育学应该有自己的归属，有它的独特地位，应当属于人文科学，而且是经典的、正式的人文科学学科。把关于教育及其相关的学问归结为社会科学，表现了社会本位的强势。社会本位的强势严重影响中国的教育，教育方针强调的“面向”、“服务”使教育处于从属或附属的地位，这些提法没有服务人，没有面向人的发展。教育是因人而生，因人而长的，并因此去影响社会。同时，也不能因教育成为一种社会活动就说教育学属于社会科学。因为社会是由人派生出来的，把派生出来的社会视为一种本位是一种颠倒，社会本位的实质其实是一种特殊的人本位，这种社会本位只代表极少数人。社会应当适应人的需要，由人改造社会、变革社会，社会的发展也是为人的生活服务的。因此，教育学应当属于人文学科，把教育学归为综合学科是一种无奈的选择，无助于人们去分析不同学科的属性，甚至会造成混淆。〔张楚廷，2012(6)〕

但也有论者提出，教育学作为一门综合学科比较适宜，也更有利于教育学的发展。首先，从历史上看，教育学产生之初是作为一门艺术，这个时候把教育学归为人文科学并无不可。然而，工业革命之后，教育学的含义就发生了变化，逐渐演变为一种教育科学，这种趋势一直持续到 20 世纪中叶以后。就目前而言，受自然科学研究范式影响的科学教育学与以实践效果为追求目标的实践教育学在教育学的研究思路中仍然居于主导地位，由此可以看出，教育学的属性是复杂的，既非单纯的人文科学，也非单纯的社会科学，它还有许多无法归入人文科学或社会科学的属性。其次，教育学归属于人学也并非就是教育学归属于人文科学的充分条件。因为所有的社会科学都可以归结为人学，其出发点都是为了人，都是为了满足人的发展需要。同时，在人文学科中很难出现精确的、具体的概念,一般都是比较抽象的、模糊的概念,而教育学的研究对象教与学的行为显然是可观察的,也是有一定规律可循的。这一属性就使教育学必然要保留很强的社会科学属性。由上可以发现,教育学无法直接归入人文科学或社会科学,因为它确实具有双重属性,虽然把教育学说成人文学科自有其道理,但就此把教育学归属于人文科学则有矫枉过正之嫌。〔王洪才,2012(4)〕

2. 教育学的学科维度

有论者认为,单一的科学维度不足以完整地表述教育学的真实性质,教育学除了科学维度之外,还有玄学维度。玄学以内省、诠释的方式对内在世界进行领会,它回答的是科学无法涉及的有关人的精神、心灵的问题。教育最终要实现的是心、性的转化和提升,要达成内在领悟、道德智慧、默观洞见、诠释知识、内省感知、美感表现,这些方面不能完全靠科学化的路径,而是要从“玄”门进入。教育的玄学与科学研究的区别主要在于:①研究对象不同,玄学的研究对象是内在的主观世界,而科学的研究对象是客观世界,是有数、量、形的外在的事物。教育的研究对象是心灵的一种表现或反映,与自然科学的对象相比不具有实在性。②研究问题的不同,科学的研究方式以问题为中心,而教育上的问题具有个体特殊性与复演性,因此教育研究的方式要超越“解决问题”的心态。③研究程序的不同,科学常将对象加以拆分,而玄学则将对象作为一个整体来把握。教育上只能通过对人内心的探知,以达到一种整体的效果。在教育环境下运行的是从我们平静内心深处涌现的认知,完全依据自己内在的感觉行动,在行动之中领悟。④研究方式的不同,玄学是活动的,是变化的,它永远是现在进行时,教育实践的对象是人,人的生命系统不只是部件的组合,因此教育研究的活动方式不能采取“分析—还原”的方法。当前,在世界范围内,教育学研究已经出现一种由重视知识与技能的掌握向重视心灵发展、内在认知、内在领悟的玄学转向,主要表现在重视内心觉知的价值、教育进路上注重内求、倡导感悟的学习方法三个方面。〔谭维智,2012(5)〕

3. 教育学的学科品性

有论者认为,学科品性是一门学科在发展过程中表现出的稳定的综合特征,是学科完整性、独立性的重要体现。教育学的学科品性是教育学在研究对象与方法、学科命脉与追求等方面表现出的稳定的综合特征,具体表现为生命品性、实践品性、历史品性与境界品性。生命品性是教育学的学科立场,这不仅表现在生命就是教育学的根本性和前提性概念,而且还表现在人的内在本性和发展本性需要教育学,以促进“生命自觉”为己任的教育实践同样需要能与此密切相关的教育学。实践品性是教育学的研究范式，教育学的实践品性是指教育学从来不是超然于教育现实之外的玄思和遐想，而是教育思想中所把握到的教育实践。其实践品性有其特殊之处，它是一种以主动介入人的生命成长和发展为主旨的实践活动，是从单纯对生命的理性探讨，转化为培育生命、生成生命，是对生命的再创造，即在此过程中按照教育目的的引导使受教育者生成包括知识、技能、情感、态度、价值观等在内的与生命相关的一切内在因素。因此，教育实践本身就是具有生命生成性和创造性的实践。历史品性是教育学的学科命脉，这种历史品性来自于对教育学知识脉络及其背后所蕴含的文化精神的持续探寻与积极肯定，来自对教育学生命品性和实践品性的积极肯定。古往今来任何教育学说的理论力量，都在于其深厚的历史品性。教育学历史品性的独特性在于它告诉人们离开古今中外教育家所提供的教育学“文本”，仅凭个人的“体悟”或“思辨”去冥思苦想，是不可能形成通晓教育思想的历史与成就的理论命脉的。境界品性是教育学的学科追求。教育学是一门对教育问题寻根究底、追本溯源的学问。这种永无止境的求索，构成了教育学博大的境界品性。教育学的境界品性，首先是由教育学的反思性所决定的，并突出地表现为教育学的反思过程。同时，它又是由教育学理论的批判性所决定的，教育实践的现状总有许多不尽如人意之处，教育学研究者力图把教育实践变成更加理想的现实。任何类型或派别的教育学说与实践都在一定领域和程度展现了上述四重品性。〔赵鑫，2012(9)〕

4. 教育学的学科合法性

有论者认为，由于缺乏规范和认同，教育学无论是作为学科还是学位类别都处境尴尬，陷入了合法性危机。学科合法性建立在相对独立的知识体系之上，要求学科有明确的研究对象和独到的研究方法，体现自身的独立性和独特性。教育学的合法性相对脆弱的原因主要有三个方面，其一是教育学研究对象的极端复杂性。教育作为形成人和培养人的一种实践活动，以人为活动的对象，以促进人的发展为目的，这就使教育活动显得十分生动和复杂，也使得教育学这门研究人的教育活动的学问难以进行规范，难以获得共识性的知识。其二是教育学相对薄弱乃至矛盾的学科发展基础。教育学缺少学术独立性，缺乏知识原创性，学术创新成为直接影响教育学科学术发展的最大瓶颈。教育学学术规范意识淡薄，学术批评和争鸣不够，教育学学术规范正在建设之中，不能为教育学创新提供外在的制度保障，也难以跟其他人文社会科学进行接轨和对话。其三是教育学在实践中的效用较差。现实中，教育学研究问题意识缺乏，教育决策影响力低下，不能对完善教育实践，促进教师教书育人能力的提高提供可以利用的资源，使得教育学不仅不能成为一门育人指导课，有时反而成为助纣为虐的害人学问。同时教育学以其自身发展对学科合法性作了回应。首先，教育学是学术性的，是有学术标准的；其次，教育学正在经历着深刻的变革，正在为建立一种基于学科专业内的自我认同和学科外人群的社会重视的学科承认而积极做出努力；再者，教育学是科学性的，教育学的研究方法及其反映的教育规律是科学的。教育学应坚持学术标准，走科学道路，在不断的变革中追求合法性地位。〔杨建忠，2012(34)〕

（二）教育学的发展困境与建设路径

1. 教育学的发展困境

(1) 教育学的理论退化

有论者认为，在教育实践的“围剿”下，教育理论陷入了“退化”的态势。这种理论“退化”的态势主要表现为教育学的形态退化、逻辑退化和功能退化。在形态退化方面，从与教育实践间保持“必要张力”与适度间距的理论教育学到走进教育实践，服务教育实践，扎根教育实践的实践教育学，再到基于教师的立场考虑教育问题的教师教育学，构成了教育理论形态退化的三个台阶，勾画出了教育学“沦落”的大致轨迹。逻辑退化方面，教育学逻辑正走在“理论逻辑—实践逻辑—情景逻辑”的退化行程中，教育学的理论逻辑节节败退，难敌来自教育实践的反击和责难。功能退化则主要表现在教育学理论参与实践的方式不断变化，从教育理论功能的无限至上，主宰教育实践到理论无用论变得流行，向教育实践妥协再到教育理论成为“教师辅佐者”。在研究者的实践立场推动下，教育学变得十分谦虚。这种谦虚理论姿态的出现并不意味着教育学的进化，而是意味着它正被教育生活世界边缘化，正在走上一条“自失”的不归之路。教育理论的危机时代悄然临近，其源头就在于其自身本性的迷失，在于它在与教育实践的纠缠中放弃了理论应有的尊严与自信。应对教育理论的生存危机，摆正教育理论的地位，重拾教育学者的理论信念，成为当代教育理论崛起的现实选择。〔龙宝新，2012(2)〕

也有论者认为，教育理论内在隐含着实践指向和为实践提供方法论启示的可能，但由于受到诸多因素的制约，导致了教育理论实践指向的缺失。教育理论工作者自身目中无人、心中无情、胸中无境的“三无”状态是导致教育理论实践指向缺失的重要原因。在教育理论研究方面，许多教育理论研究者常常处于一种“目中无人”的工作状态，研究活动往往只指向理论成果，而对教育实践的现实问题较少关注。在教育理论呈现方面，许多教育理论工作者把教育理论的呈现视为自我陶醉的文字游戏，较少考虑教育实践者特别是从事中小学教育教学一线工作者的接受水平，一方面充塞大量从译著里引出的晦涩难懂的理论概念，另一方面又布满云里雾里的考据，忽视了情感的表达。在教育理论教学方面，教育理论者的语言表达往往离开一定的背景和情境，难以获得表达者真实的见解和主张，往往出现曲解或误解的情况。这种"三无"状态不但局限了教育理论工作者的视野，使教育理论的学习和接受无法激起学习者作为学生和教师的体验，同时也无法引导教育实践者从不同学科的角度来理解和诠释教育历程中许多相关因素，以及从不同视角和思路去检视、解释教育实践中各种价值取向来发展他们自己的教育价值观，发展他们在寻求教育问题解决时形成政策制订的观点和能力，发展他们根据不同对象去确定教育目标、选择和开发课程资源的能力。教育理论工作者必须正视这一现象，认真考量教育理论研究、呈现、教学等工作与教育理论所折射出的体验性、思辨性和拓展性特点的联系。〔范远波，2012(9)〕

(2) 教育学的知识困境

有论者认为，教育学知识存在三大问题或困境：教育学知识的性质及其确立问题，认识机制问题和知识的效用问题，即教育学知识的真理困境、方法论困境和价值困境。首先，教育学知识的性质及其确立问题，不管是主张主体观念与客体对象相对应的"符合论"、主张融入信念系统后保持逻辑一致性的"融贯论"还是主张知识是否为真在根本上取决于它的"效用"的"效用论"都始终没有放弃理性生活，从而遮蔽了伦理道德与丰富的情感世界。而教育却是理性与情感的融合，毕竟人的教养不在于有知识、有智慧，而在于有道德良心。在这个意义上，教育学知识的确立可能还不在于"真"，更多的在于"德"。这就使教育学陷入真理困境之中，一种同时蕴含道德品质和真理品质的"整体知识论"也许更适合用于确立教育学知识。其次，在方法论层面，教育学知识产生的内在过程，不管是哲学的、科学的还是艺术的方法，都面临着共同的困境，即来自二元对立思维模式的桎梏，造成了认识论立场的两难境地。这种困境集中体现在事实与价值、还原与整体、量化与质性的二元之争上。而对于复杂多样的教育研究来说，更加需要倡导的是方法的多元主义。再次，教育学知识的存在与否在根本上取决于其效用的大小，而教育学知识与不同的教育实践存在着复杂而丰富的关系，教育学知识(研究层面的)无法直接指导实践。〔童想文，2012(8)〕

(3) 教育学的文化困境

有论者认为,在教育学中国化的过程中存在的两种文化态度给教育理论中国化造成了不同的文化困境。其中,第一种文化态度是以学习先进为价值取向的激进态度,是指中国教育学人以先进为最大价值取向,采用新旧对立的思维方式对国内外教育理论进行评价和处置的倾向。这种态度具体表现为热切移植、学习西方近现代"先进"教育理论和经验,把中国传统文化和教育传统当成中国教育发展的最大障碍进行批判乃至弃绝。这种激进态度是近代以来教育理论中国化的一个基调,在 20 世纪的大部分时间里呈现为这种状态。第二种文化态度是以注重继承传统为价值取向的发展态度,是指中国教育学人以发展本国特色教育理论为价值取向,采用新旧互济的思维方式对国内外教育理论进行评价与处置的倾向。这种态度具体表现为关注教育理论的特殊性,主张教育理论中国化需要以中国教育传统和传统文化作为基础。第一种文化态度主要面临三大挑战:首先,它造成了中国教育学人学术生活与日常生活一定程度的分裂;其次,它造成国人对域外教育理论的盲目尊崇。由于对域外教育理论理解的临时性和情境性,出了专门进行研究工作的"象牙塔",回到中国活生生的现实,便会感到迷茫、困惑,而所持的向先进教育理论积极学习的文化态度又决定了必然会现出一种以理论裁剪实践的局面;再次,它造成中国教育研究原创精神和原创能力的缺乏,制约了真正属于自己的教育理论的创生。第二种文化态度则更加任重道远,面临更大的文化困境。首先,这种文化态度面临着如何破旧立新的问题,由于不能在传统中发现足可与先进教育理论媲美的不一样的东西,教育学人只能在西方教育理论的框架里徘徊;其次,由于受此前所秉持价值取向的影响,教育理论中国化价值取向发生转变以后,现在研究传统文化反而出现了困境。古文阅读基础较差的现实使得研究者与传统文化的交流只能是间接的,这显然不利于他们对传统文化和教育传统做深入的研究,不利于传统文化的有效传承。〔和学新等,2012(8)〕

2. 教育学的理论建设

(1) 学科立场

有论者认为,探索讨论教育学的学科立场是继教育学的逻辑起点和学科性质之后的探索教育学学科独立,走出教育学危机的另一条思路。教育学学科立场包含四个维度:学科假设观、学科对象观、学科知识观和学科价值观。教育学的学科假设,即人有受教育的需要并具有可塑性,这一基本假设贯穿于教育学理论构建的历史过程之中。教育学的研究对象是"教育现象",确定教育现象要依据"教育目的—手段"一体性的规范性框架。教育学知识是关于促进人的成长的知识，具有综合转化性。个人的教育性成长则构成了教育学的基本价值追求。〔李云星，2012(11)〕

教育学学科立场的基本结构

基本结构	学科假设观	人是教育的存在，并具有“可塑性”；
	学科对象观	1. 教育学的实质研究现象是“教育现象”； 2. 确定教育现象的形式是“教育目的—手段”一体性关系（教育研究的视角）；
	学科知识观	1. 教育学知识的特性（综合转化）； 2. 教育学知识的目的是改善教育实践，促进人的发展；
	学科价值观	人的教育（人的成长）是教育学的核心价值和重要追求。

也有论者认为，教育学应坚持“三维一体”的立场，即从三个维度来分析教育学的立场：①教育学立场的“原点·基础”：人之生存与发展。这是针对当前我国教育中对人（学生）发展的漠视而提出的。研究和思考教育学问题，必须以人学理论作为基础。只有以人学作为教育学研究的基础，才能真正重视和解决人面临的生存与发展问题，才能克服教育中“见物不见人”的“物化教育”的弊端，真正解决学生的生存与发展问题。②教育学立场的“指向·目的”：具体生命与自觉。“生命自觉”是人的精神世界的能量可以达到的一种高级水平，只有自觉的人才能对自己的发展有自觉意识，才能明确自己发展的需要和目标，并结合外界条件和自身状况对未来发展做出判断和决策，进而自觉掌握自己的命运。教育学是一门关注人、研究人、造就人，使人追求“生命自觉”、学会“生命自觉”、成就“生命自觉”的学问，它以培养学生积极、能动、成功的发展，学会自我养成与自律，学会“生命自觉”为己任。③教育学立场的“方式·方法”：生命实践与律动。从一定意义上说，实践是人之生命的本质所在，离开实践，人之生命就失去存在的方式。实践能够唤醒人的自然潜力，为人的智力和体力发展提供舞台，也是将科学文化知识转化为技能技巧的土壤。“律动”就是行动，就是“做”，“践行”是体现教育学立场的最好方法。这三个方面紧密相连，相互支撑，三维一体，缺一不可。这种生命实践与律动之学的立场强调教育者要做到：要有积极的“人性善思”，即“心中要有人性的善”；要有鲜活的“生命之感”，即“眼中要有鲜活的生命”；要有律动的“实践之行”，即“行中要闪现律动与个性”。〔王北生，2012(1)〕

(2) 价值取向

有论者认为，教育理论建构应秉持教育的生命价值取向，这是因为人的生命只有有了价值才富有意义，人是为价值而存在的，并不是为了存在而活着。关注人的生存环境、生存质量和生命理想是教育理论创生与发展的主旋律，影响着人的存在意义。关注生命价值的教育理论就是要注重研究现实生活中学生的生命存在方式，使教育理论不再是眼中没有学生的抽象空洞的话语体系。教育理论要从现实生活中学生的积极性、主动性、创造性、灵动性、开放性出发，关注现实生活中学生生命的动态发展，不断满足学生生命个体的发展需要，培养学生对生命的理解与尊重，建立起多维度、多层次的生命教育理念，将尊重生命落到实处。中国教育研究者不仅要继承传统精神价值的精华，还要弘扬现代精神价值的精粹，更要汲取西方现代精神价值的精髓，在人类共有的精神财富基础上创造出新的精神价值，使教育理论的生命价值大放光彩。〔杜复平，2012(10)〕

(3) 表达方式

有论者认为，教育研究势必伴随着特定的理论表达方式，教育研究的成果必须通过相应的表达方式传递给读者，才有可能为教育理论史或改进教育实践做出贡献。从西方教育研究史来看，教育研究有文学性与科学性两种基本的表达方式。当下，由于科学性表达过于追求理性思辨或实证说明，忽视了人的个体生活体验，日益受到一些研究者的怀疑，使教育研究出现了一种以叙事研究为代表的文学性表达倾向。这种倾向的兴起，与基于思辨和精确量化的科学表达的困境有关，因为它试图挣脱教育学的概念框架与理论谱系的束缚，直接把教育研究指向教育活动的现场与个体的切身体验。教育研究的表达方式，不仅是研究者处理话语方式与文体形式的表层次问题，也是一个涉及方法论选择的深层次问题。无论是科学性表达，还是文学性表达，思维与语言习惯都会限制人们的视野，而人类生活经验中的许多意义也确实会被一些习以为常的理论及其表达方式所遮蔽，教育经验的意义同样也是如此。因此，表达方式作为教育研究方法论的外在形式，研究者不宜过于强求，甚至让它的重要性超越研究的过程与内容本身。〔熊和平，2012(4)〕

(4) 理论吸收

① 人类学研究范式。有论者认为，人类学的研究范式对于研究与解决今日中国教育的难题有着诸多的启示。首先，人类学对文化价值立场的坚守为教育研究提供了新的审视角度；人类学对文化的研究结论提示人的教育的独特性；人类学的文化视角帮助教育研究者看到当前中国教育核心问题的解决途径。其次，人类学研究坚持的独特的田野考察法启示教育研究要深入人的发展的立体及细微层面；教育研究要深入教

育实际，尽力展示最真实而鲜活的教育现实；田野考察法强调的自下而上的理论构建形式有利于发展中国教育学的本土理论。第三，人类学的他者言说系统对中国教育研究的启示为：他者的眼光有利于对教育公平的研究与实践；在教育研究中要观照体系内部生命体内在的需求；在教育研究中要站在第三方审视教育问题。〔李姗泽，2012(12)〕

② 行动者网络理论。有论者认为，教育研究一直以来都被框定在人、教育和社会的三维空间中，可见的(visible)物质世界却难觅踪影。奠基于事物为本哲学的行动者网络理论在过去的三十年间被广泛应用于社会科学领域，并为以非还原论实质观为核心的关系本体论、以认识论同等效力原理为旨趣的政治认识论、以"行动者网络"为基础的社会科学方法论的形成与开创创造了条件。然而，这种理论在教育研究中的运用并不十分充分。作为一种新的认识论视角和复杂对象的理论分析方法，行动者网络理论深切教育研究之根，打破已有的还原论怪圈，推动教育研究走向丰富多彩的实践世界；它立足教育研究之本，重构已有的教育学基本概念，为教育研究重新勾勒出新的架构；它冲破坚固的人与社会中心化牢笼，拓展新的研究领域，开辟了教育研究的一片新领地；它走进教育的真实场景，跟随行动者的步伐，重组教育。〔左璜等，2012(4)〕

③ 知识社会学方法。有论者认为，自20世纪90年代始，我国引入知识社会学理论，有关知识的形成与传递社会文化因素的分析成为当前我国教育研究的一大潮流。在当前的教育研究中，知识社会学的运用可分为两种路径：其一是对教育理论与教育政策演变的知识社会学分析；其二是对知识演化与控制的知识社会学分析。知识的社会建构论逐渐成为知识社会学的主流方法论，它指出了知识的生产和传递既是个人习得的结果，也受到社会因素的影响，即教育中的知识是由社会建构的。因此，在我国当前教育理论本土化建构的过程中，要从知识社会学的角度得出有益的结论，必须将教育学知识的研究置于社会运行的环境中进行考察，分析各种社会因素特别是权力关系对教育学知识演变所产生的影响，即弄清教育学知识的生产机制，如此方能为构建本土化教育理论提供指导，进而为教育改革指明方向。〔姜亚洲，2012(22)〕

(5) 理论转化

有论者认为，现代教育学理论的发展，需要建立明确的理论转化的方法论意识。然而，自"科学教育学"建立以来，尤其是在教育科学分支学科蓬勃发展的过程中，不少学者似乎更多的是在直接借用其他学科的"研究方法"的意义上研究教育问题，对于这种方法在研究教育问题中的局限缺乏应有的关注。其他学科方法必须"转化"为教育学科的研究方法主要有三方面的原因，分别是教育研究"缺"方法论、其他学科方法论

"不适用"或者"不能直接适用"于教育学科研究、教育研究想有"自己的"方法论。此外,教育研究与相关学科发生方法论转化的前提是必须把自然学科中的"数据"、人文学科中的"个体"和社会学科中的"群体"转变为"教育中的数据"、"教育中的个体"和"教育中的群体"。其中,"学习者的个体经验包"是确保这些数据、个体和群体的教育本质的关键。〔王占魁,2012(8)〕

(三)教育理论与实践的关系

1. 教育理论与实践的应然关系

有论者认为,以往的研究把教育理论与实践的关系问题看作是一个认识论的问题,关于教育理论与实践关系的研究主要是以静观的理论分析为思路,如逻辑分析、理论分层和哲学演绎。伴随人们对这一问题的深入思考和基础教育改革实践的不断推进,关于二者关系的新认识也得以形成。教育理论和实践的关系问题也由学者分析的理论问题变为如何将教育理论和实践相联系、相转化的问题。换言之,就是理论分析取向转换成实践创生取向。这种实践创生的取向把教育理论和实践的主体关系问题看作是二者关系的核心;二者关系的问题不仅是"理论"问题,更是"实践"问题,不仅是哲学、逻辑学问题,更是教育学问题;教育理论与实践的关系是"多元"而非"一元"的、"具体"而非"抽象"的、"生成"而非"静止"的。从方法论层面来看,要获得关于二者关系的新的整体性认识,实现从理论分析到实践创生的转换意味着前提预设、分析单位、思维方式和学科立场的转换。强调实践创生取向的研究,也并不是要完全否定理论分析取向研究的价值和意义,而是说每个研究者都应该以自己习惯、擅长的方式为中国教育实践的变革做出属于自己的贡献。〔李云星,2012(9)〕

也有论者认为,教育理论与教育实践之间存在着一种以共存、共生为特征的"互涉"与"互摄"关系。其中,"互涉"意指教育理论与教育实践相互蕴含、相互缠绕、联体存在的共存关系;"互摄"意指教育理论与教育实践相互催生、双向运动、彼此摄入的共生关系。教育实践蕴含教育理论,摄入教育理论;教育理论则兼容教育实践,向教育实践投射。只有涉及、摄入教育理念的"教育行为"、"教育工作"、"教育活动"才堪称教育实践,实践依存性、向实践性决定了教育理论关涉教育实践、向教育实践投射的宿命。教育理论与教育实践的互涉表现为彼此间自然调适、自然配置、自然选择的关系,合理的互摄发生在教育理论与教育实践的边缘。相互适应、自然配置、边缘摄入是教育理

论与教育实践实现“互涉”与“互摄”的科学方式。〔龙宝新,2012(9)〕

还有论者从知识转型的视角对教育理论与实践的关系进行了重新解读。论者认为以往的教育理论与实践的关系存在诸多问题。①建立在先验假设的基础之上。研究者在探讨教育理论与实践的关系时往往都有一个先验假设,或者是站在理论与实践应然统一的立场,或者是站在理论优先或实践优先的角度,无论站在哪种先验立场所得出的结论都难免欠客观。这种思维其实暗含着一种理论的优势权力,看似站在实践优先的立场,实则认为赋予理论高于实践的权力。②对教育理论的特殊性关注不够。教育理论有着自身的特殊性,应从教育理论本身的特殊性去思考教育理论与教育实践的关系,而不能仅仅从作为普遍的理论本身去研究二者的关系。③对教育实践缺乏认识。忽视对教育实践本身的认识,不了解教育实践运作的逻辑,一厢情愿地通过理论来解决并不熟悉的实践问题,最后只能导致失败的结局。④对理论和实践背后的作为主体的“人”缺乏认识。教育中理论与实践关联的性质,从本质上看是人的认识与实践的关系问题,都与作为认识主体和实践主体的人相关。所以,人们应该把研究的重心集中到更为根本的主体身上。在后现代知识型关照下,教育学理论首先应放弃以往的权力,理论没有了绝对高于实践的权力,也就不存在高于实践主体的所谓的教育专家。放弃理论的权力,意味着作为教育学者的我们应从观念上重新认识教育实践,接受分工,接受作为理论主体应承担的理论使命——尊重实践,参与实践,引导实践,超越实践。〔申卫革,2012(10)〕

2. 教育理论走向教育实践的路径探索

① 以真实的教育问题为基点。有论者认为,教育理论与教育实践关联的基点在于真实的教育问题,这是重构理论与实践互动关系的新视角。教育理论源自教育实践中的问题,教育问题意识的弱化是我国教育理论贫困的深层原因,教育理论的贫困加深了理论与实践之间的鸿沟。重建理论与实践的合理关系,不仅需要建构基于教育问题的研究共同体,理论人与实践人定位好自身的角色,意识到自身的优势与劣势,通过对话与反思探究教育问题的解决,并创生出新的理论,而且要求教育研究共同体进入教育场景发现和思考本土教育问题。教育理论工作者回归实践是要在丰富的教育实践中去寻找研究的问题,建构理论,去判断理论的价值,探问教育的意义,实现教育活动的创新和个人的自我发展。〔刘德华等,2012(9)〕

② 以“实践逻辑”为中介。有论者认为,在教育科学研究中,理论逻辑的特性限制着理论对实践的把握,使得将实践活动纳入“理论话语”时面临着可能“失真”的危险。

而布迪厄在社会学研究中提出了“实践逻辑”并将其视为连接理论与实践的中介，对于教育研究具有方法论的意义。“实践逻辑”是在实践者与环境相互作用的历史活动中“生成”的逻辑，它不是对实践活动“应该怎样”的规范，而是对实践活动“何以如此”的解释。概念思维的特性和现有的话语方式限制着理论逻辑对实践的把握，形成了理论与实践之间的鸿沟。而实践逻辑的特有方式正是试图拉近这两者之间的距离。只有深入了解教育实践，摆脱“经院认识论”的羁绊，考察纯粹认识论赖以成立的社会历史条件，坚持历史与逻辑的统一，才有可能在理论上重建各种具体教育活动的实践逻辑，并且在接受实践检验的过程中修订和完善理论。〔冯向东，2012(2)〕

③ 强化教育学的技术方面。有论者认为必须通过调整思路，强化教育学的技术方面的因素，甚至向指南或手册方向发展，才能增强教育学实效性，强化教育学学科的学术地位。这主要有三个方面的要求，首先应把教育学强化为一种可操作的技术与方法，这不仅是现实的需要，也是一种策略上的自下而上的技术进路。其次，应该完成教育学的知识积累，在整理教育学“实践理性”和“技艺”方面的知识上做出更大努力，并为缄默知识腾出空间。同时，把教育学的知识谱系化。第三，教育学应能作出规范性的或规则性的要求，把这些规则性要求转化为操作性指令，引领实践进步。〔庞守兴，2012(9)〕

■ 论、著索引

一、论文部分

〔说明：同一期号期刊按刊名的拼音字母排序〕

王北生：《教育学立场的多维度分析》，载《教育科学》(辽宁师范大学)，2012(1)。

刘铁芳：《返回生活世界教育学：教育何以面对个体生命成长的复杂性》，载《教育研究》(北京)，2012(1)。

李西顺：《区分“教育学”与“教育科学”的必要性》，载《首都师范大学学报》(社会科学版)，2012(1)。

杜尚荣、李　森：《教育学学科发展新论——兼论我国教育学学科未来走向预设》，载《现代教育管理》(沈阳)，2012(1)。

吴　华：《“彻底的”教育学的三重构建：价值观、方法论与实践性》，载《现代教育管理》(沈阳)，2012(1)。

冯向东：《教育科学的理论与实践逻辑——关于布迪厄“实践逻辑”的方法论意蕴》，载《高等教育研究》(华中科技大学)，2012(2)。

龙宝新：《论教育理论的退化与应对》，载《华东师范大学学报》(教育科学版)，2012(2)。

田友谊、盛　茜、张　书、张素雅:《教育学一级学科建设:问题与建议》,载《高教发展与评估》(武汉),2012(3)。

孙金鑫,王晓玲:《关于教育研究方式转变的思考》,载《教育科学研究》(北京),2012(3)。

陈廷柱:《二维象限分析法及其在教育研究中的应用》,载《教育研究与实验》(华中师范大学),2012(3)。

肖凤翔:《教育科学理论的生成逻辑——理论与实践相结合的教育研究方法论原则》,载《社会科学战线》(长春),2012(3)。

荣司平:《不事教育的教育学——论现代教育学的使命》,载《四川师范大学学报》(社会科学版),2012(3)。

侯怀银、辛　萌:《论马克思主义教育学传统》,载《西北师大学报》(社会科学版),2012(3)。

刘旭东、吴银银:《超越理性主义:实践的教育理论的发展路径》,载《西北师大学报》(社会科学版),2012(3)。

赵宗孝:《30 年来教育研究中的意识形态问题》,载《西北师大学报》(社会科学版),2012(3)。

左　璜、黄甫全:《行动者网络理论:教育研究的新视界》,载《教育发展研究》(上海),2012(4)。

王洪才:《教育学:人文科学抑或社会科学?——兼与张楚廷先生商榷》,载《教育研究》(北京),2012(4)。

熊和平:《教育研究的表达方式》,载《教育研究》(北京),2012(4)。

魏宏聚:《论教育学概念的精确性及表达建议——以“教育实践”在日常语用中的问题为例》,载《教育研究与实验》(华中师范大学),2012(4)。

孙金鑫:《教育研究改进:教育发展方式转变的理论保障》,载《教育发展研究》(上海),2012(5)。

谭维智:《教育学的玄学之维》,载《教育研究》(北京),2012(5)。

张楚廷:《关于教育学的属性问题》,载《现代大学教育》(中南大学),2012(6)。

王道俊:《把活动概念引入教育学》,载《课程·教材·教法》(北京),2012(7)。

和学新、田尊道:《教育理论中国化的文化困境与出路》,载《高等教育研究》(华中科技大学),2012(8)。

童想文:《再论教育学的困境与出路:知识学的视角》,载《教育发展研究》(上海),2012(8)。

王占魁:《略论教育研究与相关学科方法论的转化》,载《南京社会科学》,2012(8)。

范远波:《论教育理论实践指向的缺失》,载《教育发展研究》(上海),2012(9)。

李云星:《从理论分析到实践创生:教育理论与实践关系的中国经验》,载《教育发展研究》(上海),2012(9)。

刘德华、付　荣:《教育理论与教育实践关联之基点》,载《教育发展研究》(上海),2012(9)。

庞守兴:《从“学”到“术”:教育学理论的实践转向》,载《教育发展研究》(上海),2012(9)。

严从根:《中国教育研究应向何处去》,载《教育发展研究》(上海),2012(9)。

龙宝新:《“互涉”与“互摄”:教育理论与教育实践关系的时代解读》,载《教育研究》(北京),2012(9)。

赵　鑫:《论教育学的学科品性》,载《现代教育管理》(沈阳),2012(9)。

杜复平:《教育理论建构的价值取向》,载《教学与管理》(太原),2012(10)。
冯铁山:《走向实践:教育学本体的回归与价值确认》,载《教育理论与实践》(太原),2012(10)。
申卫革:《知识转型视角下教育理论与实践关系的重新解读》,载《教育学术月刊》(南昌),2012(10)。
李云星:《论教育学学科立场的基本结构》,载《教育学术月刊》(南昌),2012(11)。
宋鹏云:《教育学与儒家思想的统合性构筑——基于文化哲学视角的阐释》,载《求索》(长沙),2012(11)。
李姗泽:《论人类学研究范式对中国教育研究的启示》,载《教育研究》(北京),2012(12)。
刘　波,刘泽环:《从教育研究的基本问题论前沿问题》,载《教育理论与实践》(太原),2012(13)。
胡军良:《当代中国教育学研究方法论的哲学反思》,载《教育理论与实践》(太原),2012(19)。
姜亚洲:《探索教育理论本土化的途径——论知识社会学方法在教育研究中的应用》,载《教育理论与实践》(太原),2012(22)。
杨建忠:《教育学学科合法性的探讨》,载《教育理论与实践》(太原),2012(34)。

二、著作部分

〔说明:按出版社名的拼音字母排序〕

冯文全:《现代教育学》,北京师范大学出版社,2012。
郝文武:《教育学原理》,北京师范大学出版社,2012。
顾明远:《教育学》,福建教育出版社,2012。
杨超有:《教育学》,广西师范大学出版社,2012。
项建英:《近代中国大学教育学科研究》,华东师范大学出版社,2012。
陈桂生:《教育学苦旅》,华东师范大学出版社,2012。
詹　瑜:《教育学》,中国人民大学出版社,2012。
吴黛舒:《生成中的中国教育学研究》,中国社会科学出版社,2012。

二、教育综合改革

目录

改革开放以来,我国实践层面的教育改革已持续了三十多年,取得了一定成绩。特别是2010年颁布的《国家中长期教育改革和发展规划纲要(2010—2020年)》,进一步全面推进与深化了学校教育改革,也标志着我国教育改革进入新的阶段。从研究的角度看,教育改革也一直受到许多论者的关注,如教育均衡化发展、学校体制改革等问题长期以来都是研究的重要内容。2012年,论者们对教育改革呈现的特点、区域教育综合改革、学业质量绿色指标评价改革和生本教育等热点问题展开了讨论。

(一) 当前我国教育改革概述

1. 我国教育改革的基本形态

教育改革的形态,追问的是教育改革的类型或性质。根据成员身份不同以及在改革目的、性质、内容、方法、策略等方面的差异,可以将推动我国基础教育改革的基本形态划分为“政策规划型”、“理论建构型”、“实践突破型”三种类型。

① 政策规划型——主要是由政府作为主体推进的教育改革,通过发布行政命令或相关政策、文件,并制订具体方案来强制执行的改革方式,代表的是国家意志和大众利益。这类主体是基础教育重大改革方案的设计者,而且发起的大多为综合性改革,组织实施时特别强调自上而下、统一行动、整体推进,也有论者将这类教育改革称作“政府推动模式”。

② 理论建构型——指由教育理论专家引领的教育改革,因此也可以称为“专家倡导模式”,由教育理论工作者和相关研究人员提供理论支持,并制订具体实验方案,然后由一线教师付诸实施的改革。具体来说,理论专家可以通过以下几种方式来影响基础教育:一是学术成果被作为在职教师培训、进修的课程资料;二是参与研制教育政

策、实验方案、评价标准等；三是深入课堂与一线教师合作，开展多种形式的专题研究；四是以旁观者的姿态对各种改革的理论基础和实践路径进行诊断、评论，影响改革的舆论和方向。

③ 实践突破型——指由身处教育第一线的中小学校长、教师等作为主体推进的教育改革，也可以称为“教师自觉模式”。教师在日常的教育过程中，通过对教育实践进行总结反思，并在进一步的教育实践中有意识地、自觉地对教育进行改革的方式。〔张荣伟，2012(1)；陈荟，2012(3)〕

2. 我国教育改革的主要特点

① 改革思维从简单走向复杂

我国学校教育改革的思维方式经历了三次转换：从二元对立思维转向过程连续性思维，从线性思维转向系统思维，从化约的、预设式的思维转向多元复杂的、生成性思维。主要体现在从割裂式思维走向关系性思维，从静态结果式思维走向动态生成式思维，以及基于复杂思维对多种思维方式的综合运用。〔李云星、李政涛：《新世纪十年中国基础教育改革方法论的演进》，载《杭州师范大学学报》(社会科学版)，2011(6)〕

② 改革主题从效率走向公平

近十多年来基础教育改革以素质教育为基调，由“效率优先”向“公平优先”转换。所谓“效率优先”，即集中有限的资源，分地区、分领域、分层次重点推进部分地区部分学校教育的优先发展，这是一种“非均衡化”的发展。〔卜玉华：《新世纪十年中国基础教育改革的进展、问题与趋势》，载《杭州师范大学学报》(社会科学版)，2011(6)；陈卓，2012(2)〕近些年来，随着教育均衡化的推进，特别是教育均衡从基础条件均衡发展到高位均衡，即从物质投入、标准化建设、师资水平等走向学校的个性发展、特色发展和可持续协调发展，在此条件下，公平优先成为教育改革的重点。〔杨启亮，2012(2)；刘志军等，2012(3)〕以学校的特色发展和可持续协调发展，促进学习者的个性发展和全面发展，是一种新的教育质量观，是教育均衡化的新阶段。〔冯建军，2012(17)〕

③ 改革动力从自上走向自下

基础教育改革的一些关键领域已经从点到面、由整体到局部，进入全面深化改革阶段。从总体看，我国基础教育改革大多由自上而下的行政主导和决定，这种模式往往是把众多学生和教师排除在外或者忽略不计，导致学校难以真正成为教育改革的主体。这一点已成为妨碍教育改革深入推进的一个要害性问题。〔程天君：《教育改革三问》，载《教育研究与实验》(华中师范大学)，2011(5)；宋兵波：《论现代教育改革的社会认识逻辑》，载

《教育学报》(北京师范大学),2011(1);杨东平,2012(1);吴康宁,2012(5)〕时至今日,尽管国家层面的改革仍是主体,但管理权限得到下放,学校层面的改革日益凸显,基础教育改革的重心日益下移至学校。以学校为基本单位的教育改革,并不只是指在学校中的改革,而是以学校为综合整体对象的改革。基于学校的教育改革在逐渐成为教育改革的新趋势,如"新基础教育"、"主体性教育"、"新教育"等教育改革试验都是聚焦学校生存方式的整体转型。〔李云星、李政涛:《新世纪十年中国基础教育改革方法论的演进》,载《杭州师范大学学报》(社会科学版),2011(6)〕

④ 改革主体从单一走向多元

教育改革不断深入基层、深入学校,不仅意味着改革的动力来自基层,也意味着改革主体的多元化。我国基础教育原有的以"国家—学校"为主的"决策者—执行者"式的二元主体结构基本上退出了历史舞台,各类教育主体参与的多元格局日益彰显。如办学主体除政府之外,还有社会团体办学、企事业单位办学、农村集体办学、公民个人办学、中外企业或私人合作办学等多层次多方面的办学主体,体现了教育管理体制改革中办学主体的多元走向,并呈现出逐渐深化和扩大的趋势。同样,在课程改革中,教师、学生、家长、社区都是课程建设的主体。〔吴康宁,2012(1);张侨平等,2012(6);张栋贤,2012(24)〕

3. 我国教育改革的现实困境

教育改革作为一种社会事件,受到来自专家系统、学校利益、技术力量、行政力量以及个人因素等诸多社会因素的制约与影响,知识与权力、权利与利益、直接与间接、偶然与必然,多种力量以其不同的方式共同作用于改革进程。〔齐学红,2012(16)〕因此,教育改革具有复杂性、变动性、开放性,需要以一种复杂性思维,多角度、全方位地加以审视。有论者认为,当前我国教育改革阻力重重,定位不准确、立场不鲜明、方法不得当是教育改革失败的症结所在。〔郝德永:《变革的陷阱——教育改革的误区》,载《全球教育展望》(华东师范大学),2011(10)〕也有论者从社会学的角度进行了分析,认为教育改革受制于政治、经济与文化三重逻辑。其中,政治追求的价值中轴是彰显正义的公平,经济追求的价值中轴是配置资源的效率,文化追求的价值中轴是释放人性的空间。〔刘猛,2012(4)〕教育改革的三重逻辑之间的关系复杂,相容与冲突并存,这就使得教育改革具有反复性,频频出现循环与钟摆现象,其中最为突出的是教育体制改革、教育公平追求和素质教育推行等方面的问题。〔蔡淑兰,2012(4)〕上述几个方面,虽然一直是教育改革的主要内容,但至今仍未取得突破性进展。

具体到学校层面，教育改革也遭遇多重阻力。教育改革实质上是新的文化与学校文化的互动，在互动过程中引起学校物质文化、制度文化、精神文化三个方面的变革。然而，由于学校文化的稳定性特征，改革带来的新文化与学校已有文化之间的冲突，以及学校文化变迁等方面原因，教育改革会不可避免地引起相关学校的逆反情绪。〔蔡伟等，2012(3)〕同时，教育改革也会遭遇教师的阻力，如教师我行我素式的不合作、得过且过式的偷懒和阳奉阴违式的欺骗等。教育改革中教师阻力的产生是一个受多重因素影响的复杂现象，教师阻力现象呈现了学校生活的丰富性，也印证了教育改革过程的复杂性。〔牛利华等，2012(3)；程良宏等，2012(8)〕此外，媒体话语也会对教育改革产生强大的影响力，甚至表现为负面的影响，让教育改革失去应有的冷静、客观。〔赵慧臣，2012(2)〕

4. 我国教育改革的可能出路

尽管我国基础教育改革取得了不少成果，但是不少论者也对其中存在的问题进行了分析。有论者指出，当前我国基础教育改革的流行论调，是激进革命论，我国基础教育改革应反对激进改革路线，坚持稳健改革路线，坚持有限理性观、生态主体观和共同适应观等重要原则，渐进式地、稳健地推进改革。〔王本陆，2012(10)〕也有论者对我国基础教育改革中的制度风险和专家风险进行了分析。其中，所谓专家风险是指专家参与教育改革带来的风险，主要存在于三个基本冲突中，即教育改革的整体性与专家知识的分立性、教育实践的反思性与专家理论的不确定性、教育改革的公共性与专家行动的“为我性”。〔戴双翔，2012(24)；邵泽斌：《教育改革的专家风险》，载《教育发展研究》(上海)，2011(8)〕还有一些论者对我国基础教育改革的可能出路也进行了研究，除了创新学校人才培养模式、完善相关制度、建立良性的教育决策基础等一般视角上的探讨外，论者们还进行了以下几方面的讨论。

① 明确教改成功条件

教育改革是一个中性词，可能带来教育的改良与完善，也可能导致教育的退步与恶化。〔程天君：《教育改革三问》，载《教育研究与实验》(华中师范大学)，2011(5)〕因此，要明确教育改革成效的标准，要明确教育改革成功的条件。〔朱丽：《什么是成功的教育改革》，载《教育发展研究》(上海)，2011(6)；吴康宁，2012(1)〕从社会理论的角度来审视，教育改革的成功取决于三个基本条件：一是促进所有学生的发展，这是教育改革道德正当性的来源；二是对积极支持并参与教育改革者予以合理的利益回报，这是教育改革社会合法性的前提；三是采取民主的推进方式，这是教育改革过程有效性的保证。〔吴康宁，2012(1)〕在此基础上，要处理好教育改革与教育中每个“利益相关者”的利益关系，夯实教育改革社会基础的广度、强度、纯度。〔吴康宁：《赞同？反对？中立？——再论教育改革的社会基础》，载《教育学报》（北京师范大学），2011（4）〕

② 提高学校反思能力

教育改革是一个探索的过程，学校教育改革中需要通过反思来纠正可能出现的方向性错误、过程管理不足或配套评判标准缺失的问题。学校的反思能力主要包括鉴别能力、评议能力和评判能力三个维度。在当前的学校改革情境中，反思能力建设应该主要聚焦于三个方面：以理论学习和具体观察培养鉴别能力；以多元对话和研修制度建设培养评议能力；以有效反馈和标准建设培养评判能力。〔陈雨亭，2012（8）〕

③ 加强学校文化建设

许多论者都认为，要从文化的视野来认识教育改革，教育改革要取得真正的成功，就必须协调政治、经济与文化三重逻辑。由于文化被赋予变革的先导功能，而且我国教育改革中很多问题的产生，也主要是传统文化劣根性的消极影响，因此以文化逻辑为中心，从文化领域入手，将其作为推进当前我国教育改革的着力点，这有助于教育回归人本，实现每一个学生自由全面发展，进而促使教育公平、教育质量和教育自由相辅相成、互动共生。〔冯加渔：《教育改革的文化矛盾》，载《教育学术月刊》（南昌），2011（4）；蔡淑兰，2012（4）；刘猛，2012（4）〕

（二）区域教育综合改革

区域教育改革，是当前学校整体改革的重要内容。目前影响较大的有统筹城乡教育综合改革和长三角教育综合改革。

1. 统筹城乡教育综合改革

统筹城乡教育综合改革是近些年在我国兴起的一项综合性的教育改革，它的兴起与我国城乡经济社会发展思路的转变有着密切的关系，由国家推动，率先在中国西部城市重庆、成都试水。

(1) 含义

传统意义上一般将统筹城乡教育综合改革理解为纯技术和纯工具层面上的城乡二元教育资源的公正均衡配置，教育统筹似乎完全被当成了一次逻辑自明的重新分配，这直接导致统筹城乡教育综合改革与教育自身的发展规划几乎毫无差异，混为一谈。在实践中，需要防止以下几种错误的理解。

一是防止将统筹城乡教育当成不涉及整体性教育改革与社会改革的教育专项要素来抓，要体现出统筹城乡教育的综合性；二是防止将统筹城乡教育当成是城市教育改革与农村教育改革的简单叠加，要考虑到统筹城乡教育的系统性；三是防止将城乡教育总体规模性增长简单等同于统筹城乡教育发展，要突出统筹城乡教育的配套性，突出统筹城乡教育发展服务于社会发展的总系统；四是要防止目前教育统筹实践中的同质化倾向与简单的模式复制，突出统筹城乡教育的多样性；五是要防止统筹城乡教育与城乡教育一体化、城乡教育均衡相混同，突出统筹城乡教育的复合性。〔李涛等：《中国统筹城乡教育综合改革：统筹什么？改革什么？》，载《西南大学学报》（社会科学版），2011(3)〕

实际上，统筹城乡教育综合改革具有区别于一般意义上的教育改革的独特意义逻辑，它不只是一般教育改革在城乡二元领域中的自然展开。这种区别有三个核心分析维度：

一是统筹改革具有完整与独立的框架分析体系，具有相对固定和清晰的治理目标和策略，具有相对稳定的评价与监测指标，其改革目的在于合理调整与控设城市与农村之间的教育发展张力，改革的核心则是确保城市与农村教育具有动态的链接性与交互性。

二是统筹改革具有综合性、系统性、配套性与多样性。综合性表现为统筹城乡教育的要素杂多，从主体、客体到方式、结构等都要全面兼顾和协调。系统性强调统筹城乡教育改革从管理体制、帮扶体制、财政体制一直到人事体制、教学体制等各系统之间的相互配合与平衡。配套性突出统筹城乡教育改革必须服务于总体系，即"统筹城乡综合配套改革"，必须在整体社会统筹改革的总体性当中来思考和分析教育要素的城乡统筹发展。多样性强调统筹城乡教育改革不是标准化的单一模式，而是各种城乡教育发展思想的实践，从而反对目前教育统筹实践中的同质化倾向。

三是统筹改革的直接对象是城市与农村，而不是教育自身。教育统筹改革的直接目标不是教育要素的自身增长，而是教育服务于城市与农村的单元融合，服务于城市与农村中"人"的自由发展。教育在统筹改革中致力于社会改造的功能性价值远远比社会为教育提供外部资料的价值更高。〔李涛等：《中国统筹城乡教育综合改革的全景透析：从历史到现状》，载《江淮论坛》（合肥），2011(1)〕

(2) 背景

由于我国城乡二元化经济社会的格局的长期存在，造成城乡经济社会发展差距不断扩大，统筹城乡经济社会发展成为大势所趋。在此种背景下，农村发展得到国家前所未有的重视，农村教育以及城乡教育均衡发展等也逐渐提上国家的议事日程。这项教育改革定位于城乡统筹发展，城市反哺农村这一大的背景下，是解决农村经济、社会问题，促进城乡教育一体化发展的重要举措。党的十六大报告提出"统筹城乡经济社会发展"的战略部署，在此背景下，各地不断开展了城乡统筹教育改革试验，比较典型的有苏州、昆山统筹城乡发展试验，成渝统筹城乡发展试验等。2007 年国家正式批准重庆市和成都市设立全国统筹城乡综合配套改革试验区，为开展统筹城乡教育综合改革提供了良好的外部政策支撑。2008 年教育部与重庆市人民政府签署《建设国家统筹城乡教育综合改革试验区战略合作协议》，同年重庆市人民政府通过《重庆市统筹城乡教育综合改革试验实施方案》，该方案成为我国第一个地方性的"统筹城乡教育综合改革"试验方案。〔李涛等，2012(1)，2012(7)；王伟，2012(1)；廖晓衡等，2012(2)〕

(3) 区域实践

由于我国地域辽阔，经济发展经济不平衡，因此统筹城乡教育综合改革也呈现出不同的区域特点。东部地区以浙江、江苏、上海、北京为代表，统筹城乡教育综合改革呈现出融合共赢的"自然型统筹模式"。所谓自然统筹，指没有特意地开展城乡统筹教育改革，而是在制定一般的中长期教育规划时，有意识地注重城乡的全局发展。东部地区统筹城乡教育因经济水平的支撑和城市化率的大幅提高，城乡教育改革带有经济发达地区的统筹共性，即城乡教育资金投入较高、城乡师资力量较强、城乡办学基础设施较好，相对于中西部地区，其统筹时间较早，城市教育的带动能力较强，统筹城乡教育的基础更为优良。

中部地区以"组团"协同的"城市群"教育统筹为特征。中部地区统筹城乡教育的先锋是湖北和湖南，湖北的武汉城市圈与湖南"长株潭"城市群分别被教育部批准为"教育综合改革国家试验区"。这两地分别以利用城市圈和城市群的建设为契机，以"组团"的形式推进城市教育圈(群)基础教育联动及义务教育均衡发展。

西部地区以"全域一体"的"阶梯型"教育统筹为特征。西部地区统筹城乡教育的典型是重庆与成都。两地均是"国家统筹城乡综合配套改革试验区"和"国家统筹城乡教育综合改革试验区"，其改革目的不仅在于促进本区域教育统筹，还在于为下一阶段国家实施中长期教育发展规划提供经验。成都统筹城乡教育的理念是"全域成都"，探索并逐步形成了"一元化标准、一体化管理"的统筹城乡教育发展模式。重庆统筹城乡教育的理念是"一体重庆"，坚持"以城带乡、整体推进，城乡一体、科学发展，实现城乡教育规划布局、资源配置、政策制度、水平提升一体化”。所谓“阶梯型”，是指两地在推进改革中采取的是阶梯式逐步推进的策略。成都提出建设统筹城乡教育综合改革试验区的“三阶段”战略：第一阶段（2008—2010 年），初步构建城乡一体的现代教育体系，基本实现城乡教育基本公共服务均等化；第二阶段（2011—2015 年），形成城乡一体的现代教育体系，基本满足城乡居民子女享有优质教育的需求；第三阶段（2016—2020 年），城乡一体的现代教育体系更加完善，城乡居民子女人人享有优质教育，在中西部地区率先全面实现教育现代化。重庆为实现“四个一体化”，也提出了“分两步走”的战略，一是到 2012 年，初步形成城乡教育互动协调机制，基本实现区县辖区内义务教育均衡发展、非义务教育协调发展；二是到 2020 年，形成城乡教育一体化发展机制，基本实现全市城乡教育和谐发展。〔李涛等：《中国统筹城乡教育综合改革的全景透析：从历史到现状》，载《江淮论坛》（合肥），2011（1）；熊健杰等，2012（7）〕

2. 长三角教育综合改革

长三角地区作为我国重要的经济区域，经济社会发展水平高、综合实力强，发展优势和基础明显，为实施教育综合改革试验奠定了有利的基础。针对区域教育发展的共同难题，长三角两省一市携手共进，率先探索区域教育协作改革发展新战略，从全局高度联手实施区域教育综合改革，共建“长三角教育综合改革试验区”。这是长三角地区率先改革发展取得新突破的重大战略选择。

(1) 定位

根据国家对长三角地区的战略定位要求，在现有行政管理体制框架下，长三角地区以最大限度地发挥各地教育的比较优势为出发点，在若干领域先行探索形成互补态势，提高教育服务区域整体经济社会发展的能力，打造国家教育综合改革的先行区和区域教育协作发展的示范区。具体说，长三角教育综合改革的定位体现在三个方面：

第一，率先探索国家分类指导、分区发展的管理新体制，探索教育部与“大区域”对若干重大教育事项和问题的全程共建共管的新机制，为分类、分区推进各类教育中战略性、区域性、综合性的教育问题的解决和重大改革创新提供区域综合改革的试验田。

第二，率先探索省际教育协作发展推进机制。两省一市率先在全国探索形成一种全新的省际协作推进机制，率先形成区域教育发展跨省决策、执行、监督的协作机制，在全国跨区域性协同探索、联动发展中发挥先行先试、引领改革的示范作用，对国家教育现代化发展发挥积极的引导和带动作用。

第三，探索区域内教育公共治理新机制。探索区域内跨经济、科技、人事、教育等多部门的协作机制，形成多种力量参与的公共治理模式，为率先在全国形成教育公共治理新机制提供经验，为形成有利于促进省际协作改革发展的教育公共治理新机制提供先进经验。〔陈国良，2012(3)；薛明扬等，2012(5)〕

(2) 任务

一是创新人才联合培养机制。探索引导创新要素集聚、建立技术创新战略联盟、利用重大产业科技开发项目培养创新人才的新机制；探索中学与大学联合培养拔尖创新人才的协作机制；加强创新型人才的联合引进等。二是联合推动办学体制机制创新。联手推进职业教育办学机制创新；协作探索完善多元化办学体制；联合探索中小学向社区开放、社区有效参与的机制；合作实施优质基础教育资源的辐射、共享机制等。三是共建区域对外办学合作机制。四是联手探索招生考试制度改革。联合深化高考综合改革，建立形成两省一市联合实施高考自主命题的机制；探索形成长三角区域内中小学教材与课程自主改革的机制；共建考试招生信息发布制度等。五是合作形成城乡教育一体化发展推进新机制。六是协作建立区域教育咨询信息服务体系。〔陈国良，2012(3)〕

(3) 举措

按照长三角地区建立教育综合改革试验区的思路、功能、目标及试验项目，通过一系列制度创新，建立跨省治理的行政支持体系，完善区域教育联动推动机制，形成综合改革的风险防范机制，促进试验项目有效运作，为推动教育一体化发展提供有力的保障。

一是研究、制订国家区域合作工作条例，明确合作各方的责、权、利，把教育的区域合作框架协议上升为具有行政约束力的工作条例，指导跨区域的合作事宜，为推进长三角地区教育合作提供行政保障。二是顶层设计、落实政策、指导执行，建立高层次组织协调机构，有效推动长三角地区跨省综合改革与合作。三是完善两省一市教育合作协调机制，加大两省一市政府的行政协调推动力度。四是建立区域教育行业性专业组织，扶持建立跨省、跨专业、跨部门的区域教育行业性专业组织和机构，加强行业协会之间的交流合作，充分发挥区域性专业组织的协调沟通作用，引导区域教育合作更加有利于合作共赢。〔陈国良，2012(3)〕

(三) 学业质量绿色指标评价改革

“学业质量绿色指标评价改革”(简称“绿色指标”)是上海承担的国家教育体制改

革试点项目之一，以改革义务教育教学质量综合评价办法为重点，以关注学生健康成长为核心价值追求，有力推动了教育质量评价改革进程。其目的一是改变单一的学生学业成绩评价模式，引导全社会、教育部门以及学校和教师关注学生的学习，形成实施素质教育的良好导向和环境；二是促进各级教育行政部门更科学、更合理地把握地区和学校的教育质量状况，提高教育决策的专业水平；三是探索建立以校为本的教育质量保障体系。〔纪明泽等，2012(7—8)；王雅文，2012(10)〕

1. "绿色指标"内容简介

经过几年不断实践和探索，在大规模测试数据和全国常模基础上，"绿色指标"逐渐形成了一套以课程标准为依据的学业质量全面分析、评价、反馈指导系统。该指标体系目前包括 10 个方面，分别为学生学业水平、学习动力、学业负担、师生关系、教师教学方式、校长课程领导力指数、学生社会经济背景对学业成绩的影响、学生品德行为指数、学生身心健康以及上述各项指标的跨年度进步。具体内容如下：

(1) 学生学业水平指数。包含学生学业成绩的达标成度、学生高层次思维能力指数以及学生学业成绩平衡度。学业成绩的标准达成度指的是学生在各学科达到合格水平以上的人数比例。高层次思维能力主要包括知识迁移能力，预测、观察和解释能力，推理能力，问题解决能力，批判性思维和创造性思维能力等。学业成绩平衡度指的是学生之间学业成绩差异的大小。

(2) 学生学习动力指数。主要有四方面，分别是学生学习自信心、学习动机、学习压力和学生对学校的认同度。

(3) 学生学业负担指数。学生的学业负担指数是通过采集学生问卷数据，进行数据分析后得出的结果，主要包括调查学生的睡眠时间、做作业时间和补课时间。

(4) 师生关系指数。师生关系指数主要是通过调查教师是否尊重学生，是否公正、平等地对待学生，是否信任学生等数据得出的结果。

(5) 教师教学方式指数。教师教学方式指数分为教师自评和学生评价两方面。教师的自评分别为因材施教、互动教学、探究与发展能力三个指标。学生评价主要围绕教师是否进行情景教学、鼓励学生动手实践等方面进行。

(6) 校长课程领导指数。校长课程领导指数是通过采集教师问卷数据，进行数据分析后得到的结果，包括课程决策与计划、课程组织与实施、课程管理与评价三方面。

(7) 学生社会经济背景对学生学业成绩的影响指数。主要是将学生社会经济背景与学生的学业成绩结合起来，分析家庭对学生学业成绩的影响指数，反映学校教育的作为。

(8) 学生品德行为指数。该指数主要包括学生的理想信念、公民素质和健全人格三方面，将热爱祖国，自尊自强，尊重他人，有诚信和责任心，遵守公德及拥有关怀之心、公正之心等具体指标，以问卷的形式加以测量。

(9) 学生身心健康指数。学生的身心健康水平主要通过调查学生生理、心理和情感等指标来反映。

(10) 跨年度进步指数。包括学习动力进步指数、师生关系进步指数、学业负担进步指数等。〔张民生，2012(2)；纪明泽等，2012(7—8)；徐淀芳，2012(15—16)，2012(21)〕

与以往偏重学习成绩的质量标准相比，该指标体系内涵更为广阔。一是体现综合性，如学生学业水平指数，既衡量学生的学业成绩，又衡量学生创新思维等高层次思维能力与学业成绩的均衡度，还衡量学生身心健康、品德行为等非智力因素。二是体现归因性，既衡量学生的学业水平，又衡量影响学生学业质量的各种因素，如学习自信心、学习动机、睡眠时间、作业时间等。三是体现社会性，不仅着眼于学生自身的因素，还衡量师生关系、校长课程领导力、家庭经济社会背景等与学生学业质量的相关度。四是体现发展性，绿色指标中有一项进步指数，反映学生学业质量及其影响因素的变化，包括学习动力进步指数、师生关系进步指数、学业负担进步指数等。〔陈效民，2012(8)〕

2. "绿色指标"测试方法

《绿色指标》的测评手段主要有三种方式。一是学科测试卷。四年级学生参加三年级的语文和数学测试，九年级学生参加八年级的语文、数学、英语和科学的学科测试。试题以课程标准为依据，涵盖了不同能力的考察，命题依照规范、严谨的程序进行，符合教育测量学的各类指标。二是调查问卷。分为学生问卷、教师问卷和校长问卷三种，其中学生问卷主要调查学生的基本情况、学习自信心、学习动机、学习压力、对学校的认同度、学业负担、师生关系、对教师教学方式的评价、品德行为；教师问卷主要调查教师的基本情况、对课程和学校管理的看法、教学观和教师专业发展、教师教学方式；校长问卷主要调查对学校基本情况的了解、办学理念和教育观、学校管理方法、课程领导力。三是体质监测。除学科测试卷和背景问卷外，还采集了体质健康测试数据。各学校根据《国家学生体质健康标准》，开展测试和进行数据上报，包括身体形态、生理机能、身体素质 3 方面 21 项指标的内容。对评价结果的处理，主要借鉴国际上的大规模项目，如 TIMSS/PISA/NAEP 数据处理的方法。评价结果主要应用于改进教学，为教育相关部门确定教育决策、改进教学研究、增强教学实效提供可靠的实证依据。〔王雅文，2012(10)；徐淀芳，2012(15—16)，2012(21)〕

3. “绿色指标”与PISA的关系

“绿色指标”是改变单纯以学业成绩作为唯一标准的评价方式，更加全面地对学生学业水平状况和各校课程标准的执行情况进行监测，其评价模式、内容和理念上与国际学生评价项目(PISA)有不少相似之处。上海在制定和推行“绿色指标”过程中积极学习借鉴了PISA的评价工具、方式和理念，在一定意义上说，“绿色指标”是PISA的地区化发展和本土化探索。〔钱铁娜，2012(7—8)；本刊编辑部，2012(20)〕

从评价理念上看，PISA着眼于学生的长远发展，比起学科知识它更关注学生是否掌握与将来生活有关的基本知识和技能，以及实际运用的能力。PISA针对15岁学生，不是评价学生掌握学校课程内容的程度，而是考查学生能否运用所学到的知识技能解决生活中的实际问题。而“绿色指标”是严格基于课程标准的、针对教学内容的水平测试，包括教师教学方式、校长课程领导力等在内的综合性评价，对教学改进的直接指导作用强，其核心正是要通过课程和教学方式的变革，在教育教学内部建立起“标准→教学→评价”的循环系统，促进学生的能力和素养的全面提升。

从评价内容上看，2009年上海参加的PISA测试，结果显示上海学生的学业压力和课业负担仍然偏重。为此，“绿色指标”摒弃了以往的唯分数论，将学生学习动力指数、学生学业负担指数和身心健康指数等纳入指标体系之中，力图将“减负”做到实处。此外，PISA十分关注学生的背景，以及学生成绩差异的社会经济根源。“绿色指标”借鉴了这一视角，设立了学生社会经济背景与学业成绩的关系指数。

从评价方式上看，除学科测试外，“绿色指标”还采用了对学生、教师和校长三类人群分别进行问卷调查的方法，获得更详尽的信息，而将学生测试成绩和问卷调查结果相结合，正是PISA的主要操作方法。

从评价结果上看，由于评价内容、方式的多元化，“绿色指标”的结果包含了与PISA类似的庞大的数据库，精细的数据分析凸显出更多教育细节。〔沈祖芸，2012-04-05；本刊编辑部，2012(20)〕

4. “绿色指标”的实践

实施“绿色指标”评价改革，是当前深化学校管理改革的一个契机。“绿色指标”的推行为各级教育行政部门和学校了解学生学业质量提供实证依据，为教育决策提供重要参考，为提升学生学业质量提供诊断和改进建议。〔张民生，2012(2)〕上海市在推进

“绿色指标”过程中构建教育行政与学校两个层面的行动框架。

行政层面，建立综合评价系统质保机制。大力宣传“绿色指标”，让学校、社会、家庭对新的评价观取得一致认识。提高“绿色指标”分析的质量，关注并建立综合评价系统本身的质量保障机制。建立数据质量的保障框架，关注绿色指标各数据在收集、整理等环节的质量。加强“绿色指标”的能力建设，开展各类专题培训，帮助学校正确解读质量分析报告，以改进教学管理、完善教学策略。〔陈效民，2012(8)〕学校层面，构建真切关注学生成长的机制。积极推进“绿色指标”的校本化实施，利用“绿色指标”引领课堂转型改革，以构建绿色师生关系为切入点，探索课堂教学新范式。〔黄玉芬，2012(10)；陈益志等，2012(11)；郭红霞，2012(15)〕

上海市的学业质量绿色指标综合评价改革的初步成效：一是学业质量绿色指标综合评价改革受到了广泛关注。目前正从领导关注、专家关注、媒体关注、社会关注，逐步地转向学校关注、教师关注和学生关注。二是营造了一个良好的氛围。学业质量绿色指标引导着教育系统乃至全社会正在树立全面的质量观，正在探索综合评价、全面健康体检的机制与技术，正在形成基于证据的行政决策和教学改进的共识与习惯。三是区县子项目的实践研究有序推进。〔徐淀芳，2012(15—16)〕

2012年7月，2011年度“上海市中小学生学业质量绿色指标”评价结果正式发布，上海成为全国第一个发布“绿色指标”的城市，率先跨入了教育改革推进的深水区。结果显示，上海学生在达到课程标准的基本要求方面表现出很高的学业水平；学生学业成绩的均衡度处于比较高的水平；学生学习自信心较强；学生内部学习动机较强；学生感到学习压力较大；学生对学校的认同度很高；学业负担仍然偏重；学生眼中师生关系的改进还有较大空间；教师教学方式的处理能力有待进一步提高；教师对学校课程领导力的评价较好；学生社会经济背景对学业成绩的解释率比较低；学生体质健康达标率较高；学生对道德认知及相应行为表现有比较正确的认识。〔沈祖芸，2012(7)；徐淀芳，2012(15—16)，2012(21)〕

5. 对“绿色指标”的反思

(1) 存在的问题

“绿色指标”改变了以往仅仅以学习成绩和升学率作为评价教育质量、评价校长和教师工作的唯一标准的评价观，将学生的品德、健康、心理等方面都纳入到学生学业质量的考评之中。但是，有论者指出，“绿色指标”体系自身及其实施仍然存在许多问题，需要不断完善。一是指标内容杂糅，各指标内容互为因果，缺乏科学性。二是测评手段单一，而且学生的品德行为以及身心健康中的心理健康很难用问卷的方式进行调查。三是缺少外部评价环节。“绿色指标”体系是一种行政内生成的项目，是完全由教育行政机关内部自主生成、推行实施、自行评价的一项教育行政内部的评价，缺乏外部评价，易造成体系紊乱、行政与督学不分的情况，从而使评价完全沦为行政内生的、隶属的工具地位。〔王雅文，2012(10)；葛大汇，2012(15—16)；徐淀芳，2012(15—16)〕

(2) 建议与对策

对于“绿色指标”中存在的问题，论者们从自身的角度提出了建议与对策。如一些高校的研究人员认为，一是要分模块分析，梳理指标体系内容，指标体系在制定过程中需要注意各指标之间的独立与相关的关系，各条指标最好是相互独立，不相互重叠，不存在因果关系，以提高所制定指标的科学性。二是多方法调研，丰富指标体系的测评方式，在进行测评的过程中，可以抽取小规模的样本，采取观察法、访谈法等来提升测评的准确性与真实性。三是内外评价结合，完善项目评价手段，甚至将“绿色指标”评价的解释权让渡给专业组织。〔王雅文，2012(10)；葛大汇，2012(15—16)〕

此外，作为推进“绿色指标”体系的官方人士也提出了一些建议。如优化“绿色指标”体系，要加强研究，借鉴国内外最新研究成果，联合专业机构，探索品德行为和心理健康测评工具的研发；健全评价运行机制，从市、区、学校三个层面开展综合评价机制的系统性研究，设计合理的工作流程，逐步建立各级教学质量评价运行机制；建设科学的评价文化，建设以“绿色指标”为基础的评价文化，发挥科学评价文化的渗透力和辐射力；推进应用，增强区县教育局和学校正确解读、有效应用“绿色指标”评价报告的能力。〔尹后庆，2012(7—8)；徐淀芳，2012(15—16)；刘中正，2012(21)〕

(四) 生本教育改革

1. 生本教育的含义

生本教育是现代民主教育思想的实践与探索，强调学生在教与学中真正意义上的主体地位，其核心是学生是教育的本体，把教转化为学，一切为学而设计。生本教育的特征之一就是真正认识和把握学生这个本体，把一切为了学生作为教育价值原则。〔杭义寿，2012(2)〕生本教育是中国教育转型时期的理论需要，是中国教育转型时期的标志性理论之一；生本教育是中国教育多样化发展的主流理论和实践模式，生本教育的理论和实践模式体现、代表、引领了素质教育和以学定教两个主流价值观；生本教育的实践特征是本土化和特色化，是校本化和特色化的进一步发展。〔傅国亮，2012(3—4)〕生本教育关注儿童生命，激发学习自觉，引发人们的高度关注，并逐渐融入教育发展的主流，成为一种极富哲学思想和时代意义的教育改革模式。〔朱超华，2012(3—4)〕这种教育模式不仅在中国大陆，也在中国澳门地区产生了积极影响。〔刘群：《生本教育在澳门》，载《人民教育》(北京)，2011(1)〕

随着生本教育实践的推进，人们对其含义的理解不断深入。关于生本教育的内涵，许多人认为是相对师本教育而言的，是以生为本和以生命为本的教育，是以激扬生命为宗旨，以学生好学而设计的教育。有论者在对已有生本教育含义的基础上，提出了新的见解，指出"生本教育"内涵由"以学生为本"、"以生命为本"、"以生态为本"以及"以生活为本"、"以生动为本"、"以生成为本"和"以生长为本"共同组成。其结构图如右：〔李文送，2012(3—4)；刘元英，2012(32)〕

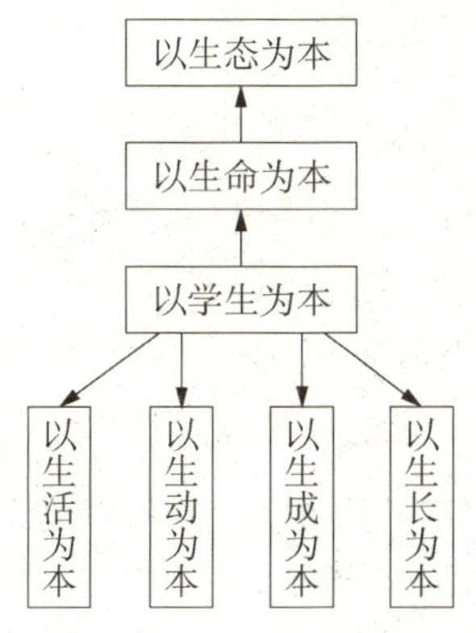

从生本教育内涵结构图可以看出，"以学生为本"是生本教育的核心含义，"以生命为本"和"以生态为本"是由"以学生为本"这个核心含义发展出来的宏观含义。"以生活为本"、"以生动为本"、"以生成为本"和"以生长为本"是贯彻"以学生为本"的微观操作层面的含义。〔李文送，2012(3—4)〕

2. 生本教育的实践

生本教育对当前我国教育实践产生了很大的影响，生本教育的理论已经被广泛关注和传扬，在全国20多个省、市的许多中小学进行了成功实践，生本让教育改革走向纵深，让学校成为孩子自己的乐园。〔陈武，2012(3—4)；刘志明，2012(3—4)；谢友等，2012(3—4)〕生本教育主要由学生"课前先学，课上小组讨论、班级交流"的"三部曲"构成。但在具体的学校和课堂中，"三部曲"在许多基层学校被冠以各种名称、以各种方式采用。如有五环节模式，将生本课堂分为学生课前完成老师布置的前置性作业、课前两分钟展示、小组合作学习、小组汇报与师生评价五个环节。〔杭义寿，2012(2)〕"生本学案"四环节教学模式，"生本学案"以学生为本，以学生的发展为本，是"教案"与"学案"的有机统一体，是教与学的完善结合。"生本学案"四环节教学模式是以"生本学案"为依托，由"设景激趣、探究成因、共享成功、反馈应用"四个环节构成的新型课堂教学模式，该模式以学生自主学习为主，以问题为导向，以小组学习为基本单位，致力于学生学习方式的变化，使学生真正成为学习的主人。〔范永丽：《"生本学案"四环节课堂教学模式构建的理性思考》,2011(11)〕"113"教学模式,这种模式遵循的是"自主合作学习",构建"高效课堂"的理念。"两个1"即"教"(教师引领全程)、"学"(学生研展贯穿);"3"指三个教学环节,即自主学习、合作探究、反馈练习,这与生本教育课堂的过程是相辅相成的。即将课堂还给学生,让学生成为课堂的主人,教师只是引领者、点拨者、宏观调控者。〔毛玉红,2012(2)〕"三段四环节"教学模式,具体做法是实施"三段四环节"教学模式:"三段"指课前、课中、课后三个学习时段;"四环节"即才艺表演,活跃课堂——合作探究,同伴互助——展示交流,生生互动——拓展延伸,整理提高。〔刘元英,2012(32)〕三环节模式,其基本结构包括预习、展示、反馈三环节,以问题为核心,交流为手段。预习环节要紧扣学习目标,教师提出问题,注重引导,开展自主合作探究学习,为"三维目标"达成奠定基础。展示环节中,学生围绕问题预习,汇报学习成果,实施思维交流、碰撞与批判,教师要发现学生新生成的问题和存在的疑难问题,强化点拨启发,突出知识的迁移运用,培养学生学习能力。反馈环节要对预习、展示环节学习效果进行回归性检测,教师关注"学困群体",强化新生成问题和重难点问题的破解,把握学生的思维发展及实践操作能力等学情状况。〔邝尔安,2012(10)〕

当然,生本教育在实践中也存在一些问题。生本教育远不能解决教育教学的深层次问题,它不能摆脱短期应试的格局,不能解决课程和教材与学生学习不适应的问题,特别是有些学校由于考点、知识点以及参考书的大量掺入,不得不采用繁重的各种各样的学案。这样,学生就仍不能摆脱外部框定的思维,难于自主地进行学习。学生尽管都动起来了,但留给学生思辨的时间很有限,学生对知识的理解常常仅停留在表面,课堂产生虚假繁荣,学的质量不高。〔郭思乐,2012(3—4)〕

3. 生本教育评价体系

有论者从生本化课堂教学有效性评价的基本理念出发,以"学"为中心,构建了"三维十项"课堂教学有效性评价标准,并主张在实践中运用学科测验、问卷调查、观察与会谈等方法进行课堂教学有效性评价。"三维十项"的内容包括:知识与技能维度,评价课堂教学"知识与技能"有效性,除了就教学目标与重难点进行知识技能测试外,确定有效知识量、问题解决度、练习和作业的有效性三个项目作为该维度的评价指标;过程与方法维度,"过程与方法"涉及的因素很多,考虑到评价过程的可操作性,以课堂实用时间与学习投入度分析、内容难易度分析、反馈矫正有效性分析、学生自主积极性分析、关注差异和个别化指导分析、课堂互动结构分析六个项目作为分析"过程与方法"有效性的主要内容;情感、态度和价值观维度。以"学习兴趣与态度"作为该维度的主要分析内容。〔宋秋前等:《生本化课堂教学有效性评价标准建构与实施方法》,载《课程·教材·教法》(北京),2011(7)〕

论文索引

〔说明:同一期号期刊按刊名的拼音字母排序;报纸按出版日期排序〕

李函颖:《全球教育改革:公平·质量·发展》,载《比较教育研究》(北京师范大学),2012(1)。

王　伟:《统筹城乡教育综合改革研究》,载《集美大学学报》,2012(1)。

李　涛、邓泽军:《国际统筹城乡教育综合改革:发展脉络、治理模式与决策参考》,载《江淮论坛》(合肥),2012(1)。

杨东平:《从2011年的教育变化看教育改革的动力机制》,载《教育发展研究》(上海),2012(1)。

李生滨、傅维利、刘　伟:《从"追求均衡"到"鼓励差异"——对后均衡化时代义务教育发展的思考》,载《教育科学》(辽宁师范大学),2012(1)。

吴康宁:《教育改革成功的基础》,载《教育研究》(北京),2012(1)。

黄　华:《从多轨制到双轨制——德国基础教育学制改革实证研究介评》,载《教育研究与实验》(华中师范大学),2012(1)。

杨智军、易连云:《西南地区基础教育均衡发展的路径思考》,载《教育与经济》(华中师范大学),2012(1)。

刘启迪:《新世纪基础教育课程改革:理论建构与实践进展》,载《课程·教材·教法》(北京),2012(1)。

张荣伟:《论我国基础教育改革的五种主体形态》,载《课程·教材·教法》(北京),2012(1)。

冯建军:《内涵发展:推进义务教育优质均衡的路向选择》,载《南京社会科学》,2012(1)。

任小艾、任国平、朱　哲:《期待已久的变革——广西壮族自治区有效教育改革与实践纪实》,载《人民教育》(北京),2012(1)。

余丽红、王　丽、谢白芍:《深刻认识和把握基础教育改革的着力点》,载《中国教育学刊》(北京),2012(1)。

马维娜:《中国教育改革中的地方生存与生产》,载《北京师范大学学报》(社会科学版),2012(2)。

杭义寿:《由"生本模式"到"生本理念"的转向》,载《教育导刊》(广州),2012(2)。

周　勇:《社会转型、教育改革与中国文化》,载《教育发展研究》(上海),2012(2)。

赵慧臣:《媒体话语对教育改革的负面影响及其对策》,载《教育科学》(辽宁师范大学),2012(2)。

赵蒙成、张　玲:《生本教育视野中综合实践活动课程的主题生成》,载《教育理论与实践》(太原),2012(2)。

张彦通:《深化基础教育改革,促进儿童健康快乐成长》,载《教育研究》(北京),2012(2)。

杨启亮:《基础教育发展中的另一种均衡》,载《教育研究与实验》(华中师范大学),2012(2)。

廖晓衡、李　岭、宋乃庆:《城乡统筹下的职业教育战略发展地位与对策研究——以重庆为例》,载《教育与经济》(华中师范大学),2012(2)。

裴娣娜:《教育创新与学校课堂教学改革论纲》,载《课程·教材·教法》(北京),2012(2)。

尹后庆:《推进综合改革试点项目,深化上海基础教育转型发展》,载《上海教育科研》,2012(2)。
王　萍:《“绿色指标”呼唤“绿色执行”》,载《思想教育理论》(上海),2012(2)。
毛玉红:《生本教育激活课堂——辽阳一中“113”生本教育教学模式》,载《新疆教育学院学报》,2012(2)。
张民生:《建立学生学业质量绿色评价系统》,载《中国教育学刊》(北京),2012(2)。
陈　卓:《以制度改革促进教育公平,以“文化革新”提高教育效率》,载《中央社会主义学院学报》(北京),2012(2)。
牛利华、张阿赛:《略论教育改革中的教师阻力——一种转向事实背后的分析》,载《东北师大学报》(哲学社会科学版),2012(3)。
周　波:《现代学校制度建设探索》,载《教学与管理》(太原),2012(3)。
陈　荟:《关于基础教育改革“政府推动模式”的几个问题》,载《教育学报》(北京师范大学),2012(3)。
刘志军、王振存:《走向高位均衡:基础教育改革与发展的应然追求》,载《教育研究》(北京),2012(3)。
陈国良:《共建“长三角教育综合改革试验区”研究》,载《科学发展》(上海),2012(3)。
杨连明:《从“减负增效”到“中小学生学业质量绿色指标体系”》,载《现代教学》(上海),2012(3)。
蔡　伟、张志坚:《从文化角度看学校对教育改革的抵制》,载《中国教育学刊》(北京),2012(3)。
冯建军:《义务教育均衡发展方式的转变》,载《中国教育学刊》(北京),2012(3)。
许　杰:《重心下移:义务教育均衡发展政策走势》,载《中国教育学刊》(北京),2012(3)。
谢　友、陈坤国、王棉端、虞　南:《生本让教育改革走向纵深》,载《人民教育》(北京),2012(3—4)。
傅国亮:《生本教育是当前教育改革发展的一种主流理论和实践模式》,载《人民教育》(北京),2012(3—4)。
朱超华:《关注儿童生命,激发学习自觉——生本教育:一种值得关注和推广的教育改革模式》,载《人民教育》(北京),2012(3—4)。
谢　友、陈坤国、王棉端、虞　南:《生本让教育改革走向纵深》,载《人民教育》(北京),2012(3—4)。
陈　武:《生本教育,让学校成为孩子自己的乐园》,载《人民教育》(北京),2012(3—4)。
郭思乐:《生本教育:人的培养模式的根本变革》,载《人民教育》(北京),2012(3—4)。
李文送:《剖析生本教育的内涵》,载《现代教育论丛》(华南师范大学),2012(3—4)。
刘志明:《生本教育承载生命的尊严》,载《现代教育论丛》(华南师范大学),2012(3—4)。
程天君:《教育改革的转型与教育政策的调整——基于新中国教育60年来的基本经验》,载《北京大学教育评论》,2012(4)。
刘　猛:《论中国教育改革的三重逻辑》,载《当代教育科学》(济南),2012(4)。
方檀香:《学业质量绿色指标:着眼于学生健康成长》,载《基础教育课程》(北京),2012(4)。
黄　宪、许世红:《学业质量评价呼唤“绿色指标》,载《基础教育课程》(北京),2012(4)。

林　藩、黄丽萍:《教育特色化:向高水平均衡迈进》,载《教育科学研究》(北京),2012(4)。
蔡淑兰:《我国教育改革的困境与文化反思》,载《教育理论与实践》(太原),2012(4)。
方建锋:《略论教育改革中价值目标的背离》,载《教育理论与实践》(太原),2012(4)。
杨令平、司晓宏:《西部县域义务教育均衡发展现状调研报告》,载《教育研究》(北京),2012(4)。
李星云:《城乡义务教育优质均衡发展的有效机制研究——以江苏省为例》,载《教育与经济》(华中师范大学),2012(4)。
薛明扬、沈　健、刘希平、袁　雯、丁晓昌、丁天乐:《推进长三角教育综合改革　实现区域教育联动发展》,载《教育发展研究》(上海),2012(5)。
陈国良:《在联动发展中探索长三角地区教育综合改革新路》,载《教育发展研究》(上海),2012(5)。
吴康宁:《政府部门超强控制:制约教育改革深入推进的一个要害性问题》,载《南京师大学报》(社会科学版),2012(5)。
李云星、李宜江:《教育均衡发展的实践反思》,载《教育发展研究》(上海),2012(6)。
张侨平、林智中、黄毅英:《课程改革中的教师参与》,载《全球教育展望》(华东师范大学),2012(6)。
牟钟鉴:《当代教育改革要大力吸纳儒学元素》,载《孔子研究》(济南),2012(6)。
沈祖芸:《全国首份学业质量报告发布"绿色指标":教育领域落实科学发展观的制度建设》,载《基础教育课程》(北京),2012(7)。
李　涛、邬志辉:《统筹城乡教育改革的实践探索——以重庆市为例》,载《教育发展研究》(上海),2012(7)。
刘昌稳:《"生本教育"让我找到了"家"》,载《人民教育》(北京),2012(7)。
纪明泽、汪茂华:《关于"绿色指标"项目简介》,载《现代教学》(上海),2012(7—8)。
钱铁娜:《透过 PISA 看"绿色指标"》,载《现代教学》(上海),2012(7—8)。
杨庆余:《从"绿色指标"看小学数学学业评价的变革》,载《现代教学》(上海),2012(7—8)。
尹后庆:《以"绿色指标"引导基础教育科学发展》,载《现代教学》(上海),2012(7—8)。
余　雯:《上海"绿色指标"与加拿大多伦多市教学指标之比较》,载《现代教学》(上海),2012(7—8)。
赵才欣:《试探"绿色指标"的校本观测点》,载《现代教学》(上海),2012(7—8)。
熊健杰、何怀金、韩玉梅:《省域内统筹城乡教育改革试点项目及其过程评价——重庆市统筹城乡教育改革实践调研报告》,载《国家教育行政学院学报》(北京),2012(8)。
陈雨亭:《学校教育改革中的反思能力建设》,载《教育发展研究》(上海),2012(8)。
程良宏、王　媛:《论教育改革中教师的"被培训"》,载《教育发展研究》(上海),2012(8)。
冯建军:《优质均衡视域中的基础教育模式的改革》,载《教育科学研究》(北京),2012(8)。
王惠颖:《特色发展:基础教育优质均衡发展的根本》,载《教育科学研究》(北京),2012(8)。
胡友志:《发展式均衡:区域基础教育师资均衡化的新路向——基于基础教育优质均衡发展的政策变革》,载《教育科学研究》(北京),2012(8)。

陈效民:《改革义务教育质量综合评价的理性抉择——关于上海市试行学生学业质量绿色指标体系的思考》,载《上海教育科研》,2012(8)。

王雅文:《上海市中小学学生学业质量绿色指标体系的实施及反思》,载《教育测量与评价》(理论版)(长沙),2012(10)。

王本陆:《呼唤稳健的基础教育改革》,载《教育导刊》(广州),2012(10)。

黄玉芬:《绿色指标评价框架下的教学方式探析》,载《山西教育(教学)》,2012(10)。

邝尔安:《生本高效课堂之"问"》,载《中国教育学刊》(北京),2012(10)。

陈益志、张月琴、唐　冰:《"绿色指标"引领新生态学堂的创建》,载《现代教学》(上海),2012(11)。

郭红霞:《"绿色指标"为基础教育改革带来新机》,载《中国德育》(北京),2012(15)。

葛大汇:《"绿色指标"评价改革的行政基础》,载《教育发展研究》(上海),2012(15—16)。

徐淀芳:《学业质量绿色指标实践研究》,载《教育发展研究》(上海),2012(15—16)。

尹后庆:《改革学业质量评价　推动基础教育转型》,载《教育发展研究》(上海),2012(15—16)。

齐学红:《基础教育改革的制约因素及作用方式》,载《教育理论与实践》(太原),2012(16)。

冯建军:《走向以质量为核心的义务教育均衡发展》,载《人民教育》(北京),2012(17)。

宋保平:《发达城区"个性化"教育发展的探索与思考——以上海市静安区新一轮教育改革发展为例》,载《教育发展研究》(上海),2012(20)。

本刊编辑部:《"绿色指标"与国际评价工具》,载《上海教育》,2012(20)。

徐淀芳:《详解"绿色指标"评价结果》,载《上海教育》,2012(21)。

沈祖芸:《时间与勇气改变着一种观念"绿色指标"评价结果首度发布》,载《上海教育》,2012(21)。

刘中正:《"绿色指标"评价需要进一步探索的几个问题》,载《上海教育》,2012(21)。

戴双翔:《论基础教育改革的风险》,载《当代教育科学》(济南),2012(24)。

徐　峰:《生本教育理念下的班级管理》,载《学校党建与思想教育》(武汉),2012(24)。

张栋贤:《浅析我国教育改革发展的几个问题》,载《中国成人教育》(北京),2012(24)。

刘元英:《构建生本课堂,促进学校发展——山西省汾西县第二小学践行"生本教育"的实践与思考》,载《教育理论与实践》(太原),2012(32)。

沈祖芸:《上海:"绿色"尺子为学业质量"体检"》,载《中国教育报》(北京),2012-04-05。

三、教育现代化与教育发展方式转变

目录

教育现代化是社会现代化的必然要求，也是教育改革和发展的题中应有之意。2012年，论者们除了继续关注教育现代化的概念与特征等基本问题外，还着重对教育现代化指标体系建构、城乡教育一体化、教育发展方式转变等问题进行了深入讨论。

（一）教育现代化概述

1. 教育现代化的概念与特征

(1) 概念

有论者认为，教育现代化是以现代信息社会为基础，以先进教育观念为指导，运用先进信息技术的教育变革过程，是传统教育向现代教育转变的过程。〔顾明远，2012(9)〕也有论者从不同层面分析了教育现代化的含义：从过程看，教育现代化是发展中国家或地区追赶发达国家教育发展水平的一个过程；从结果（或性质、水平）看，教育现代化表现为当今世界教育发展趋势的中等及以上发达国家普遍流行的教育发展的一个标准；教育现代化是社会现代化的有机组成部分，其核心是实现人的现代化。〔秦建平，2012(5)〕其内容相当广泛，涵盖教育观念的现代化、教育制度的现代化、教育内容的现代化、教育设备和手段的现代化、教育方法的现代化以及教育管理的现代化。其中，教育观念（教育思想）的现代化是灵魂，教育制度的现代化是保障体系，教育设备和手段的现代化是教育现代化的物质条件。〔顾明远，2012(9)〕

(2) 特征

关于教育现代化的基本特征，论者们由于出发点不同，分析角度各异，因而观点并非一致。有论者从教育发展进程和总体格局出发，描述了教育现代化的主要特征：

① 教育现代化是一种价值导向。它不仅包括教育生产力发展水平的量化指标，也有对包括教育思想、制度、体系、内容、方法、教师队伍等在内的质的要求，核心是教育思想的现代化，体现在“培养什么人、怎样培养人”上。

② 教育现代化是一种发展状态。发达国家的教育现代化是实现教育与经济社会发展水平相适应的过程，是一种教育先进水平所处的状态；发展中国家的教育现代化则是一个动态的赶超世界先进水平的过程，是赶上发达国家教育发展水平所处的状态。其进程与国家发展水平和国民人均收入水平密切相关，一般划分为初步现代化、基本现代化和全面现代化三个发展阶段。其中，初级阶段偏重速度和规模，中级阶段兼顾公平和质量，高级阶段追求质量和效益。

③ 教育现代化是一种嬗变结果。它不仅是一个量的自然增长过程，而且具有时代特点。这种特点表现在两次教育现代化的特征上：第一次教育现代化以科学化、民主化为主要特征，重点集中在追求学校教育标准化的普及上；第二次教育现代化主要以信息化、国际化和终身化为主要特征，重点集中在追求终身学习体系下的多元质量要求上。

④ 教育现代化是一个历史过程。追求教育现代化要主动适应和加快推进分散化的农业社会教育向标准化的工业社会教育的转变、再向多元化的信息社会教育的转变。〔曾天山：《基本实现教育现代化，构筑强国之基》，载《人民教育》，2011(20)〕

也有论者从教育观念出发，概括了教育现代化的八个基本特征：

① 民主性和公平性——民主性是指教育是每个公民的一种权利，应该满足所有人基本的学习要求；教育公平包含教育机会的公平、教育过程的公平和教育结果的公平，还包括为不同的群体和个人施以不同的教育，照顾大多数人的时候兼顾两头的少数人，一部分是有天赋才能的学生，一部分是弱势群体，也就是说要做到公平而又有差异。

② 终身性和全时空性——终身性强调应该把一切教育都纳入到终身教育体系中，并贯穿于人的一生，主张学校教育、社会教育和家庭教育相互沟通，相互促进；全时空性是指教育不再限于学校和年龄，而是逐步做到全民学习、时时能学、处处可学。教育现代化要有大教育观的视野，把正规教育与非正规教育、正式教育与非正式教育统一起来，把学校教育、家庭教育、社会教育、自我教育有机结合起来。

③ 生产性和社会性——教育与生产劳动和社会生活相结合是现代教育的普遍规

律。教育应该适应大工业生产要求与科学技术发展的要求，培养人力资源，加快科技成果转化；教育也要密切与社会的联系，树立主动为社会服务的意识，为社会经济发展服务。

④ 个性化和创造性——信息社会强调个性化、多样化。信息网络化也为个别学习提供了可能，为个性发展提供了条件。个性的核心是创造性，创造性既是人的天性，也是现代社会发展的需要。科学技术的迅猛发展要求教育培养具有创造能力的人才，社会的激烈竞争也需要人才具有个性、有创造能力和开拓精神。培养个性和创造性，首先要承认学生的个性差异，因材施教，把全面发展与个性发展统一起来，关心每个学生，促进每个学生主动、生动活泼地发展，为每个学生提供适合的教育，这是实现教育现代化的必经之路。

⑤ 多样性和差异性——教育的多样性表现为教育目标、教育结构、办学模式以及人才培养模式的多样性。从个体来讲，人是有差异的，教育要为每一个人的发展提供条件，重视差异教育。教育现代化必然要求树立多样化人才观念，尊重个人选择，鼓励个性发展。

⑥ 信息化和创新性——教育信息化是教育现代化的特征之一，信息技术的应用正在改变传统的教育形式，同时也为继续教育和终身学习创造了条件。信息化社会的变革，使得教育必须创新才能适应形势的发展。

⑦ 国际性和开放型——这主要表现为国际间的人员交流、财力支援、信息交换（包括教育观念和教育内容）、学分学历互认、教育机构的国际合作和跨国的教育活动等方面。教育一方面要加大开放力度，了解世界上的先进科学技术，吸收世界优秀文化成果，另一方面是要培养具有国际视野、关心和了解国际形势与发展、了解多元文化、懂得国际游戏规则和具有国际交往等多方面能力的人才。

⑧ 科学性和法制性——现代教育必须重视教育研究，重视教育政策的科学决策，同时，需要国家的立法来规范教育行为。〔顾明远，2012(9)〕

2. 教育现代化的动力与载体

(1) 动力

从宏观上讲，教育现代化是教育自身向前发展走向现代化的过程，也是教育适应整个经济社会发展面向未来整合、重建的过程，这个过程是工业化、信息化、城镇化、市场化、国际化不断推动的过程。具体表现在：①工业化是教育发展的直接动力。它不仅为教育的发展提供物质条件，而且对教育的知识服务能力、科技贡献水平、人才培养质量提出新要求。②城镇化要求教育要妥善解决好城镇和农村教育布局，优化教育资源配置，有针对性地制定相应政策，促进教育均衡。③信息化进程不仅带来了教育形式和学习方式的变革，改变了教育的时空关系，拉近了教育者和受教育者的距离，而且使得优质教育资源得到均衡配置，城乡、区域教育之间的差距进一步缩小，教育公平的理念进一步得到体现。④市场经济为教育发展注入生机与活力。市场经济通过增加教育投资、优化教育资源配置、改善教育服务、扩大教育就业和面向市场办学等手段，推动和支持教育发展。〔孙刚，2012(1)〕

从微观上讲，教育信息化既能为学校发展领航，又能助推学生发展，还能有效提升教师的教育信息化素养，因而构成实现教育现代化的重要推力。推动学校教育信息化建设，首先要加强教育信息化与教育管理的融合，建设教育信息化公共服务体系，以此来支持学校决策科学化，提升学校管理职能，进而通过改变组织架构减轻管理者的劳动强度。其次要加强教育信息化与教学的融合，将数字化教学平台应用于课堂教学，实现教学方式和学习方式的创新与变革。再次要加强教育信息化与师生成长融合，通过建立教师专业发展平台和学生成长电子档案袋，促进教育信息化与师生成长的融合。〔丁宇红，2012(4)；王峰，2012(26)〕

此外，也有论者认为教育现代化的动力是利益。教育包容着巨大的利益，无论国家把教育作为国家竞争、民族竞争的工具，还是个人把教育视为个人向社会上层流动的工具，皆从利益着眼。〔阮成武，2012(17)〕我国优秀教育传统是教育现代化不可或缺的动力因素。中国传统教育思想是中国教育现代化的源头，教育现代化离不开对中国传统教育的反思和借鉴，要实现教育现代化就必须继承优秀的教育传统。〔周猛，2012(9)〕

(2) 载体

教育现代化的实现需要一定的载体作为支撑，主要表现在“人”和“物”上。

① 教师作为载体——我国教育正在向现代化迈进，普及化、公平化、终身化、信息化和国际化应该成为现代化的特征，而实现教育现代化首先应当实现教师现代化。〔朱海洋等，2012-12-18〕

② 教育装备作为载体——教育装备的现代化是教育现代化的载体和基础。其中，教育城域网的建设占有重要地位。〔尹远红，2012(8)〕

③ 教育技术作为载体——教育现代化的发展要求学校要运用现代教育技术理论，对教学内容、方法、体系进行系统的改革，占领现代教育技术这一制高点。其中，电化教育是现代教育技术的重要组成部分，它可以扩展教育的规模，增进教育深度，也可

以创设有利的教学环境，提供丰富的形声化的教学内容，进而激发学生的情感，促进学生思维的发展。〔程凤敏，2012(15)；郄立斌，2012(35)〕另外，云计算技术应用于教育信息化过程，有效地减少了资源浪费，整合了大量资源，因而成为教育信息化的最终目的——实现教育现代化的重要推动力。〔顾秉钰，2012(24)〕

3. 教育现代化的路向、路径与路基

有论者以2010年颁布的《国家中长期教育改革和发展规划纲要(2010—2020年)》为对象，分析了我国教育现代化的路向、路径和路基。具体表现在：

① 教育现代化的路向——坚持中国特色社会主义教育发展道路。首先，坚持“五个必须”：必须坚持党对教育工作的领导，明确政府发展和管理教育的责任，落实教育优先发展的战略地位；必须全面贯彻党的教育方针，培养德智体美全面发展的社会主义建设者和接班人；必须始终按照面向现代化、面向世界、面向未来的要求，不断深化教育体制改革和教育教学改革；必须坚持以人为本，促进教育公平，保障公民依法享有受教育的权利；教育事业发展的关键在教师，必须紧紧依靠广大教师和教育工作者。其次，坚持社会主义办学方向，把握教育发展的阶段性特征。再次，坚持以人为本，实现教育强国与惠民、国计与民生的并重统一。

② 教育现代化的路径——建立和完善中国特色社会主义现代教育体系。首先，促进教育层次的分化，形成教育体系的“八大板块”，即学前教育、义务教育、高中阶段教育、职业教育、成人教育、高等教育、民族教育和特殊教育，构成国民教育体系和终身教育体系两大教育体系，为全体人民“学有所教”提供充分和优质的教育机会。其次，促进教育类型的分化，丰富和发展四种不同类型的教育获得方式：为全体人民“学有所教”提供多样化的教育获得方式：一是实现更高水平的普及教育；二是形成惠及全民的公平教育，建成覆盖城乡的基本公共教育服务体系；三是提供更加丰富的优质教育，使人民群众接受高质量的教育；四是在使现代国民教育体系更加完善的同时，基本形成终身教育体系。

③ 教育现代化的路基——建立与社会主义市场经济体制相适应的教育体制机制。首先，加强教育利益整合协调，发挥多种利益主体参与和促进教育改革的积极性。其次，发挥多种整合机制的共振效应，促进教育体制机制改革的整体推动。重视发挥中国特色社会主义政治制度对教育改革和发展的统领和主导作用，加强党和政府对教育改革和发展的领导；运用中国特色社会主义经济制度对教育改革和发展的激活和推动作用；重视中国特色社会主义政策与法治对教育改革和发展的规范与保障作用。再

次，加强教育资源公平合理配置，为公平教育与优质教育的良性发展提供机制保障；通过扩大和丰富优质教育资源，更好地满足人民群众接受高质量教育的需求；通过机制创新，在促进教育公平的过程中，将公平教育与优质教育有效整合。〔阮成武，2012(1)〕

4. 教育现代化指标体系建构

教育现代化有程度上的差异，要衡量和评价教育现代化的水平，一般需要建立标准化、系统化的指标体系，通过对各项指标进行量化处理，以数据集成大小评判其水平高低。通常，教育现代化的指标体系是动态发展的。有论者以普及教育、公平教育、优质教育、终身教育和教育体制为维度，描绘了中国教育基本现代化指标体系的构成。各维度下又各有二级指标，形成 20 个二级指标，有些指标具体到了三级指标，如表 1 所示。〔曾天山：《基本实现教育现代化，构筑强国之基》，载《人民教育》，2011(20)〕

表 1　教育现代化指标体系构成

	一级指标	二级指标	三级指标
教育现代化指标体系	教育普及	1. 1 学前教育毛入学率	
		1. 2 初等教育完成率	
		1. 3 高中教育毛入学率	
		1. 4 高等教育毛入学率	
		1. 5 平均受教育年限	
	教育公平	2. 6HDI 中不平等调整后教育指数损失率	
		2. 7 困难群体帮扶比例	2. 7. 1 家庭经济困难子女资助比例
			2. 7. 2 残疾人受教育比例
			2. 7. 3 进城务工人员子女义务教育入学率
		2. 8 男女性别平等指数	2. 8. 1 小学阶段毛入学率的性别均等指数
			2. 8. 2 初中阶段毛入学率的性别均等指数
			2. 8. 3 高中阶段男女生比例
			2. 8. 4 高等教育毛入学率的性别均等指数

续 表

	一级指标	二级指标	三级指标
	教育质量	3.9 财政性教育经费/公共教育经费占 GDP 比例	
		3.10 教师培训比例	3.10.1 小学经过培训教师比例
			3.10.2 初中经过培训教师比例
			3.10.3 高中经过培训教师比例
		3.11 生师比	3.11.1 小学生师比
			3.11.2 初中生师比
			3.11.3 高中生师比
			3.11.4 普通高校生师比
		3.12 平均班额	3.12.1 小学平均班额
			3.12.2 初中平均班额
		3.13 信息化水平	3.13.1 生机比
			3.13.2 入网率
		3.14 国际化程度	3.14.1 高等教育中留学生所占比例
	教育体系	4.15 职业教育比例	4.15.1 初中职业教育学生的比例
			4.15.2 高中职业教育学生的比例
			4.15.3 高等职业教育学生的比例
		4.16 私立学校比例	4.16.1 小学私立学校学生比例
			4.16.2 初中私立学校学生比例
			4.16.3 高中私立学校学生比例
			4.16.4 高等教育私立学校学生比例
		4.17 终身教育水平	4.17.1 继续教育参与率
			4.17.2 社区教育三级网络覆盖程度
	教育体制	5.18 学校办学自主权	5.18.1 高等办学自主权
			5.18.2 普通高中和中等职业学校
		5.19 学校民主管理水平	5.19.1 教师参与率
			5.19.2 家长参与率
		5.20 学校管理效益	5.20.1 非专任教师比例

也有论者将教育现代化的监测和评价聚焦在八个方面，即教育理念、体系建设、投入保障、管理制度、教育普及、教育质量、教育公平和服务贡献，然后分别设计了涵盖若干定量和定性分析的二级指标及其要素，构成教育现代化监测评价指标体系，如表2所示。〔董焱等，2012(21)〕

表2　教育现代化指标体系（根据不同指标整理得出）

	一级指标	二级指标	指标要素（评价点）
教育现代化指标体系	1. 教育理念	1－1 教育优先发展	1. 经济社会发展规划中优先安排教育发展；2. 财政资金优先保障教育投入；3. 公共资源优先满足教育和人力资源开发需要
		1－2 实施素质教育	1. 坚持以人为本；2. 坚持德育为先；3. 坚持能力为重；4. 坚持全面发展
		1－3 促进终身学习	1. 广泛开展城乡社区教育，重视老年教育，将终身学习变成居民生活发展的部分；2. 建设各类学习型组织，提供方便、灵活、个性化的学习条件；3. 提供优质、多样的终身学习机会和教育模式，搭建终身学习"立交桥"；4. 倡导公民阅读并逐步取得成效
		1－4 推进科学决策	1. 规范决策程序，重大教育政策出台试行公开听证制度，听取群众意见；2. 发挥专家和社团的智囊作用，为教育决策提供咨询服务；3. 推进教育政务和政策信息公开，形成教育决策实施监测评估和问责制
	2. 教育公平	2－1 义务教育均衡协调度	1. 区县间教育差距（小学、初中教师水平、生均经费水平、办学条件水平等）；2. 城乡间教育差距；3. 区县内公办学校间教育差距（师资水平、办学条件、办学质量、管理水平）
		2－2 困难和特殊人群教育保障	1. 农村学前教育政府投入比重；2. 各级学生资助水平；3. 进城务工人员子女公办中小学校就读率；4. 农村留守儿童少年或进城务工人员子女及残疾儿童校内外学习生活指导及服务水平

续 表

一级指标	二级指标	指标要素(评价点)
3. 教育质量	3－1 提高中小学学生综合素质	1. 提高学生道德与心理素质,增强学生知识文化素养,增强学生体质和艺术素养,培养学生创新意识和动手能力;2. 配足配齐教师、开足开齐课程
	3－2 毕业生职业能力及就业水平	1. 学生就业水平;2. 职校和高校毕业生职业能力及适应性(学生整体就业水平;毕业生职业素质;工作适应程度;职业发展能力)
	3－3 教育信息化水平	1. 基础教育每百名学生拥有数字资源量;2. 基础教育百名学生计算机比例
4. 保障水平	4－1 经费投入水平	1. 各级教育生均经费水平或生均经费指数;2. 居民投入;3. 高校科技活动经费投入系数
	4－2 师资配置水平	1. 基础教育师资配置;2. 中职教育师资配置;3. 高等教育师资配置;4. 教师专业发展保障(提供科学合理的培训内容、培训模式;保证教师有充足的培训机会;提供教师培训经费的保障)
	4－3 办学条件水平	1. 小学、初中教育五项指标学校达标率;2. 基础教育学校校园网建网学校比例;3. 各级教育生均仪器设备水平
	4－4 科学配置资源机制	1. 健全人才培养合作机制;2. 建立形成以提高质量为核心的综合性、科学多元的教育评价机制;3. 健全以政府投入为主、多渠道筹集教育经费的体制机制;4. 健全主体多元、形式多样的办学体制,探索扶持民办教育发展的相关机制
5. 管理制度	5－1 政府职能创新	1. 政府职能定位准确;2. 政府的管理权限与责任范围划分清晰,明确自身责任和义务;3. 积极改进政府管理方式
	5－2 贯通教育与社会及企业联系	1. 社区、家长有效参与中小学教育管理及合力育人机制,参与学校评价与监督;2. 行业企业有效参与职校管理,完善职业学校多样化校企合作模式;3. 形成公共社区支持高校内涵发展的有效机制;4. 博士后流动站比例、国家重点实验室与国家工程研究中心比例及本地高校R&D经费外部支出中对国内企业、国内研究机构支出比例

续 表

一级指标	二级指标	指标要素(评价点)
	5－3 现代学校制度建设	1. 公办中小学治理结构完善;2. 推进依法办学,切实落实和扩大学校办学自主权;3. 健全民办学校治理结构;4. 现代大学制度建设
	5－4 政策法规建设与执行	1. 及时有效完善政策法规;2. 严格依法行政、依法治校,保证政策法规贯彻的顺畅和有效落实;3. 健全监督、问责制度,积极发挥人大等部门的监督责任
6. 教育体系	6－1 教育内部衔接沟通	1. 中职与高职有效贯通;2. 职业教育与普通教育有效沟通(普职比、职教生学习通道建设);3. 职前教育与职后教育有效衔接;4. 学历教育与非学历教育协调发展
	6－2 教育开放程度	1. 教育资源向社会开放(校园公共活动场所向社会开放共享;科技文化等社会公共资源向教育开放共享;教育智力资源有效服务公共社区);2. 地方普通高校在校生中留学生的比例;3. 地方普通高校境外进修教师占进修教师的比例;4. 地方普通高校招收外地生源比例
	6－3 学科专业结构适应性	1. 地方高校学科专业类型和结构层次与区域产业结构优化升级相适应,结构性失业情况较少;2. 中职专业调整与区域产业行业对高素质劳动者及技能人才需求相适应,结构性失业情况较少;3. 形成与区域产业行业需求变化相适应的学科专业动态调整机制
	6－4 继续教育便利性	1. 从业人员培训系数;2. 继续教育适应性(提供满足人各个年龄阶段继续教育需求的资源;在时间、地点和机制建设方面满足随时随地、方便灵活的接受教育的需求;提供个性化的教育内容形式、方式和学习条件)
7. 教育普及	7－1 综合普及程度	1. 基础教育入学率;2. 按常住人口分析每 10 万人口高等教育在校生数
	7－2 基础教育巩固水平	1. 中、小学巩固率(辍学);2. 义务教育完成率;3. 义务教育阶段残疾适龄少年儿童接受教育情况

续 表

一级指标	二级指标	指标要素(评价点)
	7-3 学前教育发展	1. 小学一年级学生中接受过一年以上学前教育的比例；2. 适龄儿童尤其是农村适龄儿童学前教育入学情况
8. 服务贡献	8-1 人力资源贡献	1. 成人识字率；2. 就业人员中专科及以上人口所占的比例；3. 每十万人口中接受高中及以上教育人口数；4. 当地紧缺人才可获得性(高层次创新型科技人才的可获得性；现代服务业人才的可获得性；与本地产业需求相一致的高技能人才的可获得性)
	8-2 经济贡献	地方高新技术产业总产值占 GDP 的比重
	8-3 科技创新与服务贡献	1. 每十万人口中 R&D 人员数；2. 科技服务成果

还有论者把关注的对象投向现代化的办学标准，认为现代化办学标准是推进教育现代化的重要举措与保障，并结合江苏省义务教育阶段学校现代化发展情况，构建了6大领域45个指标体系的办学标准，如表3所示。其中，“硬件建设”规定了学校设施设备的需要，是现代化办学的基本条件；“师资队伍”规定了教师配置及素养的需要，是现代化办学的重要主体；“经费保障”规定了经费投入及使用的需要，是现代化办学的关键保障；“办学行为”指向过程性的教育工作，是现代化办学的主要抓手；“教育质量”指向结果性的层次水平，是现代化办学的内涵要求；而“文化建设”则指向学校整体性革新与内在自觉，是现代化办学的旨归。〔孙向阳，2012(35)〕

表3 “义务教育学校现代化办学标准”指标体系

领域	指 标
硬件建设	班额与轨数、生均占地面积、体育设施与绿化用地、办公用房与专用教室、教育技术装备、技术设备与图书资料及其更新率、残疾学生设施
师资队伍	班师比、校长及专任教师的学历达标率、骨干教师比例、教师专业发展规划、师德建设、教师教育教学及研究能力、教师流动制度
经费保障	生均公用经费增长率、专项经费增长率、财务制度及教师培训经费、教师奖励专项基金、贫困生及优秀生的经费支持

续 表

领域	指　标
办学行为	考试制度、课程创新实施、合理课业负担、素质教育实施评价体系、校园安全、现代学校制度、校际交流与合作、现代教育技术运用
教育质量	学生的个性及全面发展观、德育的实效性、教学的有效性、学生活动的丰富性、师生良好的心理品质、学生学业合格及优秀率、学生体质健康及优秀率、学校满意度
文化建设	素质教育的办学理念、学校的系统形象设计、学校的课程特色、道德领导、学生社团、社区文化资源互动、学校文化的传承与创新

(二) 区域教育现代化

区域教育现代化是指在国家教育发展总目标指导下，结合本区域经济和社会发展、人口结构、人文传统等特点，将区域内各级各类教育的改革和发展，围绕现代化目标进行整合和整体推进，以实现区域范围内经济社会与教育的协调发展。〔董凌波等，2012(11)〕区域教育现代化是国家教育现代化的基础、前提和重要内容，〔李亚娟，2012(1)〕教育现代化的实现必定要求区域教育现代化的普遍达成。

1. 区域教育现代化个案

(1) 杭州市下城区

浙江省杭州市下城区在以教育生态理论引领和促进区域教育现代化发展的过程中，逐渐清晰了“好的教育”认识，认为“好的教育”是教育发展的共性追求，是教育生态理论的内在价值依归，也是区域教育现代化发展的现实必然。“好的教育”主要有以下几方面举措：

① 理论塑形。提炼了“好的教育”的五个核心要义：敬畏生命作为教育生态理论的基本立场；教育以人为目的作为教育生态理论的根本追求；生态智慧作为教育生态理论的主要策略与方法；教育基因作为教育生态理论在教育管理和组织建设中的基本特质；生态课堂的教学伦理作为教育生态理论在教学质量提升上的基本出发点。

② 顶层设计。一是将“高位均衡”作为区域教育发展的政策取向，明确了“高覆盖”、“高水平”、“高均衡”的发展基调；二是将“轻负高质”作为区域教育发展的核心任务，通过再生性的区域教育资源共享机制设计，以再生性的资源共建和共享激发教育

资源的内在活力。

③ 品牌塑造。开展“区域学校特色品牌建设”行动。首先，坚守教育多样、公平、优质的教育信念；其次，积极探索包括校园文化、校本课程开发、学生社团活动等载体在内的学校特色；再次，建立学校特色品牌督评机制，开展发展性综合督导评估，并以学校发展规划为主要评价依据，逐步建立了“创建思想、规划设计、组织实施、目标管理、队伍建设、特色成效”等维度的学校综合办学水平的评估体系。

④ 课堂建设。“好的课堂”是“好的教育”实践形态的终端，是区域教育质量的核心内容。首先，进行生态课堂理念探究，逐步形成“动态平衡”、“轻负高质”的本质，“尊重生命、联系生活、自然生动、平衡生成”的基本原则，“整体、多样、联系、发展”的特性，以及“师生同情”的伦理基点；其次，重视生态课堂的区际平台建设，邀集区内外教学名家与教师，共同探讨学生学习方式的变革，为教师提供专业发展平台；再次，帮助全区教师建立起“重视教育生态，以学生发展为本”的课堂教学改革思想，构建生态课堂教学的新体系，完善生态教学新理论。

⑤ 质量监测。一是确立质量监测的维度，即以学生为监测核心和以课堂教学（生态课堂）、教师队伍、家庭环境、办学条件、经费投入为监测因子的体系；二是采用多种技术进行测量，并逐步形成监测标准和指标体系—研发监测工具—进行数据采集—数据分析处理—报告撰写—监测结果应用的监测路线；三是完善监测的保障措施，主要包括经费保障、组织保障和制度保障；

⑥ 开放办学格局。“好的教育”的实现离不开区域教育的开放性与全员性，因此构建了促进区域开放办学的政府、学校和社会三方支持系统。〔周培植，2012(3)〕

(2) 广东省佛山市

广东省佛山市在2010年成为全省首个所有区（县）都通过“广东省推进教育现代化先进区”评估的地级市。主要在教育现代化建设目标、建设路径和建设观三方面进行了有益探索：

① 在建设目标上，关注教育现代化建设目标的动态性和阶段性、适切性和针对性。自改革开放以来，佛山市先后经历“九五”普及时期教育全面普及、“十五”教育强市时期教育物质建设、“十一五”教育现代化试点市时期教育内涵建设和体系建设三大发展阶段。当前，正在进入“十二五”时期教育综合改革工作阶段，这一阶段以“人的现代化”为目标，以体制机制改革为突破口，致力于教育能力建设，努力建成均衡型、开放型和终身型全面优质发展的现代教育体系。同时，佛山市注意根据教育的供给和需

求、人力资源的流动以及自身经济社会发展状况来确定区域教育现代化的目标。

② 在建设路径上，坚持自上而下和自下而上相结合，注重发挥政府在教育现代化建设中的主导性和人民群众的创造性。坚持自上而下的路径，可以充分发挥政府的主导作用，这种作用主要表现在：第一，坚持教育优先战略，实行目标规划引领，稳步推进教育现代化；第二，坚持制度设计，推动教育管理体制机制改革，形成了推进教育现代化建设的“市区共创、城乡共建、社会齐参与”的教育管理新模式；第三，建立现代公共服务型、法治型、绩效型政府，使政府转变为公共教育的有效提供者和投入者，良好的政策研究、制订和执行者，充分的信息提供者，市场的监督和协调者，高绩效和负责任的组织者。同时，也要坚持自下而上的路径，强调学校、教师与学生的主体地位和作用。

③ 在建设观上，注重处理好教育均衡与优质、教育公平与效率、教育封闭性与开放性、教育规范化与多元化四对关系。一是追求优质的均衡，各地区通过教育内涵建设和能力建设提升均衡发展水平；二是追求有质量的公平，确立公平与效率兼顾、均衡与优质并重战略，同时，坚持以质量促均衡、以提升促整体、以发展促公平，通过进一步教育体制机制改革，建立更加充分多样的教育供给体系，满足更加多样化的教育需求；三是建设开放型和终身型教育，让教育向所有人开放，向人的终身发展开放，向教育的外部开放，使教育更富有弹性和包容性，通过转变人才培养模式，促进学生的多样化、个性化和创新发展；四是实现标准与个性共存，使教育在一定标准基础上获得多样化发展。〔李亚娟，2012(1)〕

2. 城乡教育一体化现代化

有论者认为，城乡教育一体化是我国教育现代化的核心要素，城乡教育一体化现代化是我国教育现代化的理性目标模式。

① 含义——城乡教育一体化现代化，是指以城乡教育一体化为主线，以统筹城乡教育公共服务均等化、全面实现人的现代化为目标，探索完善城乡教育互动、共同进步的模式、途径和机制，从而使城乡教育由传统教育转化为现代教育的发展变革过程。其核心内容是“三个基本实现”：一是在普及学前三年教育、九年义务教育和高中阶段教育基础上，全国城乡基本普及 15 年教育；二是在全面发展成人继续教育基础上，全国城乡基本形成学习型社会；三是在逐步缩小城乡教育在办学条件、师资水平、教育技术、教学质量等方面差距的基础上，全国城乡基本实现教育公平。其重点是“缩小城乡教育差距”，突出“基本全面实现”。

② 标准——(a)坚持高水平高质量普及标准,全面普及15年教育,全面建成惠及全民的学习型社会,实现城乡教育发展水平的现代化。(b)坚持教育公共服务均等化标准,推进城乡教育均衡发展,实现城乡教育的全面公平。(c)坚持学校建设标准化、特色化标准,全面优化教育资源配置,实现城乡学校布局和教育体系的现代化。(d)坚持个性化教育标准,全面推进教学创新,实现教育教学体系的现代化。(e)坚持创新性教育标准,全面实施素质教育,创新培养模式,实现教育教学制度的现代化。(f)坚持学习型社会标准,全面推进城乡学习型组织建设,实现终身教育的现代化。(g)坚持教师队伍高层化、专业化标准,全面提高教师素质,实现教师队伍的现代化。(h)坚持开放性教育标准,全面推进教育交流合作,实现教育发展环境的现代化。(i)坚持教育信息化标准,全面推进数字化教学,实现教育技术的现代化。(j)坚持教育管理科学化标准,全面提高城乡学校校长素质,实现教育管理现代化。

③ 目标——包括事业发展目标、教育公平目标、教育机制目标和教育体制目标。

(a)教育事业发展的现代化目标:到2020年,基本实现城乡教育一体化现代化,基本形成城乡一体化学习型社会。具体包括:全面普及城乡教育现代化,职业教育城乡一体化现代化,形成城乡一体化的终身教育体系,全面提升城乡教育质量。(b)全面推进城乡教育公平,主要指实现城乡居民教育权利的公平、教育机会的公平、教育质量的公平。(c)建立城乡教育一体化现代化统筹机制,这是城乡教育一体化现代化的关键。努力做到十个统筹:统筹城乡教育发展规划与空间布局;统筹城乡学前教育、基础教育、职业教育和成人继续教育;统筹城乡办学标准和教育质量标准;统筹城乡生源与学生就学;统筹城乡学校办学条件改善;统筹城乡教师队伍建设;统筹城乡教育经费投入;统筹城乡教学资源;统筹城乡教育教学工作;统筹城乡督导评估。(d)建立完善与城乡教育一体化发展相适应的基础教育和职业教育管理体制,基础教育实行"在国务院领导下,实行各级政府分工负责,省市统筹,县为基础"的管理体制;建立"以城带县、省市县分管、设区市统筹"的职业教育管理体制。〔韩清林等,2012(8)〕

(三)推进教育现代化的策略

1. 促进教育理念变革

① 树立科学的教育观——教育理念直接决定着个人的教育选择行为和公共教育政策的价值取向。实现教育现代化要求促进人的现代化,人的现代化的实现需要以人

的思想为先导，所以推进教育理念变革，就是要树立“促进人的发展、为人的发展而服务”的思想，紧扣人才培养这个中心，按教育规律办教育，使教育的功能使命得以全面发挥，促进受教育者的全面发展、个性发展，促进社会文明进步，实现教育本质属性的回归。〔赵应生等，2012(1)；程恩思等，2012(11)〕

② 秉持“城乡一体化”理念——主要是指对城乡教育进行统筹规划、整体布局，通过加大对农村教育的扶持力度，促进城乡教育在教育政策上平等、国民教育待遇上一致、教育事业发展上优势互补、教育资源上合理配置城乡共享、教育质量上共同提高，以及在教育公平上全面推进，使均衡化的公共教育服务覆盖城乡，缩小乃至消除城乡教育差距，实现城乡教育均衡发展、协调发展。〔韩清林等，2012(8)〕

2. 加强政府管理

① 落实各级政府责任，建立城乡一体化的教育领导体制——强调政府责任，进一步明确中央、省、市、县、乡各级政府在推进城乡教育一体化进程中在经费、教师、教学、督导评估等方面统筹责任，构建动态均衡、双向沟通、良性互动的教育制度和机制，实现以城带乡、以乡促城、相互依存、互补融合、协调发展的城乡教育关系，逐步消除城乡教育二元结构，实现城乡教育均衡发展。〔韩清林等，2012(8)〕

② 转变政府职能，破除体制机制障碍——以中央向地方放权、政府向学校放权为重点，合理定位政府职能，改善政府调控方式，建立高效、廉洁的公共教育行政体制机制。一要厘清中央政府和地方政府的权责划分，改变一直以来举办教育的主要责任在地方，但管理教育的权限和发展教育的资源集中在中央政府的局面，优化教育管理体制。二要切实履行政府教育服务职能，优化教育结构；节制政府职能越位现象，落实各级各类学校办学自主权。三要改进政府履行职能的方式，变“行政命令”为“服务指导”。〔赵应生等，2012(1)〕

3. 落实经费保障

① 完善教育财政体制——(a)以事权与财权相统一为原则，调整现行税收分配比例。选择“维持现行教育事权而调整财政体制”的路径，即维持“县级政府除了承担义务教育经费之外，还要分担学前教育、中等职业教育、继续教育和特殊教育经费”的教育事权，按照中央财政和地方财政各自分担约20%和80%的要求，调整现行税收分配比例，同时确保地方财政性教育经费支出不低于地方财政总收入的35%。(b)建立4%的统筹协调机制。首先，强化和完善法律法规对4%的统筹协调机制。既要求各级政府严格执行财政性教育经费的“三个增长”和“两个比例”，又要以法规形式对中央

和地方财政在全国财政性教育经费支出中的合理比例做出规定，同时对中央财政性教育经费经常性支出项目、持续性转移支付项目等做出规定，并规定以财政部为主（会同国家发改委、教育部）统筹协调中央各部门用于教育的支出项目。其次，强化、完善对4%的预算和预算执行统筹机制。以国务院发改委为主在每年度向全国人大提交审议的年度财政预算规划中，提前规划4%的中央财政支出预算安排。各级政府以发改委为主，制定本级财政预算规划中的财政性教育经费支出预算，并上报上级政府，最后由国务院统筹协调年度4%的财政支出预算安排。同时，以财政部为主，建立4%预算执行信息汇总和预算执行纠正机制，及时协调和处理4%实现过程中的问题。再次，强化、完善4%的目标责任制、绩效考核制和教育督导体制。以国务院文件的形式，明确各级政府在实现4%方面的目标责任，形成系统的实施体系；制定绩效考核指标体系，将实现4%与推进基本实现教育现代化结合起来；建立对4%及基本实现教育现代化绩效的专门教育督导体制，定期公布专门教育督导报告，强化整改和风险防范机制。〔文新华等，2012(1)〕

② 加大对基础教育和农村教育经费的投入力度——(a)强调中央和省级政府责任。按照投入主体重心上移的原则，调整中央、省、市、县四级对15年普及教育的投入结构，力求中央、省、市、县四级在义务教育、学前教育和高中阶段教育经费的投入比例达成4∶3∶1∶2，县级政府主要以管理为主，乡镇政府对义务教育经费的投入责任基本免除。(b)调整教育内部投入结构，提高基础教育特别是义务教育、学前教育财政投入的比例。(c)进一步发挥国家财政促进区域教育均衡发展的调控能力。国家要重视推进城乡教育一体化，义务教育经费全部由政府承担，学前教育、高中段教育逐步提高政府分担的份额和比例；经费进一步向农村地区和经济欠发达地区倾斜，确保普及教育财政资金在区域之间、城乡之间配置均衡；提高经济落后地区生均公用经费水平，保证每所学校都能具备最基本的办学条件。〔韩清林等，2012(8)〕

4. 优化教师专业发展

① 促进教师现代化——教师素质决定着学生的个性化成长，因此，学校要搭建平台，将校本培训和校本教研有机融合，促进教师专业成长。〔朱海洋等，2012-12-18〕也有论者认为，教育现代化应该在终身教育思想指导下，按照教师专业发展的不同阶段，对教师职前培养，入职培训及在职研修通盘考虑、整体设计，实行对教师连续性、可发展的一体化的教育。〔程恩思等，2012(11)〕

② 加强教师队伍建设——(a)从顶层设计上寻找出路。把特岗教师政策上升为

国家教师制度；建立和完善中小学、幼儿园教师专业资格标准和教师教育课程标准。(b)建立城乡统一的教育人事制度。实行城乡统一的教职工编制制度，对边远乡村编制倾斜；完善教师准入和新任教师公开招聘制度、教师考核评价机制、教师转岗和退出机制，建立专业技术职务评聘与岗位聘用相结合的用人制度；鼓励和引导优秀人才到农村学校从教。健全教师流动机制，探索多样化教师交流模式。义务教育教师要依法实行城乡之间、学校之间定期交流。(c)实行全国城乡一体化的教师工资制度。建立全国统一的义务教育教师工资保障机制，实行全国统一的教师最低工资标准；尽快制定全国统一的最低农村教师工资津贴标准，对农村中小学教师实行地方工资加国家津贴的双轨制度。(d)统筹城乡教师专业成长和培训，构建学习型教师组织，促进各类教师群体专业成长；教师继续教育经费投入按不低于教师工资总额的5%的比例拨付；健全培训体系，完善培训网络，加强培训力度，全面提升教师队伍业务素质。(e)统筹城乡校长队伍建设。倡导教育家办学，注重选拔有思想、有追求、有能力、有魄力敢于创新的教育管理人才；实行城区优秀校长到乡村学校定期任职制度。〔韩清林等，2012(8)〕

5. 统筹教育分化与整合

有论者认为，我国基本实现教育现代化的路径是教育在推进教育分化和整合的总体进程中，促进自身分化与整合，实现现代性的增长与发展。具体来说就是实现教育利益，教育体系结构，教育资源配置和质量内涵，教育体制机制的分化和整合。

① 以教育利益分化与整合为价值目标——寻求教育利益的平衡点和契合点，通过制度创新，实现以统筹为基本方法的教育利益共享。即是说，教育改革和发展应积极顺应人民群众对美好生活的新期盼，着力解决人民群众在教育领域最关心、最直接、最现实的利益问题，按照“共同建设、共同享有”的原则，促进教育利益分配公平；同时，以“统筹兼顾”为根本方法，基于现阶段各种利益差别、矛盾，着眼利益共享的核心目标和长远目标，正确把握教育现代化进程中的重大教育利益关系，实现教育利益共享。

② 以教育体系结构分化与整合为实体框架——首先，促进教育层次结构分化与整合，形成包括学前教育、义务教育、高中阶段教育、职业教育、成人教育、高等教育、民族教育和特殊教育在内的中国特色现代教育体系。其次，促进教育类型结构分化与整合，为全体人民“学有所教”提供实现途径。保障公民依法享有接受良好教育的机会，提供更加丰富的优质教育，构建体系完备的终身教育体系。再次，促进教育模式和方

式的分化与整合，为人的发展和成才提供多样化途径。一方面要促进人才培养模式的分化，如多样化办学、多样化人才观念、评价多元化等；另一方面，要加强教育模式和方式的各要素、环节和过程的整合，注重各种教育类型及其功能的交叉渗透。

③ 以教育资源配置和质量内涵的分化与整合为条件保障——首先要促进教育资源配置的分化与整合，为教育体系结构的分化与整合垫实物质基础，同时，通过种种有效的整合举措促进教育资源的均衡配置。其次，提高教育质量是教育现代化的核心目标，理清教育质量内涵的分化（包括义务教育、高中教育和高等教育的重心和边界），采取有效的整合手段加以引导、规范和监督，为教育体系结构的分化与整合提供体系保障。

④ 以教育体制机制分化与整合为动力——首先，促进教育体制机制的分化，推进人才培养体制和模式的分化与整合，培养能适应社会主义市场经济体制的人才；推进办学体制分化，健全政府主导、社会参与、办学主体多元、办学形式多样、充满生机活力的办学体制；政府在教育管理体制上加强分化，理顺政府与学校关系。其次，促进教育体制机制的整合。加强对人才培养体制的整合，包括人才培养模式、考试评价和招生录取制度的整合；加强对学校办学体制机制的整合，明确学校自主办学、自主管理的理念，并接受师生员工和社会的监督；加强对教育管理体制机制的整合，明确各级政府之间以及政府与学校、市场、社会之间“外移”、“让渡”的关系，实现政府职能的有效转变，为学校充分行使办学自主权，依法办学、自主管理创造制度条件。〔阮成武，2012(17)〕

（四）教育发展方式转变

有论者认为，我国理想的教育目标与教育的实际结果存在反差。教育发展方式是让教育目标转化为现实的桥梁和路径。要改变教育结果，缩小教育发展的实际结果与理想目标的差距，客观上需要转变教育发展方式。〔褚宏启：《论教育发展方式的转变》，载《教育研究》，2011(10)〕

1. 教育发展方式转变概述

(1) 内涵

有论者认为，教育发展方式是指基于一定的教育价值观念，设定适当的教育发展目标，通过对教育过程要素的配置和使用，实现教育发展目标的方法和模式。影响教育发展方式选择的因素主要涉及以下五方面：①对教育根本属性的认识。“教育是培养人的活动”是对教育根本属性的基本判断，教育不仅要向受教育者传授知识和技能、促进人的发展，而且还肩负着一定的社会功能和使命。②教育发展主体和客体的定位。政府是教育发展最主要的推动力量，是教育发展的第一主体；教师和学生，是教育活动的直接对象，是教育发展的主要客体。教育发展成效通过教师和学生体现。③教育发展的目标和任务。选择教育发展方式，重要前提是明确教育发展的目标任务。影响教育目标任务定位的因素主要有四个方面：教育价值观念、社会属性、社会发展阶段和国家发展战略。④对教育发展过程要素的重新组合和调配。教育发展方式的差异，直接体现为教育发展过程中人力资源、财力资源、物力资源、制度和管理等要素组合的差异。转变教育发展方式，就是要通过教育发展过程要素的组合，改变不合理的教育资源配置方式，不断完善教育资源配置机制。⑤教育发展的结果及效果评价。这直接影响甚至决定教育主体和客体的行为，以及教育资源的配置。影响教育发展结果和效果评价的因素主要是教育价值取向和社会观念。〔赵应生等，2012(1)〕

(2) 内容框架

有论者认为，教育发展方式转变主要涉及三个问题：一是教育发展主要依靠哪些要素？二是单一要素如何优化？三是不同要素怎样组合？教育发展并非某一单一因素促成的，也不是多个发展要素的简单相加，而是不同要素的合理组合，这是教育发展方式转变的核心。〔褚宏启：《论教育发展方式的转变》，载《教育研究》，2011(10)〕教育发展方式转变所追求的是更有效率、更加聪明的发展，具体内容包括：调整教育结构；转变学生的学习方式；转变教师的教学方式；转变学校的教研方式；转变学校管理的方式；转变教育从业人员的培训方式；转变教育研究的方式；转变政府教育行政的方式（即转变政府教育行政职能）；转变针对政府的教育行政考核问责的方式。这九种方式的转变可以进一步概括为教育发展的三条线路，即结构线路、制度线路、技术线路，如表 4 所示。其中，技术线路是教育发展方式转变中的柔性变革，主要关注微观层面的教育内容，如转变学生的学习方式、转变教师的教学方式、转变学校的教研方式、转变教育从业人员的培训方式、转变教育研究的方式都属此类范围。相对而言，结构线路和制度线路则属于刚性变革，其中，结构线路与教育发展方式转变中“调整教育结构”的要求直接对应，制度线路则与转变学校管理的方式、转变政府教育行政的方式、转变教育行政考核问责的方式相对应。与此同时，教育发展方式转变既是学校的责任，也是政府的责任。在微观教育活动层面，学校承担更多的责任，在宏观统筹规划层面，政府承担更多的责

任。〔贾继娥等,2012(2)〕

表4　教育发展方式转变的内容框架

<table>
<tr><th>路　径</th><th>内　容</th><th>层　面</th></tr>
<tr><td>结构路径</td><td>调整教育结构</td><td rowspan="3">区域宏观层面</td></tr>
<tr><td rowspan="3">制度路径</td><td>转变教育行政考核问责的方式</td></tr>
<tr><td>转变政府教育行政的方式</td></tr>
<tr><td>转变学校管理的方式</td><td rowspan="4">学校微观层面</td></tr>
<tr><td rowspan="5">技术路径</td><td>转变学生的学习方式</td></tr>
<tr><td>转变教师的教学方式</td></tr>
<tr><td>转变学校的教研方式</td></tr>
<tr><td>转变教育从业人员的培训方式</td><td rowspan="2">区域宏观层面</td></tr>
<tr><td>转变教育研究的方式</td></tr>
</table>

(3) 任务

有论者认为,转变教育发展方式的总体目标是革除既往发展方式的弊端,为教育发展注入动力、增添活力,实现教育的科学发展。根据这一目标,转变教育发展方式有五大任务:

① 全面提高教育质量,实现内涵发展。强化教育内涵建设,把工作重心从以规模扩张和空间拓展为特征的外延式发展,转移到以提高质量为核心的内涵式发展上来;研究各级各类教育质量标准,开展教育质量评估,并以此为依据引导和督促学校真正重视内涵发展;同时,深化对教育教学规律和人才成长规律的研究,加快教材、课程、教法等方面的变革。

② 不断优化教育结构,实现协调发展。优化教育结构,大力发展学前教育和中等职业教育、加快普及高中阶段教育、适度发展高等教育,促进各级各类教育协调发展;根据经济社会发展现实需求,及时调整学科和专业结构,使教育发展与经济社会发展相协调。

③ 落实以人为本,促进学生全面发展。全面实施素质教育,提高学生的学习能力、实践能力和创新能力,针对不同学生的特点,为其个性发展、特色发展创造条件。

④ 深化体制机制改革,加强教育基本制度建设。一是保障教育优先发展,进一步明确各级各类教育的基本办学标准和生均投入标准,完善政府教育投入责任落实的制

度；二是教育内部质量保障，完善符合教育规律和适合我国国情的现代学校制度，研究出台各级各类教育质量标准，建立和完善教育质量评价制度；三是教育外部监督，进一步完善教育督导、审计监督等相关制度。

⑤ 优化教育资源配置，切实保障公平效率。围绕公平与效率两大目标，进一步促进基本教育公共服务均等化，进一步扩大教育资源，充分发挥教育资源的利用效率。〔赵应生等，2012(1)〕

2. 教育发展方式转变的路径

(1) 调整教育结构

调整教育结构是一种宏观的教育实践活动，目的是使教育结构与就业结构、产业结构相匹配，提高教育体系的整体效能，实现各级各类教育的协调发展。优化教育结构，要从以下几方面着手：①更新教育发展理念，树立质量提升、内涵发展的理念；②优化教育类别结构，提高职业型、应用型、非正规教育在教育体系中的结构比例；③优化教育专业结构，注重不同层级教育在专业设置上的衔接性；④优化教育区域布局，注重大区域的教育协调发展及区域内部的教育互补性；⑤建立与教育结构调整相配套的评价问责制度，相关制度设计应以促进教育结构优化为目标，以教育结构是否能有效适应就业结构和产业结构的现状和变化趋势为判定标准，明确阶段性和操作性目标，并纳入相关责任主体的政绩评价指标体系；⑥建构英才教育体系，将英才教育纳入到教育体系中去。〔高莉等，2012(3)；贾继娥等，2012(3)；高莉等，2012(5)〕

(2) 转变学生培养模式

提高教育质量、注重内涵发展是教育改革与发展的核心任务，其中，学生培养模式是影响教育质量提升的关键环节。学生培养模式的转变要从教师、学校和政府三个层面进行。

① 教师要更新教学观念，视学生为主动参与课堂的创造者，引导学生大胆阐述并讨论各自的观点，让学生认识已获结论的有效性，并对结论进行总结评价；要加强教师培训，优化教师的知识结构，提升教学素养；要提高教师运用现代信息技术的能力，实现现代信息技术与教学活动的有机整合。

② 各级各类学校应该关注每位学生的发展变化，为每位学生的健康成长创造有利环境；始终将学生的全面发展置于首位，除了关注学生的学业成绩外，适当增加一些可测量的、反映学生发展变化的身心发展性指标；此外，建立学生档案袋，强化增值性评价的观念。

③ 政府对改革学生培养模式的作用主要表现为两个方面:第一,明晰各级各类教育的培养目标。具体到基础教育阶段,应该传授给学生基础文化知识和实践技能,培养其创新精神和创新能力,为其后续的终身学习、自主学习、自主发展打下基础。第二,建立健全学生培养质量保障制度,包括质量标准、监测和评价制度、问责和改进体系等组成部分。在制定学生培养质量的基本标准方面,应该兼顾地区之间、城乡之间的差异性,还要兼顾学生的知识与能力、身体与心理等方面的全面发展,同时还要兼顾不同阶段教育的衔接问题;在建立学生培养质量的监测与评价制度方面,不仅要看重学生的学习结果,也应关注教学过程;在建立健全学生培养质量问责机制方面,以学生培养质量的基本标准为基础,强化教育督导中的"督政"环节,实行严格的问责制度;注意发挥家长和社会,尤其是第三方力量在问责机制中的作用,凸显学生培养质量监测与评价的公正性与客观性。〔王晓玲等,2012(5)〕

(3) 完善教育人才队伍建设

教育人才队伍主要是指教师、学校管理人员和教育行政人员三支队伍。提升三支教育队伍的总体素质,需要:①完善教师职前培养和教育培训体系。逐步推进以高师院校培养为主、综合大学与其他非师范院校参与培养为辅的定向型与非定向型相结合的教师职前培养体系建设,建立健全教师培训体系、学校管理者培训体系、教育行政人员培训体系三大体系。②提高职前培养水平和职后培训质量。首先,加强教师教育课程改革与教育培训课程建设,坚持教师职前培养和职后培训一体化的理念,努力做到学术性与师范性相结合,提高学生实践能力;培训课程设置突出核心和重点,反映参训者的现实需求,以问题为中心,向教育实践者提供有用的知识。其次,优化教师教育培养模式与教育培训模式,在培养内容、课程学习和实践教学中上探索"2+2教师教育人才培养模式",倡导"问题为本"培训模式。三加强高师院校教师和教育培训者队伍的自身建设。③加强教育人才队伍的标准建设和制度建设。坚持全面与重点相结合的原则,建立健全教育人事管理制度,分别建立健全教师、校长、教育行政干部的职责制度、资格制度、聘任制度、培训制度、考核和监督制度、职务晋升制度、薪酬制度以及相关的工作保障制度。〔贾继娥等,2012(5)〕

(4) 加强教育培训

加强教育培训,在结构路径上,应致力于教育培训体系的完善和教育培训机构建设;在技术路径上,应注重培训课程设置、培训模式优化、培训者专业化、加强教育培训研究,增强教育培训的科技含量;在制度路径上,应着重建立健全教育培训资源配置制度以及教育培训监督考核问责制度。其中，教育培训的结构路径和制度路径改革属于刚性改革，需要以政府为实施主体，技术路径改革属于柔性改革，应通过教育培训机构不断加强自身建设来实现。可以称之为“三大路径和八项配套改革措施”，如表5所示。〔贾继娥等，2012(3)；卢伟等，2012(3)〕

表5　教育培训改革的路径及要点

实施主体	改革路径	改革要点
政府(刚性)	结构路径	完善教育培训体系
		加强教育培训机构建设
	制度路径	教育培训资源配置制度
		教育培训考核、问责制度
培训机构(柔性)	技术路径	教育培训课程建设
		优化教育培训模式
		培训者群体专业化
		教育培训研究

(5) 加强教育研究

教育研究是教育发展方式转变的理论保障。要在教育研究上着力进行以下几方面探索：①明确现代教育研究的价值取向。增强教育理论者与教育实践者面向实践、面向时代的理论自觉，扎根教育实践，提倡面向实践的理论研究。②加强对教育研究的宏观管理与战略规划。一是建立自上而下的教育研究管理体系，明确定位教育研究管理部门的职责和权限，清晰其行政管理权力，增加综合管理职能；允许多层次、多渠道的研究主体(如民间学术研究机构、相关公益组织智库)进入教育研究领域，进行教育知识生产。二进行教育研究的内容规划与管理，加强宏观政策和发展战略研究，提高教育行政与教育决策的理性化水平；加强学校管理研究，尤其是学校变革；对微观课堂进行深度研究，重点对学生学的理念与方式、教师教的理念与方式进行深度研究。③提升教育研究主体的研究能力与水平。根据教育实践的现实需求，规划研究人员的培养模式与岗位设置，严格教育研究人员准入机制；对所有教育研究者进行研究伦理与研究方法培训，针对专业研究人员与实践人员的不同，分别倡导实证研究、小课题研究，改进研究方法，提升研究水平；倡导理论人与实践人的合作研究，在多主体合作中提升研究水平。④改进教育研究评价方式。根据教育研究的目的对教育研究的结果进行评价。同时，扩大教育研究的评价主体，让教师、学生、家长等利益相关人员参与到研究评价中。〔贾继娥等，2012(3)；孙金鑫，2012(5)〕

(6) 转变教育管理方式

转变教育管理方式，目的是为教育发展方式的其他几个方面的转变提供规则体系和奠定制度基础，确定各相关教育主体的评价标准并建立健全相应的激励与约束机制。主要包括教育行政方式和学校管理方式两个方面：

① 转变教育行政方式——(a)政府加强教育宏观统筹，形成教育发展的合力。统筹各级各类教育协调发展，优化学科专业、类型、层次结构和区域布局；统筹城乡、区域教育的均衡发展，促进区域教育有特色高质量发展；统筹教育发展中的人权、财权和事权，调整教育行政机构与职责。(b)优化教育评价体系，树立正确的目标导向。建立教育质量评价体系，明确教育质量标准，建立教育质量监测制度，完善监测评估体系；明确不同主体责任，使教师、学校、教育行政部门形成合力，协同发挥作用。(c)转变教育资源管理方式，为教育发展提供条件。以转变教育财政支出结构为重点，使教育资源在区域、教育层次、教育类别、内部结构等方面得到合理配置；还要树立“以人为本”的思想，实现从管理向服务的转变。(d)建立教育问责制度，完善发展目标的实现机制。教育问责制主要是明确不同主体的责任、建构问责的指标体系、同体与异体问责相结合、完善问责的奖惩制度和救济制度。

② 转变学校管理方式——(a)学校要明确“服务教育教学”的目标，建立现代学校制度。学校管理的目标是为每个学生提供适合的教育，因此，中小学要进一步完善校务会议等管理制度，建立健全教职工代表大会制度，完善科学民主的决策机制，形成现代学校制度。(b)提升校长教学领导水平，加强教育教学管理。校长应及时更新领导理念与课程理念，并做好以下几方面的工作：一是结合学校实际，与教师、家长等相关群体一起设定学校教学目标，并贯穿到学校各项工作之中；二是重视课程管理，开展校本课程开发；三是通过教学理念的沟通和教师课程教学评价等方式引导教师教学；四是重视教师培训和教研，促进教师专业发展；五是为学校教学提供充足的资源，激励教师教学和学生学习。(c)科学管理学校资源，提高教师教学能力。首先，加强学校预算、审计等环节，实行学校财务公开制度，进一步调整经费支出结构，加大对培训、教研活动的经费投入，从而提高学校办学经费的利用效率。其次，注重提升教师的教学能力。教师教学能力的提高主要包括教学选择能力、教学整合能力、教学沟通能力、教学评价能力和教学创新能力的提升。两种教育管理方式密切联系、相互支持，才能为转

变教育发展方式提供动力。〔崔斌等,2012(5);李黎明,2012(8下)〕

■ 论文索引

〔说明:同一期号期刊按刊名的拼音字母排序〕

文新华、鲁　莉:《如何落实财政性教育经费占GDP4%?——兼论我国基本实现教育现代化的公共财力保障》,载《华东师范大学学报》(教育科学版),2012(1)。

陈支南:《区域教育现代化背景下优质品牌学校的构建》,载《教育导刊》(广州),2012(1)。

赵应生、钟秉林、洪　煜:《转变教育发展方式:教育事业科学发展的必然选择》,载《教育研究》(北京),2012(1)。

孙　刚:《关于我国教育现代化背景的思考》,载《求实》(南昌),2012(1)。

陆岳新:《江苏县域教育现代化建设与评估的实践》,载《上海教育评估研究》,2012(1)。

阮成武:《教育现代化的中国之路:路向、路径和路基》,载《徐州工程学院学报》(社会科学版),2012(1)。

李亚娟:《区域教育现代化建设经验与进一步思考——以佛山市为个案》,载《中国教育学刊》(北京),2012(1)。

贾继娥、褚宏启:《我国教育发展方式转变的现实背景与内容框架》,载《教育科学研究》(北京),2012(2)。

吴会咏、吴茂全、裴晓雯:《区域产业结构调整与教育发展方式转变实证研究》,载《沈阳理工大学学报》,2012(2)。

唐圣权、王良平:《区县教育现代化建设中教师专业发展策略初探》,载《黑龙江教育学院学报》,2012(3)。

贾继娥、褚宏启:《教育发展方式转变的三条路径》,载《教育发展研究》(上海),2012(3)。

高　莉、杨家福:《转变教育发展方式背景下的教育结构调整》,载《教育科学研究》(北京),2012(3)。

卢　伟、甘琼英:《教育发展方式转变与教育培训改革》,载《教育科学研究》(北京),2012(3)。

马　婧、封宇星:《加快转变教育发展方式,推进基础教育科学发展》,载《教育实践与研究(A)》(石家庄),2012(3)。

周培植:《"好的教育"的实现路径探索——杭州市下城区以教育生态理论促进区域教育现代化发展的实践反思》,载《教育研究》(北京),2012(3)。

高水红:《乡村学校教育变迁与时空意识的变革》,载《北京大学教育评论》,2012(4)。

王振权:《区域教育改进:理论与发展模型》,载《清华大学教育研究》,2012(4)。

鲍寅初:《全面落实教育规划纲要率先实现高水平教育现代化》,载《上海教育科研》,2012(4)。

丁宇红:《信息化:教育现代化的持续推动力》,载《上海教育科研》,2012(4)。

徐炳嵘:《品牌追求:教育现代化视域中的特色学校建设》,载《上海教育科研》,2012(4)。

朱文学:《学有优教:区域教育现代化目标的内涵追求》,载《上海教育科研》,2012(4)。

秦建平、张　惠:《教育现代化监测指标研究——以四川省成都市为例》,载《教育导刊》(广州),

2012(5)。
崔　斌、何　岩:《教育管理方式转变:教育发展方式转变的制度路径》,载《教育发展研究》(上海),2012(5)。
高　莉、杨家福:《从规模扩张到结构优化:教育结构的战略性调整》,载《教育发展研究》(上海),2012(5)。
贾继娥、卢　伟:《教育人才队伍建设:教育发展方式转变的人力资源基础》,载《教育发展研究》(上海),2012(5)。
孙金鑫:《教育研究改进:教育发展方式转变的理论保障》,载《教育发展研究》(上海),2012(5)。
王晓玲、范魁元:《学生培养模式转变:教育发展方式转变的核心内容》,载《教育发展研究》(上海),2012(5)。
胡金木:《当代中国教育的双重转型与双重启蒙诉求》,载《高等教育研究》(华中科技大学),2012(7)。
辛丽春:《乡村教育现代化进程中的本土文化自觉》,载《教育导刊》(广州),2012(8)。
韩清林、秦俊巧:《中国城乡教育一体化现代化研究》,载《教育研究》(北京),2012(8)。
李黎明:《浅谈教育发展方式转变的制度路径——教育管理方式转变》,载《科协论坛》(武汉),2012(8下)。
尹远红:《以教育城域网建设为核心,用现代装备提升教育现代化水平》,载《中国教育技术装备》(北京),2012(8)。
周　猛:《我国优秀教育传统是教育现代化不可或缺的动力因素》,载《湖北函授大学学报》,2012(9)。
顾明远:《试论教育现代化的基本特征》,载《教育研究》(北京),2012(9)。
陈秀平:《儒家教育思想与教育现代化》,载《湖北警官学院学报》,2012(10)。
董凌波、冯增俊:《区域教育现代化实践新探——以广州市萝岗区为例》,载《教育导刊》(广州),2012(11)。
程恩思、孙晓翠:《中国教育现代化发展的历程误区及对策探究》,载《辽宁行政学院学报》,2012(11)。
喻小琴:《发达地区义务教育现代化发展的现状研究》,载《教学与管理》(太原),2012(12)。
成　媛:《我国西部地区教育现代化发展模式选择》,载《中国成人教育》(济南),2012(14)。
程凤敏:《掌握新的教育技术,推进院校教育现代化》,载《中国教育技术装备》(北京),2012(15)。
阮成武:《我国基本实现教育现代化的路径选择》,载《教育发展研究》(上海),2012(17)。
董　淼、王秀军、张　珏:《教育现代化发展评价指标体系研究》,载《教育发展研究》(上海),2012(21)。
庄西真:《激励理论视角下的区域教育发展方式转变》,载《当代教育科学》(济南),2012(24)。
顾秉钰:《云计算之于教育信息化对教育现代化的影响》,载《甘肃科技》,2012(24)。
王　峰:《推进教育信息化,助力教育内涵发展,加快实现教育现代化》,载《中国教育技术装备》(北京),2012(26)。

郄立斌:《再谈电化教育在学校教育现代化建设中的位置》,载《黑龙江科技信息》,2012(35)。
孙向阳:《义务教育学校现代化办学标准:价值转向及指标体系建构——以江苏省义务教育学校现代化办学标准研制为例》,载《教育理论与实践》(太原),2012(35)。
陈　鸿:《提高应用效能,建设教育现代化强校》,载《中国教育技术装备》(北京),2012(35)。
邱正学:《以推进教育技术装备标准化建设,提升教育现代化水平》,载《中国教育技术装备》(北京),2012(35)。

朱海洋、潘剑凯:《教育现代化呼唤教师现代化》,载《光明日报》(北京),2012-12-18。

四、基础教育优质均衡发展

目录

走向优质均衡是当前基础教育改革与发展的重要方向。但是,厘清优质均衡发展的内涵,探索优质均衡发展的道路,无疑是教育决策者以及教育研究者首先要努力破解的重要课题。2012年,相关研究进一步明晰了基础教育优质均衡发展的含义,建构了相应的指标体系,提出了若干推进的策略。

(一) 基础教育优质均衡发展的含义与指标体系

1. 含义

(1) 特色发展

有论者认为,基础教育均衡发展有两个阶段:初级均衡和高级均衡。其中,资源配置均衡是一种初级的均衡,优质均衡是以提升质量为核心的高级均衡。优质均衡是指在基础教育发展过程中既要保持均衡,又要追求优质,实现二者的统一。从均衡性的角度而言,优质均衡不是绝对的平均、平等,而是底线保障基础上的差异均衡、特色均衡;从优质性的角度而言,优质教育的关键在于学校对已有资源的充分利用和合理化配置以及利用已有的资源优势把自身发展引向有特色、高层次、深度化的发展。这意味着特色、均衡都是优质均衡的内核和根本所在。

第一,特色发展凸显独特性。每个学校身处不同的地域环境,受不同历史文化的熏陶,在发展优势、办学理念、教育内容、教学方法等方面也不同,这些不同之处都可以成为学校特色发展的起点。第二,特色发展指向优质性。特色发展的优质性体现在学校要提高办学质量,使学生能够享受更高质量的教育。第三,特色发展保持稳定性。特色发展需要对于已形成特色的坚守,也需要在坚守的过程中把外显的特色现象上升为一种内隐的学校精神。第四,特色发展注重整体性。学校要把某方面的特色与各方面的教育教学相衔接,体现整个学校发展的动态。学校各个领域在特色方面也要相互配合,形成整体性的特色。第五,特色发展体现动态性。特色需要固化但不能僵化,需要创新,需要不断超越原有的条件限制,永保发展的活力。〔王惠颖,2012(8)〕

(2) 内涵发展

有论者认为,义务教育优质均衡发展是义务教育价值取向的调整,是为了实现所有人的所有可能方面的发展。它始终是一种大视野的教育发展观,核心任务是合理配置资源,是一种法律要求,是政府的责任。〔陈学军,2012(22)〕

也有论者认为，优质均衡不同于以资源配置为核心的均衡发展（外延发展），而是一种内涵式的均衡发展（以下简称"内涵发展"）。外延发展阶段主要依靠增加教育投入，改善办学的物质条件等外部要素，改进教育的外部形态，促进教育发展的条件性均衡。内涵发展主要依靠教育内部要素的优化与调整，充分挖掘教育内部潜力，提升教育质量，促进质量均衡。内涵发展重视人的要素和对人力资源的开发。首先，在教师方面，重视的是教师的质量提升和专业发展。其次，在学生方面，旨在促进学生的发展。而学生的发展不只是部分优秀学生的考试分数，而是全体学生素质的全面提升，尤其是弱势学生（如问题学生、学困生、弱势阶层学生等）发展的增进。再次，在学校建设方面，内涵发展重在优化教育内部结构，提升教育软实力，指向教育的内部环境，注重提升教育的文化品性和人文意蕴。第四，内涵发展的动力在内部，核心是学校内部建设和教育教学改革，场域是学校的内环境，主体是教师和学生，主阵地是课堂教学。内涵发展是系统内部"自组织"的发展，源于内部变革力量推动的一种发展，学校积极寻求思路，挖掘内部潜力，激发教师和学生的创造性，实现学校、教师和学生的自我创生、自我超越和内在基质的转换。总之，内涵发展是依靠学校系统变革的内力，以优化教育过程为主的教育质量和教育软实力的均衡发展。〔冯建军，2012(1)；邹瑜，2012(8)〕

(3) 高位均衡

有论者认为，教育均衡发展具有明显的阶段性，大体可分为两个阶段：一是基础条件均衡，指主要依靠外力，以有形物质投入、标准化建设及外在条件弥补的方式，推进城乡、区域及校际教学场所的硬件设施、师资水平等有形教育资源配置的基本均衡，追求有形方面的均等化、规模化和标准化。二是高位均衡，即优质均衡，指根据各自基础、优势和特色，主要通过深化内部改革、加强文化建设、创新体制机制及推动特色发展等方式，将外在条件弥补与内生引领相结合，促进城乡、区域、校际教育互动交流、优势互补、资源共享，实现自主创新、多元特色、峥嵘并进、可持续协调发展。

高位均衡强调教育的民主化、公平化，即尊重每一个学生接受优质教育的权利；其最主要的内涵就是合理配置教育资源，全面提升教师群体的素质，办好每一所学校，教好每一个学生。教育高位均衡发展是追求不同区域、类型、层次的教育共同发展，鼓励不同区域、类型、层次的教育，所有学校都能实现个性特色发展。教育高位均衡发展是实现办有特色的教育与为学生提供最适合个性协调可持续发展的教育的有机结合、近期"治标之法"与中长期"治本之策"的有机结合、薄弱学校改造与扩大教育总体供给的有机结合、政府外部推动与学校内部系统改革的有机结合。其更加注重内外结合、上下互动；更加注重通过深化内部改革，强化特色引领；更加注重资源共享，推动互动协调、和谐共生、特色优质均衡、健康可持续发展。

教育高位均衡发展是教育的历时态与共时态的有机结合与整体推进。历时态主要包括三个阶段：一是就学机会公平阶段；二是就读优质学校的机会公平阶段；三是充分参与教育过程的机会公平阶段，即“按需选学”的教育机会均衡。共时态主要有四层含义：一是全面发展，即教育要面向全体学生，着眼学生一生，促进学生全面发展；二是协调优质，即规模、结构、质量、效益的协调发展，质量全面提升；三是多元特色，即优势互补、资源共享，不同区域、类型、层次的教育特色发展；四是和谐生态，即不同区域、类型、层次的教育各安其位，构建终身教育体系，维护教育生态，促进人、教育、社会、自然和谐和可持续发展。〔刘志军等，2012(3)〕

此外，也有论者基于全纳教育的观点认为，基础教育的优质均衡发展不仅包括人的受教育权利得到保障，也就是均等的入学机会，也包括接受均衡的教育，也就是满足所有学生的不同学习需求。每个学生都是不同的，教育应根据学生的不同兴趣、个性、能力来提供与学生发展相适应的多样化教育。应对学校里和社会上存在的一切带有排斥和歧视的现象提出质疑、加以批判，并为消除排斥和歧视的现象而努力。〔黄志成，2012(1)〕

2. 指标体系

(1) 指标体系的量度

有论者认为，基础教育优质均衡发展的指标体系可以从教育输入、教育过程和教育结果三方面的质量均衡来分析。

首先是教育输入的质量均衡。优质均衡发展要以民主与科学思想为指导，要用素质教育文化规范学校教育实践，要努力实现公共性与个性化的教育资源互补。坚持“以人为本”，追求可持续发展，培养人的终身发展的素质基础。其次是教育过程的质量均衡。义务教育阶段学校主动发展、课程计划落实、教学过程优化、学生积极学习、教师工作专业、管理制度健全等是观测教育质量的重要内容。国家应全面地制定课程计划；地方和学校的教育管理制度以人的智慧解放和行动自由作为设计思想，高质量地执行国家课程计划；教师要把教育看作一种生命活动，促进学生的发展；学生应主动投入到探究之中，养成良好的学习习惯。再次是教育结果的质量均衡。优质发展的义务教育最终表现为学校整体能力提升、学生学业成就满意、教师教学绩效优良、社会认同程度较高。在这一质量范型中，教育输入、过程与结果的各要素具有同样的质量价值与意义，质量指标既包括每一要素自身品质的提高，也包括各要素的协调作用。教育投入是基础，教育过程是主体，教育结果是目标。输入的到位、过程的优化、结果的彰显共同构成义务教育优质发展的质量。〔王一军，2012(22)〕

(2) 构建省域量化测度指标体系

所谓量化测度，就是通过一定的量化指标或建立相关的量化指标体系，用数理统计的方法定量地对事物发展的水平与状况进行描述。这些量化指标，为人们科学地了解研究对象，分析存在问题并制订合理政策，提供了有力支持与重要参考。在教育事业的改革与发展过程中，建立综合性的量化测度指标体系，亦有重要的理论与实践意义。

首先是测度优质均衡发展的思路。综观测度方面的研究，有论者认为，思路主要有两种：①用单项或多个指标，分别描述教育均衡发展各个方面的状况。②建立综合性的量化测度指标体系，进而计算教育发展的相关指数，以形成整体性的判断。在义务教育优质均衡发展的量化测度过程中，计算一个综合性的测度指数。其一般思路是，首先在理论分析的基础上，建立综合评价的层次结构，对指标进行分类筛选，构建义务教育优质均衡发展的指标体系，在此基础上，通过科学赋权确定各层指标的权重，进而合成总的义务教育优质均衡发展指数。其次是指标体系的设计。可按以下步骤选择基础教育优质均衡发展的指标：①利用文献法确定备选指标。重点参考两方面文献：一是已有的关于教育均衡发展指标体系研究的学术文献，选取此类研究中共性较强的指标；二是地方政府的相关文件，选取其中具有地方针对性的指标。②进行初步的数据收集和整理。对指标进行进一步的筛选，针对在教育优质均衡发展中比较突出的问题补充一些指标。③应用专家咨询法、相关系数法、主成分分析法，对剩下的指标进行定性与定量分析，进一步剔除那些高度相关、代表性不强的指标，最终确立义务教育优质均衡发展的量化测度指标体系。再次是指标的测算方法。主要分为三类：①正向指标。诸如入学率、达标率这样的总量性、达标性指标均为此类指标。正向指标的指标值越高，表明基础教育优质均衡发展的程度越高。②逆向指标。如校际差异方面的指标。逆向指标的指标值越高，表明义务教育优质均衡发展的程度越低。③适度指标。如义务教育经费比例与均衡比例的差距。此类指标有一个合理的取值或取值区间，过高或过低都表示教育经费的配置失衡。要计算出省域内义务教育优质均衡发展指数，还需要对各层指标分配权重。这是一项重要的工作，因为指标分配是否科学合理直接影响到测度的精确性。鉴于测度基础教育优质均衡发展，既要考虑数据的内在逻辑，也要考虑理论与经验的合理预期，因此，在赋权的过程中应综合考虑主客观因素，可采取多种赋权方法进行综合集成的方法来避免单一赋权方法的偏差。〔姚继军，2012(22)〕

(二) 基础教育优质均衡发展的推进策略

1. 加强宏观规划与指导

有论者认为，宏观规划与指导就是省级政府对义务教育从整体上进行统筹规划，放眼全局，兼顾发展中的各个细节，配合相应的优惠措施和政策，保证农村薄弱地区义务教育水平和质量的不断提高，主要以行政指令和政策法规等刚性要素为主，其职责主要体现在以下几个方面：第一，规划好本省的城镇化建设和农村义务教育发展；第二，制定富于操作性的政策配套措施；第三，科学指导资源共享和资助帮扶等制度措施的具体落实；第四，以指标生制度为抓手，遏制“择校热”。〔李星云，2012(4)〕也有论者认为，要制订以素质教育理念为核心的指标体系。要坚持全体性，促进每一个学生的发展，为每个学生的发展服务；要坚持全面性，促进学生在德、智、体、美诸方面全面发展；要坚持主动性，充分发挥学生的主体性，促进学生生动活泼地主动发展；要坚持长效性，促进学生可持续发展，为其终身发展奠基。要从素质教育要求出发，依据国家教育方针，遵循教育规律和学生身心发展规律，尽快研制基础教育质量指标体系。“指标体系”要充分体现时代要求，重视学生创新精神、实践能力、科学和人文素养及审美情趣的培养，为全面实施素质教育、提高教育质量奠定基础。要坚持多样化、高标准、严要求的目标取向，包括学业水平、学生素质、课程与教学、教师质量、学校质量管理等基本模块的指标。“指标体系”要对学前教育、义务教育、普通高中教育做出区分，淡化学前教育的学科性、强化义务教育的实践性、倡导普通高中教育的多样性。〔王一军，2012(22)〕也有论者认为，“大学区管理制”是促进基础教育优质均衡发展的路向选择。“大学区管理制”的基本思路是在区(县)中小学，以区域内的优质学校为学区长学校，根据就近原则吸纳3—5所学校，合理组建“大学区”。“大学区”实施“捆绑式发展”，逐步在“大学区”内实施统一教学管理、统一共享设施、统一安排教师、统一课程资源、统一教学活动、统一组织备课、统一教师培训、统一质量监测、统一评价激励，让所有学生共享教育资源。同时打破公办、民办学校教师管理的机制界限，按比例实行教师校际间交流。〔边团结等，2012(7)〕

2. 完善财政体系

有论者认为，首先明确各级政府承担的教育责任，保障义务教育阶段必需的生均经费供给，切实建立与各级政府财政收入同步增长的优先增长机制，以保障义务教育的持续稳定发展。省级政府要在保障义务教育足额投入上担当起主要责任，督促下级政府履行义务教育投入的相应责任，并按照中小学适龄人口数量的变动、人口流动的变化以及各地区的经济发展状况进行教育经费的合理拨付。其次要建立和完善经费投入的监督评价体制，保证财政资金的利用效益。〔李星云，2012(4)〕

也有论者认为，应调整结构，逐步完善农村义务教育经费保障机制。整合各级各类教育项目和资金，逐步将贫困、边远地区农村义务教育全面纳入公共财政保障范围，建立中央、省、州(市)、县各级人民政府分项目、按比例分担的农村义务教育经费保障机制和较富裕地区、国有企业对贫困地区教育资金对口支援制度。增加对农村留守儿童、农村困难家庭儿童、进城务工困难子女接受义务教育的支持力度。〔李慧勤等，2012(6)〕

此外，也有论者认为，要加大对薄弱学校的经费投入。经费投入包括设置"薄弱"学校的薄弱项目改造的专项经费、设置"薄弱"学校教师和偏远地区教师的专项补贴、强制要求高一级"优质"学校分配尽可能多的招生名额给"薄弱"学校等。〔马全道，2012(9)〕

3. 完善教育监督与评估体系

有论者认为，要健全教育管理监督服务体系，需要从以下四个方面着手。①激励方面：要根据完成目标的情况和实际需要，对出色的学校进行精神和物质奖励，同时兼顾竞争性和公平性。②监督方面：以省教育督导室为首，各县市督导室为主体，多方面合作，指导学校自觉按规律办学。同时有效开展随访督导工作，扩大民众参与监督的途径。要建立以教育质量分析为目的的监测体系，健全以优化教育过程为宗旨的督导体系。同时，建议督导各级政府适时调整财政支出结构和教育经费支出结构，落实教育投入的"三个增长"，并足额征收"教育费附加"、"地方教育附加"。监测范围要覆盖学生学习、教师教学、学校管理、教育行政等各个方面。要通过监测，全面准确把握我国义务教育的质量状况，科学诊断教育质量存在的问题和原因，为教育决策提供科学依据。要在借鉴国内外先进的教育测评经验基础上建立自己的教育测评中心。这个中心是一个专家体系，主要由教育命题专家、测评分析专家、学科专家和计算机辅助系统组成。测评中心主要任务是充分运用国内外成熟的、科学的教育测评标准和工具，结合实际情况进行本土化改造。同时建立省辖市、县(市、区)教育质量监测机构,组织一支专门的教育质量数据采集队伍,以便动态地把握基础教育质量状况。将现行的督导与评价制度纳入全面提高义务教育质量的保障体系。进行督导制度改革,一是要建立对政府履行教育职责的监督制度;二是要建立健全普通中小学校督导评估制度;三是改革和完善教育督导工作机制,充分发挥督导的职能作用。③评估方面:对学校办学水平和教育质量进行评价,建立评估机制,推动义务教育优质均衡发展落到实处。制定适合实际情况的包括教育资源、教育质量、教育均衡状况的监测指标和标准,开发符合教育现状的监测工具,构建省内外义务教育均衡监测专家资源库和省、市、县、乡四级监测队伍体系,建立具有特色的义务教育均衡评估体系。同时,定期对各区域的教育均衡状况进行持续跟踪并发布义务教育均衡发展监测与评估报告,推进义务教育均衡发展评估工作的科学化、规范化、制度化,逐步实现义务教育由县域均衡发展向市域均衡发展,再向省域均衡发展之目标。也有论者认为,义务教育均衡发展要评估其政策目标与管理目标。政策目标是通过办学条件的统一配置,使所有同类学校在同一基础上展开教学活动,使所有的孩子在任何学校都能享受相同条件的教育。管理目标是通过对条件(经费、设施设备和师资等)薄弱的学校施行大力度的倾斜投入政策,使这些学校在办学条件上尽快与条件好的学校缩小差距,在硬件设施和师资队伍方面逐渐趋于统一。④问责方面:建立责任追究制度,对义务教育不均衡发展的地区问责,点名查处不均衡安排义务教育经费的违法行为等。建立完善的政府问责机制,把义务教育均衡监测与评估工作列为政府主要责任考核内容之一,并与政府主管行政领导的政绩挂钩。〔耿申,2012(2);李星云,2012(4);李慧勤等,2012(6);王一军,2012(22)〕

也有论者认为,改革评价制度,应实施多元发展性评价,促进学生个性潜能的发展。多元性评价充分体现“以学生为本”的思想,把学生作为具体的人,关注学生不同的知识经验基础、不同的内在发展需要以及身心发展的不同特点,以“多把尺子”评价他们,做到“因人而评,因事而论”,充分体现对学生差异的尊重,为每个学生的个性化成长提供机会和空间。多元性评价,在日常的考试测验中,可以实施差异考试,允许学生选择不同难度的试卷,并允许学生多次参加考试;在招生考试制度上,可以实施分层分类的中考制度,允许部分特色高中通过自主招生考试来招收适合学校发展特色需求的学生以及实行对特殊才能学生的破格录取制度等等。〔冯建军,2012(8)〕义务教育优质均衡发展必须关注到人的发展,实现从教育外在价值到内在价值的根本转变,发挥促进人发展的根本作用。其次,要求义务教育优质均衡发展必须关照到所有人的发展，而不能为成就某部分人的发展而牺牲另外一部分人的正当利益，真正实现义务教育的全民发展教育目标。〔喻小琴，2012(22)〕

也有论者认为，从国家和地方推进义务教育均衡发展的措施来看，将教育均衡发展纳入县级政府评估体系之中，以考核促进教育均衡发展。同时，伴随着教育均衡发展由外延均衡走向内涵均衡即教育质量的均衡，需要教育均衡发展的评价指标在内容上发生转向。这种转向至少包含两个方面：首先，评价内容的重心要逐步转向"教育质量"；其次，指标体系的评价对象应由"教育外部"进入"教育内部"。〔李云星等，2012(6)〕

4. 推进学校文化建设

有论者认为，学校文化建设的一个重要任务便是识读学校的文化传统，理清学校的文化底蕴，找回学校的文化根基，在传承优秀学校文化的基础上，融入现时代教育发展理念的要求，形成新的面向时代要求的优质学校文化。在确立学校的教育哲学方面，强调学校组织的协作共赢、团结互助思想，鼓励和支持培育优质的学校课程，促进教师能力的增长与发挥，突出学校组织对师生的人文关怀，塑造和引导学校文化的形成，让学校成为师生成长的乐园，成为优质文化生长的乐土。校长在学校文化走向优质的征程中应运用自己的教育哲学理念引导全校师生，并在后续的文化建设中提供持续不断的支撑，直至将这种教育理念内化为全校师生共有的教育哲学。〔邹瑜，2012(8)〕也有论者认为，每个学校都应该有自己的特色，应建设特色学校。其次，要实施择校制度，打破以户籍为依据的就近入学制度，建立基于学生发展需要的择校制度，赋予学生和家长对教育的选择权。作为一种过渡，现阶段也可以先建立一些民办特色学校，把择校的任务交由民办学校去完成。但长远来看，需要建设以开放多样、特色发展为特点的基础教育体系，为不同的学生提供更多与其发展相匹配的教育选择机会。特色学校的课程建设，一方面要立足于校本课程，充分利用校本课程的自主权利和空间，大力开发校本课程资源，凸显本校课程的特色；另一方面，要对国家课程进行校本化的二次开发。建立弹性化的课程结构，为学生个性自由发展提供广阔空间。〔李生滨等，2012(1)；冯建军，2012(8)〕

5. 发挥教师的引领作用

有论者认为，教师作为教育活动的首要承担者，对学生的思想行为有着直接的影响。在优质学校文化的建设中要充分调动教师的积极性，发挥其在文化建设中的引领作用。优质的教师文化应该是饱含合作性的。学校作为教育组织，具有很强的包容性，需要不同学科、不同专业的教师协同配合。一方面，不同学科教师之间的团结协作可以促进他们的知识互补，扩大教师的知识视野；另一方面，同一个学科教师之间的互助合作，可以促进专业反思，汲取他人所长，帮助他们实现专业化发展，推进学校文化良性运转；同时，教师之间的合作也可以帮助教师确立良好的人际关系，有助于学校组织关系的和谐发展；更为重要的是，这种充满互帮互助意味的组织文化对学生也起着良好的示范作用，可以引导学生在学习活动中互相学习、互相帮助、共同进步，进行良性竞争，有助于学生学业成绩的提高和人际交往的和谐，帮助他们建立自信、自尊、自主的关系网络。〔邹瑜，2012(8)〕

也有论者认为，要加强教师队伍建设，应做到：①政策方面：坚持均衡取向的政策伦理观，在分配或调整教育资源的过程中，遵循社会大众的共同意志和利益，对全体社会成员的教育利益需求进行配置与协调。加大扶持农村学校、薄弱学校教师发展的政策倾斜。②财政方面：不断提高农村中小学教师待遇，推进农村中小学教师周转房建设，切实改善农村教师生活工作条件。③管理制度方面：严格统一教师准入制度，对资格证书作出分级和定期审核的规定。完善城乡师资流动机制。加强薄弱学校和优质学校的沟通与交流，以促进双方的共同发展。完善师资考评制度，建立定性和定量考核相结合的考评机制。坚持以人为本，人性化的管理方式，为教师营造理解、和谐、充满人文关怀的人际氛围，大力营造全社会尊师重教良好氛围，不断提高教师社会地位和职业认同感。针对各地实际，制定完善的教师引进和留用政策，实施优秀师范生定点免费培养，鼓励特级或优秀教师支教等，确保优质教师资源的合理流动。④专业发展方面：形成以咨询服务、科学研究为内容的专业支持制度。一是充分发挥教研系统的研究、指导和服务功能；二是以乡镇、街道中心校、示范校为中心，以集体备课、合作交流为形式，充分发挥骨干教师、学科带头人的专业引领作用；三是组织地方科研院所和高等学校研究人员，深入基层学校进行教育教学改革研究；四是建立省级“义务教育教学指导委员会”和“学科教学指导委员会”。要使教学真正适应每个学生，实施差异教学和差异作业。也有论者认为，首先要引领教师加深对教育均衡的理解，引领教育者从均衡的视角考量课程分析与课程实施，这样更利于教师在教育中发挥作用。〔李星云，2012(4)；李慧勤等，2012(6)；孙素英，2012(6)；冯建军，2012(8)；胡友志，2012(8)；王一军，2012(22)〕

6. 保证学生的文化主体地位

学生是教育活动中的主体，学生文化在学校文化中应当占据主体地位，优质学校文化的建设离不开学生文化的重建。学生文化的建设不是非此即彼的单项选择，它具有很强的包容性，学校的文化建设应从多角度着手，为青少年提供多种文化选择。对于学生文化中与学校整体文化相协调、相适应的部分应给予积极的肯定，维护其健康发展。此外，更重要的是对学生文化中与学校整体文化氛围相矛盾的部分要采取审慎态度，在尊重学生个性人格的前提下汲取其中有助于学生成长的积极因素，消弭不利于学生健康成长的消极成分，保障学校文化氛围的健康和谐。学生文化的建设者应充分认识学生文化的多重性，理解学生文化建构过程的反复，以宽容的态度对待多样的学生文化，让他们在丰富多彩的文化环境中选择适合自己人生发展的价值观念和人生哲学，帮助他们施展自己的生命潜能，让他们真正感受到自己在学校教育活动和文化建设中的主体地位。〔邹瑜，2012(8)〕也有论者认为，在课程资源网络化建设达到一定水平的条件下，学生可以利用课堂或课余时间，根据个人的学习水平和要求，自主选择学习内容，自主决定学习时间、学习进度和学习方式，实现个性化的自主学习。〔冯建军，2012(8)〕

■ 论文索引

〔说明：同一期号期刊按刊名的拼音字母排序；报纸按出版日期排序；学位论文按授予单位名的拼音字母排序〕

李生滨、傅维利、刘　伟：《从“追求均衡”到“鼓励差异”——对后均衡化时代义务教育发展的思考》，载《教育科学》（辽宁师范大学），2012(1)。

吴丹英：《义务教育“择校”困境博弈均衡分析》，载《教育科学》（辽宁师范大学），2012(1)。

冯建军：《内涵发展：推进义务教育优质均衡的路向选择》，载《南京社会科学》，2012(1)。

黄志成：《基础教育均衡发展与人的受教育权——全纳教育的视角》，载《现代基础教育研究》（上海师范大学），2012(1)。

滕　琨：《“科研名校带动”促进区域教育优质均衡发展》，载《现代教育科学（小学教师）》（长春），2012(1)。

孟晓东：《区域推进义务教育优质均衡发展的策略选择》，载《江苏教育》，2012(2)。

周　勇：《制度工具、人文力量与教育家：文化大国的教育优质均衡发展路径》，载《江苏教育》，2012(2)。

耿　申：《义务教育均衡发展的三个假设》，载《教育科学研究》（北京），2012(2)。

李红梅、戴迎庆：《谱师资队伍建设新曲，促教育优质均衡发展》，载《江苏教育研究》，2012(3)。

刘志军、王振存：《走向高位均衡：基础教育改革与发展的应然追求》，载《教育研究》（北京），2012(3)。

陈瑞昌：《江苏颁布教育优质均衡发展指标》，载《中小学电教》（长春），2012(3)。

李星云：《城乡义务教育优质均衡发展的有效机制研究——以江苏省为例》，载《教育与经济》（华中师范大学)，2012(4)。
全志缪、刘繁丽:《高质量推进区域教育均衡的探索与实践》，载《上海教育科研》，2012(4)。
康　惠:《太原市义务教育优质均衡发展的实践与思考》，载《太原大学教育学院学报》，2012(4)。
王旭彤:《以课程基地建设为抓手，促进义务教育优质均衡发展》，载《江苏教育宣传》，2012(5)。
张彦祥:《完善学区管理，促进教育优质均衡发展》，载《北京教育(普教)》，2012(6)。
李云星、李宜江:《教育均衡发展的实践反思》，载《教育发展研究》(上海)，2012(6)。
李慧勤、刘　虹:《县域间义务教育均衡发展的影响因素及对策思考——以云南省为例》，载《教育研究》(北京)，2012(6)。
孙素英:《区域义务教育均衡发展影响因素》，载《中国教育学刊》(北京)，2012(6)。
线联平:《北京市推进义务教育优质均衡发展的实践与思考》，载《北京教育》(普教)，2012(7)。
边团结、郭　胜:《推动区域基础教育优质均衡发展的路向选择——以西安市"大学区管理制"为例》，载《教育与教学研究》(成都大学)，2012(7)。
李　彤:《推进义务教育优质均衡发展——市人大代表进行义务教育立法调研》，载《天津人大》，2012(7)。
冯建军:《优质均衡视域中的基础教育模式的改革》，载《教育科学研究》(北京)，2012(8)。
胡友志:《发展式均衡:区域基础教育师资均衡化的新路向——基于基础教育优质均衡发展的政策变革》，载《教育科学研究》(北京)，2012(8)。
王惠颖:《特色发展:基础教育优质均衡发展的根本》，载《教育科学研究》(北京)，2012(8)。
邹　瑜:《优质均衡视域中的学校文化建设》，载《教育科学研究》(北京)，2012(8)。
杨坤道:《实现农村义务教育经费投入问题浅析——以湖北省恩施州义务教育经费投入为例》，载《湖北第二师范学院学报》，2012(9)。
马全道:《均衡政策与特色发展》，载《教育科学研究》(北京)，2012(9)。
龚鹏飞、江新军、倪正松、熊平凡、李茂林、李统兴、程光明、梁伟国、刘　群:《看常德均衡发展"路线图"——湖南省常德市区域推进学校文化建设纪实》，载《人民教育》(北京)，2012(9)。
李星云:《城乡义务教育优质均衡发展进程中的问题研究——以江苏省为例》，载《内蒙古师范大学学报》(教育科学版)，2012(10)。
叶向红、石中英:《"绿色教育"引领区域教育优质均衡发展》，载《北京教育》(普教)，2012(12)。
同勤学:《县域义务教育均衡发展的问题与对策研究——兼论陕西县域义务教育均衡发展问题》，载《产业与科技论坛》(石家庄)，2012(13)。
李　坤:《江苏省义务教育优质均衡发展模式与案例分析》，载《江苏教育研究》，2012(13)。
秦小平:《信息技术:义务教育优质均衡发展的助推器》，载《江苏教育研究》，2012(13)。
黄式璞:《城乡统筹，科学发展，加快区域义务教育优质均衡发展步伐》，载《教书育人》(哈尔滨师范大学)，2012(14)。
常乃敏:《强化措施、凸显公平，促进教育优质均衡发展》，载《基础教育参考》(北京)，2012(21)。
李建成:《经济欠发达地区教育优质均衡发展的研究》，载《江苏教育研究》，2012(22)。
陈学军:《义务教育优质均衡发展究竟是什么?》，载《教育发展研究》(上海)，2012(22)。

王一军:《优质均衡发展:义务教育现代化的质量范型》,载《教育发展研究》(上海),2012(22)。
姚继军:《省域义务教育优质均衡发展量化测度指标体系的构建——以江苏省为例》,载《教育发展研究》(上海),2012(22)。
喻小琴:《江苏义务教育优质均衡发展现状研究——基于示范区政策文本的分析》,载《教育发展研究》(上海),2012(22)。
金海清:《区域推进义务教育优质均衡发展的探索与实践》,载《江苏教育研究》,2012(25)。
张俊平、朱从卫:《洪泽:创造适合每一个学生发展的教育——江苏省洪泽县推进教育优质均衡发展纪略》,载《江苏教育》,2012(29)。
杨长万:《以创建教育现代化为载体,推进教育优质均衡发展》,载《江苏教育》,2012(35)。
谢思全、李　博:《我国基础教育经费投入与地区创新能力的相关性研究——以普通中学为视角》,载《教育发展研究》(上海),2012(Z1)。
赖秀龙、叶　芸:《加强师资队伍建设,促进义务教育优质均衡发展——海南省2012年义务教育师资队伍建设政策解读》,载《新教育》(海南师范大学),2012(Z2)。

邰　娇:《泰州40条硬标准促进义务教育优质均衡发展》,载《江苏教育报》,2012-01-05。
张彩萍:《靖江:争当义务教育优质均衡发展的"渡江第一帆"》,载《江苏教育报》,2012-01-05。
戴　荣、蔡丽洁:《泰州:三大步走出义务教育优质均衡发展一片天》,载《江苏教育报》,2012-01-09。
范国华:《探索集团化办学新模式,推进教育优质均衡发展》,载《江苏教育报》,2012-01-16。
贾延芳:《历城教育优质均衡发展提速》,载《济南日报》,2012-02-13。
屠正聪:《促进义务教育优质均衡发展》,载《台州日报》,2012-02-20。
李海俊:《我市义务教育优质均衡发展》,载《晋中日报》,2012-02-27。
肖　东:《我省颁布县(市、区)义务教育优质均衡发展》,载《江苏教育报》,2012-03-22。
陈瑞昌:《江苏颁布教育优质均衡发展指标》,载《中国教育报》(北京),2012-03-23。
吕玉婷:《着力缩小三个差距　努力实现三个公平》,载《江苏教育报》,2012-11-21。
吕玉婷:《江苏出台义务教育优质均衡发展新政》,载《江苏教育报》,2012-12-07。
屈宏强:《学校体育均衡发展评价指标体系的构建与实证研究》,福建师范大学博士学位论文,2012。
高金锋:《反思与抉择:中国基础教育改革价值取向探讨》,华东师范大学博士学位论文,2012。
李怡明:《基础教育均衡视域下异质化教学建构》,华东师范大学博士学位论文,2012。
袁幸园:《基于义务教育均衡发展的江西省"教育园区"建设研究》,南昌大学硕士学位论文,2012。
李　坤:《义务教育优质均衡发展问题研究》,南京师范大学硕士学位论文,2012。
王维秋:《江苏省义务教育优质均衡发展初探》,南京师范大学硕士学位论文,2012。
杨令平:《西北地区县域义务教育均衡发展进程中的政府行为研究》,陕西师范大学博士学位论文,2012。
高洪水:《城乡义务教育均衡发展研究》,四川农业大学硕士学位论文,2012。
刘钱玉:《少数民族地区基础教育均衡发展对策研究》,云南财经大学硕士学位论文,2012。

五、城乡教育一体化

目录

（一）城乡教育一体化的背景

1. 城乡教育一体化的社会背景

(1) 城乡教育差异的形成

① 城乡二元结构政策——20世纪50年代至70年代，是中国城乡二元结构的形成、巩固时期。尤其是50年代，一系列相关法律法规从就业、口粮、户籍等多层面切断了城乡之间的正常流通，如1952年政务院颁布的《关于劳动就业问题的规定》、1953

年政务院颁布的《关于实行粮食的计划收购和计划供应的命令》、1957 年国务院颁布的《关于各单位从农村中招用临时工的暂行规定》以及 1958 年全国人大常委会通过的《中华人民共和国户口登记条例》等。论者认为，城乡二元结构是适应当时全国经济恢复发展的要求的，在当时起到了积极的作用。但是从 70 年代后期开始，相对于农村，城市发展更快，由此拉大了城乡差距。尤其是《户口登记条例》严格限制了农村人口向城市转移，把农民稳定在农村，城乡之间生产要素的流动受到极大的限制。在二元户籍制度基础上产生了二元管理体制，资源和制度安排全面倾向于城市。为了支持城市工业发展，压低和限制农产品价格，抬高工业产品的价格，国家以工农业产品价格的"剪刀差"从农业和农民中获得建设所需的资金，投入城市工业的发展。在教育方面，城乡二元结构使得优质学校、优质办学资源、优质师资大多集中于城市，导致了城乡教育二元结构的固化和差异的恶化。〔刘海峰：《我国城乡教育一体化改革的若干理论问题》，载《教育理论与实践》(太原)，2011(11)；张旺，2012(8)〕

② 教育财政政策执行——我国各级政府的教育投入政策模糊，加之缺乏完善的财政转移支付体系，中央政府对于基础教育的投入责任模糊，省级财政也推脱对于义务教育投入的责任，基层县乡政府由于财政投入有限，对基础教育的投入也一直停留在下限，并没有进行教育投入的积极性。由于缺少法规的保障，"地方负责，分级管理"的投入机制成为各级政府之间互相推诿责任的借口。〔于月萍，231—232 页，2012〕

③ 单向度的政策模式——在很长一段时间里，政策的制定往往是一言堂、一边倒的。农村和农民一直处于弱势，不太容易听到他们的声音，农村教育难以进入政府议程。在这种情况下，教育政策对自身的系统偏差不敏感，对损害受教育者权利的现象不敏感，对民众的教育需求回应不足。单向度的政策模式，导致农民没有表达利益诉求和影响决策生成的能力和渠道，缺乏主体意识，对政策的理解与执行被动，从而降低了对政策的认同。〔柯春晖：《城乡统筹发展中的教育政策取向和政策制定》，载《教育研究》(北京)，2011(4)〕

④ 城乡社会心理文化落差——新中国成立后以工业化为主导的发展战略和以户籍制度为核心的城乡二元社会政策，使得城市在物质方面占有了较多的生产资料和消费品，在公共领域中主导着国家和社会发展的话语权，在社会生活中享受较好的物质条件和社会福利，城市市民也由此形成了与农民相较高高在上的心态。城乡二元的治理结构造成了对农民的剥夺，使农民在国家中处于弱者的地位，塑造了农民作为弱势群体的心态。这种制度安排强化了近代化以来的城乡生产、生活方式所带来的文化差异，并将这种本无高低贵贱之分的城乡文化差别转变成城市文化优于农村文化的高下

等级。社会转型时期，许多由城乡差别所导致的社会事件急剧增加，进一步加剧了市民和农民心态上的相互对立，使得城乡之间形成了强烈的心理隔阂。〔魏峰：《城乡教育一体化：基于文化视角的分析》，载《复旦教育论坛》，2010(9)〕

(2) 城乡教育差距的表现

城乡教育二元结构使得城乡教育产生了巨大差距，优质教育资源偏向城市，农村教育出现了贫穷落后的局面，甚至在有些地方无法保证最基本的办学条件和师资。

① 管理方面——农村义务教育实行在国务院领导下，由地方政府负责，分级管理，以县为主的管理体制，这种体制只能在县域层面统筹城乡教育发展，重心偏低，县与县之间差距很大，往往导致富县办富教育、穷县办穷教育，基层政府办学积极性不高，政府权责不清，农村学校难以得到持续性管理和资助的状况。

② 经费方面——农村义务教育实行各级政府分担，经费省级统筹，管理以县为主的财政体制，但这种体制对省以下各级政府经费保障责任没有做出明确规定。地方政府教育投入的积极性和主动性不高，各地教育经费投入差异也比较大。城市和发达地区教育已经进入现代化，许多农村小学和初中的运行经费还严重短缺，教学条件极其简陋。

③ 师资方面——城乡教师在质量水平和条件待遇上存在巨大差距。教师资源的配给长期以来偏向城市，农村教师资源短缺。农村教师编制少、职称名额少、晋升难、工资待遇低、工资发放难以保障。农村教师的工作条件差，教师培训缺少制度性和有效性。除此之外，农村学校中教师结构性短缺，某些学科的教师大多是兼课。如此一来，大学毕业生更不愿意到农村从教，相反农村优秀教师在向城市流动，这种马太效应让城市集聚了越来越多的优秀教师资源，而农村的优秀教师资源则日渐短缺。农村优秀教师还存在大量的显性和隐性流失问题。所谓显性流失就是全国各区县通过农村教师选调政策，从农村学校选拔优秀教师到县城任教。在城乡二元化的发展格局下，许多农村学校已形成一种教师的"逃离文化"，即农村教师能否向城市单向流动，已成为判定教师是否"有能力"、"被认可"、"有发展"、"有前途"的重要指标。所谓隐性流失是指那些没有逃离农村的优秀教师虽然坚守乡村学校，但却开始退居二线从事行政或后勤等较为轻闲的工作，他们已经远离讲台。

④ 生源方面——对乡村教育造成严重影响的主要不是出生率减少的问题，而是学生教育性和非教育性选择流动的问题。教育性选择流动是指学生家长对乡村教育失去信心，开始用"以足投票"的方式主动选择到县镇学校就读，甚至不惜放弃土地耕

种的权利到县城寻工陪读。非教育性选择流动是指父母以农民工进城的方式携带子女到城市学校就读。农村学生考上一流大学的机会减少。农村教育质量的整体落后，导致农村学生在“公平”的高考面前越来越缺乏竞争力。名牌高校的农村生源呈现持续下降态势，非重点高校的农村生源却在不断上升，同类高校城乡生源比例的失衡虽然引发的是中国大学是否已经“弱智”化的争议，但背后却是乡村义务教育衰败的深层原因。〔张旺，2012(8)；邬志辉，2012(9)〕

2. 城乡教育一体化的政策背景

(1) 城乡一体化政策的推进

进入21世纪，中国开始着手改革城乡二元体制并逐步推进城乡一体化。2002年，党的十六大提出“统筹城乡经济社会发展”。2003年，党的十六届三中全会把这个方针列为科学发展观的重要内容，将“统筹城乡发展”作为提出的“五个统筹”要求之首。2007年，党的十七大首次提出了“城乡一体化”的命题，即“要加强农业基础地位，走中国特色农业现代化道路，建立以工促农、以城带乡长效机制，形成城乡经济社会发展一体化新格局”。2008年，党的十七届三中全会指出，“我国进入着力破除城乡二元结构、形成城乡经济社会发展一体化新格局的重要时期，要建立促进城乡经济社会发展一体化制度”。在这次会议上通过的《关于推进农村改革发展若干重大问题的决定》中，把基本建立城乡经济社会发展一体化体制机制作为2020年前农村改革发展的重要目标与任务，要求到2020年，“城乡经济社会发展一体化体制机制基本建立”。城乡一体化被确立为国家发展战略。2009年1月，温家宝总理在国家科技教育领导小组会议上的《百年大计，教育为本》讲话中明确提出，“实行城乡统筹，把农村教育放在重要地位”，解决目前农村教育问题，“关键是要缩小城乡差距，推进城乡统筹”。2009年和2010年中央两个一号文件中，均进一步把推进城乡经济社会发展一体化和努力形成城乡经济社会一体化新格局作为加大统筹城乡发展力度、促进农业农村稳定持续发展的重要要求。2010年6月，教育部发布《关于“十二五”期间加强学校基本建设规划的意见》，提到科学规划学校的区域和城乡布局，统筹城乡教育发展，“结合城乡发展的趋势，兼顾城镇化和新农村建设的要求，统一规划城乡学校布局，在有条件的地区加快推动城乡教育一体化”。2010年7月29日公布的《国家中长期教育改革和发展规划纲要(2010—2020年)》，正式将“构建城乡一体化的教育发展机制”写入其中。2011年3月，《中华人民共和国国民经济和社会发展第十二个五年规划纲要》颁布。在《规划纲要》的第二篇“强农惠农，加快社会主义新农村建设”中，继续强调“建立健全城乡发展一体化制度”。〔邵泽斌:《理念变革与制度创新:从城乡教育均衡到城乡教育一体化》,载《复旦教育论坛》,2010(9);张乐天:《城乡教育一体化:目标分解与路径选择》,载《复旦教育论坛》,2011(11);张旺,2012(8);邬志辉,2012(9);于月萍,49页,2012〕

(2) 教育财政政策的调整

有论者认为,我国教育财政政策经历了如下发展历程:1950年—1979年,以中央为主阶段。按照国务院《关于统一管理1950年度财政收支的决定》(1950年3月),中央财政高度集权,教育经费也是统收统支的。1980年—1993年,以乡村为主阶段。按照1980年3月国务院颁布《关于实行“划分收支,分级包干”的财政管理体制的暂行规定》,中央财政只负担中央各部门所属高等院校、中等专业院校和技工学校的经费,并对地方教育进行专项补助。1985年颁布的《关于教育体制改革的决定》进一步明确指出,基础教育的管理权属于地方,实行基础教育由地方负责、分级管理的原则。1986年国务院颁布《征收教育费附加的暂行规定》,明确教育附加费率为2%,由税务部门征收,交教育部门使用。1994年—2000年,以县为主、乡为辅阶段。按照1994年国务院颁布的《关于〈中国教育改革和发展纲要〉的实施意见》,县、乡两级政府农村基础教育管理体制和财政投入的责任,将县作为农村义务教育的主要管理者和责任人。1994年7月国务院颁布《中国教育改革和发展纲要》,明确城市教育附加费按增值税、营业税、消费税3%征收,农村按上年农民收入的1.5%—2%征收。2001年—2005年,以县为主阶段。2001年,国务院颁布《关于基础教育改革与发展的决定》,明确提出进一步完善农村义务教育管理体制,实行在国务院领导下,由地方政府负责、分级管理、以县为主的体制。2006年至今,中央、省、县三级分担阶段。2005年年底,国务院颁布了《关于深化农村义务教育经费保障机制改革的通知》,要求按照“明确各级责任、中央地方共担、加大财政投入、提高保障水平、分步组织实施”的基本原则,将农村义务教育全面纳入公共财政保障范围,建立中央和地方分项目、按比例分担的农村义务教育经费保障机制。2006年修订的《中华人民共和国义务教育法》,建立了国务院、省、县三级政府分项目、按比例分担义务教育经费的保障机制。〔张金英:《城乡教育一体化的动力机制及战略研究》,天津大学博士学位论文,2010,第40—43页;曹攀,2012(12)〕

(3) 城乡教育交流政策的出台

1999年,中共中央、国务院颁布的《关于深化教育改革,全面推进素质教育的决定》,成为较早倡导城乡教育交流的政策规定。该《决定》指出,“各地要制订政策,鼓励城市教师到农村任教。城镇中小学教师原则上要有一年以上在薄弱学校或农村学校的任教经历，才可被聘为高级教师职务”。2003 年人力资源和社会保障部组织的“高校毕业生到农村基层从事支教、支农、支医和扶贫工作(简称‘三支一扶’计划)”以及共青团中央组织的“大学生志愿服务西部计划”，在一定程度上体现了鼓励城市教育支持农村教育的政策追求。2006 年 2 月，在总结各地经验的基础上，教育部下发《关于大力推进城镇教师支援农村教育工作的意见》，对城镇教育支援农村教育做出了具体详细的规定。〔邵泽斌:《理念变革与制度创新:从城乡教育均衡到城乡教育一体化》，载《复旦教育论坛》，2010(9)〕

(二) 城乡教育一体化的理论基础与认识定位

1. 理论基础

① 教育公平理论——教育公平理论强调公正、正义。衡量教育公平的三大标准是起点公平、过程公平、结果公平，起点公平是实现城乡教育一体化的基础与前提，教育过程与教育结果的公平是起点公平基础上城乡教育一体化要追求的目标。

② 系统论与控制论——系统科学从事物的部分与整体、局部与全局以及层次关系的角度来研究客观世界。城市和农村教育作为城乡教育系统的组成部分，与我国的政治、经济、文化等外界系统环境相互制约、相互促进，并在系统内部相互影响、相互协调，使城乡教育作为一个整体系统实现其超越城市和农村各自优势的最优整体功能。从控制论的视角来看，城乡教育系统是一个典型的控制系统，通过信息反馈揭示成效与标准之间的差距，进而采取纠正措施使系统稳定在预定的目标状态上。

③ 共同体理论——共同体是指人们基于一定的目的和需要，通过一定的形式结合在一起共同活动和交往，并由此结成具有一定的共通性和稳定性关系的人的共在共处的组织化形式，是人类历史存在的基本方式。城乡教育一体化致力于将处于分隔状态的城市教育与农村教育融合为一个教育共同体。在这个城乡教育共同体中，城市与农村教育基于共同的公益性目标——为了城乡学生在教育结果中的全面、良好发展及教育共同体的整体提升而相互关联、互动，相互维系、帮扶。

④ 城市发展理论——城乡差别的消除必须经历城乡依存、城乡分离和对立、城乡融合三个辩证的历史阶段。我国的教育经历了从城乡二元对立到城乡均衡和城乡统筹，再到城乡一体的过程，这与城市发展进程中城乡关系的客观历史规律是相契合的。

⑤ 和谐社会理论——教育公平是实现社会公平与稳定的重要基础，也是构建和

谐社会的重要基石。城乡教育一体化的教育战略规划，蕴含着化解城乡教育二元矛盾的追求，要妥善处理城乡教育之间的利益冲突，应该既尊重和保存二者的个性与优势差异，又以适度的手段促成二者的利益融合，以合二为一的模式统筹规划一体化发展的新路径。

⑥ 均衡发展理论——由于各经济要素间的相互依赖性和互补性，一味地侧重某一个部门或地区的投资会影响相关部门和地区的发展，而落后的部门和地区又会阻碍所有部门和地区的整体发展。长期以来，在计划经济的逻辑下和赶超战略的现实压力下，政府可以调用的资源有限，难以确保全体适龄人口接受同样的教育，绝大部分公共资源投入了城市，造成城乡教育失衡。农村教育投入的不足和教育质量的滞后，根本上会影响整体的教育公平、社会公正，对中国的发展是不利的。因此政府要统筹城乡教育资源，促进合理流动，实现城乡教育一体化。

⑦ 非均衡发展理论——经济进步并不是在各类产业、各个部门间同时发生的，有一些增长点上经济发展快一些，有一些增长点上经济发展慢一些，这是正常的发展现象。教育发展也要遵循“均衡—不均衡—均衡”的前进曲线，在前进和发展中通过相对的不均衡实现更高水平的均衡，同时承认相对不均衡，并把解决相对不均衡作为实现更高水平均衡的动力。〔张金英：《城乡教育一体化的动力机制及战略研究》，天津大学博士学位论文，2010，第26—38页；李玲等，2012(2)〕

2. 认识定位

(1) 内涵

有论者认为，较多的研究者所秉持的系统论观点是陈旧的、机械的，将城乡教育一体化问题放在社会系统中进行客体的功能性观察，就失去了教育的立场，使得教育一体化的吁求变成了仅仅关乎政治的、经济的吁求。论者在对系统理论进行追踪梳理的基础上，强调教育系统是自为的，具有相对独立性的系统，城乡教育一体化的伦理基础和它的教育学意义得到了充分的阐释。在这一研究视角下，不能忽视一体化进程中城市与农村教育系统的“自我参照”；不能忽视一体化进程中的城市与农村教育系统的“自我差异”；不能忽视一体化进程中城市与农村教育系统的“自组织运作”。城乡教育一体化的基本立场：尊重城市教育系统与农村教育系统各自内在的规律和本质属性，通过其各自系统内部与相互之间的自组织、自适应，在与环境相互作用的条件下，通过自身的演化，不断改变、形成统一的结构和功能，最终实现城乡教育系统的一体化。〔于月萍，49—80页，2012〕

(2) 目标

从宏观时序维度看,教育经历了以普及教育机会、提高教育质量、提供特色教育为主导发展任务和目标的三次发展浪潮。农村许多地区"先知先觉"地选择或模仿城市教育发展目标,却没有充分考虑是否适合区域教育发展实际。城乡教育一体化并不是城乡教育发展目标的简单等同化。广大农村欠发达地区还处于第一次教育发展浪潮向第二次教育发展浪潮过渡期,教育发展水平较高的城市地区处于第二次教育发展浪潮向第三次教育发展浪潮过渡期,城乡教育发展目标存在差异,人为拉齐发展目标,显然是不可行的。要根据农村教育发展实际,研究制订适合农村教育发展的目标和规划。这就需要花费大量时间去了解农村教育现实,透视农村教育问题,以现有农村教育条件为起点,考虑城市和外界可能提供的支持,科学规划城乡教育一体化时间表、路线图和任务分配表,使农村教育在一个科学、务实的发展规划指导下快速有序地进行。〔秦玉友,2012(10)〕

有论者提出,城乡教育差距在本质上是质量差距,破解城乡教育二元结构、实现城乡教育一体化的"最后目标"是质量公平或者说结果公平,因此,在制度重要性排序上,与教育质量公平直接相关的学生培养制度和教育质量评价制度被置于中心地位,可以称作核心制度。教育投入、办学条件、教育机会等方面的公平尽管也都是城乡教育一体化追求的重要目标,但却是为实现教育质量公平服务的,属于"中间目标",与此相对应的教育投入制度、教育人事制度、入学招生制度可被称为外围制度。除上述与各种教育公平相关的制度外,还应该把教育管理制度和办学制度(体制)纳入促进城乡一体化的教育制度的"清单",教育管理制度和办学制度相对于其他制度,可以被归类为保障制度。〔褚宏启:《教育制度改革与城乡教育一体化——打破城乡教育二元结构的制度瓶颈》,载《教育研究》(北京),2010(11)〕

(3) 范围

论者们对"城乡教育一体化"所涉及的具体范围,除了广义上的城乡概念,还提到了以下方面:

① 城市中心区与郊区教育一体化——我国正处在"半郊区化"时期。这种郊区化不仅仅是城市化的反潮流,还表现为农村进城务工人员的郊区化生存、郊区农村人口在城市扩张过程中市民身份改变的过程。城市的教育质量结构在总体上表现出从中心区到近郊区再到远郊区圈层递减的空间分布格局。由于进城务工人员及其随迁子女大多集聚在郊区,所以,城乡教育一体化的主要矛盾也体现在"教育的半郊区化"上。

所谓“教育的半郊区化”就是在郊区地带学校之间所呈现出的一种非同质化、混合化、马赛克化，以及入学群体之间所呈现出的一种社会阶层区隔化、身份认同内卷化的状态。

② 流动人口与当地人口教育一体化——广义的城乡教育一体化不仅要求统筹当地城乡教育发展，缩小城市与乡村的教育差距，也要求统筹城市居民和农民工及其子女的教育问题，缩小城市内部“城里人”与“乡下人”的教育差距。与此相应，城乡教育一体化的制度建设不仅要求缩小城乡间的教育制度落差，更要求打破城市内部针对农民工及其随迁子女的教育制度歧视。〔褚宏启：《教育制度改革与城乡教育一体化——打破城乡教育二元结构的制度瓶颈》，载《教育研究》(北京)，2010(11)；邬志辉，2012(8)〕

(4) 维度

① 层次—类别的维度。根据《教育规划纲要》的指导思想，城乡教育一体化的外延可以从以下几个层次来理解：从宏观的教育体制机制范畴看，包括城乡教育管理体制机制、教育人事体制机制、教育投入体制机制、办学体制机制、人才培养体制机制和考试评价体制机制的一体化；从中观的教育层级与类别看，包括城乡学前教育、义务教育、职业教育、高等教育和继续教育的一体化；从微观的教育组成要素看，包括城乡学校师资、学校课程模式、资源配置和城乡教育信息的一体化。〔李玲等，2012(2)〕也有论者提出，城乡教育一体化要涉及基础教育、职业教育、继续教育三个类别，基础教育是整个教育体系的基础，也是农村地区教育的主要类型，其中的义务教育更是重中之重。职业教育与城乡经济发展有密切联系，发展职业教育被视为解决“三农”问题的重要途径。推进城乡、区域合作，强化职业教育资源的统筹协调和综合利用，是重要的实践经验，也是重要的政策导向。继续教育问题主要与进城务工人员、农村劳动力转移培训有关，关键是加强融入性教育，否则会影响社会稳定。〔褚宏启：《教育制度改革与城乡教育一体化——打破城乡教育二元结构的制度瓶颈》，载《教育研究》(北京)，2010(11)；张乐天：《城乡教育一体化：目标分解与路径选择》，载《复旦教育论坛》，2011(11)〕

② 文化的维度——有论者认为，农村教育的发展应该走向文化自觉。首先，文化自觉要求全面认识城乡文化差异。文化自觉要求我们在农村教育中不仅要熟悉乡土文化的来历、形成过程、所具有的特色和它发展的趋向，而且还要全面正确地理解城市文化全貌；不仅要了解乡土文化的传统优势，而且还要正视和揭露存在于其内部的局限性，即充分认识乡土文化和城市文化以及农村文化内部的文化差异，在此基础上维护文化的多样性。其次，文化自觉凸显文化自主选择。文化自觉要求我们在全面认识

城乡文化的基础上，在城乡文化中选择符合学校教育发展规律的合理性因素，摒弃落后的障碍性因素，并积极地进行文化创新，选择一条“综合性”的文化道路。第三，文化自觉体现城乡教育一体化的价值诉求。如果城乡之间没有一种动态性的文化互动和互惠，没有形成一种良性的文化沟通机制，没有对文化自觉的“觉解”，城乡教育一体化极有可能会逐渐演变为一个没有精神内核的制度空壳。〔凡勇昆等，2012(12)〕

(5) 重心

提出建立城乡发展一体化制度、努力形成城乡一体化发展新格局的目标，乃是紧紧地着眼于农业农村的发展，着眼于推进社会主义新农村建设。这里的“一体化”，其要义是消解长期以来因制度设置的不合理而导致的城乡分隔及其对农村发展的严重制约与阻碍，从而使城乡发展协调均衡、相互促进、融为一体。城乡经济社会一体化本身包含着城乡教育一体化。由于城乡经济社会一体化是紧紧指向于农业农村的现代化发展，指向推进社会主义新农村建设，城乡教育的一体化因而也是紧紧指向农村教育的新发展，或指向农村教育的更好发展。〔张乐天：《城乡教育一体化：目标分解与路径选择》，载《复旦教育论坛》，2011(11)〕

有论者认为，城乡义务教育一体化发展的重点是遏制乡村教育衰败。当下城乡义务教育一体化的主要问题还不是城乡互惠，重心也不是城市，而是农村。在确立城乡义务教育一体化思维的同时，切不可忽视“农村教育”的弱势地位与战略价值，更不能以城乡一体化的幌子变相剥夺农村教育。城乡义务教育一体化的前提是发展乡村教育。论者认为，学校是一个社区组织，学校的存在是一个社区适宜居住的标志与象征。如果学校脱离了乡村社区，从文化的意义上说，它就不再是什么乡村学校了。而现实中，农村学校布局调整的过程恰恰使学校越来越远离乡村社区，从而加剧了乡村的荒漠化。〔邬志辉，2012(9)〕

(6) 发展阶段

有论者认为，城乡教育一体化需经历三个阶段：①自发型的城乡教育一体化阶段。在这一阶段，城市教育与农村教育按照市场的竞争性原则与自然、人类社会发展的规律，进行自发的联结与互动。城市与农村教育呈现无序、零散、无组织的联动雏形，由于城乡间在市场导向下形成的不平等缺乏自我调节的功能，只会随着城乡矛盾的激化愈加不平等，差距愈加拉大。②政府干预型的城乡教育一体化阶段。在这一阶段，由于城乡二元结构的矛盾日益凸显，使得政府不得不介入干预，进行宏观调控，以改变城乡教育不公造成的社会与经济的不稳定局面。这一阶段具有政府干预、制度保障、补偿帮扶的鲜明特色，其目标是实现城乡教育间基本的均衡与规范化互动联结。③高度自主型的城乡教育一体化阶段。这个阶段的理想状态是政府进行弱干预，而城市教育与农村教育自主互补。这一阶段的城乡教育进入高度自治、高度自主、高度规范、良性互动、共生共荣的高级境界，基本实现一体化。〔李玲等，2012(2)〕

（三）城乡教育一体化的实践探索

1. 城乡教育一体化的行政改革试验

(1) 行政区内的一体化

① 县域内的城乡教育一体化。以县政府为统筹主体，在县域范围内对各级各类教育进行协调统筹，对县镇和乡村学校教育资源进行合理均衡配置，对各级各类学校的空间与功能结构进行布局设计、调整和安排。2012 年教育部国家教育发展研究中心与四川省蒲江县人民政府共建的“农村基础教育改革试验区”，是县域内推进城乡教育一体化的典型代表。

② 市域内的城乡教育一体化。以地级市或计划单列市为统筹主体，对辖域内区县以及区县内的各级各类学校进行统筹协调、对教育资源进行合理均衡配置、对学校空间与功能结构进行布局调整安排。

③ 省域内的城乡教育一体化。以省、自治区和直辖市为统筹主体。2008 年教育部和重庆市共建的“国家统筹城乡教育综合改革试验区”则是省域推进城乡教育一体化的典型代表。〔邬志辉，2012(8)〕

(2) 跨行政区合作的一体化

① 省级政府设计、市县平级政府合作的城乡教育一体化。如以武汉为圆心，包括周边黄石、鄂州、黄冈、孝感、咸宁、仙桃、天门、潜江八个城市组成的“武汉城市圈”就出现了圈内职业教育、高等教育、基础教育在招生考试等方面的城乡互动与合作。如湖南省以长沙、株洲、湘潭三市为基点，以岳阳、常德、益阳、娄底和衡阳五市为辐射区建立的“长株潭城市群”正在探索教育整体规划、资源共享、区域联动、城乡统筹、均衡协调发展的区域教育一体化发展新机制。为此，2009 年教育部和湖南省人民政府还共建了“长株潭城市群教育综合改革国家试验区”。

② 区域联合、省级合作的城乡教育一体化。长三角两省一市已经建立了“长三角教育联动发展机制”，在基础教育、职业教育、高等教育与终身教育等领域展开了全方

位合作，特别是区域性的信息沟通平台、师资培训、院校交流机制的建设，对高位推进区域城乡教育一体化起到了积极的典型示范作用。〔邬志辉，2012(8)〕

2. 城乡教育一体化的管理改革探索

(1) 城乡学校捆绑发展

城乡学校捆绑发展的方式，分为全捆绑和半捆绑。全捆绑的方式是指城镇学校把农村学校作为分校，实行一套班子管理；教师编制统一核算到城镇学校，统一调配；经费统一管理，资金使用向农村学校倾斜；统一组织教师培训，实行教学教研培训一体化；质量评估上，对城乡捆绑学校在办学理念、师资建设、教学质量、办学条件、内部管理等方面进行统一考核和奖励。“中心校制”就是全捆绑形式，如浙江台州实行中心校与各村完小的“多校合一”，在乡镇中心学校与其所属的村完小之间实行“四个统一”制度，即统一教育管理、统一师资调配、统一福利待遇、统一工作考核。半捆绑的方式则是捆绑双方学校各自有独立的法人代表、有独立的财务管理和独立的编制核算，除此以外的其他工作进行相互交流或者统一管理和考核。“联校制”是典型的半捆绑形式，如成都武侯将 12 所原村小与城区 12 所最好的小学一一“结队”、“联体”，实行“两个法人单位、一个法定代表人、一套领导班子，独立核算、独立核编”的办法进行统一管理，城市小学校长任这个“共同体”的校长，原农村小学校长任副校长。

(2) 集团化办学

将一所名校和若干所学校组成学校共同体，以名校为龙头，采取“名校 + 新校”、“名校 + 民校”、“名校 + 弱校”、“名校 + 农校”、“名校 + 民企”等形式，在教育理念、学校管理、教育科研、信息技术、教育评价、校产管理等方面统一管理，实现管理、师资、设备等优质教育资源的共享。各名校集团以名校校长为领衔校长，由专家顾问、各校区校长组成的决策机构负责学校共同体的整体规划，并形成相应的执行系统、监督反馈系统。名校和各校之间有统一的协调和管理，以保证同样的教育品质，各校之间又相对独立，追求各自的办学特色，实现互惠互助，共同成长。如浙江鹿城的集团化办学主要采取两种体制：一是“名校加弱校”和“名校加新校”模式，集团学校统一校名，统一学校法人，统一教师调配，统一教育教学管理，统一后勤经费管理；二是“名校加乡校”的模式，实行双法人管理模式，农村学校作为集团学校的分校，在人事、财物和法人地位上相对独立，集团学校主要帮助农村学校培养教师队伍，在名师资源、教研资源、课程资源等方面实行共享，以提高农村学校的管理及办学效益。

(3) 学校委托管理

采取政府购买服务的方式，提供专项经费，并组织受援区县教育局和支援机构签订委托管理协议，通过签订契约委托“城市优质学校或教育中介机构”管理农村薄弱学校，把优质学校的先进教育理念和学校文化植入农村学校中，以团队帮扶的形式整体性地快速提升农村学校的办学水平和教学效率。一类是支援学校帮助受援学校更换校长，组建新的学校领导班子，同时派出教师团队从事具体的教学工作，如上海浦东新区的施湾中学。第二类是受援学校不换校长，支援机构直接对原有的领导班子加以充实或调整，并派出教师团队参与教学工作。具体又可以细化为两种情况，一种是确立学校管理委员会领导下的校长负责制，受援学校校长兼任学校管理委员会的副主任，如上海崇明县的海洪小学；第二种是支援机构派出人员担任受援学校的副校长、校长助理，或作为顾问直接参与学校管理，如上海宝山区的光明中学、嘉定区的江桥中学等。

(4) 学区一体化

打破乡(镇)行政区划界限，建立以学区为基本单位，县级教育行政部门、学区中心校、学校三级管理体制。在县域范围内，按人口分布状况、学校地理位置、经济文化基础、教育发展现状、优质教育资源辐射范围和未来教育规模等因素，将全县划分为若干个学区，每个学区设立一个学区中心校，由县教育行政部门直接领导，具体负责本学区内的各类教育工作，同时相应撤销原乡(镇)中心校(总校)。学区是最基层的教育行政单位，它受县级教育行政部门委托，综合管理区域内的各级各类学校，负责辖区内学校的经费预算编制、教师队伍建设、教育教学管理的具体事务，统筹辖区内教育资源配置，加强对各校的管理。如河北井陉在制定学区规划时，把农村初中作为建设重点，将全县划分为若干个学区，以 2—4 个乡镇(4 万—6 万人口)为单位设置学区中心校，由县(市)教育行政部门直接管理，同时，相应撤销乡镇中心校。

(5) 城乡教师合理流动

其一，城乡教师短期交流模式。即区域内城乡教师互相交流，城镇教师定期送教下乡，帮助指导农村学校教师提高教学业务水平；农村学校教师定期到城镇学校进修学习以提高自己的教学水平和业务能力。其二，“人走关系留”的支教模式。由教育行政部门规定符合某种条件的教师必须到农村学校支教的一种形式，支教时间一般是一年。教师的人事关系还在原单位，福利待遇与原单位教师相同。其三，“人走关系动”的定期流动模式。建立规范性的教师定期流动制度，由教育行政部门规定每年有一定比例的教师在某个区域内大规模流动，教师的人事关系跟着调动，交流教师不再回到原来的学校。

(6) 零择校

许多地区不断探索促进城乡教育均衡发展的“零择校”模式。浙江海宁的做法较为典型。首先，采取疏堵结合的办法，实行“开前门堵后门”的政策，使招生工作顺利进行。其次，设置三道防线，接受多方监督，实施阳光招生。第三，强化四项保障，实行管理体制一体化、使办学条件标准化、素质教育特色化、队伍素质专业化。除了制度上的保障，还有投入的加大，安徽铜陵就在这方面取得了一定的成效。2006 年开始，铜陵市在城区消灭了择校。2007 年，铜陵市决定用五年时间，筹资一亿元全力提升农村学校的硬件水平。2009 年初，铜陵市完成了 40 所农村学校标准化建设的任务。除此之外，农村义务教育阶段中小学公用经费得到提高，农村中小学教师工资和省以下津贴与同一区域公务员享受同等待遇；农村师资也得到了有效的改善；农村教育的内涵得到了提升，城乡教育质量的差距逐步缩小。

(7) 通过网络进行优质资源共享

信息高速时代，优质教育资源可以通过局部的互联网进行分享。薄弱学校和农村学校可以透过这一模式，进行交流和自我提升。山东寿光是这种模式的典型代表。2001 年，寿光市教育局、电信局共同投资建设了寿光现代教育网。该网集办公自动化、教育信息发布、网上考试等功能于一身，融合了家庭教育、学校教育、社会教育，覆盖到全市大中小学校的教室、办公室、备课室，所有乡镇教委、初中、城区学校、市属学校和乡镇中心小学都接入该网，95％以上的农村小学全部联网。教师和学生可以适时地调用这些资源进行备课、教学和学习。〔张金英：《城乡教育一体化的动力机制及战略研究》，天津大学博士学位论文，2010，第 98—102 页；安晓敏等，2012(6)〕

3. 重建乡村教育的尝试

有论者认为，农村教育的发展不能以城市化为单向目标，农村教育应该赓续上个世纪教育学家们乡村教育的探索，复兴乡村特有的教育文化。而面对农村人口结构性变化，农村学校规模化撤并的现象，要积极探索维持乡村教育的方式方法。论者认为，国内一些地区的改革探索和历史上的成功经验为重建乡村教育形态提供了很好的经验与借鉴。

① 合村并居——山东德州、四川蒲江等地进行了“合并村庄、建立农村社区”的“合村并居”改革，实现了乡村人口的集中化居住和社区功能的现代化，为乡村学校留

住生源、留住优秀教师、高标准建设和配置学校提供了可能，也为城乡义务教育的一体化发展创造了条件。

② 校车接送——辽宁省桓仁县经过五年的学校布局调整改革，到2008年全县学校数量稳定在26所。政府对学校的教育资源进行了城乡一体化的配置，虽然全面提高了全县的教育质量和教育效率，但学生的平均上学距离却变远了。为了解决学生集中上下学乘车难、客运班车运力不足和学生通勤的交通安全问题，县政府一次性投资300余万元，统一购置了12辆新型客车，由县客运公司选派经验丰富的司机为全县农村学生服务。

③ 寄宿制——一些边远地区的族群长期处于游牧状态，缺少稳定的社区形态，因此建立定点寄宿学校对解决类似群体的义务教育问题是一种较好的选择。在西藏、内蒙古、云南、青海、湖北等省(区)，义务教育阶段在校寄宿生有逐年扩大的趋势。

④ 教学点——有一些边远山区，自然条件非常恶劣，以上三种类型均不适合，因此教学点模式就成为这些地区实施义务教育的最后选择。20世纪80至90年代，我国农村教学点曾得到过较快的发展，即由1987年的16.26万个增加到1995年的19.36万个，九年净增加3.1万个，但之后便开始减少，到2010年仅剩6.54万个。〔邬志辉，2012(9)〕

(四) 推进城乡教育一体化的措施

1. 改革教育管理制度

(1) 改革行政体制

论者认为，应该科学地界定各级政府的权责分工，在完善"以县为主"体制的基础上，明确划分各级政府的权责，加强中央政府的投入和管理责任，强化省级和市级政府对城乡教育一体化发展的管理权力和责任。〔于月萍，244—245页，2012〕在教育管理体制上提升管理主体的级别，以扩大城乡教育一体化的区域范围，如将教育管理主体提升到地级市，由市级政府统筹全市城乡教育发展的人、财、物管理，统一教育投入、师资建设及教育教学管理等重大问题。〔杨卫安:《我国城乡教育关系制度的变迁研究》，东北师范大学博士学位论文，2010，第187页；张旺，2012(8)〕从空间格局来看，县域内城乡义务教育一体化的责任主体应该是县政府，县长应该成为第一责任人。(跨县)区域间的城乡义务教育一体化发展既需要在行政区体制内建立由上一级政府统筹的制度，还应建立非行政区

之间跨政府的横向合作机制，确保跨行政区义务教育公共问题的协调与解决。〔邬志辉，2012(9)〕

有论者建议建立健全行政问责制度，强化对区域党政主要领导的考核和问责，将推进城乡教育一体化纳入政府绩效考核和官员施政约束的评价体系，减少财力资源投入和整合机制障碍的弊端。〔于月萍，245页，2012〕

(2) 改革投入制度

谁来投入？有论者认为，要明确以县为主的管理体制不等同于以县为主的投入体制，中央、省、市在农村教育经费投入中的责任要加大，分散县级政府的教育财政压力。大多数论者建议调动省级政府、市级政府和乡镇政府的积极性，解决"以县为主"体制统筹重心偏低问题，把强化省、市政府统筹规划城乡教育发展的职能作为改革重点。有论者认为应该将教育经费管理主体上移，最低应该上移至市级，逐步实行义务教育财政负担以省和中央为主，进一步明确各级政府在农村义务教育中的投资责任。〔郭彩琴、顾志平：《城乡教育一体化的困境与应对措施》，载《人民教育》(北京)，2010(10)；褚宏启：《教育制度改革与城乡教育一体化——打破城乡教育二元结构的制度瓶颈》，载《教育研究》(北京)，2010(11)；张金英：《城乡教育一体化的动力机制及战略研究》，天津大学博士学位论文，2010，第118页；张旺，2012(8)；曹攀，2012(12)；于月萍，249页，2012〕有论者建议完善多渠道筹资体制，鼓励民间资本到农村和偏远地区办学，促进农村义务教育办学主体和投资主体的多元化。〔于月萍，250页，2012〕

怎样投入？有论者强调要有差别和倾斜。在投入体制上保证城乡在投入总量上大致相当，消除城乡在经费投入上的差距，并且要向农村特别是经济欠发达地区倾斜、向义务教育倾斜、向农村基层学校倾斜、向弱势群体倾斜。〔张金英：《城乡教育一体化的动力机制及战略研究》，天津大学博士学位论文，2010，第94—95页；张旺，2012(8)；邬志辉，2012(9)；于月萍，249页，2012〕有论者建议，突破"按比例返还税收"和"一般性转移支付比例过低"的制度束缚，建立"向县(市、区)政府倾斜、重心适度下移"的财政转移支付制度。在税收返还上，要建立向税收上解低于平均值的县(市、区)按"50%+[50%-市(县、区)上解税收比例]"返还税收的新机制；在一般性转移支付上，要建立基于县(市、区)基本公共教育服务数量和水平不低于当地教育总支出水平的70%(这基本意味着义务教育教师工资省级发放)的省级纵向财政转移支付制度。对于基本教育公共服务水平比较低的县(市、区)，探索实施连续五年的与教育绩效责任挂钩的"契约式"，以一般性财政转移支付为基数、额外增加5%的专项财政转移支付新制度，并建立相应的责任追究机

制。〔邬志辉，2012(8)〕

有论者建议改变单纯以生均计算公用经费的方式。有的地方政府仅仅拿教育经费投入生均值，而不是各个维度的教育资源指标，作为城乡教育均衡发展指标。而实际上与城市学校相比，农村学校，特别是村屯小学，规模普遍偏小。根据规模经济，即使城乡教育资源配置生均相等，与城市相比，农村学校教育资源仍处于相对匮乏中，各项教育经费的效用也会随之衰减。〔秦玉友，2012(10)〕

此外，有论者建议制定法律法规，对城乡教育投入进行规范：制定《教育投入法》，建立不分城乡的一体化的现代公共教育财政体制，实行均等化的义务教育全额拨款机制；建立各级政府提供农村教育初始资金的责任分担体制；建立规范透明的政府间财政转移支付制度；建立新增教育经费70%用于农村的增量分配机制；建立城乡统一的教育经费标准，提高农村生均预算内公用经费标准和农村困难寄宿生生活补助标准；健全农村普通高中学生学费减免补充机制和由政府全额承担、分级按比例负担的普通高中债务化解机制。〔杨卫安：《我国城乡教育关系制度的变迁研究》，东北师范大学博士学位论文，第186—187页，2010〕

(3) 改革办学制度

充分发挥优质公办学校的力量，通过集团化办学、托管办学和规模办学等多种方式，推动城乡公办学校合作办学，促进城乡教育资源的优化分配。同时，尊重城乡学校各自的特点和文化，在管理、教研和文化等方面进行深层次的融合，在提升城乡教育质量的同时，形成各自的办学特色。〔于月萍，247页，2012〕通过城乡教育一体化政策设计，改变过去通过普通教育培养英才的选择式的传统农村人口流动方式，增加除普通教育之外的其他教育服务，为农村人口向城乡流动提供多元教育服务，引导农村人口的阶层分化和提高农业的科技含量，促进农村传统的生产方式和生活方式改变。〔秦玉友，2012(10)〕大力支持民办教育发展，清理并纠正对民办学校的各种歧视政策，制定完善促进民办教育发展的优惠政策。民办教育有了横跨城乡的更大发展空间，可以及时反映、更好满足城乡多层次、多样化的教育需求。在目前城市公立学校不能容纳农民工随迁子女的情况下，积极扶持打工子弟简易学校是当务之急，当地政府应该允许打工子弟学校存在，可将之纳入民办教育管理的范畴。〔褚宏启：《教育制度改革与城乡教育一体化——打破城乡教育二元结构的制度瓶颈》，载《教育研究》(北京)，2010(11)；于月萍，247页，2012〕

(4) 改革招生制度

在义务教育阶段“就近入学”的政策基础上，继续完善“两为主”政策。明确中央财政和地方财政对进城务工人员子女接受义务教育的拨付责任，试行“教育券”制度，保证经费跟人走。加强流入地政府及教育主管部门的责任，将农民工随迁子女教育和打工子弟学校监管纳入流入地政府绩效考核中。各地根据流动人口变动情况，试行基于父母纳税人身份的义务教育入学制度。逐步向农民工随迁子女开放高中阶段教育，普通高中可先坚持择优原则，给予优等生就学升学的同等待遇；开放民办高中和中等职业学校的入学资格和就学待遇，尤其是某些城市中的冷门行业所对口的专业可以采取财政补贴的方式吸引农民工随迁子女生源，并对口高职院校引导学生在相关专业上继续深造。〔于月萍，248 页，2012〕

(5) 改革评估制度

有论者建议，建立城乡统一的办学条件标准，对教师、设备、经费、校舍、图书、器材等配备做出明确规定。城乡教育差距最终体现在质量的差距上，因此，应该建立城乡统一的教育质量基本标准和评价制度，使城乡学校在办学条件、课程及教学管理、学习结果等方面有一个基本标准；健全相应的教育质量督导、监测、评估机制，以人的全面发展作为城乡学生的共同培养目标和教育质量基本标准的衡量维度。〔褚宏启：《教育制度改革与城乡教育一体化——打破城乡教育二元结构的制度瓶颈》，载《教育研究》(北京)，2010(11)；张旺，2012(8)〕也有论者建议探索“政府管教育、社会办教育、中介评教育”的多元参与质量评价体系。大力培育专业机构和社会中介机构，确保评价的公正公开。〔于月萍，254 页，2012〕

2. 借力社会发展趋势

(1) 信息化

有论者建议以信息化推进城乡教育一体化的体制机制构建。目前，城乡学校等级化管理，信息化水平呈分层化分布，信息教育资源城乡二元分割现象严重。要建立打破“空间界限”的内容丰富、结构合理、全面开放、城乡共享的基础教育信息资源库；要统筹配置城乡信息教育资源，实现城乡师生人机比均等化；让所有的农村学校都建立接入互联网的校园网，逐步实现计算机网络的“校校通”、“班班通”；建立城乡教育信息化硬件、远程教育、教育资源平台建设的经费投入保障机制；建立城乡均衡的教育信息化法律保障机制；完善农村中小学现代远程教育支持服务体系，建立向农村倾斜的信息技术教师配置与培训制度。〔杨卫安：《我国城乡教育关系制度的变迁研究》，东北师范大学博士学位论文，2010，第 188 页〕农村远程教育未来要健全硬件资源运转的保障体系，保证硬件设施正常运转，加强优质软件资源建设，提高资源本身的效能，加强教师的教育技术培训，提高教师的信息素养，建立学习共同体，确保教师应用资源能力的可持续发展。〔张金英：《城乡教育一体化的动力机制及战略研究》，天津大学博士学位论文，第95—96页，2010〕

(2) 工业化和城市化

城乡一体化是工业化和城市化水平发展到一定程度的必然选择，是城市化发展的一个新阶段。在加快工业化和城市化发展的基础上，可以强化城市主体的辐射作用，促进城乡居民生产方式、生活方式和居住方式的变化。城乡教育一体化也可以在工业化和城市化的过程中得到新的发展，使得教育一体化跟工业化、城市化良性互动。〔张金英：《城乡教育一体化的动力机制及战略研究》，天津大学博士学位论文，2010，第78—79页〕

(3) 农村特有文化

对于农村教育以工业化和城市化为单向度标准，有论者认为，应该运用系统化的思维方式，即把农村教育和城市教育作为整个教育大系统中的两个子系统来对待，它们在各自的发展过程中是相互联系、相互影响、相互依赖的关系，并非彼此排斥甚至相互敌对的。农村教育的发展应该走向文化自觉。在全面认识城乡文化的基础上，选择符合学校教育发展规律的合理性因素，摒弃落后的障碍性因素，并积极地进行文化创新，选择一条“综合性”的文化道路。〔凡勇昆等，2012(12)〕

城乡一体化的教育可以把目标定位为培养有教养的文化人。有教养的“文化人”身上既体现本文化的特质，在独特的文化背景里形成独特个性，同时又能够理解、尊重与宽容文化之间的差异，通过对不同文化的认知来培养文化自觉的精神和能力，以自己的能力传承和发展文化。这样的培养目标是超越城市文化和乡村文化背景的。课程体系要求为来自不同文化背景中的受教育者提供具有同样价值的教育内容，这些内容超越了传统课程体系中城乡文化分别对待的窠臼，以普世价值为旨归；同时，教育的内容又能够与受教育者各自所处文化体系相结合，从而做到地方特色和普世价值的和谐统一。要通过民主、宽容、开放的对话式教育来培养学生的公共理性，超越狭隘的竞争式、占有式教育，使受教育者能够关注本文化乃至异文化中的各种社会公共事务并愿意为其质量的改善做出自己的贡献。〔魏峰：《城乡教育一体化：基于文化视角的分析》，载《复旦教育论坛》，2010(9)〕

3. 改革学校管理制度

(1) 改革课程与教学管理制度

有论者建议改革课程与教学管理制度，解决农村学校课程的城市中心主义倾向，彰显城乡不同的课程资源优势，开发不同特色的地方课程和校本课程，建立城乡课程资源开发、共享机制，推进课程改革，提高教学质量。在改革教学管理制度方面，要提高农村学校教学管理水平，深化教育教学改革。创新教育教学方法，探索多种培养方式，倡导启发式、探究式、参与式教学，让学生学会学习。城市学校要加强向农村学校输出先进的教学观念、方法和模式，缩小城乡差距。〔褚宏启：《教育制度改革与城乡教育一体化——打破城乡教育二元结构的制度瓶颈》，载《教育研究》（北京），2010(11)〕

(2) 改革教师管理制度

较多论者建议，突破县域限制，将教师管理提升到市级层面，建立城乡一体化的师资建设制度，把城乡教师的招聘、培养、晋升、考核一体化，用同一个标准在市域内统一进行，在更大范围内对教师实行统一管理，实现更高层次的一体化。构建基于市场化手段的教师资源初次分配机制，实现农村教师的有效补充，调控城市过剩教师资源。建立城乡教师一体化工资待遇制度，解决农村教师工资和待遇低等问题，农村教师应与城市教师享有一样的工资薪酬、职称待遇和社会保障服务，而且还应享有额外的艰苦补助。改革教研制度，建立跨城乡的区域性教研平台与相关机制，加强城乡教师的教研交流，改进农村学校校本教研制度，提高校本教研水平，为提高教学质量、缩小城乡教学质量差距提供智力支持。〔郭彩琴、顾志平：《城乡教育一体化的困境与应对措施》，载《人民教育》（北京），2010(10)；褚宏启：《教育制度改革与城乡教育一体化——打破城乡教育二元结构的制度瓶颈》，载《教育研究》（北京），2010(11)；杨卫安：《我国城乡教育关系制度的变迁研究》，东北师范大学博士学位论文，2010，第187页；张金英：《城乡教育一体化的动力机制及战略研究》，天津大学博士学位论文，2010，第93页；张旺，2012(8)；曹攀，2012(12)；于月萍，250—251页，2012〕

要想让教师的教学能力得到提高，专业素养得到发展，教师的观念必须要得到转变，一是要把教学真正当作培养人的活动，二是要抱着积极的态度参与各种培训活动。〔王庆伟等，2012(2)〕国家应通过宣传教育和制度建设，在社会中形成具有合法性的正义和道德等信念力量，唤醒城市教育部门的道德觉悟，激发非政府组织、志愿者等参与到农村教育振兴计划中。〔邬志辉，2012(8)〕

有论者提醒，城市社会往往基于一种怜悯的态度，而不是一种发展伦理和科学实践的态度对待城乡教育一体化，城市帮助农村学校变成一个简单的“给予”过程，结果造成城市为农村学校简单输血的怪象。城市要想很好地为农村学校“输血”，必须研究农村教育问题，在充分认识农村教育现实的前提下，知道哪些是农村教育已经具备的条件，哪些是农村教育未被认识到的有利条件和潜在优势。城市派出人员必须有真才实学、求实精神、开放心胸，才能做好“输血”工作。“输血”必须与“造血”相结合，城市教育帮助农村教育的过程,更多应该是帮助农村教育各维度中的主体学会自主学习、自主思想、自主发展的过程。〔秦玉友,2012(10)〕

(3) 改革学籍管理制度

较多论者建议,用城乡一体化的体制管理农民工随迁子女教育问题,取消经费投入等的户籍捆绑,给农民工随迁子女与城市孩子一样的待遇。教育领域应率先全面破除户籍壁垒,改革城乡二元学籍制度,建立统一的学籍制度。教育管理部门可以实行电子学籍制度,建立全国统一标准的电子学籍管理系统。建立以纳税人身份为基础的义务教育体制,父母每年可在规定期限通过提交上一年度上缴的税表及所居住房契或租住合同,为子女申请第二年就近接受免费义务教育。应明确不同区域政府(输出地与输入地)的职责划分,输入地政府应该把农民工随迁子女的义务教育问题纳入到城乡教育的规划布局中去,统筹管理。〔褚宏启:《教育制度改革与城乡教育一体化——打破城乡教育二元结构的制度瓶颈》,载《教育研究》(北京),2010(11);杨卫安:《我国城乡教育关系制度的变迁研究》,东北师范大学博士学位论文,2010,第 187 页;张旺,2012(8)〕

对于留守儿童,政府要从政策上、经济上给予支持和引导,保证留守儿童不受偏见地接受义务教育。加强农村文化环境建设和育人环境优化,让留守儿童在健康向上的环境中受到良好的熏陶。〔张金英:《城乡教育一体化的动力机制及战略研究》,天津大学博士学位论文,2010,第 98 页〕

4. 探究一体化动力机制

(1) 动力系统框架

有论者构建了城乡教育一体化的动力系统。在这个动力系统中,政府、农民、教育发展、城乡一体化和经济发展五个直接动力因子构成了五个子系统,即政府推动的决策系统、农民拉动的需求系统、教育发展的引力系统、城乡一体化的传动系统和经济发展辅动保障系统。产业、制度、文化、人口、城市化和工业化,这六个间接动力因子则通过直接动力因子影响各子系统进而影响整个系统的运行。(见图 1)〔张金英:《城乡教育一体化的动力机制及战略研究》,天津大学博士学位论文,2010,第 68 页〕

(2) 理性形成机制

与操作指标较为简单的教育外延发展相比,教育的内涵发展特别是教育质量提高,需要相应的教育理性支持。教育理性是一种对教育客观认识和批判性理解的能力。教育理性需要依赖教育知识的传播,教育知识从传播到影响人们的教育行为,进而形成理性教育行为,需要一个较长的过程。在形成教育理性方面,教育主体和城乡

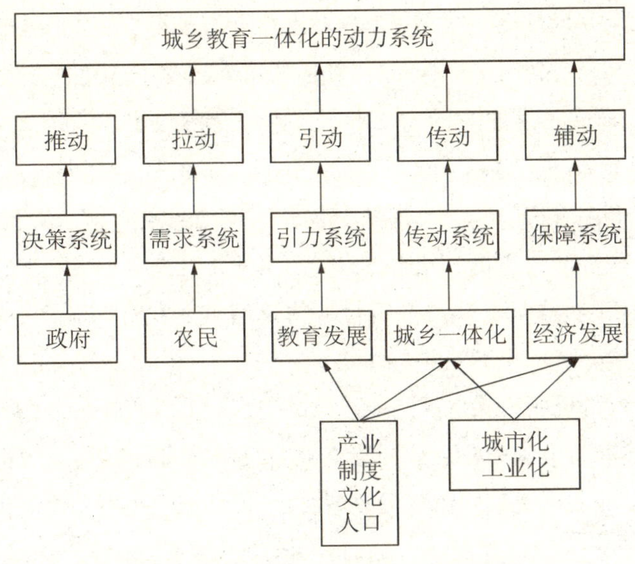

图1 城乡教育一体化动力系统框架

公众获得教育信息机会的平等化是比较容易实现的，而利用教育信息的能力客观上不仅加大了教育信息对教育主体和城乡公众的教育价值差异，也影响了教育主体和城乡公众对教育信息利用的积极性。在城乡教育一体化的语境下，加强城乡教育信息建设应该从两方面入手：一是应该为城乡学校和城乡公众在获得教育信息方面提供同等的机会，这就要有相应的硬件条件的跟进。二是要培养城乡教育主体和公众有利用教育信息的能力，突破教育主体与城乡公众利用教育信息资源的教育理性和信息素养的瓶颈。〔秦玉友，2012(10)〕

(3) 文化重构机制

城乡教育一体化发展过程中，教育结构重组需要文化重构来支持，文化重构需要结构重组的强化。而现实的教育实践中，人们往往对文化关注远远不够，甚至出现漠视文化的倾向，自然很少关注以价值系统为核心的文化对结构发挥功能的支持。文化重构需要较长时间，而且文化重构机制也更加复杂，它不仅涉及新教育知识的传播，新教育知识与旧教育知识的关系，而且涉及知识对行为和心理模式的影响机制等若干复杂问题。〔秦玉友，2012(10)〕

(4) 参与决策机制

有论者指出城乡教育一体化存在参与主体资源上层化现象，即决策主体热情高涨，执行主体被动接受。城乡教育一体化关系到全社会所有成员的切身利益，需要调动全社会的力量来共同推进。它不仅要求政府积极有效地扮演责任主体角色，需要学校主管部门扮演好主动执行的主体角色，还需要广大教育工作者热心投入、积极参与，更需要每一个社区、每一个家庭的广泛参与。每一个参与主体的作用虽然有所不同，贡献大小也可能不一，但是只要各方积极参与，其形成的社会合力远远大于单一主体的力量。因此政府主管部门有责任将城乡教育一体化的意义、内容、方式以及需要的支持力量向社会作广泛的宣传，为全社会接受，形成全社会共同关心、共同参与的社会氛围和社会管理机制，这是实现城乡教育一体化的重要社会基础和首要条件。〔郭彩琴、顾志平：《城乡教育一体化的困境与应对措施》，载《人民教育》（北京），2010(10)〕

要有一种有效的机制来确保民意能够及时进入公共政策议程。“城里人”与“乡下人”有着平等表达利益诉求的权利。要建立充分反映民意的政策规划机制，完善决策的智力支持系统，建立广泛集中民智的政策决断机制，推进决策程序的民主化，推进依法执政。〔张金英：《城乡教育一体化的动力机制及战略研究》，天津大学博士学位论文，2010，第71—73页；柯春晖：《城乡统筹发展中的教育政策取向和政策制定》，载《教育研究》（北京），2011(4)〕政府应为城乡各社会阶层尤其是农民及农民工随迁子女的教育诉求提供制度性平台，使他们的合理教育诉求能通过正当、合法的渠道在政府的政策议程中体现出来。一是进一步推动人大代表和政协委员结构的多元化，适当增加农民、农民工和其他弱势群体成员名额，以疏通社会弱势群体表达利益要求的渠道；二是切实发挥政府咨询机构和专家学者的参谋作用；三是加快推进信访制度、民意调查制度、信息公开制度、听证会制度、公民投票制度等的制度化和程序化；四是充分利用广播、电视、报刊、网络等大众传媒的开放性和社会性，使其成为不同利益群体表达要求和呼声的有效渠道。〔杨卫安：《我国城乡教育关系制度的变迁研究》，东北师范大学博士学位论文，2010，第193页〕

有论者建议，在城乡一体化的政策空间中，要充分考虑个体在政策框架内参与城乡教育一体化过程中的微观积极性调动的问题。也就是说，要给个体或群体制造一个可能调动其参与“向农”政策倡导的行动的动力源，而不是仅仅出于个体和群体自觉性的怜悯行为，更不是放任城与乡中的个体或群体基于自由市场原则进行竞争。〔秦玉友，2012(10)〕机制创新要解决的是系统内在结构与要素的相互作用问题。为了实现城乡义务教育一体化的发展目标，必须建立制度设计者和实施者激励相容、自我约束、保障到位的制度安排。〔邬志辉，2012(9)〕

(5) 问责推动机制

对于地方基层政府来说，发展农村义务教育与发展当地经济之间是有直接冲突的。从理论上来说，教育与经济发展之间具有正相关关系，但这需要在较长的一段时间内才能体现出来，而当地政府官员的任期却是有限的。况且，经济增长易于观测绩效，在短期内有可能形成客观的政绩，而农村义务教育在短时间内难以观测绩效，在实际中考核目标也比较模糊，这就使得地方政府倾向于降低在义务教育投入方面的努力程度。在缺少有效的监督问责机制和激励机制的条件下，地方政府及其教育行政部门未必会按照中央制定的政策去执行。因此，一套完善的制度设计需要有良好的激励和问责机制。激励机制从内部激发行动者从事某项活动的积极性，使他们愿意这样做；而监督问责机制则主要从外部给政策执行者以压力，使他们不得不这样做。〔杨卫安：《我国城乡教育关系制度的变迁研究》，东北师范大学博士学位论文，2010，第195页〕

强化教育督导中的"督政"环节，实行严格的问责制度，把推进城乡教育一体化纳入政府绩效考核、官员施政约束的评价体系。重点强化对区域党政主要领导的考核与问责，将推进城乡教育一体化的工作成效与其职务晋升直接挂钩，确保城乡教育一体化战略的落实。〔褚宏启：《教育制度改革与城乡教育一体化——打破城乡教育二元结构的制度瓶颈》，载《教育研究》（北京），2010(11)〕要把《教育规划纲要》提出的"保证财政教育拨款增长明显高于财政经常性收入增长，并使按在校学生人数平均的教育费用逐步增长，保证教师工资和学生人均公用经费逐步增长"，"按增值税、营业税、消费税的3%足额征收教育费附加，专项用于教育事业"，"提高国家财政性教育经费支出占国内生产总值比例，2012年达到4%"，以及"地方政府的土地出让金等非预算内财政收入按一定比例投入于教育并保证逐年提高"作为衡量政府教育努力程度的重要指标和考核地方政府政绩的重要标准。〔邬志辉，2012(8)〕

(6) 政策评估机制

许多政策之所以效果不彰甚至滞后，很大程度上在于缺乏有效的政策评估和反馈机制，在于对政策对象及其环境的发展变化以及构成其发展变化的各种因素不敏感。最近这些年，国家出台了许多推进农村教育发展的政策措施，实际效果如何，应该有一个系统、科学的评估。要将政策评估结果作为政策调整、改进的重要依据，适时地根据经济社会环境的变化和教育改革发展的要求调整教育政策，及时终止那些过时或无效的政策。〔柯春晖：《城乡统筹发展中的教育政策取向和政策制定》，载《教育研究》（北京），2011(4)〕

5. 建构评估指标体系

有论者以《教育规划纲要》中关于体制机制改革的部分作为纲领性设计框架，结合目前有关城乡教育一体化的文献和研究报告中所提出的理论论证，以及其中使用频率较高的指标，选取城乡二元结构显著的西部六个县（区）为典型代表，并基于大量调研所发现的现阶段城乡义务教育存在的问题，运用理论分析的方法进行分析、比较、综合，在广泛吸取教育研究专家学者和一线各级教育行政与管理人员的评审意见后，初步建构城乡义务教育一体化指标体系，继而利用多元统计分析中因子分析确定主因子的方法，对相关指标进行调整，最终得到城乡一体化义务教育指标体系。（见表 1）

采用下式计算这一指数：

$$I = \sum_{i-1}^{n} (W_i X_i)$$

其中，X_i 是第 i 个评价指标的数值，W_i 是第 i 个评价指标的权重。该指数的区间为 0—1，指数值越接近于 1，表明指标集成的综合评价值越高，即该县（区）整体上城乡义务教育一体化程度越高；指数值越接近 0，表明指标集成的综合评价值越低，即该县（区）整体上城乡义务教育一体化程度越低。（如表 1 所示）〔李玲等，2012(2)〕

表 1　城乡教育一体化指标体系

<table>
<tr><th rowspan="2">目标层</th><th rowspan="2" colspan="2">准则层</th><th rowspan="2">指标层</th><th>指标</th><th>测度</th></tr>
<tr><th>项目</th><th>区间</th></tr>
<tr><td rowspan="7">A_1 人事制度</td><td rowspan="7">人力</td><td rowspan="4">B_1 师资配置</td><td>学校间中级及以上教师比例差异</td><td>1</td><td>(0—1)</td></tr>
<tr><td>学校间骨干教师占教师总数比例差异</td><td>2</td><td>(0—1)</td></tr>
<tr><td>学校间百名学生中提高学历教师数的比例差异</td><td>3</td><td>(0—1)</td></tr>
<tr><td>学校间结构性缺编教师比例差异</td><td>4</td><td>(0—1)</td></tr>
<tr><td rowspan="3">B_2 交流机制</td><td>学校间教师参加专业发展培训数比例差异</td><td>5</td><td>(0—1)</td></tr>
<tr><td>城乡学校教师年交流比例</td><td>6</td><td>(0—100%)</td></tr>
<tr><td>城乡学校校长年交流比例</td><td>7</td><td>(0—100%)</td></tr>
<tr><td rowspan="2">A_2 投入制度</td><td rowspan="2">财力</td><td rowspan="2">B_3 财政性教育经费</td><td>学校间生均教育事业费收入差异</td><td>8</td><td>(0—1)</td></tr>
<tr><td>学校间生均可支配收入差异</td><td>9</td><td>(0—1)</td></tr>
</table>

续 表

目标层	准则层		指标层	指标项目	测度区间
	物力	B_4 硬件资源配置	学校间生均占地面积差异	10	(0—1)
			学校间生均建筑面积差异	11	(0—1)
			学校间生均教学仪器设备值差异	12	(0—1)
			学校间生均图书册数差异	13	(0—1)
			学校间可使用的生机比差异	14	(0—1)
			学校间校园网建成率差异	15	(0—1)
			学校间多媒体教室生均面积差异	16	(0—1)
A_3 人才培养与评价制度	B_5 课程与培养模式		学校间信息技术课程开齐率差异	17	(0—1)
			学校间校本课程设置比例差异	18	(0—1)
			学校间学生参加文体或益智活动与比赛比例差异	19	(0—1)
	B_6 质量与评价		中小学质量监测结果差异	20	(0—1)
			学校间初中毕业升学率差异	21	(0—1)
			中小学生体质差异	22	(0—1)
			学生综合素质合格率差异	23	(0—1)

有论者建立了更为详细的目标体系，包含目标层 4 个一级指标、准则层 14 个二级指标和具体指标层 43 个三级指标。（见表 2）〔刘明成等，2012(4)〕

表 2　城乡教育一体化指标体系

A. 城乡受教育机会(0.3)	A1 入学率差异(0.2)	城乡小学入学率差异 城乡初中入学率差异 城乡高中入学率差异
	A2 教育承载力差异(0.1)	城乡每万人小学学校数差异 城乡每万人初中学校数差异 城乡每万人高中学校数差异

续 表

B. 城乡教育投入(0.3)	B1 生均教育投入差异(0.05)	城乡小学生均教育投入差异 城乡初中生均教育投入差异 城乡高中生均教育投入差异
	B2 教育支出占 GDP 的比重差异(0.02)	城乡小学教育支出占 GDP 的比重差异 城乡初中教育支出占 GDP 的比重差异 城乡高中教育支出占 GDP 的比重差异
	B3 公共教育支出总额差异(0.03)	城乡小学生公共教育支出差异 城乡初中生公共教育支出差异 城乡高中生公共教育支出差异
	B4 对学生及其家庭的公共补贴差异(0.02)	城乡小学生公共补贴差异 城乡初中生公共补贴差异 城乡高中生公共补贴差异
	B5 生均校舍面积差异(0.05)	城乡小学生均校舍面积差异 城乡初中生均校舍面积差异 城乡高中生均校舍面积差异
	B6 生均图书数量差异(0.05)	城乡小学生均图书数量差异 城乡初中生均图书数量差异 城乡高中生均图书数量差异
	B7 生机比差异(0.05)	城乡小学生机比差异 城乡初中生机比差异 城乡高中生机比差异
	B8 公立中小学教师的工资差异(0.03)	城乡小学教师工资差异 城乡初中教师工资差异 城乡高中教师工资差异
C. 城乡教育环境(0.2)	C1 班级规模差异(0.1)	城乡小学班级规模差异 城乡初中班级规模差异 城乡高中班级规模差异
	C2 生均绿化面积差异(0.1)	城乡小学生均绿化面积差异 城乡初生均中绿化面积差异 城乡高中生均绿化面积差异
D. 城乡教育成就(0.2)	D1 教育成就差异(0.1)	城乡人口受教育年限差异 城乡受高中以上教育程度的劳动力的就业率差异 城乡 15—29 岁人口的平均薪酬差异 城乡受高中以上程度教育者人数与经济增长率之比差异

续 表

	D2 教育质量差异(0.1)	城乡初中辍学率差异 城乡高中升学率差异 城乡大学升学率差异

有论者选取城乡教育经费投入、城乡基本教学条件及城乡师资队伍三个维度来评价各省市城乡一体化程度。三个维度涵盖生均教育经费、生均预算内教育经费等九个指标。每个指标包括小学、初中和高中三级教育。(如表 3 所示)〔张金英:《城乡教育一体化的动力机制及战略研究》,天津大学博士学位论文,2010,第 106 页〕

表 3　城乡教育一体化指标体系(张金英)

城乡教育一体化程度 A	B_1 城乡教育经费投入一体化	C_1 生均教育经费城乡差异	城乡小学生均教育经费差异(0—1) 城乡初中生均教育经费差异(0—1) 城乡高中生均教育经费差异(0—1)
		C_2 生均预算内教育经费城乡差异	城乡小学生均预算内教育经费差异(0—1) 城乡初中生均预算内教育经费差异(0—1) 城乡高中生均预算内教育经费差异(0—1)
	B_2 城乡基本教学条件一体化	C_3 生均校舍建筑面积城乡差异	城乡小学生均校舍建筑面积差异(0—1) 城乡初中生均校舍建筑面积差异(0—1) 城乡高中生均校舍建筑面积差异(0—1)
		C_4 生机比城乡差异	城乡小学生机比差异(0—1) 城乡初中生机比差异(0—1) 城乡高中生机比差异(0—1)
		C_5 生均拥有图书量城乡差异	城乡小学生均拥有图书量差异(0—1) 城乡初中生均拥有图书量差异(0—1) 城乡高中生均拥有图书量差异(0—1)
		C_6 生均仪器设备值城乡差异	城乡小学生均仪器设备值差异(0—1) 城乡初中生均仪器设备值差异(0—1) 城乡高中生均仪器设备值差异(0—1)
	B_3 城乡师资队伍一体化	C_7 生师比城乡差异	城乡小学生师比差异(0—1) 城乡初中生师比差异(0—1) 城乡高中生师比差异(0—1)
		C_8 教师学历合格率城乡差异	城乡小学教师学历合格率差异(0—1) 城乡初中教师学历合格率差异(0—1) 城乡高中教师学历合格率差异(0—1)
		C_9 高学历教师比例的城乡差异	城乡小学高学历教师比例差异(0—1) 城乡初中高学历教师比例差异(0—1) 城乡高中高学历教师比例差异(0—1)

■ 论、著索引

一、论文部分

〔说明：同一期号期刊按刊名的拼音字母排序；学位论文按授予单位名的拼音字母排序〕

王　伟：《统筹城乡教育综合改革研究》，载《集美大学学报》（教育科学版），2012(1)。

陈大兴：《城乡基础教育一体化的文化冲突与藩篱》，载《教育研究与评论》（中学教育教学）（南京），2012(1)。

郭彩琴、顾志平：《城乡教育一体化过程中的制度障碍及其跨越》，载《教育研究与评论》（中学教育教学）（南京），2012(1)。

邵泽斌：《"城乡教育一体化"的政策意蕴》，载《教育研究与评论》（中学教育教学）（南京），2012(1)。

彭茂辉、李周航、崔　璨：《名校与薄弱学校教育资源联动项目管理策略探讨》，载《教育与教学研究》（成都），2012(1)。

李春苗：《如何克服教育"碎片化"倾向》，载《人民论坛》（北京），2012(1)。

余　跃：《教育装备标准化建设促进城乡教育均衡发展的探索与实践》，载《中国现代教育装备》（北京），2012(1)。

刘　斌、王　胜、李　跃：《深入推进城乡教育一体化，加快缓解义务教育"择校热"》，载《成都行政学院学报》，2012(2)。

王庆伟、罗江华：《论城乡教育一体化建设的若干模式——以成都市为例》，载《教育学术月刊》（南昌），2012(2)。

李　玲、宋乃庆、龚春燕、韩玉梅、何怀金、阳　泽：《城乡教育一体化：理论、指标与测算》，载《教育研究》（北京），2012(2)。

李　玲、何怀金、韩玉梅、熊健杰、卢锦运：《县（区）域内城乡一体化教育资源配置模型构建与实证分析》，载《教育与经济》（华中师范大学），2012(2)。

杨　彬、杨春芳、王慧霞、王　颖：《推进义务教育均衡，发展完善城乡一体化体制机制》，载《天津市教科院学报》，2012(2)。

胡俊生、黄　华：《教育城镇化与农村社区化——"延安样本"及其示范意义》，载《延安大学学报》（社会科学版），2012(2)。

翁伟斌：《试论小型化办学与集团化管理办学新模式》，载《中国教育学刊》（北京），2012(2)。

严华银：《试论区域"城乡教育一体化"的关键》，载《江苏教育学院学报》（社会科学版），2012(3)。

刘亚娜：《城乡教育一体化进程中外语师资现状调查研究——以河南新乡十二所中学为例》，载《湖北第二师范学院学报》，2012(3)。

胡伟娟：《城镇化进程中城乡教育一体化发展战略研究》，载《河南财政税务高等专科学校学报》，2012(4)。

魏　峰：《在"捆绑"中如何发展——对西南Q县城乡学校"捆绑发展"模式的分析》，载《教育理论与实践》（太原），2012(4)。

金香花：《韩国政府发展农渔村教育的支持性政策评析》，载《教育评论》（福州），2012(4)。

刘明成、李　娜、金　浩:《城乡教育一体化的评价体系研究》,载《教育探索》(哈尔滨),2012(4)。
李　玲、杨舒涵、韩玉梅、赵怡然:《城乡义务教育学校标准化建设优化研究——基于学龄人口变化趋势预测》,载《教育研究与实验》(华中师范大学),2012(4)。
王秀琴:《城乡外语教育发展中所凸显的问题及对策——以河南省为例》,载《中国校外教育》(北京),2012(4)。
高闰青、高一喆:《国内外关于城乡教育一体化的探索与研究》,载《焦作师范高等专科学校学报》,2012(6)。
安晓敏、邬志辉:《区域内城乡教育一体化发展模式探析》,载《上海教育科研》,2012(6)。
刘秀峰、廖其发:《城乡教育一体化的成都模式及启示》,载《教育与教学研究》(成都),2012(7)。
魏登尖、严　怡:《对城乡教育一体化改革理论与实践复杂性的思考》,载《教育与教学研究》(成都),2012(7)。
荣宪举、陈蔚萍:《城乡教育一体化背景下农村教师职后培训新途径》,载《漯河职业技术学院学报》,2012(7)。
葛锦文:《"城乡教育共同体"的区域推广实践》,载《上海教育科研》(上海),2012(7)。
邬志辉:《城乡教育一体化:问题形态与制度突破》,载《教育研究》(北京),2012(8)。
张　旺:《城乡教育一体化:教育公平的时代诉求》,载《教育研究》(北京),2012(8)。
俞　清:《城乡一体化视角下的和谐校园信息化建设》,载《中国教育技术装备》(北京),2012(8)。
邬志辉:《当前我国城乡义务教育一体化发展的核心问题探讨》,载《教育发展研究》(上海),2012(9)。
邓泽军、刘敏、何世红:《城乡幼儿教师均衡配置的保障机制构建——基于成都市的调查》,载《教育与教学研究》(成都),2012(9)。
郭　莉:《城乡教育一体化与农村幼儿教师专业发展》,载《教育与教学研究》(成都),2012(9)。
谢延龙:《城乡教育一体化进程中的教师流动机制建构》,载《集美大学学报》(教育科学版),2012(10)。
陈红琳:《城乡教育一体化进程中的外语教师专业培训——将语言学理论引入外语教师专业培训》,载《四川教育学院学报》,2012(10)。
秦玉友:《城乡教育一体化的压缩发展难题》,载《探索与争鸣》(上海),2012(10)。
宋国英:《城乡教育一体化的现状、问题及其对策研究》,载《现代教育科学》(长春),2012(10)。
邓泽军、朱昌渝、张丹丹:《城乡幼儿教师均衡配置的管理体制问题探讨——基于成都市的调查》,载《早期教育》(教科研版)(南京),2012(10)。
纪德奎、赵晓静:《城乡教育一体化背景下乡村学校文化的现实形态与价值取向》,载《当代教育与文化》(西北师范大学),2012(11)。
韩清林、秦俊巧:《中国城乡教育一体化现代化研究》,载《教育研究与评论(中学教育教学)》(南京),2012(11)。
张　旺:《城乡教育一体化:教育公平的时代诉求》,载《教育研究与评论》(中学教育教学)(南京),2012(11)。

邬志辉:《城乡教育一体化的制度突破》,载《教育研究与评论》(中学教育教学)(南京),2012(11)。
李潮海:《美日韩城乡教育一体化发展的经验与启示》,载《沈阳师范大学学报(社会科学版)》,2012(11)。
于海英、秦玉友:《城乡教育一体化视域下农村小规模学校问题研究》,载《现代教育管理》(沈阳),2012(11)。
凡勇昆、邬志辉:《我国农村教育发展方向的困境与出路——基于文化的视角》,载《华东师范大学学报》(教育科学版),2012(12)。
雷万鹏、汪传艳:《农民工随迁子女"入学门槛"的合理性研究》,载《教育发展研究》(上海),2012(12)。
张　宇、于海英:《城乡教育一体化进程中农村义务教育教师质量问题与对策》,载《教育发展研究》(上海),2012(12)。
李崇爱、向文洪:《农村义务教育后职业教育发展困境与化解对策:一种人力分流的视角》,载《教育教学论坛》(石家庄),2012(12)。
柯　玲、张继远:《城乡教育一体化研究述评》,载《教育与教学研究》(成都),2012(12)。
邬志辉:《城乡教育一体化的方向》,载《课程教材教学研究》(中教研究)(昆明),2012(12)。
朱德宝:《让乡村学校的学生都得到优质的教育》,载《上海教育》(上海),2012(12)。

张素琪:《乡村教师学习机会状况及保障体系研究》,杭州师范大学硕士学位论文,2012。
曹　攀:《城乡基础教育均等化的政策困境及其改革进路》,湖南师范大学硕士学位论文,2012。
张雪艳:《农村小规模学校发展政策研究》,华中师范大学博士学位论文,2012。
孙业勇:《农村义务教育公平问题及制度保障研究》,山东师范大学硕士学位论文,2012。
彭茂辉:《统筹城乡教育背景下重庆市农村中小学校长专业发展力的策略研究》,西南大学硕士学位论文,2012。

二、著作部分

〔说明:按出版社名的拼音字母排序〕

于月萍:《区域推进城乡教育一体化发展的理论及战略研究》,辽宁人民出版社,2012。
吕信伟:《成都城乡教育一体化发展研究》,四川大学出版社,2012。

六、农村教育

目录

随着社会主义现代化建设事业的深入推进,农村教育得到快速发展,但同时也存在一些问题。2012 年,论者从不同角度探讨农村教育问题,其中涉及农村教育经费保障、农村学校布局调整、农村留守儿童教育、农村教师队伍建设等方面的问题,这些讨论和研究在农村教育理论和实践中产生了一定影响。

(一) 农村教育经费保障

1. 农村教育经费保障面临的问题

(1) 公共教育经费紧张

有论者认为,国家教育财政投入不足,公共教育经费支出比例偏小。研究表明,当人均GDP达到800—1000美元时，要实现教育与经济的良性发展，公共教育支出占GDP比重的下限应为4.07%—4.25%；然而，我国的国家财政性教育经费在GDP中所占比例并没有达到相应要求(如表1)，4%的目标比例只是上世纪90年代的世界平均水平。新制度实施后，全国各地教育经费增长显著，但其增长水平仍远远落后于其他国家，财政投入依然不足。〔李玉凤，31—32页，2012〕

表1 2001—2011期间我国国家财政性教育经费在GDP中占比情况

年份	A:国内生产总值(GDP)(单位:亿)	B:国家财政性教育经费(单位:亿)	B在A中占的比例(%)	4%达标欠缺数(单位:亿)
2001	109655.2	3057.0100	2.79	1329.20
2002	120332.7	3491.4048	2.90	1321.90
2003	135822.8	3850.6237	2.84	1582.29
2004	159878.3	4465.8575	2.79	1929.27
2005	184937.4	5161.0759	2.79	2236.42
2006	216314.4	6348.3648	2.93	2304.21
2007	265810.3	8280.2142	3.72	2352.20
2008	314045.4	10449.6292	3.33	2112.19
2009	340902.8	12231.0935	3.59	1405.02
2010	401201.0	14683.9566	3.66	1364.08
2011	471564.0	18202.3704	3.86	660.19
总计				18596.97

(2)经费层级责任不明确

有论者认为，教育经费项目内容和责任分担的政策保障责任规定不够明确，主要体现在以下两方面：学校硬件建设所需经费保障责任不明以及住宿费保障和教师工资责任不明。目前，纳入我国经费保障范围的包括校舍维修改造。但是包括初中校舍修建、教学食品设备、图书资料等方面的经费，仅作为国家的阶段性项目进行实施，并未列入长期经费保障范围内。同时，国家也未全部明确中央和地方在阶段性项目方面的经费投入责任，有的尽管已经明确投入责任，但却超过了地方政府的承受能力。在住宿费保障和教师工资责任方面，国家没有明确住宿费补贴的资金来源和各级政府的负

担比例，导致住宿费补贴欠缺；不同地区教师工资差异较大。〔刘文君，2012(2)〕

(3) 经费分配结构不合理

有论者认为，农村教育在整个教育投资中所占的比例偏低，而且投入到农村教育中的经费也存在使用和分配不合理的问题。其一，在投入农村教育的总经费中，用于教育事业的经费与用于教育基本设施的经费比例不合理，用于后者的费用要远远低于前者的费用。现在许多农村中小学校舍的建设经费基本由农民自己筹集资金解决。即使是在比例相对略高的农村教育事业经费中，公用经费也经常会被人员经费所挤占。其二，教育经费的使用过程存在着巨大的城乡差异与区域差异，这不利于教育在贫困地区和农村地区的普及，危害着农村教育的公平。〔刘文君，2012(2)〕

(4) 资金筹措渠道不畅通

有论者认为，随着农村经济发展速度放缓、乡镇企业及校办产业的逐步衰落，我国农村义务教育经费的筹措渠道逐渐萎缩，尤其是农村税费改革取消了教育附加费和教育集资，政府投入与征收学杂费成为农村义务教育资金来源。2005 年底开始的义务教育经费保障制度改革又要求全面免除农村义务教育阶段学生学杂费，因此，政府财政投入便成为我国农村义务教育经费的唯一来源渠道。社会融资渠道及个人捐款渠道不畅通，进一步造成全国的义务教育资金都靠国家的下拨来维持，这不但给国家经济发展带来阻碍，也会使义务教育的发展受到约束。〔李玉凤，32 页，2012〕也有论者认为，我国第三部门(处于政府和私营部门之间的以提供公共产品和服务为目的的独立的非营利性质的社会组织)通过自身的不断完善，得到社会各界的广泛支持与关注，为义务教育发展作出了不容忽视的贡献，体现了第三部门对农村义务教育投入的补充作用。但从总体上看，第三部门投入总额少，在义务教育经费构成中所占比例逐年减少(如表 2 所示)。〔杜井冈等，2012(6)〕

表 2　2003—2009 年义务教育的第三部门投入情况　　单位：亿元

第三部门投入	2003 年	2004 年	2005 年	2006 年	2007 年	2008 年	2009 年
小学教育经费中第三部门投入	25.4	25.4	26.8	25.4	26.4	26.9	34.5
其中：农村小学	12.0	11.4	12.7	11.6	11.0	12.3	17.0
初中教育经费中第三部门投入	16.8	14.8	15.5	15.7	18.4	21.3	28.8
其中：农村初中	6.3	5.8	6.1	6.4	5.7	8.2	11.8
其中：城市初中	10.4	9.1	9.3	9.3	12.7	13.1	17.0

续 表

第三部门投入	2003 年	2004 年	2005 年	2006 年	2007 年	2008 年	2009 年
义务教育的第三部门投入	42.4	40.7	42.7	41.5	45.2	48.7	63.7
其中:农村义务教育	18.3	17.1	18.94	18.0	16.7	20.6	28.8
农村义务教育经费构成中的第三部门投入所占比例(%)	1.3	1.0	1.0	0.8	0.6	0.5	0.6

(5) 教师社会保障政策不到位

有论者认为,在实施新的农村中小学教师工资保障制度前,学校可以通过杂费和其他服务性收费解决农村教师的津补贴问题。新制度实施后,国家明文规定,禁止通过向学生收费、举债和挪用公用经费和"两免一补"专项资金发放教师地方津补贴,教师应享有的津补贴却因经费来源单一并没能相应提高。农村义务教师工资跟当地公务员收入差距加大,很多教师都认为,新机制实施后,自己的津补贴和学校可自由支配的资金均有减少。〔李玉凤,33 页,2012〕

2. 经费投入体制的可持续发展路径

(1) 加大农村教育经费投入

① 加强政府公共财政的支持。首先要继续发挥政府财政投入的主渠道作用,甚至可以实行教师工资国家全额支付制度。国家继续加大教育投入,保证教育经费投入总量的充足,实现 4%的目标,清除和化解"普九"负债问题,保证农村中小学教师工资按时足额发放,保证教师的平均工资水平不低于当地公务员的平均工资水平。在明确各级政府应承担的农村教育经费份额的前提下,各级政府的财政预算安排首先必须保证教育经费,特别是农村教育经费。其次要规范地方津补贴项目,并纳入县级财政预算。在新机制实施环境中,要及时废除不合理地方津补贴,也不得自立名目擅自发放各种津补贴。再次,也要把教职工应享受的地方津补贴纳入县级财政预算,保障教师的合理收入。第四,大力发展县域经济,不断调整产业结构,大力发展特色产业,不断提高县级政府财政收入水平,落实好农村义务教育经费的保障责任。第五,注重农村义务教育投资的公平性,重点保障财政预算内资金的投资均等化,确保义务教育均衡发展。在保障教师工资方面,要制定国家标准工资和地方津贴标准,实现经费支出的标准化和均衡化。〔刘文君,2012(2);张海明等,2012(7)〕

② 完善农村教育经费转移支付制度。农村义务教育转移支付是一种以市县政府

为接受对象，遵循横向公平为主和适度差别的原则，对经济欠发达地区农村义务教育资金缺口进行补偿的机制。有论者认为，中央和省级财政主要通过专项财政转移支付和一般性财政转移支付实现对农村义务教育的投入，它保障了地方特别是县域以下农村义务教育的发展。首先，专项转移支付应当建立起稳定规范的长效机制，实现制度化和规范化，避免扮演救济性质的角色。其次，省级政府应增强担负转移支付的责任意识，对所属市县进行合理有力的财力调控，对需要相关配套资金的县市先核实后拨款，消除“地方钓鱼”现象。另外，还可采取“省直管县”的管理方法，尽力避免转移支付中间环节较多的问题，减少各种暗箱操作行为的发生，提高资金的支付效率。再次，国家应出台关于转移支付的法律法规，就转移支付的内容与形式、标准与规则、使用与监督等进行一系列规定。也要尽快建立和落实好教育财政转移支付制度，将一般性财政转移支付，要求下级政府按比例分离，将资金用于农村教育；对于农村教育转移支付，要实现专项转移，并在规模上加大各级政府对于农村教育的财政转移支付。〔刘文君，2012(2)；张海明等，2012(7)；李玉凤，第 37 页，2012〕

③ 促进第三部门对农村义务教育的投入。第三部门对农村教育的发展发挥着不可忽视的作用。有论者认为，有效促进第三部门投入的关键在于形成良好的制度环境，构建一套相对完善的第三部门投入联动机制，主要包括捐赠获得机制（动力机制）、第三部门管理机制（监督机制）以及捐赠回报机制（激励机制）。其中捐赠获得机制作用于捐赠行为发生之前，激励捐赠动机与行为的产生；第三部门管理机制与捐赠行为密切相关，决定着捐赠活动的效率；捐赠回报机制作用于捐赠行为之后，激励捐赠行为的再发生。具体途径有三：第一，通过完善捐赠税收优惠政策以及融通投入引导机制，完善农村义务教育的捐赠获得机制；第二，通过完善第三部门失灵自矫正机制（自律机制，提高内部治理能力，提升其在公众中的形象）以及形成和完善对第三部门的外部监督制度来健全第三部门监督管理机制；第三，通过建立捐赠资源使用效率评估体系以及完善捐赠的表彰奖励制度来培育捐赠农村义务教育的回报机制。〔杜井冈等，2012(6)〕

④ 落实农村教育经费保障责任。地方各级政府应在完善农村义务教育经费申报、分配机制的基础上，按照中央规定分担比例，逐级落实应由地方政府分担的经费投入责任。认真贯彻有关义务教育法规，依法加强义务教育经费管理，严格义务教育经费预算、拨付程序，按相关规定积极筹措配套资金，保证及时、足额到位，促进教育事业的健康发展。〔林涛，2012(3)〕也有论者认为，应明确各级政府在农村教育经费投入方面的责任层级，成立农村教育经费专门的管理机构，制定和下发相关文件，对教育经费保

障的标准、范围、实施方案、实施步骤和资金划拨提出明确要求，要求各县（市）制定切实可行的方案和措施。各级财政部门和教育部门应提前制订农村教育经费预算，各级政府对于本级应当承担的经费额度应纳入财政预算并以专项经费予以足额落实。〔刘文君，2012(2)〕

(2) 完善农村教育经费管理体制

有论者认为，应采取多种方式保障农村中小学公用经费。首先，建立刚性保障机制，依法保障农村中小学公用经费，严惩侵占、截留、挪用公用经费的不法行为。各级政府应建立科学的经费管理体制，加强制度的约束作用，避免教育资金挤占、挪用、平调等问题。其次，定期对各农村学校进行评估，对学校的经费使用情况进行跟踪调查，以避免经费使用的无目的和低效率。对"校财局管"模式进行合理变通，增强学校公用经费管理的自主权，以调动学校发展的积极性，同时把经费用在最需要的地方。〔林恬伊，2012(4)；张海明等，2012(7)〕

也有论者认为，一是尽快制定符合基层学校实际情况的义务教育经费实施细则，进一步规范义务教育经费的管理和使用工作；二是进一步完善义务教育经费核拨指标体系，在以学生人数为指标核拨义务教育经费的基础上，进一步考虑学校的管理运营、安全及办学点分布情况、学校规模和物价上涨程度等多项因素，科学合理核拨义务教育经费；三是加大对寄宿制学校的投入力度，缓解教育经费用于学生宿舍管理支出的矛盾；四是扩大教育经费使用范围，考虑基层学校的实际情况，允许在义务教育经费中列入一定比例的人员经费；五是中央、省级义务教育资金应在学校开学前拨付到位，缓解地方财政压力，保证学校正常的教学运转，切实提高资金使用的规范性与效益性。〔林涛，2012(3)〕

(3) 加强农村教育经费监督力度

有论者认为，教育主管部门与相关监督部门要加大监督检查力度并完善问责制。一方面，教育主管部门和相关监督部门要加强对义务教育经费的监管，督促基层学校按照规定要求管理和使用资金，指导学校财务管理工作和经费核算工作，组织开展财务管理工作评比和竞赛等活动，提升财务管理工作水平和经费使用效益。另一方面，各级政府应健全义务教育经费监督检查机制，加大监督检查力度，财政、物价、监察、审计等部门要定期进行联合大检查，对发现的违规问题，要分清情况严肃处理，对直接负责的主管人员和其他直接责任人员依法给予处分。〔林涛，2012(3)〕也有论者认为，相关部门要增强监督管理责任意识，积极行动起来，对划拨和使用公用经费的过程进行全程动态监督，并通过网络、电视、报纸等媒介进行公开、公示。对于发现违反国家政策，进行侵占、截留、挪用公用经费的不法个人和部门给予行政处分。对于情节严重的，应依法追究其刑事责任。〔张海明等，2012(7)〕

(二) 农村学校布局调整

1. 农村学校布局调整的含义

论者们关于农村学校布局调整的含义，有三个方面的理解：①作为一种行为活动。有论者认为学校布局调整，也称教育布局调整，是政府根据社会发展的一系列政策而制定的旨在优化教育资源配置，提高义务教育质量，缩小城乡教育差距，适应城镇化发展，综合考虑地方经济状况、人口数量、学生数量、交通方式、办学效益等因素，根据相关政策而执行的行为活动，俗称"撤点并校"。〔方娟，第6页，2012〕②作为一种教育政策。农村义务教育学校布局调整是以撤并小规模学校为主要手段，旨在促进教育资源均衡配置的一项重大教育政策。〔赵丹，2012(5)〕农村中小学布局调整是中央政府应对农村生源减少、农村税费改革、人口城镇化加速等带来的挑战，改变农村中小学师资办学条件差、教育资源利用率低，教育质量偏低等问题而采取的重要政策。〔姚松，2012(20)〕③作为一种教育利益的调整。农村中小学布局调整作为一种自上而下的制度安排，其实质是教育资源重新配置过程中的教育利益格局调整。〔贾勇宏，2012(21)〕

2. 农村学校布局调整的合理性分析

农村中小学布局调整政策取得了明显的经济效益，提高了薄弱学校的教育质量，客观上促进了县域内教育的均衡发展。然而，该政策在取得积极成效的同时也对一些受教育者的公平受教育权益形成损伤并产生负面影响。有论者认为，学校布局调整会带来五个方面的消极影响：一是偏远地区和交通不便地区学生上学最困难；二是困难家庭学生经济负担沉重；三是低龄寄宿生生活自理困难；四是留守儿童家庭监护负担相对沉重；五是寄宿生膳食营养状况堪忧；六是被关校点学生学业成绩欠佳。〔贾勇宏，2012(21)〕对于农村学校布局调整的合理性，不同主体对农村学校布局调整持有不同的看法：

(1) 家长视角

不同的学生家长对农村学校布局调整持不同观点，有的支持，有的反对。经过总结得出，不同类型的农村学生家长对学校撤并的态度差异与他们的职业、家庭总收入、家庭所处地理环境有关。其中，农民家长对学校撤并的赞同度最低；家庭年收入越高者，对学校撤并表示赞同的比例越高；与平原地区的农村家长相比，山区、丘陵地区的农村家长可能基于交通的考虑而对学校撤并的赞同度相对较低。虽然寄宿制学校因解决农村学生上学路程远及留守儿童的监护问题而受到教育部门及政府的推崇，但部分学生家长对寄宿制学校“卫生状况差”、“人多吵闹”、“课余生活单调”的情况不满意。〔姚松，2012(20)；叶庆娜，2012(24)〕

(2) 教师视角

农村学校布局调整在改变学校资源配置时，注意硬件设施设备和软件条件的综合提高，学校的“办学条件”、“教师素质”以及“教育质量”都优于调整前的学校。学校教师作为国家公职人员，在利益上与政府一致，是布局调整的接受者和受益者，可划入政府利益集团。布局调整对于教师群体有积极影响，教师专任化、研究化与综合素质提高，表现在教师得以专任化，有时间钻研教学，提高自身综合素质，从而也提高课堂教学水平。同时其弊端在于如规模化办学所带来的教学负担加重(至少教师每门课应对的学生数额大幅增加)，寄宿制所带来的额外工作的增加(如生活照顾、心理辅导、安全责任、24 小时负责，等等)，教师根本无暇顾及钻研教学、提升素质。〔熊春文，2012(4)；姚松，2012(20)；叶庆娜，2012(24)〕

(3) 学生视角

布局调整集约教育资源、提高教育质量的初衷最终要体现在学生身上。布局调整不仅增加了学生的有效学习时间，提高了他们的受教育质量，而且农村学生的自立自强、自我管理能力、生活习惯乃至整体精神面貌方面都有很大改善。然而，布局调整后的寄宿制学校确实大大延长了学生的学习时间，学校企图对学生进行 24 小时全部固定安排，没有学生的自由时间。〔熊春文，2012(4)〕

3. 农村学校布局调整的现实挑战

我国农村学校布局调整政策已经推行十余年，有论者认为，通过长时间、大范围的布局调整，重点解决了农村学校“布局分散、规模小”的问题，对优化农村基础教育结构、合理配置农村教育资源、推进农村义务教育均衡发展起到了积极作用。但近年来布局调整之后出现的农村中小学办学重心逐级上移、学校规模日趋膨胀、班级人数持续增加、学校生存状况不佳等方面的问题需要得到足够重视。〔汪明，2012(7)；谭春芳，2012(10)〕

(1) 办学重心逐级上移

城镇化带来的人口由农村向城市、县镇流动，改变着城市、县镇、农村的人口密度和人口总量，也成为影响农村中小学合理布局的重要因素。在很多地方政府看来，如果学校服务区的人口过于稀少，招生人数或服务人数无法满足学校或教学点设计的规模，学校或教学点将会萎缩，班级规模缩小，学校自然应该撤并。当前，很多地方在布局调整过程中出现了“村无小学、乡无初中”的现象；即使在一些没有出现上述情形的地方，也正在努力将其设定为“十二五”时期的工作目标；有的地方甚至将“小学向乡镇集中、初中向县城集中、高中向城市集中”作为农村教育发展的战略之举，全力加以推进。〔汪明，2012(7)〕

(2) 学校规模日趋膨胀

当前，一些地方大幅度削减学校数量，举全镇、全县之力集中办好一两所学校，导致农村中小学规模日趋膨胀，“一校独大”“巨型学校”成为很多地方的独特风景。在布局调整早期，由于合并的是一些单班学校或超小规模学校，布局调整的确提高了教育资源使用效率。但随着布局调整使学校走向超大规模之后，教育资源使用效率提高就不明显了，甚至可能还要增加管理成本。我国农村中小学的布局调整，一般采取就近合并原则，即把规模小、办学效益差的学校合并到条件较好的学校。虽然教育规模扩大了，但由于资金投入不足，很多学校的后续配套建设没有及时跟上，导致学校的班额过大。也就是说，缺乏系统规划和科学指导的布局调整，在一定程度上加剧了农村中小学的大班额现象。农村中小学的大班额现象，正是当前农村义务教育规划布局和资源配置不科学、不合理的集中反映。〔汪明，2012(7)〕

(3) 小规模学校生存状况堪忧

在经过十余年的农村中小学布局调整之后，各地保留下来的村小和教学点，与乡镇中心校和城市小学存在较大差距。办学条件简陋、师资力量薄弱、课程开设不齐、生源极度萎缩是各地农村小规模学校共同面临的窘境。同时也将面临资金来源和债务分配、教师培训任务艰巨、亲情教育缺失、难以取得当地群众的支持和理解等问题。在现行的按学生人数划拨经费的拨款模式、按学生人数配备教师的编制体系下，如果没有相应的扶持与保护政策，农村小规模学校出现的生存压力和发展困境也就不难理解。〔何翔，2012(3)；汪明，2012(7)〕

(4) 社会支持网不完善

社会网络是一定范围的个人之间相对稳定的社会关系，个人的社会支持网就是指个人能藉以获得各种资源支持(如金钱、情感、友谊等)的社会网络。有论者认为，农村学校布局调整后，家庭支持网面临着巨大的经济负担，包括子女的基本生活费用以及交通费用；政府的制度性支持网不健全，政府没有考虑到民族地区地广人稀的实际情况，各项补助水平比较低，同时政府的布局调整工作使得学前教育缺乏师资，没有配套的基础设施，无法满足整合后的教育教学需要；学校支持网的问题体现在各项基础设施不完善、经费短缺、寄宿条件差，人数多，且卫生设施简陋，从而影响学生的身心健康；托管家庭支持体系不健全，在卫生、住宿、学习等方面很难向小学生提供完善的服务。〔何翔，2012(3)；乌云高娃等，2012(3)〕

(5) 影响学生的上学距离

有论者认为，学生的上学距离可以从三个分类视角来看，即物理距离、时间距离和文化距离。农村学校布局调整对物理距离、时间距离和文化距离都产生了显著的消极影响，增加了物理距离和时间距离，同时班级规模增大后，教师对每个学生的关注度就会下降，影响学生的自信心和成绩。由于布局调整政策的广泛实施，农村教育出现了"上学远"的新问题，需要重新反思布局调整政策的目标与具体标准。〔赵丹，2012(5)〕

4. 农村学校布局调整的改进策略

(1) 坚持科学化、民主化、道义化原则

有论者认为，农村学校布局调整应该有科学化、民主化和道义化的三重价值关照。农村学校布局调整决策是一个公共价值的选择过程，应该兼顾工具理性和价值理性。学校布局调整决策科学化是工具理性的体现，即学校布局应该遵循客观规律和现实条件进行调整。学校布局调整决策科学化解决的核心问题是对效用与限制条件的界定和分析，它是学校布局调整决策分析框架的基础，需要通过"客观定位、系统分析、理性选择、综合评价"的科学化决策路径加以解决。学校布局调整民主决策能确保农民的根本利益，使农民能够从被动决定到主动决定；能协调各方面利益，使各方利益主体能从冲突走向和解；能加强利益相关主体之间的对话与合作，使利益相关主体能够从矛盾走向理解。科学化能解决如何决策的问题，而民主化能够解决谁来决策的问题，学校布局调整决策不仅要求真，还要求善，要有道德规则的约束。道义正是保护那少部分人利益的价值理性，体现的是道德与正义。公共决策是由人做出的，而人是有道德理性的个体，底线公平是道德理性的逻辑原点。道义化决策是和谐社会核心价值的内在要求，是降低决策风险的必然选择，是彰显社会底线公平的唯一途径。〔刘善槐，2012(9)〕

(2) 完善学校布局调整思路

有论者认为，在农村学校布局调整中，各地政府要本着尊重规律、就近入学与教学质量兼顾、因地制宜与规范程序并重、民生为本与科学引导消费的原则，从实求知，创新学校布局调整思路。同时要综合学科，选择合适路径与方法。运用社会学、统计学原理，建立农村地区生源预测机制；运用经济学原理，建立学校布局调整分类规则体系；根据教育公平理论和城乡教育统筹理论，政府要统一规划、统一建设标准；运用自组织原理，建构教育均衡发展的生态环境。农村中小学合理布局需要进行“整体规划”，既要针对义务教育不同阶段学龄人口的下降特点，合理调整资源分布，同时也要充分考虑学龄人口的波动，稳步推进布局调整工作。实现农村中小学布局的“有序调整”，必须从农村的实际出发，真正做到目标明确、标准合理、手段完善、配套措施健全。也只有这样，调整工作才能真正赢得民心，农村中小学合理布局也才能有坚实可靠的保障。〔汪明，2012(7)；于海洪，2012(10)〕

(3) 加大经费投入

农村中小学合理布局，各地要紧紧围绕“育人为本”这一核心和“促进公平”、“提高质量”两大重点，坚持财政拨款向农村倾斜，新增教育经费主要用于农村义务教育，不断增加农村义务教育财政性教育经费投入，逐步缩小城乡之间义务教育生均经费的差距。坚持学校建设向农村倾斜，新设教育基建项目优先安排农村义务教育学校，不断完善寄宿制学校、校车等相关配套设施；在教学仪器设备、图书等方面满足农村学校需求，逐步缩小城乡办学条件差距。同时，各级地方政府要逐步完善农村教育经费管理机制，着力解决投入政策落实不到位，资金使用管理不规范，抽回、挤占、挪用教育经费等制约农村中小学健康发展的问题，将有限的教育资源用到实处。优先提高农村中小学教师待遇，探索建立农村教师特殊津贴制度，完善教师社会保障，对长期在农村基层和艰苦边远地区工作的教师，在工资、职务职称等方面实行倾斜政策。同时，加大农村中小学教师的培训力度，加强对农村中小学的跟踪指导和专业支持，不断提高农村教师的业务水平。同时，农村中小学合理布局，除了下大力气办好农村的公办中小学之外，积极发挥农村民办中小学的补缺作用也是一项重要内容。目前全国义务教育阶段在校生中农村留守儿童规模超过2200万人，也正是顺应了这样一种特殊需求，使得一大批农村寄宿制民办学校得以生存和发展。〔汪明，2012(7)〕

(三) 农村留守儿童教育

1. 农村留守儿童教育问题

(1) 隔代教育问题

随着我国改革开放的深入，农村劳动力大量外出务工，逐渐将教育孩子的重任留在老一辈(孩子的祖父母、外祖父母)肩上，使原先稳定的家庭教育模式发生改变，而出现了当今普遍存在的“隔代教育”现象以及一系列问题。

①教育方式简单。在农村，隔代教育监护人文化素质普遍不高，并且很多要参加生产劳动，对于教育方式的选择多数是放任。由于多数祖辈是经历了困苦的生活时代走过来的，在进行隔代抚养时，无形中出现“补偿心理”，容易无限制地迁就与容忍后辈。而且，老人思想相对保守，观念比较陈旧，极少能对孩子的创新能力进行培养，不如亲子教育形式丰富、内容多样。②儿童出现人格发展障碍。由于缺少父母的直接关爱，隔代教育中的孩子感受到的亲子间的温暖很少，缺乏基本的安全感，对人生很多问题感到困惑，容易产生焦虑不安的情绪，在他们性格不够成熟的幼年期，往往对自己的行为无法作出正确的判断。特殊的成长环境使留守儿童缺乏自信，价值观迷失。而农村祖辈在管理与教育孩子方面容易产生放任的偏向或者是迎合的心理，不利于孩子正确行为习惯的形成。③亲子关系淡化。早期儿童与父母的相互作用对儿童心理健康至关重要，而空间和时间的隔离，就使孩子在心理上与父母之间拉开了一定距离。在农村的完全隔代教育家庭中，父母都是常年在外的，孩子从根本上缺少了父母的影响，自然亲情关系也比较淡薄。子女对父母感情亲密真挚的程度决定了子女对父母的信赖程度，也决定着家庭教育的效果。④学习意识淡薄。留守儿童在学习态度上存在的严重问题是一种“读书无用论”的思想在作祟。一部分留守儿童很难形成端正的学习态度，只是把获取经济利益当作学习的动力，只想到毕业以后外出打工，于是学习中不求上进，消极的学习态度就在留守儿童的思想中蔓延。⑤生活态度消极。留守儿童面对的最现实问题就是生活中亲情的缺失，造成他们比非留守儿童更容易产生不良的思想和消极的生活态度。留守儿童由于父母长期不在身边，缺乏与父母正常的沟通，对于人际交往具有一种恐惧的倾向。〔马晓霞等，2012(6)；孟凡蕾，2012(S1)〕

(2) 学校教育问题

有论者经调查发现，留守儿童在学校表现出学习状况不佳的问题。农村隔代教育中成绩优良的孩子不多，留守儿童由于缺乏父母的督导和启发，大部分对学习缺乏兴趣，学习成绩一般，见下表：

表1　留守儿童在不同分数段的人数与所占比例

分数	优良(80—100)	一般(60—79)	不合格(60以下)
人数	20	36	34
比例	22.2%	40%	37.8%

可见，隔代教育儿童中成绩优良者并不多，仅占22.2%。由于目前我国的教育要求家庭与学校合力，甚至还要依赖社区教育的优势来共同完成。社区教育在我国农村的实施处于比较薄弱的环节，发挥不了它的真正作用。而家庭教育中的亲子教育在此处于“真空”状态，对于孩子学习的积极影响是很弱的。学校课程的设置为学校之外的辅导也提出了更高的要求，祖辈由于文化知识不高，往往显得力不从心，教育观念也无法与现代教育目标达成一致。对于“家教”并非像城市家庭所表现的一样，因而农村家庭隔代教育之下的孩子缺乏校外的督导。另外，基于孩子自身的特点，在缺乏严格管教的情况下，自然很难有较高的学习自觉性，从而导致隔代教育孩子学习成绩优良者很少。〔马晓霞等，2012(6)〕

(3) 安全教育问题

近年来，随着外出务工人员的日益增多，农村留守女童数量也急剧上升。由于缺乏必要的监护及性安全教育，不少留守女童成为性侵害的对象。女童性安全问题呈现三方面特征：第一，农村留守女童性侵主体多元化，包括亲属、邻居、同学、教师等。第二，农村留守女童性侵手段多样化。不同主体会采用不同的诱惑手段接近留守女童，借机对其进行性侵犯。第三，农村留守女童性侵意识淡漠化。大部分性侵主体都是农村留守女童平日相识、接触较多的熟人，且都是通过好意的手段或方式引诱留守女童，被侵害的女童们往往缺乏应有的警惕和防范意识。

农村留守女童性侵事件频发的最重要的一个原因就是留守女童性安全教育严重滞后和缺失。首先，留守女童由于缺失亲子教育，影响到其性知识的传授。其次，留守女童的监护人常常是年老体弱的老人，他们无力行使监护权，特别是一些老人受传统思想观念的束缚，缺乏对留守女童进行性安全防范与教育的意识，忽视对留守女童的性安全保护。再次，学校性安全教育的重视力度较为薄弱。在广大农村地区，由于受传统习俗的影响，封建守旧的观念、落后的教学设施、师资力量的缺乏、信息渠道的闭塞都给农村留守女童性教育的开展带来了阻碍。〔蒋平，2012(8)〕

2. 农村留守儿童问题的原因

(1) 家庭方面

完整的家庭结构在儿童形成端正的思想意识中起着基础性的重要作用。由于其家庭结构不完整，农村留守儿童的思想往往也不健全。留守儿童的特殊家庭环境分为：①单亲监护型：父母双方中的一方外出打工而由父亲或母亲一人单独抚养的孩子。②隔代监护型：父母均外出，且有爷爷奶奶或外公外婆的家庭，基本上采用由祖辈抚养的这种方式。③上代监护型：即把孩子托付给亲朋好友，这种模式所占比例不多。特殊家庭中的孩子相较普通家庭的孩子（父母均在身边的孩子）来说，都会不同程度地欠缺父爱或母爱，而得到爷爷奶奶的溺爱，这种亲情的严重缺失以及过度的溺爱造成的后果就是孩子良好的思想道德缺乏培养的环境，从而缺少思想道德的管束和引导，导致了留守儿童的思想层面出现各种问题。农村留守儿童由于家庭教育的缺失，大部分学生在学校表现不积极，性格孤僻不合群，不善于与人交流沟通，学习成绩差。上述情况很难保证留守儿童身心健康成长，从而使得对其教育的难度进一步加大。〔任相昀，2012(1)；孟凡蕾，2012(S1)〕

(2) 学校方面

首先，农村基础教育师资薄弱，一般学校除了语数外老师，其他如音乐、体育、美术教师比较少；有的老师身兼数职，专门老师较少，基本没有专门的心理老师和生活指导老师。然而，农村留守儿童在生活和心理方面恰恰是比较薄弱的方面，存在较多问题。由于农村缺乏专职教师，只能施行大众化教育，不能给留守儿童更悉心的关怀。加之，农村学校班级同学较多，教师很难一一顾及，导致更需要特殊关怀的群体被学校和老师忽视了。〔任相昀，2012(1)〕

农村学校处于偏远地区，教育理念较为落后，再加上师资力量不足等原因的制约，有关生存教育、安全教育、心理教育和法制教育等课程安排得较少，远远不能满足其需要。当学生出现学习和生活问题时，学校及教师难以给予更多的关心和爱护，教师难以与在外工作的家长及时取得联系，很难及时反馈孩子在学校的真实表现和存在的问题，因而无法一起齐心协力解决问题，难以实现家庭与学校共同教育的目的。〔林群，2012(5)；李金霞，2012(6)〕

(3) 社会方面

首先，缺乏良好的社会环境。从社会角度来看，社会环境对于留守儿童思想道德的形成有着不可忽视的影响力。农村社会资源相对不足，教育体制相对落后，社会教育也相对薄弱，难以有效弥补留守儿童缺少的家庭关怀。社会对于这一群体的支持力度不够，校园周边社会环境得不到彻底的净化，不能有效管理一些娱乐场所，留守儿童从网吧、电影、录像、书刊等文化传播媒体中很容易接触到庸俗、低劣、暴力、色情等对于他们的思想具有腐蚀性和诱惑力的不良内容，结果造成留守儿童的思想道德问题进一步恶化。〔任相昀，2012(1)；孟凡蕾，2012(S1)〕

其次，我国教育法律体系对留守儿童教育权保障存在许多不足之处。立法规定过于原则，程序性规定较少，缺少可操作性，难以起到应有的保护作用。同时，二元化户籍管理制度将户籍与教育挂钩，学龄儿童和高中生由于不属于义务教育，在非户籍所在地入公办学校或幼儿园，要缴纳高额的借读费、赞助费、建园费等。大量农民工有着劳动量大、报酬低、居住条件差、流动性大的特点，没有条件带孩子进城受教育，这就使得他们不愿意将年龄过小的孩子带在身边。进城务工的农民收入微薄，无力承担高中阶段高昂的借读费。虽然义务教育开始取消借读费，各地也建立许多民工子弟学校，但是在接纳学生数量上，无法满足城市化背景下不断增加的民工子女入学需求。相当多的公办学校超负荷运行。同时，流动儿童随父母进城入学需要提供务工证明、暂住证、打工合同等文件，审批手续繁杂，一定程度上也限制了农村留守儿童进城到公办学校读书。〔李金霞，2012(6)〕

3. 农村留守儿童问题的对策

留守儿童问题的妥善解决，不仅有利于我国义务教育在农村的落实和农村教育质量的提高，而且还有利于促进农村社会的和谐与稳定。论者们认为学校、家庭、社会、政府应一起努力，共同促进留守儿童的健康成长。

(1) 加大政府的支持力度

政府切实履行在教育方面的职责，加大对农村教育的投入力度，努力发展并完善农村寄宿制学校，一方面可使在校的留守儿童能够得到较为周全的基本生活照料，最起码食宿有保障。另一方面，留守儿童住校也减轻了临时监护人的负担和外出父母的后顾之忧。留守儿童住校以后可以通过老师和同学的帮助来解决他们学习上的困难，增强他们的集体意识。〔任相昀，2012(1)〕

作为地方政府要加大对农村教育的投入，这是解决农村教育资源缺乏的关键。各级政府在保证基本的教育经费的情况下，要考虑地区经济发展的差异性，在教育资源的配置过程中，加大对西部地区、农村地区的教育财政转移支付。此外，还可以依靠市场机制来解决教育投入问题，鼓励民间资本进入农民工随迁子女教育领域，弥补财政投入经费不足的问题。〔李金霞，2012(6)〕

(2) 加强农村寄宿制学校建设

农村寄宿学校所建留守儿童的信息包括以下几个方面，即留守儿童的性别、年龄、家庭住址、兴趣爱好、特长，道德品行状况，父母外出打工地及联系方式，代管人的性别、年龄、身体状况、生活条件，与代管人的关系等等，以便于及时与留守儿童及他们的代管人沟通联系，发现问题及时解决，帮助留守儿童健康成长。农村学校要鼓励教师定期家访，多走访留守儿童的家庭，指导家长或亲属如何关心孩子。学校还可以利用春节、假期召开家长会，与代管人面对面沟通交流，共同监督和辅导留守儿童的学习和生活情况。〔任相昀，2012(1)〕

学校应尽量开设有关课程，特别是有关心理辅导的课程，以保障儿童心理健康发展，引导青少年走过人生发展的关键时期。学校要高度重视留守女童的性安全教育工作，配备足额的师资及教学基本设施，将性安全教育内容纳入常规教学安排，对农村留守女童普及性安全及防范知识。建议性安全教育真正进入农村中小学课堂，从小学高年级开始，对留守女童进行适宜的安全科普知识教育，深入性生理、性心理与性行为知识；另一方面学校要建立与留守女童监护人互动的信息反馈机制，及时掌握留守女童的情况，对其监护人开展性教育方法与知识的培训，尤其是性安全教育方面的培训，以确保留守女童的健康成长。〔李金霞，2012(6)；蒋平，2012(8)〕

教师在对留守儿童进行思想教育时，应做好充分的思想教育准备。留守儿童的不同年龄与不同成长环境造成其思想问题各有特点，因此，进行思想教育的侧重点自然有所不同。在深入了解学生的思想问题特点以后，才能采取有针对性的教育方法。选择合适的沟通教育场合也是思想教育准备工作中一项不可忽视的工作。如果把思想教育转换成一种日常沟通的模式，留守儿童就会自然而然地将自己内心最真实的思想表达出来，对于老师在谈话中进行的思想方面积极的引导和教育也比较容易接受和理解。面对留守儿童，教师应该学会倾听，尊重儿童，这样才能更加真实地了解学生，增近师生的距离。〔孟凡蕾，2012(S1)〕

(3) 引导父母承担家庭教育责任

家庭教育在整个教育和人的一生成长中，都具有其他教育不能替代的特殊的地位和重要作用。留守儿童的父母要增强教育的责任意识。夫妻双方不要同时外出打工，有条件的父母要把孩子带在身边。把孩子留在家的父母，要经常探视孩子，多与孩子联系，勤与孩子沟通，随时解决孩子的思想和情感问题，多鼓励、多赏识，要耐心教育。父母要走进孩子的“心”里，去了解他们的想法和需要以及道德行为表现等。家长应主动与孩子的老师加强联系和沟通，向老师说明自己的情况，了解孩子的情绪和学习情况以及发展变化，共同商讨教育孩子的策略和方法。〔任相昀，2012(1)〕

21世纪是知识经济的时代，一定要认识到教育的重要性。即使身在外地，父母也不能放弃对孩子的监管教育与关爱，要不断与孩子进行交流和沟通。目前通讯技术发达，父母要经常与孩子通话，经常给孩子写信，多向老师和代管人了解孩子在学校、家里的学习、生活情况，让孩子感受到父母的关爱和家庭的温暖。为了解决留守儿童的教育问题，有关部门可以为参加城市建设的农民工做些有益的事情。〔李金霞，2012(6)〕

同时，家庭是农村留守女童健康成长的重要环境，家庭性安全方面的教育是防止留守女童性安全问题产生的首要因素。首先要严格父母的监护责任。父母应该尽量合理安排女童的住处，一定要为女童选择好安全可靠的临时监护人。其次，加强父母与女童的亲子教育。外出务工的父母应时常关心自己孩子的健康成长，通过电话、书信或网络等方式，多给留守女童传授一些性安全方面的知识，提高他们的性安全防范意识及能力。再次，临时监护人要认真履行监护责任和义务。要特别关注留守女童的行踪，教育她们不要轻易接受别人的东西。而且，临时监护人要克服传统思想观念的束缚，多与留守女童进行交流沟通，加强性安全防范教育。〔蒋平，2012(8)〕

(4) 动员社会力量，营造和谐教育环境

大力发展农村经济，开发地方特色经济，充分利用地方的资源优势，发展特色产业，让更多的农民就近务工；鼓励帮助农民返乡创业，使父母双方或一方能留在家里，减少留守儿童的产生。这是解决留守儿童所有问题的最好出路和长久之计。〔任相昀，2012(1)〕

社会对保护农村留守女童性安全也有责任和义务，全社会应构筑共同参与的保障体系，通过联动作用构建监护人、学校及社会三位一体的留守女童性安全防范机制，营造一个良好的教育空间和社会环境。一是要加强舆论媒体的宣传引导作用，提高青少年性安全防范意识。二是强化社区的监管职能，充分调动基层组织对留守女童的关爱和保护。三是加大打击和惩戒力度，震慑犯罪分子。〔蒋平，2012(8)〕

有关部门要尽职尽责，关心留守儿童。全国各地都在积极探索新途径，解决留守儿童教育问题。如黑龙江省龙江县妇联组织爱心人士担任留守儿童校外辅导员，成立爱心社区，让孩子们远离不良嗜好、不法场所、不轨人群，促使他们学会自立、自律、自强。七台河市妇联与教育局联合，建立市、县、乡镇（街道）、村屯（社区）四级管理关爱队伍，完善留守儿童周末管理机制。大兴安岭地区妇联与地区广播电视局联合开通了“留守儿童心理辅导”专题栏目热线，邀请心理专家在线解答留守儿童心理问题，对留守儿童监护人进行家教知识辅导。这些做法都是值得借鉴的。要积极改革户籍制度，努力消除城乡二元结构模式，确保农村务工人员和城市市民享有同等的社会政治地位，保证务工人员子女与城市市民子女享有同等的受教育权。〔李金霞，2012(6)〕

（四）农村教师队伍建设

1. 农村教师生存环境及状态

（1）农村教师队伍结构

教师队伍结构合理与否是衡量教师队伍质量的重要标志，合理的教师队伍结构是形成高质量教师队伍整体素质的重要条件。当前农村教师队伍在年龄、学历、职称、学科、知识等方面存在结构性失衡问题。

第一，年龄结构失衡。从年龄结构上分析，农村教师老龄化和断层现象日益严重，老教师和年轻教师占大多数，中青年教师比例偏低。第二，学历结构失衡。从学历结构上来看，农村教师的第一学历层次普遍较低。调查显示，农村小学教师第一学历为中师的最多，占 63.2%，第一学历为大专以上的只占 15.7%。第三，职称结构失衡。教师职称结构在一定程度上代表教师队伍素质的高低。从当前农村中小学专任教师职称构成状况来看，具备高级职称的教师所占比例偏低。第四，学科结构失衡。调查显示，语文、数学、科学、历史与社会、思想品德等基础课程的教师相对富余，而英语、音乐、体育、美术、信息技术等专任教师非常紧缺。第五，知识结构失衡。由于受教育背景和区域环境的影响与制约，农村教师在知识结构上也存在严重的失衡问题，首先是教育学科知识和通识类知识欠缺，再次是实践性知识不完备，再次是信息技术知识匮乏，难以适应课程与教学改革的要求。这些问题可通过以下途径解决：建立农村教师长效补充机制，为农村学校补充高素质骨干教师和紧缺学科专任教师；实行农村教师弹性退出机制，优化农村教师队伍的年龄结构；加大农村学校人事制度改革力度，促进农村教师学科结构趋向合理及高级职称比例逐渐提高；深化师范院校课程改革，输送知识结构合理、适应农村学校教学需要的“全科型”教师；加强农村教师的培训工作，提升农村教师的教育理论知识与实践性知识水平。〔肖正德，2012(4)〕

（2）农村教师角色认同

角色认同是个体对其所承担的角色身份进行认知、体验以及采取与角色一致的行为的过程，是知情行相统一的一体化结构。有论者认为，农村中小学女教师的角色认同程度和工作投入水平显著高于男教师，这可能与传统观念有关。在人们的观念里，女性当教师则易被社会所接受，而男性当教师则被社会接受的程度较低。这种社会认可度被女教师内化为对自己的角色认同，并不断强化自己的角色；而男教师则内化为对自己的角色不认同，因此投入的时间和精力相对减少。班主任的角色认同程度和工作投入水平显著高于非班主任。一般来讲，愿意担任班主任工作的教师，往往有较强的责任感和事业心，在遵守教师道德规范和工作规程上常常率先垂范，严格自律，富于耐心和爱心，热衷于教育事业，对工作投入的精力和时间较多。〔贾文华，2012(3)〕

(3) 农村教师质量问题

有论者认为，在长期的城乡二元结构下形成的农村义务教育教师质量在适应城乡教育一体化方面存在困境。①农村教师专业资本困境：农村教师普遍存在的"教非所学"现象的最大问题就是教师缺少相应的专业资本，"身兼数职"又使这些教师承受着忙于多科教学的各种压力而没有时间和精力进行专业资本的集中与积累。征聘的代课教师通常一开始未经过培训，受专业教育程度亦可能低于其他教师，在其工作期间也会因为代课的身份而没有接受专业资本积累的教育和学习的机会。②农村教师教学有效性困境：农村教师接受的外部职业支持更多是一种以"城市化教学"为取向的。多数的职业支持，像培训、校际参观、教师交流等没有关注农村课堂上需要的实践和教学方法。农村教师从职业支持中实际学到的东西很少。即使是来自农村学校内部之间的职业支持，也会因为农村教师教学处于"共同贫穷"的处境不会有太多的先进理念和技术。此外，农村教师的职业支持没有采取个性化的形式，忽略了农村学校不同层次的教师教学需求以及小科教学中的一师多科的实际情况。这就导致接受职业支持的教师教学行为改善的程度较低。③农村教师发展动力自限困境：农村教育资源匮乏，导致农村教师的工作程度低，而且也没有更多的发展机会。农村教师在教育资源匮乏中表现的主要态度就是对现实情景的"知足"，这种态度限制了农村教师的发展动力。从教师自身发展的角度来看，知足是教师发展动力的自限。知足的态度使教师不能够欣赏到自身进步的价值，不会充分意识到自身的发展进步会对学生和学校的发展进步产生积极影响。因此，农村教师不会关心长远的发展目标。〔张宇等，2012(24)〕

2. 农村教师的地方性知识

有论者认为，农村教师除学科知识、教育类知识、实践性知识之外，还应拥有地方性知识。"地方性知识(local knowledge)"是农村教师关于农村社会的认知和体验，是对所在地域农村长期积淀下来的经过合法性检验的经验与智慧的认知，是具有本土色彩、乡土气息、地域性质的知识。农村教师掌握地方性知识，可以促进农村地方性知识的保护与发展，提高农村教学质量，还有利于促进其专业发展。考虑当今农村教师的职责、工作内容与要求、工作的环境条件等方面情况，农村教师地方性知识应包括以下六方面内容：

①生产生活的地方性知识：指与村民生产生活密切相关的各类内容，如关于种植养殖、采集、手工制作、农产品加工、贸易流通、饮食、居住、服饰、交通、医药等方面的知识；②历史文化的地方性知识：包括地区发展历史、地方志、历史文物、传说、民族史等；③传统民俗的地方性知识：包括人际交往习惯、乡风民约、婚姻、丧葬、祭奠、崇拜、禁忌、传统节日习俗等；④民间艺术的地方性知识：包括民间工艺、文学、音乐、舞蹈、绘画、戏曲、口头传诵的故事、传说、歌谣等；⑤地理景观的地方性知识：包括自然环境、气候规律、人文景观、物产资源、地理特征等等；⑥思想观念的地方性知识：包括本地人民的人生观、价值观、自然观、伦理观、宗教观、审美意识、思维习惯等。另外，农村教师还必须更为具体地了解本地域教育类的地方性知识，如家长的受教育水平、对子女的教育热情与能力、对子女的教育期待、承担子女教育费用的能力等，以及农村学生的学习愿望、学习能力、学习条件等有关情况。

为了促使农村教师掌握地方性知识，应将地方性知识纳入职前教师教育课程体系，并在教师职后教育中增加地方性知识的培训。将地方性知识融入职前教师教育课程体系，除了在教师教育教材的编写中关注相应题材，对农村地方性知识进行深描之外，最主要的途径是增设相应的课程和增加实践机会。农村教师培训的内容应包括：有关农村历史、物产、经济、价值观念、文化习俗、居民群体特征等方面的内容；如何认知、体认、总结、提炼本地区农村地方性知识；本地区和跨地区农村教育的实践考察；如何把地方性知识融入国家课程与课堂的一般原理与程序中以及成功案例的剖析；农村学生的心理与社会历史特征与教育技艺；与农村家长沟通的技巧，等等。〔李长吉，2012(6)〕

3. 农村教师培训

(1) 农村教师培训模式

① 顶岗实习、置换培训。“顶岗实习、置换培训”指的是高师院校在教育实习期间派送师范生到农村中小学承担任课教师的职能，同时置换出实习学校的教师离岗到高校接受专业培训并深入到研修基地中小学进行研修的一种实践教学模式。这一模式有利于促进西部农村地区的教师教育共同体的建设，确立共同体建设的合作前提。一是打破了大学和中小学各自为政、封闭独享的资源壁垒，实现了参与各方的资源共享和信息共享，为教师教育共同体建设确立了合作前提和可行抓手。二是构筑了价值认同的共同体意识，对师范生和置换教师来说，不仅提高了知识和技能，而且在真实的教

育环境中体验了教育或教师教育，理解了教师教育的价值和目标，明白了共同使命。三是营造了互动共生的合作文化，参与各方在培训中为着共同的目标和使命，相互尊重、彼此平等、真诚协商，实现着理论与实践的相互渗透和密切结合。〔张增田，2012(23)〕

② “教学做合一”的农村教师培训。陶行知的“教学做合一”理论，是在批判旧教育、开创新教育的过程中提出的，不仅内涵丰富，而且具有批判性、创新性、实践性、主体性、灵活性等五大鲜明的理论特征，对于当今农村中小学教师培训中存在的诸如因循守旧、实践性知识偏少、学员的学和做被置于边缘等问题具有重要的指导意义。教学做合一，是以当下生活为中心，以社会实践为中心，教与学都是为了做、为了实践，在做中学、在做中教，其核心是要求手脑并用，在实践中获取真知，在生活中获取改造自身和社会的创造力。首先，转变培训理念，以实践创新能力培养为目标，以学员为中心。农村中小学教师培训必须将学员的需求作为工作的出发点和落脚点，既要了解他们现实的需求，更要了解他们潜在的需要，还要去研究他们发展的需求，在充分尊重学员的基础上来确定培训方案，并在实践中不断完善、丰富。第二，要求在调研的基础上开发具有乡土味的课程内容，建立理论培训与实践训练相结合的课程体系。第三，重视运用在实践中研究和反思的教学方法，教学做合一。〔蔡朝军，2012(7)〕

③ “参与式”农村教师培训。参与式方法是为每一个参与者创设表达和交流的机会，让所有在场的人都积极投入到学习活动中去，使参与者在平等对话的情境中产生新思想，获得参与集体决策的机会与条件，从而提高参与者改变现状的能力和信心的一种教学方法和理念。采用参与式方法，可以有效调动受训者的积极性，提高培训的针对性和实效性。运用这种方法进行农村教师培训，应注意以下方面：

首先，优化参与式教学的理论与实践学习。可通过县级培训、校本教研、开发参与式教材、培训专家示范等方式进行。适当延长参与式培训的时间，并将参与式教学作为常规教学方式在中小学推广和应用。这就要求一方面在观念上要消除“短视”的功利思想，另一方面，在学校层面建立参与式教学监测和评估制度予以保障。

其次，精简培训内容，突出专题研究。建立由参训教师参与的课程开发团队，请一些有丰富教育教学经验的参训教师直接参与到课程内容的设计、培训方法的选择、培训时间的安排等工作中。在培训过程中建立科研小组，充分、合理地使用基础教育项目开发的参与式教学系列培训教材。在条件允许的情况下，甚至可以组建一支由省级教育科研机构、大学教师、参训学员、培训机构人员等构成的教材研发团队，开发出一套适合农村教师参与式培训的地方教材。

再次，强化培训效果的可持续性，完善后续监测机制。组建参与式培训效果后续监测和支持专家团队。专家团队的任务就是在培训后的一个学期内至少要到参训教师的学校进行实地的观察和指导，为他们提供后续支持。建立乡级教师学习资源中心，设立教学案例与教学论文评选制度，为乡镇中心校及学区内的其他学校和办学点提供切实的帮助和支持。〔邹联克，2012(4)〕

④ 网络校本培训。网络校本培训是集集中培训的专业优势、远程培训的规模优势、校本培训的管理优势于一体，面向全体教师实施培训的一种模式。它强调教育行政部门领导、教师培训机构组织实施、教师所在学校管理和教师自主参与相结合，调动培训各方的积极性；它实施基于县域的“大校本”策略，激活县域内优质教师培训资源，促进了农村教师同伴互助和学习型学校建设，实现了校内与校外、理论与实践、专业知识与信息技术、个人研修与专家引领的融合。施行网络校本培训，须突出做好以下两方面工作：(a)健全网络校本培训组织。一是省级中心，即全省中小学教师远程培训中心，承担全省教师远程培训课程资源供给、教学指导和信息管理职能；二是县级教师远程培训分中心，承担县域范围中小学教师培训的组织、协调、服务功能，一般设在县级教师培训机构；三是学校教师培训点，承担学校校本研训组织、管理工作。(b)完善网络校本培训条件。一是省、县、校三级完成远程培训基础设施建设，解决好大规模网络培训的宽带和相关硬件设备问题；二是以省为主建设培训课程资源库和专家团队，解决高质量、低成本培训课程内容和学习辅导问题；三是按照建设“大校本”环境和平台要求，强化县级远程培训网络管理、指导、服务职能；四是形成网络校本培训制度，应着力完善信息管理、学分登记、质量控制、资质评估、资源遴选等方面的规章制度，制订教师队伍建设规划和教师培训进修计划，研制促进教师专业发展的激励政策，制定校本培训规章制度。〔周德义等，2012(7)〕

⑤“需求导向”的培训模式。需求导向教师培训模式是以教师需求为前提，对教师需求进行分析，根据需求确立培训目标，选择并确定培训内容，运用适宜的培训方式进行培训，以满足受训教师发展需要的一种培训模式。它包括分析培训需求、确立培训目标、设计培训内容、选择培训方式、评价培训效果五个环节。〔郝明君，2012(4)〕

(2) 农村教师培训管理体制

农村中小学教师培训管理是促进中小学教师培训工作有序开展并不断提高质量的重要保障。有论者认为，与我国实行“以县为主”的农村义务教育管理体制相一致，当前必须进一步理顺农村教师培训管理体制，明确“以县为主”，强化县级人民政府及其教育行政部门的教师培训管理职责，避免主次含糊、权责不清。

①强化“以县为主”。一要进一步落实政府责任，教师培训首先是政府行为，政府及其推行的政策是教师专业发展重要的支撑和保障。为此，要把农村中小学教师培训落实情况作为县域各级党政负责人教育工作实绩的重要考核内容，建立问责机制。二是明确县级教育行政部门作为农村中小学教师培训归口管理机构的职责，避免政出多门。三是强化县域教师培训规划制订、经费投入、政策落实、机构建设和质量管理等工作，确保农村教师培训工作落实到位。②加强宏观统筹。一是省、市教育行政部门通过完善配套政策、推动基地建设、开发优质资源和组织督导检查等，加强对农村教师培训工作的宏观指导；二是加大对农村教师培训扶持，特别是经费扶持。农村中小学教师培训非单纯“地方性公共产品”的特点决定了其经费不能简单地一概由县级政府“买单”，县级以上财政也需承担一定责任。〔周德义等，2012(7)〕

(3) 农村教师培训评价

农村中小学教师培训评价是通过系统的信息收集、分析、整理，对农村中小学教师培训相关过程和培训结果进行价值判断，为农村中小学教师培训决策和促进有效培训提供可靠信息的过程。在基础教育改革不断深化、对教师队伍整体素质提出更高要求的新形势下，教师培训评价工作还可在以下方面进一步改进：

① 完善评价体系。强调基于结果的评价，对科学开展教师培训评价提出更高要求。一是评价指标要全面。中小学教师培训评价指标的涵盖面要广，应尽可能多地将有可能影响教师培训的因素都考虑进去，评价指标体系不仅要体现中小学教师培训的特点和要求，而且要使评价指标最大限度地反映培训过程的信息，充分激发、调动培训方和受训者的积极性。二是评价主体要多元。中小学教师培训评价的主体应该是多元的，包括管理者、培训者、受训者以及受训者的同行和学生。在评价过程中，评价者和被评价者以比较公正、坦然的态度来对待评价活动。三是评价方法要科学。中小学教师培训评价要尽量做到掌握真实、有效的评价信息，贯彻评价意图，实现评价方案，能够做到定性与定量相结合，管理者、培训者和受训者的评价相结合。

② 突出评价重点。构建农村中小学教师培训评价体系要体现以培训质量和效益为重点。一是要适当增加培训成效（质量）相关指标权重，将效果评估延伸至受训教师教学能力与水平的改善和教学质量的提高上；二是在对培训过程进行评估时，要重点考察与培训效果有因果联系的事物和环节，如培训是否结合教师专业发展实际、贴近教师教学实践，是否聚焦于高质量教师专业发展关键特征上等。

③ 强化结果运用。发挥教育评价作为管理手段的功能，强化教育督导及教师培训检查评估的监督作用，形成评估结果与被评对象利益相联系的机制。一是完善农村中小学教师培训督导制度，加大检查力度，强化质量监督，特别要围绕培训经费落实情况、送培情况、实施过程和培训效果等问题，开展定期或不定期专项督查，建立评估结果通报、跟踪督查与限期整改制度。二是形成农村教师培训问责机制。要将农村教师培训落实情况作为评估政府教育工作和考核县级党政主要领导干部教育实绩的重要内容，确保教师队伍建设优先发展；农村教师培训各相关单位要签订相应的教师培训工作目标责任书，建立一把手负责制，对达不到预定目标的责任人给予责罚，对在农村中小学教师培训工作中取得突出成绩的单位和个人给予表彰奖励。〔贺安溪等，2012(1)；周德义等，2012(7)〕

■ 论、著索引

一、论文部分

〔说明：同一期号期刊按刊名的拼音字母排序；学位论文按授予单位名的拼音字母排序〕

邓士煌、薛剑刚：《农村中小学教师培训管理体制研究》，载《当代教育理论与实践》(湖南科技大学)，2012(1)。

贺安溪、胡惠明：《农村中小学教师培训评价研究》，载《当代教育理论与实践》(湖南科技大学)，2012(1)。

贾腊生、陶佑钦：《构建以教师培训机构为依托的农村中小学教师网络校本研修模式》，载《当代教育理论与实践》(湖南科技大学)，2012(1)。

蒋维加、周赞梅：《论农村中小学教师培训课程体系的构建》，载《当代教育理论与实践》(湖南科技大学)，2012(1)。

廖湘生、李再湘：《构建以县为主的教师培训网络——农村中小学教师培训机构研究》，载《当代教育理论与实践》(湖南科技大学)，2012(1)。

任相昀：《关于农村留守儿童教育问题的思考》，载《黑龙江史志》，2012(1)。

周德义、史云峰：《农村中小学教师培训保障机制研究》，载《湖南科技大学学报》(社会科学版)，2012(1)。

慕彦瑾、卢　春：《农村中小学教师成长环境的生态取向分析——以四川省为个案》，载《继续教育研究》(哈尔滨师范大学)，2012(1)。

汪基德、赵慧臣：《农村中小学现代远程教育工程的应用特征与策略探析》，载《教育研究与实验》(华中师范大学)，2012(1)。

赵　丹：《农村学校布局调整的过程、问题及结论——基于 GIS 的分析》，载《教育与经济》(华中师范大学)，2012(1)。

陈世海、詹海玉、张义烈：《农村留守幼儿教育问题再探讨》，载《教育评论》(福州)，2012(1)。

吴明永:《农村义务教育师资配置存在的问题与对策》,载《教育探索》(哈尔滨),2012(1)。

韩法宝:《关于农村中小学布局调整的调查与思考》,载《科技信息》(济南),2012(1)。

谭俊英:《构建第三部门投入农村义务教育的非正式制度环境》,载《现代教育管理》(沈阳师范大学),2012(1)。

汪基德、冯永华:《"农远工程"的发展对我国基础教育信息化的启示》,载《教育研究》(北京),2012(2)。

王　岩:《浅析黑龙江省农村中小学教师培训》,载《辽宁教育行政学院学报》,2012(2)。

黄维海、袁连生:《农村税费改革与义务教育支出结构倒U型演变》,载《清华大学教育研究》,2012(2)。

黄　燕、张　君:《"四川省农村中小学教师培训者培训"需求调查》,载《四川教育学院学报》,2012(2)。

刘文君:《试论农村教育经费的保障》,载《行政事业资产与财务》(武汉),2012(2)

何　翔:《农村中小学布局调整政策的合理性分析——以经济学为视角》,载《黑龙江教育学院学报》,2012(3)。

张红霞、方冠群:《论转型期农村教育的困境——农村青少年辍学问题的探讨》,载《继续教育研究》(哈尔滨师范大学),2012(3)。

贾文华:《农村中小学教师角色认同、工作投入及其关系研究》,载《教育研究与实验》(华中师范大学),2012(3)。

崔多立:《应重新评估农村"撤点并校"的实效——黑龙江省农村学校布局调整后的调查》,载《教育探索》(哈尔滨),2012(3)。

孔繁成:《农村教师培训现状调查与问题解决策略探讨——以辽宁省部分农村中小学教师为样本》,载《教育探索》(哈尔滨),2012(3)。

乌云高娃、白音巴图:《农村牧区小学布局调整后小学生的社会支持体系评价——基于内蒙古赤峰市巴林左旗蒙古族小学的调查》,载《教育学报》(北京师范大学),2012(3)。

赵　丹、吴宏超、Bruno Parolin:《农村学校撤并对学生上学距离的影响——基于GIS和Ordinal Logit模型的分析》,载《教育学报》(北京师范大学),2012(3)。

王　衡:《农村基础教育学校撤并及其存在问题反思》,载《宁夏大学学报》(人文社会科学版),2012(3)。

林　涛:《如何完善农村义务教育经费保障机制》,载《中国内部审计》(北京),2012(3)。

郝明君:《需求导向的农村中小学教师培训模式探讨》,载《重庆师范大学学报》(哲学社会科学版),2012(4)。

凡勇昆、邬志辉:《我国农村教育发展方向的困境与出路——基于文化的视角》,载《华东师范大学学报》(教育科学版),2012(4)。

林恬伊:《农村义务教育财政投入可持续发展浅议》,载《江西青年职业学院学报》,2012(4)。

巫志刚:《农村被撤并学校产权争议的类型、原因及其法律解决》,载《教育发展研究》(上海),2012(4)。

张务农:《农村留守儿童问题研究评析——知识教学视角》,载《教育研究与实验》(华中师范大学),2012(4)。

凡勇昆、邬志辉:《论我国农村人口发展趋势与农村教育布局调整》,载《教育与经济》(华中师范大学),2012(4)。

肖正德:《农村教师队伍结构的失衡问题与优化策略》,载《课程·教材·教法》(北京),2012(4)。

邹联克:《参与式方法在农村教师培训中应用的调查研究——以贵州省为例》,载《课程·教材·教法》(北京),2012(4)。

柯　政:《略析农村教育研究中常见的两个方法问题》,载《全球教育展望》(华东师范大学),2012(4)。

王　标、宋乃庆:《西南地区农村义务教育三级课程实施现状、问题与对策》,载《西南大学学报》(社会科学版),2012(4)。

熊春文:《再论"文字上移":对农村学校布局调整的近期观察》,载《中国农业大学学报》(社会科学版),2012(4)。

李　丹:《农村中小学布局调整负面效应的消解途径》,载《重庆教育学院学报》,2012(5)。

赵　丹:《农村教学点在义务教育均衡发展中的作用、问题与对策》,载《华中师范大学学报》(人文社会科学版),2012(5)。

邓泽军、李安全:《重庆试验区农村教师继续教育:进展、问题及对策》,载《教师教育研究》(北京师范大学、华东师范大学等),2012(5)。

唐松林、聂英栋:《乡村教师的专业化模式选择:批判、创新与辩证》,载《教师教育研究》(北京师范大学、华东师范大学等),2012(5)。

孔繁成、陈雅楠、姜　楠:《农村教师培训课程现状调查及问题解决策略——以本溪县等辽宁省部分农村中小学教师为研究样本》,载《辽宁教育行政学院学报》,2012(5)。

袁桂林、李洪玲:《农村学校布局过度调整的弊端与解决思路》,载《社会科学战线》(长春),2012(5)。

孙来勤、秦玉友:《农村义务教育生源向城流动:表征、问题及治理》,载《现代教育管理》(沈阳师范大学),2012(5)。

林　群:《四川农村小学性健康教育师资问题分析》,载《现代教育科学》(普教研究)(长春),2012(5)。

闫俊峰:《农村中小学布局调整中出现的问题及对策》,载《发展》(兰州),2012(6)。

王　岩:《黑龙江省农村中小学教师培训现状调查与改进对策研究》,载《黑龙江教育》(高教研究与评估),2012(6)。

李金霞:《农村留守儿童教育问题的思考——以黑龙江省为例》,载《黑龙江生态工程职业学院学报》,2012(6)。

马晓霞、张丽维:《农村家庭隔代教育的问题分析》,载《继续教育研究》(哈尔滨师范大学),2012(6)。

王　岩:《农村教师长周期全脱产培训模式研究——以农垦建三江管理局中小学教师培训实践

为例》,载《继续教育研究》(哈尔滨师范大学),2012(6)。
胡云聪:《后义务教育时期农村学校教育质量问题研究》,载《教学与管理》(太原师范学院),2012(6)。
张国林:《义务教育阶段学校规模的国际比较与合理性判定》,载《教育科学》(辽宁师范大学),2012(6)。
杜井冈、张学敏、谭俊英:《第三部门投入农村义务教育的制约因素研究》,载《教育研究》(北京),2012(6)。
李长吉:《论农村教师的地方性知识》,载《教育研究》(北京),2012(6)。
雷万鹏、张雪艳:《农村小规模学校师资配置政策研究》,载《教育研究与实验》(华中师范大学),2012(6)。
高小强:《城乡中小学布局结构变化之路径解析与价值研判》,载《清华大学教育研究》,2012(6)。
梁文艳、杜育红:《农村地区家庭社会资本与学生学业成就——中国城镇化背景下西部农村小学的经验研究》,载《清华大学教育研究》,2012(6)。
张新海:《中原地区农村义务教育均衡发展调查:问题及对策》,载《西北师大学报》(社会科学版),2012(6)。
姜昌财:《浅谈农村小学布局调整后寄宿生管理的几点做法》,载《新教师》(福州),2012(6)。
骆李静:《试析我国农村教育发展的制约因素及实现教育服务均等化的方法建议》,载《才智》(长春),2012(7)。
张海明、朱成科:《"后税费时代"农村义务教育经费投入问题及对策研究》,载《教育学术月刊》(南昌),2012(7)。
汪　明:《关于农村中小学合理布局的几点思考》,载《教育研究》(北京),2012(7)。
周德义、于发友、李敏强、史云峰、周赞梅、薛剑刚:《农村中小学教师培训的实践探索——以湖南省为例》,载《教育研究》(北京),2012(7)。
蔡朝军:《"教学做合一"视野下的农村中小学教师培训初探》,载《教育与教学研究》(成都大学),2012(7)。
伍鹏志:《教育费附加对西部农村中小学教育发展问题的研究》,载《学术论坛》(南宁),2012(7)。
蒋　平:《农村留守女童性安全与性教育问题》,载《当代青年研究》(上海),2012(8)。
杨坤道:《实现农村义务教育经费投入问题浅析——以湖北省恩施州义务教育经费投入为例》,载《湖北第二师范学院学报》,2012(9)。
刘善槐:《科学化·民主化·道义化——论农村学校布局调整决策模型的三重向度》,载《教育研究》(北京),2012(9)。
李亚平:《农村学校教育科研的困境与出路——以南京地区农村学校教育科研为例》,载《上海教育科研》,2012(9)。
刘秀峰、魏建徽、廖其发:《农村教育发展模式论》,载《教育导刊》(广州),2012(10)。
陈赟琪、邓寿群:《西部农村中小学教育发展存在的问题与对策》,载《教育探索》(哈尔滨),2012(10)。

林　群:《四川农村小学性健康教育师资问题分析》,载《现代教育科学》(长春),2012(10)。
谭春芳:《公共政策视角下农村学校布局调整探析》,载《中国教育学刊》(北京),2012(10)。
于海洪:《从实求知:农村学校布局调整的方法论》,载《中国教育学刊》(北京),2012(10)。
陈少娜:《农村流动儿童受教育问题研究》,载《中国青年研究》(北京),2012(10)。
陈婷婷:《我国农村义务教育财政投入体制探析》,载《教育导刊》(广州),2012(11)。
刘大伟、杜厚扬:《农村校车问题调查研究——以湖北省G县为例》,载《教育科学研究》(北京),2012(11)。
韩雪莹:《完善农村义务教育财政转移支付制度问题浅析》,载《农业经济》(沈阳),2012(12)。
杨卫安、邬志辉:《"校车"还是"寄宿"——农村学校布局调整后两者的优劣比较及选择》,载《上海教育科研》,2012(12)。
杨小敏、杜育红:《农村义务教育办学条件改善的成就、问题和对策》,载《教育理论与实践》(太原),2012(13)。
郑丽君、陈钟琪:《农村中小学教师培训效果调查——以"顶岗支教、换岗培训"为视角》,载《教学与管理》(太原师范学院),2012(15)。
姚　松:《农村中小学布局调整政策执行阻滞现象成因及对策探讨——基于政策主客体非对称博弈的视角》,载《当代教育科学》(济南),2012(20)。
贾勇宏:《农村中小学布局调整中的弱势伤害与补偿——基于全国9省(区)的调查》,载《教育发展研究》(上海),2012(21)。
吴　龙、吴海峰、胡　久:《论农村中小学教师培训模式的革新》,载《教育与职业》(北京),2012(21)。
张增田:《"顶岗实习 置换培训"的实践价值与现实问题——西部农村地区教师教育创新模式的思考》,载《当代教育科学》(济南),2012(23)。
叶庆娜:《农村中小学布局调整的评价:家长视角》,载《教育发展研究》(上海),2012(24)。
张　宇、于海英:《城乡教育一体化进程中农村义务教育教师质量问题与对策》,载《教育发展研究》(上海),2012(24)。
周　晶:《课程资源——农村中小学教师培训增值的新视角》,载《教学与管理》(太原师范学院),2012(27)。
丁步洲:《教育均衡背景下农村基础教育面临的问题与破解——以苏北地区农村教育为例》,载《教育理论与实践》(太原),2012(34)。
肖爱武:《我国农村义务教育公平问题的思考与建议》,载《安徽农业科学》,2012(36)。
孟凡蕾:《农村留守儿童的思想道德问题及其教育对策——基于山东某农村小学的实证调查与分析》,载《中国教育学刊》(北京),2012(S1)。
陈红娜:《现阶段我国农村教育发展存在的问题与路径选择——基于亚洲国家之间的比较》,载《教育教学论坛》(石家庄),2012(S5)。

李玉凤:《安徽省Y县农村义务教育经费保障制度研究》,安徽大学硕士学位论文,2012。

贺慧静:《农村中小学留守儿童思想品德教育问题研究》,重庆师范大学硕士学位论文,2012。
刘善槐:《农村学校布局调整决策的科学化、民主化与道义化研究》,东北师范大学博士学位论文,2012。
王为伟:《我国农村留守儿童教育问题研究》,福建农林大学硕士学位论文,2012。
张霞荣:《"均衡普九"视角下的农村义务教育问题、原因及对策》,湖南师范大学硕士学位论文,2012。
周莲莲:《全纳教育视角下的农村留守儿童教育问题研究》,华东师范大学硕士学位论文,2012。
熊　洁:《农村家庭隔代教育问题及解决策略》,华中农业大学硕士学位论文,2012。
黄兰兰:《我国农村教育公平问题的探索和思考》,华中师范大学硕士学位论文,2012。
丁龙江:《牡丹江地区农村留守儿童教育问题研究》,吉林大学硕士学位论文,2012。
罗　甜:《吉林省农村留守儿童教育问题研究》,吉林大学硕士学位论文,2012。
王泉人:《黑龙江省农村留守儿童教育问题研究》,吉林大学硕士学位论文,2012。
臧亚鹏:《农村留守儿童教育问题研究》,吉林大学硕士学位论文,2012。
刘时雨:《农村留守儿童道德素质教育问题研究》,吉林农业大学硕士学位论文,2012。
山长理:《当前我国农村教育价值取向的问题研究》,山东师范大学硕士学位论文,2012。
方　娟:《靖边县农民对农村学校布局调整的认同研究》,陕西师范大学硕士学位论文,2012。
王栋梅:《新农村建设中的农民教育问题探析》,西华大学硕士学位论文,2012。
何静静:《农村小学布局调整后儿童道德成长困境研究》,浙江师范大学硕士学位论文,2012。

二、著作部分

卢利亚:《关注与关爱:农村留守儿童问题研究》,湖南人民出版社,2012。

七、农民工随迁子女教育

目录

随着我国经济的发展，计划经济向市场经济的转变，农业社会向工业社会的转变，城市化进程不断加快，城乡间、区域间人口流动加快，大量务工人员涌向城市，农民工随迁子女的教育问题日益成为重点话题之一。2012 年 8 月 30 日，国务院办公厅转发教育部等部门《关于做好进城务工人员随迁子女接受义务教育后在当地参加升学考试工作的意见》，农民工随迁子女的教育问题在政策上有了新的突破。而在研究层面，与农民工随迁子女教育有关的问题，也比以往有更多的关注和讨论。

(一) 农民工随迁子女教育的政策分析

国家对于农民工随迁子女的教育政策在早期是不清晰的，甚至在一定的时期内对农民工随迁子女处于抵制状态。随着改革开放的进程，国家对农民工随迁子女流动开始由“抵制”到“淡化”，再到“关心”，直至“积极支持”，逐步形成了以鼓励人口流动、提倡公办学校接收民工子女为主的政策。在解决农民工随迁子女义务教育问题之后，国家又开始了新一轮的探索，以期通过政策来解决随迁子女非义务教育阶段的教育问题。

1. 政策文本的发展脉络

依据政策文本的主要特点及其侧重点的不同，论者认为，我国农民工随迁子女教育政策的发展可以分为起始阶段、发展阶段和完善阶段。

（1）起始阶段

农民工随迁子女教育问题是随农民工流动方式的改变而出现的。在农民工“独自闯天下”的时期，其子女在户口所在地或留守地就学，农民工随迁子女教育问题关注的焦点是留守儿童；而近些年随着进城务工人员工作环境、观念等的改变，越来越多的农民工把孩子带到流入地。随着农民工随迁子女总体数量的不断增加，加之媒体和相关社会调查报告对农民工随迁子女教育现状的披露，在“同在蓝天下，共同成长”、“共同建设，共同享有”，建设和谐社会的大背景下，农民工家庭才需要面对他们城市生活中的另一难题——随迁子女的受教育问题。该问题从一个普通的社会问题上升为一个学术热点问题、政策问题，进而也才有了试图解决这一问题的相关政策出台。尤其是 1995 年 1 月 21 日至 24 日，《中国教育报》接连刊发李建平的“流动的孩子哪儿上学”系列报道后，农民工随迁子女的教育问题顿时引起社会的强烈反响，各级教育行政部门也纷纷予以重点关注。自此，国家根据形势的变化才开始真正出台一系列政策来解决农民工随迁子女在城市接受教育的问题。〔宋小香等，2012(4)；肖庆华，2012(7)〕

大部分研究者认为，起始阶段的相关政策是在 1996—2000 年间颁布的。这一阶段代表性的农民工随迁子女的就学政策文本有两个：一是 1996 年国家教委发布的《城镇流动人口中适龄儿童、少年就学办法（试行）》，这是流动儿童入学的首个政策保障，但其也明显存在包括农民工随迁子女在内的城镇流动人口子女与流入地的城市居民子女在教育机会上的不平等性；二是 1998 年国家教委、公安部联合发布的《流动儿童少年就学暂行办法》，该办法延续试行办法相关规定，与此同时政府开始考虑以流入地政府与公办学校为主保障农民工随迁子女入学的方式。

第一个文件主要是选取北京、上海等部分省、市进行试点实验，第二个文件是在初步试点的经验总结的基础上下发的具有指导意义的文件。此阶段的关于农民工随迁子女教育问题的具体政策理念和思路也可从第二个文件中得出，具体为：“流入地人民政府应为流动儿童少年创造条件，提供接受义务教育的机会。流入地教育行政部门应具体承担流动儿童少年接受义务教育的管理职责。流动儿童少年就学，以在流入地全日制公办中小学借读为主，也可入民办学校、全日制公办中小学附属教学班（组）以及专门招收流动儿童少年的简易学校就读。流入地中小学为流动儿童少年建立临时学籍，可依国家有关规定收取借读费。”此后流动人口子女教育问题在很多省市被提上议事日程，如上海市颁布《上海市外来流动人口中适龄儿童少年就学暂行办法》、浙江省颁布《流动儿童少年就学暂行办法》、湖北省武汉市颁布《社会力量办流动人口子女简易学校办学的基本标准》等等。〔张艳等，2012(4)；龚宝成等，2012(7)〕

(2) 发展阶段

这一阶段是从2001年到2006年间“两为主”政策的出台、发展和完善阶段。2001年，中共中央、国务院出台《关于基础教育改革与发展的决定》，提出“以流入地区政府管理为主，以全日制公办中小学为主，依法保障流动人口子女接受义务教育的权利”。这是首次提出解决流动儿童少年接受义务教育问题的“两为主”政策，在随后的政策制定和实施过程中，政府在制定实施细则、确定具体的资金及其他资源的来源及使用方式，建立服务传递机制，确定管理模式等方面不断采取行动，指导和规范这一政策的落实。〔张艳等，2012(4)；龚宝成等，2012(7)；张亚丽：《农民工随迁子女接受城市义务教育：现行政策的缺陷与完善》，天津理工大学硕士学位论文，2009，第11页〕

表1 “两为主”相关政策文本的产生过程及主要内容

时间	发布机关	政策文件	政策文本	评析
2001	中共中央、国务院	《关于基础教育改革与发展的决定》	提出“要重视解决流动儿童少年接受义务教育问题，以流入地区政府管理为主，以全日制公办中小学为主，采取多种形式，依法保障流动儿童少年接受义务教育的权利。”	首次提出流入地政府在解决教育问题上的责任。明确提出“两为主”政策。
2002	教育部	《以“三个代表”重要思想为指导，坚持“两个为主”做好进城务工就业农民子女接受义务教育工作》	进一步强调了流入地政府的职责，要求安排一部分城市教育费附加用于解决农民工随迁子女接受义务教育。规定财政部门协调安排接受这部分适龄儿童少年就学学校必要的经费。计划部门将进城务工就业农民工随迁子女就学列入城市社会事业发展计划，并对较多承担此项任务的学校必要的基本建设列入城市基本设施的统一规划。	对“两为主”落实的关键因素—经费问题做了规定，显示了国家要落实“两为主”政策的决心。

续 表

时间	发布机关	政策文件	政策文本	评析
2003	国务院办公厅	《关于做好农民进城务工就业管理和服务工作的通知》	强调"流入地政府采取多种形式,接收农民工随迁子女在当地的全日制公办中小学入学,在入学条件等方面与当地学生一视同仁,不得违反国家规定乱收费,对家庭经济困难的学生要酌情减免费用"。	对"两为主"政策的强调。
2003	教育部	《关于进一步做好进城务工就业农民子女义务教育工作的意见》	重申"两为主"政策,还强调"地方各级政府特别是教育行政部门和全日制公办中小学要建立完善保障农民工随迁子女接受义务教育的工作制度和机制"。	首次提出"两为主"政策的主要受益群体是农民工随迁子女。
2005	中共中央、国务院	《关于推进社会主义新农村建设的若干意见》	强调认真解决农民工随迁子女上学问题。	对流入地政府态度的强调。
2006	国务院	《关于解决农民工问题的若干意见》	提出将农民工随迁子女义务教育纳入当地教育发展规划,列出教育经费预算,按照实际在校人数拨付公用经费。	对流入地政府责任的细化,对教育发展规划的更具体的安排。
2006	全国人大常委会	《中华人民共和国义务教育法》	规定"父母或者其他法定监护人在非户籍所在地工作或者居住的适龄儿童、少年,在其父母或者其他法定监护人工作或者居住地接受义务教育的,当地人民政府应当为其提供平等接受义务教育的条件。具体办法由省、自治区、直辖市规定"。	农民工随迁子女平等接受义务教育成为一个有法律保障的行为。

此阶段,在政策理念依旧为"以流入地区政府管理为主,以全日制公办中小学为主",并且对待农民工随迁子女的态度也有所转变,"流入地政府要专门安排经费用于农民工随迁子女就学工作,多渠道安排农民工随迁子女就学,同时在入学条件等方面要与当地学生一视同仁"。"在城市中小学就读的农民工随迁子女,负担的学校收费项目应当与当地学生相同,不再收取借读费,择校费,或要求农民工捐资助学及摊派其他费用"等;在政策执行上,开始对落实解决农民工随迁子女教育问题提出具体的实施办

法，如要求流入地政府建立随迁子女接受义务教育的经费筹措保障机制，又如北京、安徽、陕西、四川等省份的诸多城市积极响应“两为主”政策，努力为农民工随迁子女提供机会，吸纳其就近到公立学校就读；在政策成效上，各级政府及相关教育部门也积极采取各种办法解决农民工随迁子女的教育问题。如湖北武汉市将“解决进城务工子女入学问题”列为当年政府要办的“十件实事”之一，江苏苏州市政府颁布《苏州市流动儿童少年就学管理办法》，贵阳市对外来子女中符合条件的学生免收借读费，浙江省瑞安市开始实施“教育凭证制度”，上海启动希望工程助学进城计划等。〔张艳等，2012(4)；张亚丽：《农民工随迁子女接受城市义务教育：现行政策的缺陷与完善》，天津理工大学硕士学位论文，2009，第11—14页〕

(3) 完善阶段

这一阶段是2007年至今。在政府和社会的广泛关注和努力下，“两为主”的教育政策得到落实，进城务工人员随迁子女在城市接受义务教育的问题，已基本得到了解决。但随着社会发展对劳动者素质要求的提高，义务教育已不能满足社会对教育的需求，有相当一部分农民工随迁子女家长希望孩子初中毕业后继续能够接受更高阶段的教育。同时，国家“普及高中阶段教育”目标的确立，也为农民工随迁子女初中后教育需求创造了客观条件，如何满足将来规模巨大的农民工随迁子女的高中阶段教育需求成为亟待解决的问题。因而，非义务教育阶段的问题，尤其是农民工随迁子女的升学问题日益突出，被提上了国家的工作日程。〔吴霓，2012-02-08；柯进等，2012-03-04〕

2007年，中组部、教育部等七部门联合下发《关于贯彻落实中央指示精神积极开展关爱农村留守、流动儿童工作的通知》。2008年两会期间，全国人大代表赵林中提交了《关于切实关心外来民工子女参加当地高考的建议》。2010年中央一号文件《关于加大统筹城乡发展力度进一步夯实农业农村发展基础的若干意见》中，首次使用了“新生代农民工”的提法，要求采取针对性的措施，着力解决新生代农民工及其子女教育问题，推进新生代农民工市民化；同年，团中央在全国启动实施“共青团关爱农民工随迁子女志愿服务行动”。在2010年7月，国务院颁布的《国家中长期教育改革和发展规划纲要(2010—2020年)》(以下简称《规划纲要》)第四章第八条中提出“确保进城务工人员随迁子女平等接受义务教育，研究制定进城务工人员随迁子女义务教育后在当地参加升学考试的办法”的任务目标。〔宋小香等，2012(4)；张艳等，2012(4)；龚宝成等，2012(7)〕

2010年12月，解决异地高考列入了国家教改试点内容，在山东、湖南、重庆三个地区进行试点。2012 年 3 月，教育部部长袁贵仁在全国政协十一届五次会议开幕会上透露，异地高考方案将在 10 个月内出台。随后，2012 年 8 月 31 日，国务院办公厅转发了教育部等部门《关于做好进城务工人员随迁子女接受义务教育后在当地参加升学考试工作的意见》，在文件中明确了异地高考的重要性、主要原则，并要求各省、自治区、直辖市的异地高考方案原则上在 2012 年底必须出台。作为回应，2012 年底 2013 年初，除西藏外，已经有 30 个省(市、区)不同程度地公布了随迁子女异地高考方案。〔张艳等，2012(4)；龚宝成等，2012(7)〕

2. 政策关注的转变

(1) 政策支持的价值取向

有论者认为，不论是有关农民工随迁子女的义务教育阶段的政策，还是非义务教育的政策，都表明国家注意到流动人口子女教育问题的重要性，虽然城市流动人口子女教育的政策需要随社会的发展做出调整，但是这些总体上都体现了国家政策共同的价值取向：

第一，彰显以人为本的发展理念，强调人的整体性和意识的主动性，强调尊重人的自我价值和尊严，注重对人的理解和信任，注重人的自由和责任。这些政策的出台，表明了社会现在正向着以人为本、和谐发展的历史阶段迈进，体现了对农民工随迁子女的关怀和认同，也彰显了国家解决农民工随迁子女教育问题的态度和决心，展现了农民工随迁子女教育已经日益走向城市教育体系，体现了社会主义的优越性。〔杜启明，2012(1)；杜永红等，2012(5)〕

第二，促进教育公平与社会和谐，推动教育的均衡发展。在经济、社会地位等方面巨大不平等的情况下，给人提供公平竞争、向上流动的机会，帮助弱势者摆脱所在群体的局限，显著地改善人的生存状态，减少社会性的不公平。有论者认为，对于有子女的流动人口来说，政策支持最为核心的价值取向就是公平，这种公平是全方位的，体现在教育机会、教育过程及教育结果等方方面面，国家希望通过教育政策使农民工随迁子女获得平等的入学权、享受城市教育资源的权利以及教育结果的平等权。〔王艳霞，2012(1)A；2012(1)B；于佳宾，2012(2)；张艳等，2012(4)〕

第三，推进城市自身建设与发展，有利于建设人力资源强国，使农民工随迁子女成为未来人力资源市场上的新生力量，保证农民工进城工作的意愿与稳定性。让随迁子女直接体验中国改革开放与现代城市文明建设的成果，使其成为未来中国经济建设的生力军，改善他们的生存与教育环境，是提升中国人口整体文明水平最直接且成本较

低的一种模式。〔宋小香等，2012(4)；杜永红等，2012(5)；郑文芳，第2—3页，2012〕

(2) 关注重点

有论者认为，20世纪90年代末到21世纪初，教育政策更多的是关注农民工随迁子女能够在流入地接受教育，保证其能入学。但教育公平强调的不仅仅是起点公平，还有过程公平、结果公平。实施的政策保证了农民工随迁子女在上学机会上的平等，但是要使他们像流入地孩子一样接受优质教育资源还有一定的困难。近年来，社会要求各级政府关注"能上学"之后如何"上好学"、"好上学"，使其从单纯的接受教育发展到能够接受优质教育资源。因此，教育政策转折期后应对的挑战之一就是在保持"量"增长的同时，也能保证"质"的提高。〔周国华等，2012(10)〕

同时，很长一段时间，有关农民工随迁子女教育政策大多是为了完成上级下达的指标、任务。农民工随迁子女入学都是有计划的安排，只要能够保证入学就算完成目标，却没有考虑到不同背景下流动儿童的文化、语言差异，难以针对其特点进行多元化教学。流动儿童常年随父母工作的变化而不断流动，他们中大部分可能在学年中间将离开原来就读的学校进入另一所学校，甚至是连续转学。由于学习与生活环境的变化，随迁子女面对的主要是城市文化适应问题、城市社会融合问题、城市学校适应问题。有论者认为，研究者要深入到农村流动儿童的学习与生活中，了解这些农村流动儿童真实的适应现状和适应问题，在研究中始终坚守关心农村流动儿童身心发展的立场。围绕解决流动儿童在城市的适应问题，如何保证课堂教学中充分理解和尊重农民工随迁子女的文化特质，营造多元共生、和谐共荣的课堂文化生态，为农民工随迁子女提供充分的自主选择、自主探索、自我思考、自我创造、自我表现和自我实现的空间，即从计划的"大众化"安排到因材施教的"个性化"发展，是教育政策转折期后面临的重要挑战。〔肖庆华，2012(7)；周国华等，2012(10)〕

3. 政策上存在的问题

从政府出台的一系列政策实施以来，农民工随迁子女受教育的状况在一定程度上得到改善，特别是一些大中城市出台的地方政策和一些"绿色通道"的确使农民工随迁子女教育发生重大改观，但是这离最大化农民工随迁子女的利益要求仍然有一定的距离。〔杜启明，2012(1)〕

(1) 政策制定主体不完备

有论者认为，农民工群体在教育决策中影响力缺失。纵观我国农民工随迁子女教育相关政策、规章，其决策、方案设计、可行性分析等都是在专家和机构深入调研的基础上完成的，这能够在一定程度上反映农民工随迁子女教育中亟待解决的问题，但是在决策过程中，缺少政策的受益者农民工及其子女的声音。政策的目标是为了解决存在于农民工群体中的社会问题，实现人和社会的全面发展，但是由于农民工在人大的代表性不足，现有制度的不合理规定把农民工排除在有关其子女的教育政策制定过程之外，因而具体到关系农民工群体、农民工随迁子女自身、公办学校和地方政府等细节问题，易为政策的决策者所忽视。由于资源的稀缺性，相关政策在维护农民工随迁子女利益的同时必定会损害城市人口的利益，所以社会中的各个利益集团将会以各种方式对教育政策的制定过程施加影响。因此，在政策制定中，农民工参与其中，才能使在复杂的利益冲突中制定的政策向更有利于自己的方向倾斜。〔张亚丽:《农民工随迁子女接受城市义务教育:现行政策的缺陷与完善》，天津理工大学硕士学位论文，2009，第 15—16 页〕

(2) 执行力度低

论者们认为，在政策的执行上，主要存在以下四个方面的问题。

首先，在财政支持方面，政府管理能力欠缺，义务教育财政资金利用率低，部分城市政府在农民工随迁子女教育经费的划拨问题上还存在推诿。例如，为进一步清理和取消针对农民进城就业的不合理收费，国家规定今后在城市中小学就学的农民工随迁子女，负担的学校收费项目和标准将与当地学生一视同仁，不再收取借读费、择校费或要求农民工捐资助学及摊派其他费用。但是，地方政府在执行时却无视中央文件精神，损害了政府的公信力，更使农民工随迁子女受到了不应有的不平等对待。

其次，在户籍管理方面，一系列跟户籍挂钩的制度和规章还需要改进。但由于现行户籍制度的限制，地方政府在辖区范围内提供的义务教育属于地方性公共物品，是分配给辖区居民的，因而具有排他性特征。外来农民工随迁子女的义务教育问题给流入地政府的基础教育工作带来很大压力。辖区内的义务教育资金本来就有限，政府虽然要求各公立学校接纳农民工随迁子女上学，也规定了相关的收费标准，但是由于公立学校接受人员是有限制的，根本就不能满足需求。

再次，政府统筹和各部门监管的力度还不够。政府和教育主管部门、流入地政府和流出地政府之间的信息不对称，责任没有协调好，对以招收流动人口子女为主的学校缺乏有效地监督。

第四，在接收学校管理方面问题很多。目前，接收农民工随迁子女的学校分为政府规定的一部分公办学校和临时建立的农民工子弟学校。考虑到学校的升学率和校际之间的竞争，部分学校对农民工随迁子女设置了各种门槛，增大了他们入学的难度。

而对于一些新建的子弟学校，办学条件普遍比较简陋，选址偏僻、交通不便，教师队伍整体素质不高，流动性很大，学校的课程设置也不完整。这些导致了部分农民工不愿意送小孩入学，农民工子弟学校办学呈现出一定的危机。〔杜启明，2012(1)；刘明，2012(3)〕

(3) 评价和监督机制不完善

在农民工随迁子女相关政策实施过程中，缺少教育政策评估环节和必要的监督机制。决策实施后，由于可能存在政策目标偏离和政策执行偏差，因此要对政策进行监督。尽管学校由教育职能部门实施监督，但他们监督的重点也多集中在对城市公办学校是否接收了农民工随迁子女，而对他们的受教育过程并没有进行直接有效的干预。农民工随迁子女在教育融合、升学等环节上被歧视和排斥的问题更是缺乏系统的监督和保障机制。农民工随迁子女作为城市的弱势群体，在没有相关监督和保障机制的情况下权益容易受到侵害。〔周巧玲，第 20 页，2012〕

（二）农民工随迁子女面临的现实问题及其原因

1. 个人发展层面

(1) 心理健康问题

有论者认为，一些农民工随迁子女自信心不足，自我评价偏低，自卑、自闭、压抑，难以真正融入城市学校和城市生活，通常会出现孤独感、自卑感、行为问题以及网络成瘾、心理封闭、社交综合征等问题。〔肖庆华，2012(7)〕

造成这些问题的原因主要在于：①农民工对其子女的压力。农民工大多生活在社会的低收入阶层，家庭经济贫困、家长文化水平低，这使他们迫切希望自己的子女通过学习改变自身的命运。同时，农民工自身工作繁忙，素质水平偏低，缺少跟子女的沟通，对子女的教育更多的是注重成绩，往往以训斥、强加的方式教育子女。这些都给他们的子女带来更大的心理压力。②农民工随迁子女受到的不公平待遇。由于城乡差异、家庭背景以及基础较差，学习成绩不够好，给班级拖后腿，随迁子女在学校往往会受到部分师生歧视，遭到部分同学的嘲笑。同时，由于行为方式和生活习惯上的差异在农村随迁子女与城市孩子之间立起了一道篱笆。这道篱笆阻碍了孩子们情感上的交心、行动上的互动。③缺乏心理辅导。大部分学校都没有对学生的心理辅导，更谈不上对随迁子女的特殊心理辅导。〔王艳霞，2012(1)A；陈慧，2012(5)；陈永光，2012(6)；李艳红等，2012(10)〕

(2) 幸福感问题

主观幸福感是衡量农民工随迁子女在所迁入城市社会发展及社会融入的重要综合性指标，也是构成一个城市经济与社会发展衡量指标的内容之一。对农民工随迁子女幸福感的研究大多基于实证的基础，选取某一地的农民工随迁子女，小范围的采用问卷的方式，了解和掌握其幸福感的整体状况，进而提出改进建议。

有研究者在福建选取了1739名9—21岁的城市农民工随迁子女进行调查；也有论者采用总体幸福感量表(GWB)对589名温州市本地及外来农民工随迁子女进行调查测评；还有论者基于对天津市农民工随迁子女进行的“农民工随迁子女社会融入问题调查”进行分析，共同发现农民工随迁子女的幸福感存在以下特点：①女性农民工随迁子女的主观幸福感比男性略高；②城市农民工随迁子女在积极情感上表现出年段和性别、性别与独生与否的交互作用，在消极情感上表现出性别与独生与否的交互作用；③农民工随迁子女的主观幸福感、生活满意度和积极情绪均呈随年段递减的趋势，小学生显著高于初中生、初中生显著高于高中生，小学生的消极情绪显著低于初高中生。但研究也存在地区性异，福建的研究阐明，城市农民工随迁子女的主观幸福感水平、生活满意度、积极情绪显著低于城市儿童；温州的研究发现外来民工小学生与本地小学生的幸福度总体差异不大；而天津的研究表明，农民工随迁子女的主观幸福感整体状况良好，但仍存在着一些亟待改善和提高的地方，同时在天津本地出生的农民工随迁子女的主观幸福感比外地出生的稍高。〔周钧毅等，2012(6)；周慧娇等，2012(8)〕

(3) 适应性问题

处于城市异域文化场景中的农民工随迁子女在知识基础、心理特征等方面与城市孩子存在较大的差异。经过农村文化的濡化，在城市学校中，面对陌生的城市文化，感知的是两种文化的差异和冲突，这种差异和冲突带给学生的直接影响是对城市学校的生活和学习的不适应。这主要表现在两个方面：一是生活上的冷漠。许多随迁子女在与教师交往中，表现比较被动、谨慎；在与同学的交往中，比较被动、冷漠。总体上是不爱与人交往。一些青春期随迁子女由于没有父母正确的引导，不能理解自己身体正常的生理变化，以为自己的身体出了毛病，郁郁寡欢，从而形成心理障碍。二是学习中的困难。他们对基础知识的掌握普遍较差，在运用基础知识进行拓展性学习时更为明显。同时，由于学习环境的简陋和父母教育能力的有限，以及农民工随迁子女的家庭教育和学校教育间缺乏有效的沟通，大多数农民工随迁子女很难获得良好的家庭教育，从而造成学习困难。再加上，在教学中，农民工随迁子女主体意识不强，不能积极参与课堂互动，学习中思维水平和思维广度也造成了他们学习中的困难。〔于佳宾，2012(2)；刘桂影等，2012(11)；于新红，第35—36页，2012〕

要解决这些问题，首先要创建和谐校园文化，让所有的学生明白两种文化各自的特点、优势和劣势，从而减少两种文化的冲突。其次，教师要了解所有学生，关心所有学生，对于所有学生要公正对待，一视同仁。再次，要有计划地训练他们的思维能力并教给他们思维的技能和方法；要在合作学习中让他们明白他们所承担的任务和角色，逐渐培养他们的合作意识和合作能力，以便他们能更快地适应新的学习方式。〔刘桂影等，2012(11)〕

2. 教育机会层面

(1) 入学机会

受教育机会是衡量教育是否平等的重要指标。不论是国际上的《儿童权利公约》，国内的《宪法》、《义务教育法》等都对受教育权给予了明确的规定。农民工随迁子女的受教育机会不平等具体反映在农民工随迁子女的入学机会等方面。〔王艳霞，2012(1)A〕农民工随迁子女在城市就学主要有两条途径：一是在流入地政府的公立学校借读，二是在打工子弟学校就读。〔刘明，2012(3)；刘玉霞，2012(3)〕

① 公办学校——入学门槛高

多数农民工随迁子女难以进入公办学校就读。由于农民工都希望自己的孩子去教学质量好的学校上学，人数众多使这类学校爆满。因此，公办学校给农民工随迁子女设置一道难以跨越的“高门槛”。〔杨林等，2012(6)〕这主要表现在：

(a)“证”种类多。虽然国家明确了流入地政府对于农民工随迁子女义务教育的主体责任，明确了公办学校的接受主体地位，但是在政策的执行过程中，农民工随迁子女进入公办学校的过程并不是像政策规定那样简单明了。在部分城市中，农民工若想把子女送到公立中小学就读，就不得不出示多个部门颁发的手续繁杂的“证”，如暂住证、务工证明、居住证、流出地无人监护证明、户口簿、“借读证”等。只有“证证俱全”，农民工随迁子女才可以像拥有城市户籍的孩子一样在公办中小学就读。另外，农民工办理这些繁琐的手续不仅需要花费大量的时间和精力，而且未必都能够办成。只要上述证明不全，农民工随迁子女就要被挡在公办学校的大门之外。这些证明从表面上看是农民工随迁子女的入学条件，但其实质是变相地提高了农民工随迁子女入学门槛，为其入学设置了无形的障碍。〔张艳等，2012(4)；陈永光，2012(6)；张璐璐，2012(8)；雷万鹏等，2012(24)〕

(b)“钱”名目多。由于教育资源的紧缺，公办学校在进城务工人员子女求学大门上又设置了另一个“门槛”，即社会捐助费(借读费、择校费)。除了入学时需交纳一定的择校费外，随迁子女每学期也要缴纳学费。虽然政府已经勒令取消“借读费”或“赞助费”，但是一些公立学校仍然巧立名目，设置各种门槛来阻止农民工随迁子女入学。由于大部分农民工收入有限，在高昂的入学费面前望而却步，只能无奈地将子女送到条件简陋、师资力量有限的民办农民工子弟学校就读。〔陈永光，2012(6)；张璐璐，2012(8)；谢建社等，2012(10)〕

(c)“质”差别大。我国的教育培养体制以升学为主要目标，这加剧了城市公立学校对农民工随迁子女的排斥，有些公办学校出于自身利益的考虑，变相地提高了农民工随迁子女入学门槛，设置了无形的障碍，造成农民工随迁子女教育机会的边缘化。此外，农民工随迁子女能选择就读的学校少，只能在指定区域指定学校就读，其选择的范围远不如城市的同龄人，同时部分优质的教育资源不向农民工随迁子女开放，这即是教育环境的边缘化。在一些城市有的公办学校即使接收了农民工随迁子女，但考虑其在学习上的“先天不足”而单独编班，这极大伤害了农民工随迁子女的自信心和自尊心，再加上他们身处城市的边缘地位，受到主流社会的排斥，心理也开始边缘化，最终造成社会认同的边缘化。〔张璐璐，2012(8)；郑维勇，2012(9)〕

② 农民工子弟学校

农民工子弟学校是专门针对流动人口子女所开办的，具有门槛低、收费低的特点，农民工随迁子女大多进入此类学校。但是此类学校一般师资水平低、设施不完善，教学质量不高，这在一定程度上影响了教育公平的实现。〔王艳霞，2012(1)A；2012(1)B〕

(a) 硬件设施差。有论者根据对上海市农民工子弟学校的调查发现，该类学校的校舍、课桌、图书馆等硬件设施普遍不足。许多学校利用废弃的厂房改造为校舍，房屋功能有待调整，安全设施配备不齐。此外，很多学校教室面积过小，学生过度拥挤，教学效果受到影响，体育、音乐等配套设施更是得不到配备保障。〔吴霓等，2012(6)；张晓刚，2012(7)〕

(b) 师资水平差。由于缺乏政府的相关扶持，大部分民办农民工子弟学校搬迁频繁，校舍简陋，课程设置过于简单。民办学校的教师没有固定编制，学校的薪酬待遇较低。学校的师资水平良莠不齐，许多管理者与教师根本没有教育教学经历，状况令人担忧。〔张晓刚，2012(7)；张璐璐，2012(8)〕

(c) 教学质量差。由于教育经费补给不足，学校常常无法为新增的农民工随迁子女提供相应的教学设备和师资，这就使得班级超编现象尤为严重，整体教学质量偏低。同时这些学校得到政府财政扶持的资金十分有限，办学条件同市区的公办中小学存在着很大的差距，有的甚至还难以同农民工原籍中小学的办学条件相比。很显然，农民工随迁子女在这样的学校所接受的只能是质量偏低的教育。〔张国，2012(5)〕

(2) 教育资源

① 教育资源分配不均的表现：

(a) 农民工随迁子女教育经费不足。有论者认为，义务教育经费的主要负担者是地方政府，而农民工随迁子女由于没有流入地的户籍，流入地政府不愿意负担这部分额外的教育经费，因此农民工随迁子女也就无法在流入地接受免费的义务教育。在城市接受义务教育时，他们又很难享受到当地县级财政拨款的资助。

(b) 教育设施匮乏。由于申办农民工子弟学校的门槛高，在几百所打工子弟学校中，只有20％的学校拿到了办学许可证，而没有合法的办学手续的学校，处于半地下状态。因而，这些学校的办学环境相对较差，基础设施薄弱，多数学校在房屋、消防、饮食、交通等方面存在着安全隐患，且缺乏必要的体育器材和教学设备，对儿童少年的成长极为不利。此外，学校周边环境恶劣，不利于教学。多数农民工子弟学校建在城乡结合部，而城乡结合部的外部环境极其嘈杂，与学校环境应有的清幽与安静极其不适合。

(c) 师资薄弱。教师水平参差不齐，由于其办学经费以及政府重视程度等原因，高素质的教师一般都不愿选择去民工子弟学校任教。教师流动性大，“跳槽”频繁，无法保障教学的质量。教师大部分不是正式教师，没有教师资格证书，教学质量不高。〔郭庆，2012(1)；王艳霞，2012(1)A；2012(1)B；张艳等，2012(4)；陈慧，2012(5)；陈永光，2012(6)〕

② 教育资源分配不均的原因：

(a) 政府方面。一是相关立法的不完善。由于教育立法起步较晚，再加上教育法律制定之初缺乏规范的、理性的体系，我国的教育立法具有仅仅为了满足教育实践之所需的倾向。目前，我国尚缺少完善的教育法制体系，没有明确规定农民工随迁子女的受教育权利。二是政策含糊不明。对农民工随迁子女教育问题的政策主要是“两为主”政策。该政策是在2001年《关于基础教育改革与发展的决定》中首次提出的，要求“重视解决流动人口子女接受义务教育问题，以流入地区政府管理为主，以全日制公办中小学为主，采取多种形式，依法保障流动人口子女接受义务教育的权利”。但是，该政策并没有明确的说明“流入地区政府”主要是指哪级政府。

(b) 社会方面。一是户籍制度的制约。虽然随着经济的发展和改革的不断深入，户籍制度改革也在推进之中，但是户籍制度依然对农民工的就业、教育、生活水平等起到钳制作用，农民工随迁子女上学难的问题根本上是受户籍制度影响的结果。二是社会保障制度的缺陷。社会保障制度上的缺陷造成了农民工随迁子女的教育问题层出不穷。农民工随迁子女的入学手续的办理异常繁琐和苛刻，进入正规公办学校的机会较小；针对流动子女人口教育不合理的收费现象普遍存在。

(c) 学校教师层面。对学校和教师而言，升学率、管理难度是他们不得不考虑的现实问题，因为它们直接影响到学校的发展、教师的绩效、职称的评定等方面。农民工随迁子女有着严重的不稳定性，可能某一天就跟随父母到另外的地方就读，留给原来的学校班级一片混乱和茫然。而且农民工随迁子女在农村所受的教育一般质量不高，基础较差，他们进入城市的公立学校读书，在一定程度上会影响到升学率。〔郭庆，2012(1)；王艳霞，2012(1)A；2012(1)B；张艳等，2012(4)；陈慧，2012(5)；陈永光，2012(6)〕

(3) 升学机会

在目前城乡“二元社会结构”尚未根本改变的背景下，加上现有的“分级办学、分级管理”的基础教育体制，使农民工随迁子女难以充分享受与城市儿童同样的教育机会；即使他们在流入城市完成义务教育，也难以实现与义务教育相对应的高中阶段等非义务教育的顺利衔接。现行的“两为主”政策主要针对义务教育阶段，并没有涉及中考及以后的升学制度。因此农民工随迁子女在流入地完成初级中学义务教育后，只能选择中断学业或回原籍参加高中升学考试。选择中断学业意味着离开学校过早地走向社会。这就形成了社会管理未成年人的“真空带”和“断裂层”。他们由于没有机会接受高中或中专以上教育，也不具备参加工作的知识与技能，整天闲逛在社会上，极容易被社会上的坏人拉拢、腐蚀、教唆，走向违法犯罪道路，给和谐社会的发展带来不稳定因素。选择回原籍参加高中升学考试对于这些“城市二代移民”来说也不太现实。他们既是城市的“边缘人”，又是家乡的“异乡人”，加上各省市的教材不统一，使得他们既难以进入城市的学校，又无法融入家乡的教育和升学系统。〔彭虹斌，2012(6)；郑维勇，2012(9)；鹿文卿，第10页，2012〕

国家对于在流入地参加中考的政策在指向上不明确，各地颁布的在流入地参加中考的政策仍具有较大的局限性。目前仅有少数省市允许进城务工人员随迁子女在流入地参加中考，且仅面向省内流动的随迁子女，相对于随迁子女这一庞大群体，政策惠及的人群有限。大多数农民工随迁子女不得不返回户籍地参加中考，并在户籍地接受

高中阶段教育，成为新的“留守儿童”。〔吴霓，2012(4)〕

为了解决这些问题，2012年8月30日，国务院办公厅转发了教育部《关于做好进城务工人员随迁子女接受义务教育后在当地参加升学考试工作的意见》(以下简称《意见》)。《意见》要求各省、市、自治区应于2012年年底前出台随迁人员子女在当地参加升学考试的具体办法或方案，并要求方案的制订应遵循以人为本、因地制宜、积极稳妥的原则。对于《意见》的出台，人们普遍认为这是惠及民生的一件大好事。有论者认为，为了不使广大随迁人员及其子女的期待落空，各省的方案应是普惠性的，即各省的方案应是全覆盖的，应能惠及在公办学校、政府扶持的民办学校和由进城务工人员自己组建的民办学校就读的所有随迁人员子女；同时，应最大程度地提高方案实施的时效性，随迁人员子女最好是2013年就能在当地参加高考。〔吴全华，2012(20)〕

3. 社会融入

相对于城市的本地学生来说，农民工随迁子女是一种“外源式”的受教育群体，是一种融入性教育群体，因而要以社会融合理论来解释他们从农村到城市而带来的学习适应、学校适应、社交适应、城市生活适应、城市文化融合和社会融合等问题。论者们认为，融入是农民工随迁子女进入城市教育体系的必经过程；融入是农民工随迁子女与城市学校行动主体相互调适的双向过程；教育融入是一个动态的、渐进式的过程。不同的论者从不同的维度，如结构性融入、文化认同接纳、行为适应和心理情感融入等维度，研究农民工随迁子女的社会性融入状况。〔乔姗姗，2012(2)；肖庆华，2012(7)；乔金霞，2012(10)；刘桂影，2012(11)；郭长伟，2012(30)〕

(1) 文化认同接纳

文化认同接纳即农民工随迁子女对流入地学校的语言、校园文化、教学理念和价值观念的了解和认可程度。

农民工随迁子女面临着至少两种文化的影响：其一是农村文化，这种文化是形塑他们的文化营养；其二是城市文化，这种文化对于他们来说，是一种异乡的文化，冲撞着他们原有的文化。随迁子女只有适应并跨越农村文化和城市文化之间存在的文化差异和冲突，才有可能在城市学校中得到和谐的身心成长和发展。但农民工随迁子女大多是在农村成长的，在语言、生活习惯、思维模式、风俗习惯、待人接物方式等方面都深受农村文化模式的影响。同时，儿童的精神文化生活体现在家长对他们的期望和具体培养方式上，城乡文化融合中，一些农民工自身所具备的文化要素与城市共同文化就格格不入，其子女的城市文化认可和融入就更是难上加难。这种在儿童成长过程中就已经形成的内部文化，在儿童身上根深蒂固，对儿童具有强制性，并且成为儿童接受外部文化的“瓶颈”。这种文化的“瓶颈”造成进城务工人员随迁子女对城市文化的不适应。〔乔姗姗，2012(2)；乔金霞，2012(10)；刘桂影，2012(11)〕

(2) 结构性融入

结构性融入是指在入读城市学校的机会和公平享有城市教育资源的机会以及客观的家庭条件等方面，以流入地城市学生为参照对象的融入。只有农民工随迁子女在城市里拥有平等的受教育机会，所在家庭具备使其接受教育，取得教育成就的能力，他们才能够更有信心、更有能力地同城市老师和学生进行交往，逐渐被城市老师和学生接纳，以逐步认同城市学校的文化，调整自身的行为，最终实现心理和情感上的融入。

但是农民工物质生活水平低从教育费用支出和家庭生活条件两个方面影响了其子女融入城市的物质生活。一方面，由于某些社会制度性因素，农民工随迁子女在城市上学时还需要缴纳借读费、插班费等费用，打工子弟学校虽然收费较低，但又比公办学校设备差、师资力量薄弱，而且又难以得到有关部门的承认。这些教育支出的高费用与家庭的低收入直接或间接地影响农民工随迁子女城市物质生活的融入。另一方面，受经济收入限制，农民工居住地条件恶劣、环境卫生差、空间拥挤，这种条件根本无法为农民工随迁子女提供一种比较好的生活空间，极其不稳定的生活环境影响农民工随迁子女城市物质生活的融入。此外，学校教育结构性因素(如班级设置、课程设置、师资条件、教学设施等)以及农民工随迁子女的家庭基础条件的影响，严重阻碍了农民工随迁子女的结构性融入。〔乔姗姗，2012(2)；于新红，第16—27页，2012〕

(3) 过程性融入

过程性融入是一种重点关注农民工随迁子女在不同场景内的行为表现和心理状态融入。具体而言，主要包括课堂教学过程、课间活动过程和校外活动中的实际融入状况。这些主要表现在：在课堂教学过程中，农民工随迁子女课堂纪律表现同城市学生仍存在差距；在课间活动过程中，两种类型学校中的学校组织性活动的开展和农民工随迁子女参与的非组织性活动都存在差异；在校外活动的过程中，农民工随迁子女的人际交往以同质性交往居多等等。

在过程性融入中，既包括农民工随迁子女行为上的融入，也包括心理层面的融入。只有行为融入和心理融入两者互相配合，彼此促进，才能够实现真正意义上的过程性融入。心理与情感融入反映的是参与城市学校生活的深度，是教育融入的重要测量指标。心理和情感的融入有助于农民工随迁子女对于城市教育体系产生归属感和认同感,将自己看作是城市教育体系中的一员。即使农民工随迁子女在其他层面(文化和行为)都有了较好的融入表现,但是仍然具有较强的“过客心态”,将流入地的学校当作是“他们的”,而不是“我们的”,这将不仅影响农民工随迁子女的教育融入,并且会影响其未来对城市生活的融入。如果农民工随迁子女对城市生活格格不入,长期难以融入城市社会,进而对社会产生不满甚至敌视态度,将直接导致犯罪率上升,甚至对社会稳定和谐构成相当大的威胁,不稳定的社会环境是不可能实现城乡一体化的。〔乔姗姗,2012(2);于新红,第28—39页,2012〕

4. 家庭背景

(1) 家庭经济条件

农民工是当今活跃在城镇一股最积极的新生力量,其数量也在不断扩大之中。进入城市的农民工大多是来自相对贫困的中西部地区农村,他们来到城市后,工作不稳定,收入也低。有些农民工有两个或三个子女都要上学,上学费用也就随之翻倍。农民工也是当前中国社会弱势群体的一个主要组成部分,作为城市的边缘群体,并没有享受到城里劳动者的同等待遇。农民工并不能像其他劳动者一样享受住房、医疗、失业、养老等方面的社会福利制度,生活缺乏保障,这也会使其子女的义务教育面临随时中断的风险。〔刘明,2012(3)〕

就经济条件而言,农民工的家庭一般都经济贫困,收入非常有限,正是迫于农村生活的压力才从农村来到城市,到了城市之后从事的一般也都是城市人不愿意干的脏、累、苦、险的工作,他们的经济收入往往只能维持自身温饱,无法为其子女提供一个良好的学习环境,因此很难弥合与城市子女教育条件之间的巨大差异。此外,农民工家庭的子女大多不止一个,父母对孩子的照顾常常顾此失彼,不可能保证其子女都能接受教育,经济条件是导致农民工随迁子女“被失学”及“被辍学”的重要因素之一。〔王艳霞,2012(1)A;2012(1)B;郑维勇,2012(9)〕

(2) 父母自身教育程度

① 自身文化素质低

就文化水平而言,农民工自身文化素质偏低,很难对子女进行潜移默化的影响,家庭教育不够,使家庭教育的重要性和父母是子女“第一任教师”的作用无法体现。同时,他们难掌握科学的教育方法,教育孩子的方式落后,容易采用传统的“棍棒教育”方法。这种严而无格、宽而无度的家庭教育,容易造成孩子和家长的沟通不畅,思想教育的良好效果更无从谈起。家庭教育功能欠缺,容易对其子女的学习产生不良的影响。

〔王艳霞，2012(1)A；2012(1)B；周燕华，2012(1)；郑维勇，2012(9)〕

② 忽视学校教育

除了农民工家长自身的素质外，对教育的重视程度也是影响子女发展的重要因素。他们中的很大一部分抱有“读书无用论”的观点，对教育不够重视。虽然也安排子女进入学校读书，但是学校的质量、配件的设施等因素在一定意义上并没有列入他们的考虑范围，他们只是为了完成子女最基本的教育义务，教育的质量和公平不自觉地被忽略了。〔王艳霞，2012(1)A；2012(1)B〕

③ 缺乏家庭教育

同时，大多数农民工因忙于“养家糊口”而忽视家庭教育，他们却不知家庭教育是子女健康成长的重要保障。家庭对于生活知识、社会规范、性格情操等方面的学习和培养具有不可或缺的重要作用。与城市孩子相比，进城农民工随迁子女接受家庭教育少是影响他们素质的根本原因。农民工缺乏科学文化知识和科学培养孩子的理念，其不利影响在农民工的家庭教育中表现得尤为严重，使得农民工随迁子女缺少来自家庭的必要的智力支持。也有论者认为，农民工中，母亲的受教育水平高低直接影响其对子女的教育方式和方法，进而影响子女的学业成绩。〔于佳宾，2012(2)；胡宏伟等，2012(9)；郑维勇，2012(9)〕

(3) 家庭流动性问题

流动的进城务工人员带来流动的儿童、借读儿童和转学儿童，他们跟随父母从一个城镇流向另一个城镇，有的在流动过程中成为失学儿童。在这些失学儿童中，大部分在过一段时间后都会重新去上学，但转学、失学致使他们的入学年龄往往要比当地孩子高。同时，农民工的流动性过强致使其子女受义务教育的连续性及系统性难以得到保障。这不仅给学校管理带来难题，而且严重影响了孩子的学习效果，同时也使得学校或教育行政部门难以对农民工随迁子女接受义务教育的状况进行有效监管。〔郑维勇，2012(9)；谢建社等，2012(10)〕

农民工在城市从事的都是一些最底层的工作，没有编制，自然没有固定性。而教育是一个长期稳定的过程，只有如此，才能保证教育的质量。而且从一定意义上说，公办学校不愿意接受农民工随迁子女的重要原因就是流动性强，难以管理。因此，农民工自身的流动性亦是造成子女教育不公的原因之一。〔王艳霞，2012(1)A；2012(1)B〕一方面，随同父母一起流动给适龄儿童少年的正常读书带来困难，使孩子学习缺乏系统性和稳定性，不利于他们接受完整的教育。另一方面，多数农民工们整日都要忙于工作甚少有时间与外界接触，社会交往层面相对封闭或单一，都妨碍其子女对城市文明的认同，影响他们社会认知的形成。且在城乡结合部住宅区，农民工们的平均文化水平也相差不多，很难对子女产生认知层面的提升，他们的文化素养也得不到熏陶。〔博涵等，2012(19)〕

（三）农民工随迁子女教育的改进策略

1. 政府层面

(1) 创新制度

① 打破户籍制度限制

(a) 取消户籍制度与利益之间的联系。城乡二元结构使农民工随迁子女在城市得到与流入地儿童一样的受教育权利至今仍无可靠的制度保障。在我国，义务教育阶段的经费主要由地方政府负担，义务教育资源是按户籍分配的，而农民工随迁子女脱离其户口所在地就学，由于没有流入地的户口，无法享受由流入地政府财政负担的教育经费，而其户籍所在地政府又存在不愿或不知道如何划拨经费，于是造成了一种真空，在某种程度上也加剧了农民工随迁子女教育问题的有效合理解决，所以从我国农民工随迁子女教育问题现状来看，解决之策在根本上还是要改革户籍制度。同时，促进城乡一体化进程，消除户籍制度的身份定位功能，取消农业户口与非农业户口的区别，取消户籍制度与利益之间的联系，包括社会保障、医疗、就业、住房等，以及教育体制与户籍制度挂钩的传统模式，从而保证农民工随迁子女与城市学生享有同等的受教育权利。〔杜启明，2012(1)；王艳霞，2012(1)A；2012(1)B；宋小香等，2012(4)；陈慧等，2012(5)；龚宝成等，2012(7)〕

(b) 建立电子户籍登记系统。以网络为平台，运用现代科学技术，逐步建立全国联网的电子户籍登记系统，实现城乡互通，使个人户籍成为确认公民基本身份的凭证，而非农民工随迁子女接受城市教育的“绊脚石”。〔刘明，2012(3)〕

② 改革升学考试制度

建立全面开放的职业学校招生制度，并给予农民工随迁子女同等资助。职业教育（主要是中专、职校、技校）可为农民工随迁子女后义务教育提供更多的选择。现阶段，中国职业教育面临前所未有的发展机遇。一方面，大专院校毕业生就业难已成为一个不争的事实，而产业经济发展中的职业技术人才稀缺；另一方面，大量的农民工随迁子女有后义务教育的需求，这为职业教育提供了潜在的生源。因此，政府应鼓励和资助农民工随迁子女接受流入地政府职业教育，具体形式是中央政府设立农民工随迁子女后义务助学基金，以财政转移支付的方式转移到流入地政府，再以中等职业教育券的形式发放给有需求的农民工随迁子女，用以抵付学习费用。〔杜永红等，2012(5)；徐占春，2012(9)；谢建社等，2012(10)〕

(2) 强化政府管理职能

① 农民工随迁子女义务教育供给主体多元化、多渠道筹集农民工随迁子女的义务教育经费。政府应该尽到自己的责任，加大国家财政对农民工随迁子女义务教育的投入，保障农村适龄儿童最基本的受教育的权利。同时，要充分发挥市场筹资的功能，利用债券、股市等融资渠道进行教育融资，为我国教育事业的发展提供政府以外的第二大财力支撑，有效地保障我国农村弱势群体的受教育权。政府应制定鼓励政策，动员并引导社会资本办学、助学、捐赠，多渠道筹集后义务教育发展资金，保证农民工随迁子女享受优质的后义务教育。这些资金应在政府相关部门的引导和社会的监督下，通过教育券的形式最终落实到农民工随迁子女身上。〔席润粉，2012(3)；徐占春，2012(9)〕

② 建立健全财政拨款制度，合理分担公共教育经费。针对现阶段义务教育经费主要由地方政府承担以及农村人口大量流入城市的实际情况，应将以户籍人口为依据的政府教育经费投入转变为以实际入学人数为依据的教育经费投入制度，并建立农民工随迁子女流入或流出的动态监测体系，以此为依据，分配义务教育经费。〔刘明，2012(3)〕

③ 建立农民工随迁子女义务教育经费财政转移支付专项拨款制度。中央政府应该建立农民工随迁子女义务教育经费财政转移支付的专项拨款制度，保障教育经费供给。针对不同的省市和地区，设计适合当地的教育经费财政转移支付专项拨款配套率。同时，省级政府设立专门的配套资金，用来分担辖区内人口流入城市的财政负担。在条件成熟的情况下，改革现有的教育财政分权制度，提高义务教育的管理层级，将由县级负担义务教育经费提高到由省级负担，这样既可以同农民工随迁子女义务教育的外部性相适应，又可以提高流入地区的政府的支付能力。鼓励城镇公办学校接受容纳农民工随迁子女、消除对农民工随迁子女的歧视和不公平的收费现象。〔席润粉，2012(3)〕

④ 政府合理统筹，解决法规与政策实施之间存在的矛盾。政府应根据当地的经济社会发展水平采取适当措施适度控制流动人口的规模，通过采取一些积极的区域政策，合理控制人口流动，从而实现发达地区、欠发达地区以及农民工家庭三方共赢，这

也是解决农民工随迁子女享受义务教育的途径之一。政府要明确由教育部门牵头，会同相关职能部门，进一步加强对农民工随迁子女就学问题的关注和调研工作，在摸清情况的基础上，认真研究，统筹规划，制定切实措施，共同推动这一问题的解决。教育行政部门应将农民工随迁子女义务教育工作纳入当地的义务教育工作范畴；公安部门要及时向教育行政部门提供农民工随迁子女的有关情况；发展改革部门要将农民工随迁子女义务教育纳入城市社会事业发展计划，将农民工随迁子女就学学校建设列入城市基础设施建设规划；财政部门要安排必要的保障经费等。〔杜启明，2012(1)〕

(3) 健全教育法律法规

国家应从法律的角度，尽快明确农民工随迁子女受教育的权利，使各级政府在处理农民工随迁子女的教育问题时有法可依；农民工家庭和子女在维护自己的合法权益时，也有明确的法律凭证。〔王艳霞，2012(1)A；2012(1)B〕

有论者认为，各级政府应该以长远的眼光，顾全大局的思想，深入贯彻落实《义务教育法》中有关农民工随迁子女受教育的法律法规，进一步健全、完善"以流入地政府管理为主，以全日制公办中小学为主"的"两为主"政策，依法保障农民工随迁子女接受义务教育的权利，消除法律上的歧视，维护《义务教育法》的严肃性和权威性，为农民工随迁子女提供平等接受义务教育权力的法律保障，使其做到有法可依，执法必严，违法必究。〔陈慧等，2012(5)〕

也有论者认为，应修改现行义务教育法，改革义务教育制度，增加农民工随迁子女义务教育的内容，使其接受义务教育能有法可依。加强农民工及其子女的其他社会保障制度的建设，逐步将农民工及其子女纳入城市住房、医疗、教育、养老等一系列福利性制度中，消除政策执行的体制障碍，使其享受到平等的社会权利，让农民工随迁子女真正沐浴"教育公平"的阳光。〔刘明，2012(3)〕

在解决进城务工人员随迁子女高中教育问题方面，要依据权利与义务对等的原则，根据进城务工人员随迁子女家庭的居留年限、学历能力、贡献度等综合指标，建立合理的"排队制度"，使进城务工人员获得一种公平的心理等待：只要主动登记，积极参保，达到一定的义务履行标准，就会获得明确的初中后教育权利兑现时间表。〔郭庆，2012(1)〕

2. 学校层面

(1) 公办学校

义务教育办学的主体是政府，实现有限的教育资源均衡配置的关键在政府，各级政府有责任和义务办好区域内所有义务教育阶段学校，而不是办好几所重点、示范中小学。要适应大城市构建和农村城镇化发展要求，综合考虑人口密度、人口年龄结构、地理环境、交通状况、产业结构调整等因素，科学合理地规划学校布局。对义务教育学校重点是对现有学校进行整合、调整，并将优质教育资源向外扩展、辐射。输入地政府应尽可能以全日制公办中小学为主吸纳进城务工的农民工随迁子女入学。〔杜启明，2012(1)〕

地方政府应加大对公立学校的投资和扶持，在保证教育质量的前提下，改善办学条件，增加公立学校数量，充分挖掘现有潜力，适当放宽入学条件，取消公立学校所谓的择校费和捐助费等，消除一切不合理门槛，构建平等、无歧视与无差别的教育环境，想方设法提高农民工随迁子女的入学率。〔陈永光，2012(6)〕

对公办学校，教育行政部门应按照“属地管理、一视同仁，以公办学校接纳为主”的方针，向各公办学校下达招收农民工随迁子女的计划任务，明确规定对农民工随迁子女不得拒收，不得歧视。各地公办学校要对农民工随迁子女实行“三统一”政策，即民工子弟与本地学生统一时间报名登记，统一编班，统一参加考试，使农民工随迁子女享受到教育上的同等待遇，从而保证教育过程的平等。〔刘玉霞，2012(3)〕

(2) 农民工子弟学校

① 增加数量

政府通过政策引导增加农民工子弟学校的数量。政府应积极制定税收等优惠政策，对于开办正规学校的个人和单位，给予一定的税收优惠和土地优惠以及政府补贴等鼓励，吸收和接纳更多的随迁子女。同时，兴办教学环境、教学条件较好的民办农民工子弟学校和寄宿制学校，使一些失学的孩子过上良好的集体生活。对一些审批合格并合法的民工子弟学校，进行帮助和指导，促进其教育和教学质量的提高。〔杨林等，2012(6)〕

政府应制订相关优惠政策，吸引社会力量办学，充分发挥农民工子弟学校作用，并将其纳入到日常教育管理的范畴，在办学经费、办学场地、师资培训等方面给予帮助和扶持，提升其办学规格，建立规范的办学标准和评价体系，加强监督和指导，切实提高其教育管理与教学水平，加快教育平等进程。〔陈永光，2012(6)〕

② 提高质量

对农民工子弟学校，提高其办学质量，要强化管理、积极引导，促进其发展，提高办学水平；在规范办学、社会治安、安全卫生等方面与公办学校同样要求，以缩小与公办学校办学水平的差距。〔刘玉霞,2012(3)〕相关政府要合理制定民办农民工子弟学校审批标准,要规范审批办学条件,营造好的办学行为,并与全日制公办中小学一样享受同等政策待遇,接受教育主管部门的实时管理。政府要采取大力扶植、支持的态度,建立健全捐赠机制,完善捐赠立法,多渠道筹措教育资金。同时鼓励社会资本流入义务教育领域,让有爱心的富裕者,将一部分财富通过慈善事业投入教育。政府还可以通过适当的方式促使用工企业承担农民工随迁子女的部分教育费用,并安排一部分城市教育附加费,用于农民工随迁子女教育。〔杜启明,2012(1)〕

国家和各级政府应该切实加强对农民工子弟学校的管理,加大对农民工子弟学校的监管力度,严格取缔那些不具备办学资格的农民工子弟学校,使农民工子弟学校规范发展。政府部门除了加强对农民工子弟学校的管理外,更重要的是重视农民工子弟学校的建设,当地政府部门应该积极引进社会力量兴办农民工子弟学校,依法鼓励和扶持兴办农民工子弟学校,在教育资源上给予一定的物质保障。同时,协助聘请高质量的教师,提高师资力量,并引导多开展与城市公立学校教师之间的交流,加强学习,保证农民工随迁子女的教育质量,促使农民工子弟学校的规范化、健康化发展。〔郭庆,2012(1);李雪,2012(1);陈慧等,2012(5)〕

3. 家庭教育层面

(1) 转变家长观念

农民工家庭大多都是来自经济、文化比较落后的农村,文化程度较低,家庭负担重,生活压力大,这些使农民工没有足够的时间和精力去教育自己的子女。由此家庭教育和学校教育发生了脱节,农民工的家庭也没有学习的氛围。因此,要加大教育宣传力度,不断强化农民工送子女上学的意识,使他们的子女享受到应有的权利。

有论者认为,家长应尽力提升自身素养,为子女树立榜样。在教育子女的问题上用长远眼光来看,同时把自己吃苦耐劳、不畏艰苦的精神传达给子女,让他们更好地融入新的学习与生活环境。很多的农民工有着自立自强、坚持不懈的信念,有着不为人下的斗志,这些本身就是对子女进行教育的最好素材。所以,他们应该积极利用自身的优势,对自己的孩子进行教育。对子女教育持着积极向上的态度并保持高度重视,使子女在监督与关心中得到更好的教育。同时,家长们也要把自己看成整个城市进程中的一分子,以身作则,注意自身形象。〔李雪,2012(1);王艳霞,2012(1)A;2012(1)B;周燕华,2012(1);博涵等,2012(19)〕

(2) 提供家长培训

有论者认为,大部分农民工没有掌握教育子女的正确方法,他们也亟需有指导性的教育经验和方法。应该通过以下途径,为家长提供教育上的帮助。一是通过电台、电视台、报纸、杂志、网络等,大力宣传正确的家庭教育观念、成功的教育方法和经验;二是通过编印宣传手册、传单普及家长科学正确的家庭教育知识;三是举办培训班教授更为具体的家庭教育方式方法。〔王艳霞,2012(1)A,2012(1)B;博涵等,2012(19)〕

也有论者认为,政府应采取有效措施支持学校或社区对家长进行培训,如成立家长培训学校或举办家庭教育讲座,全面、系统、深入地传授家庭教育知识,组织农民工随迁子女抚养人免费接受教育,帮助家长树立正确的教育观念,掌握正确的教育方法,营造良好的家庭氛围,提高家长的文化修养和教育素养,从而关注孩子的学习,关注孩子的全方位成长。同时,家长应该主动承担抚养和教育孩子的义务,而不要把孩子推给隔代人或亲戚。如果暂时不具备自己亲自抚养和教育的条件,也要尽可能多地关心孩子,让孩子享受到来自父母的关爱,减少孩子因亲情缺失而造成的心理伤害。〔李艳红等,2012(10)〕

(3) 加强家校合作

密切家校之间师生之间关系,形成有效的反馈机制。农民工家长要利用自己的特长优势——木工、电工、水暖工、建筑工等组成小分队为学校服务;孩子要多参与学校和班级组织的集体活动,密切家校之间及师生之间关系。通过这些活动,家长主动向学校老师了解子女在学校的学习情况,并及时地把孩子在家的情况向老师反映,形成家校合力,共同研究教育对策,有针对性地付诸实施。学校方面要依据农民工工作时间长、工作量大等特点,定期开家长会,及时向家长通报学生在学校情况,以便家长与学校及时交流;老师要安排时间开设家长接待日或采取电话、短信互动等各种形式,使得家长与学校之间及时沟通,从而更全面、更准确地了解子女在教育中存在的问题,进而及时帮助其解决。〔博涵等,2012(19)〕

4. 社会支持层面

(1) 创设良好的社会氛围

社会和学校要努力营造有助于农村流动儿童适应城市生活、学习和文化的关心服务氛围,家庭、学校和社会要为流动儿童构建一体化的关心服务机制,要在生活、学习、心理、安全等方面建立全方位的关心服务体系。同时,要建立留守与流动儿童关心关爱服务体系的联合机制,使无论是留守儿童,还是流动儿童,都能得到切实的关爱和关心，因为农民工随迁子女今天是留守儿童，明天或许就是流动儿童，留守或流动对于农民工随迁子女来说并不是固定的。〔肖庆华，2012(7)〕教师应不断地向学生传输平等、团结、友爱等观念，教育学生要尊重农民工随迁子女，不歧视，不苛刻，一视同仁，使他们认识到，农民工随迁子女和其他学生一样，也是社会的一分子，应该受到同样的尊重。教师要尽力转变城市孩子对农民工随迁子女的偏见，消除其对农民工随迁子女的歧视。〔李艳红等，2012(10)〕

(2) 鼓励社区工作的扶持

针对农民工随迁子女教育的现状及社区工作的特点，社区工作者可在"以社区为基地"工作模式的指导下，从社区资源网络、教育体系、文化氛围和自助与互助系统这四大方面进行介入工作，共同解决农民工随迁子女的教育问题。具体表现在，一是构建社区资源，包括社区内外部的物质资源、精神资源、政府资源和民间资源、社会资源；二是建立社区教育体系，需要构筑家庭、学校、社区的三结合，形成正式教育与非正式教育的互为补充；三是营造社区文化氛围，一方面强化农民工依法送子女入学的观念，另一方面依靠社区内所有教育资源组织各种有益于农民工随迁子女成长的社区活动；四是建设社区自助与互助系统，激活社区民众自力更生的能力，增强居民之间互相合作的意识。〔罗天莹等，2012(1)〕

■ 论、著索引

一、论文部分

〔说明：同一期号期刊按刊名的拼音字母排序；报纸按出版日期排序；学位论文按授予单位名的拼音字母排序〕

罗天莹、张志满：《社区工作在农民工子女教育问题中的介入研究》，载《重庆城市管理职业学院学报》，2012(1)。

李　雪、李健美：《关于农民工子女教育问题的研究》，载《法制与社会》(昆明)，2012(1)上。

王益峰、黄　燕：《农民工随迁子女财富观培育的现实困境与出路》，载《继续教育研究》(哈尔滨)，2012(1)。

郭　庆：《均衡发展：进城务工人员随迁子女教育问题的新趋向》，载《教育导刊》(广州)，2012(1)。

徐志花、李良品：《乌江流域民族地区农民工子女教育研究》，载《教育评论》(福州)，2012(1)。

周燕华：《公办教育的阳光普照农民工子女》，载《科教导刊》(武汉)，2012(1)上。

王艳霞：《教育公平视角下的农民工子女教育问题》，载《理论学习》(济南)，2012(1)A。

周　鹏：《由"救济"转变为"服务"——农民工子女文化融合教育探研》，载《青海社会科学》，2012(1)。

杜启明:《农民工子女教育问题的公共政策探析》,载《四川文理学院学报》,2012(1)。
王艳霞:《教育公平视角下的农民工子女教育问题探究》,载《邢台学院学报》,2012(1)B。
乔姗姗:《城乡一体化进程中进城农民工子女的社会融合》,载《贵州民族学院学报》(哲学社会科学版),2012(2)。
于佳宾:《教育公平视阈下的农民工子女教育问题》,载《继续教育研究》(哈尔滨),2012(2)。
吴　霓:《进城务工人员随迁子女在流入地参加中高考的现实困境及政策取向》,载《清华大学教育研究》,2012(2)。
席润粉:《农民工子女义务教育供给困境与对策探析——一种基于公共经济学视角下的教育现象分析》,载《黑龙江教育学院学报》,2012(3)。
刘玉霞:《对我国农民工子女教育问题的思考》,载《农村经济与科技》(襄樊),2012(3)。
刘　明:《农民工子女义务教育问题研究》,载《山西财经大学学报》,2012(3)。
韩世强:《农民工子女的市民化及法律保障机制构建》,载《社会科学战线》(长春),2012(3)。
李慧敏:《新生代农民工子女文化幸福感与图书馆服务对策初探》,载《图书馆》(长沙),2012(3)。
肖　勇、何　梅:《新时期进城农民工子女城市适应现状综合评价——基于湖南省的实证分析》,载《城市发展研究》(北京),2012(4)。
宋小香、马　博、袁凤琴:《农民工子女教育政策变迁分析》,载《贵州师范学院学报》,2012(4)。
南纪稳:《关于进城务工人员随迁子女在输入地参加高考的几点思考》,载《教育与考试》(福州),2012(4)。
张　艳、王　雪、刘彦伯、夏丹丹:《教育公平视角下农民工随迁子女义务教育问题解析》,载《湖北农业科学》,2012(4)。
金　迪:《农民工子女的城市适应问题——基于浙江省的实证分析》,载《前沿》(呼和浩特),2012(4)。
吴　霓:《进城务工人员随迁子女在流入地加中高考的问题》,载《求是杂志》(北京),2012(4)。
徐占春:《随迁农民工子女教育财政缺失与制度创新——基于教育券的视角》,载《理论导刊》(北京),2012(5)。
张　国:《新时期农民工子女的教育问题研究》,载《社会纵横》(长沙),2012(5)。
陈　慧、田东林、金　成:《关于农民工子女学校教育问题的思考》,载《云南农业大学学报》,2012(5)。
杜永红、陈碧梅:《农民工随迁子女初中后教育政策支持研究》,载《中国教育学刊》(北京),2012(5)。
宋月萍、李　龙:《随迁子女学前教育与流动女性的就业实证研究》,载《妇女研究论丛》(北京),2012(6)。
吴　霓、张　磊:《近年来我国民办农民工子女学校课程研究现状分析》,载《河北师范大学学报》(教育科学版),2012(6)。
彭虹斌:《流动人口子女高考升学政策研究》,载《教育科学研究》(北京),2012(6)。
周钧毅、叶一舵:《中国城市农民工子女主观幸福感的发展特点研究》,载《晋城职业技术学院学报》,2012(6)。
郑　兴:《教育公平视角下异地高考制度改革的思路探讨张永生》,载《内蒙古民族大学学报》,2012(6)。
陈永光:《农民工随迁子女教育权利保障策略研究》,载《前沿》(呼和浩特),2012(6)。
杨　林、张敬聃:《农民工随迁子女教育公平的财政实现机制探析》,载《学术交流》(哈尔滨),2012(6)。
龚宝成、胡志琦、殷世东:《农民工子女义务阶段后教育:问题与对策》,载《教育发展研究》(上海),2012(7)。
肖庆华:《农民工子女教育研究的立场》,载《教育发展研究》(上海),2012(7)。
张璐璐:《进城农民工子女教育问题分析:一种政策视角的考量》,载《丘师范学院学报》,2012(8)。
周慧娇、宗明夏、陈丽娜、陈笑笑、蔡福满、吴永琴:《温州市外来农民工子女幸福度现状探究》,载《中国健康心理学杂志》(唐山),2012(8)。
徐占春:《农民工随迁子女非义务学校教育公平诉求探析》,载《广西社会科学》,2012(9)。
胡宏伟、童玉林、杨　帆、胡祖明:《母亲受教育水平与农民工子女学业成绩:基于农民工家庭的实证调查》,载《江西农业工大学报》(社会科学版),2012(9)。
郑维勇:《美国 MEP 对解决我国农民工子女教育问题的启示》,载《教育学术月刊》(南昌),2012(9)。
代　祥、李志友:《以教育券制度破解随迁农民工子女教育难题》,载《中国党政干部论坛》(北京),2012(9)。
乔金霞:《互动与融合——基于符号互动理论视角下的农民工子女社会融合教育》,载《哈尔滨学院学报》,2012(10)。
周国华、郭元凯:《农民工子女教育进入转折期后的政策取向分析》,载《基础教育》(华东师范大学),2012(10)。
谢建社、朱　明、谢　宇:《进城务工人员随迁子女升学问题的思考——以珠三角城镇为例》,载《教育导刊》(广州),2012(10)。
许丽英、荀丽芳:《新生代农民工随迁子女教育问题新探》,载《学习与探索》(哈尔滨),2012(10)。
罗英智、李　卓:《农民工随迁子女学前教育现状与对策——以沈阳市和鞍山市为例》,载《中国教育学刊》(北京),2012(10)。
刘桂影、李　森:《进城务工人员随迁子女城市学校适应问题的文化审思》,载《教育导刊》(广州),2012(11)。
黄红球、王厚俊、周　辉、杨守玉:《城市化进程中农民工子女教育存在的问题及解决途径——以广州市为例》,载《农业经济》(沈阳),2012(12)。
张　斌、程　菊、董绍才、王文刚:《让农民工子女也享受到优质教育——山东省威海市西苑学校的探索》,载《当代教育科学》(济南),2012(16)。
吴博涵、博　彦:《关于改善农民工子女家庭教育的探索》,载《前沿》(呼和浩特),2012(19)。

吴全华:《随迁人员子女在当地参加升学考试政策应具普惠性》,载《教育发展研究》(上海),2012(20)。

张晓刚、曾友枰:《我国义务教育公平性的实证研究——基于农民工子女“就学难”的分析与思考》,载《教学与管理》(太原),2012(21)。

李艳红、王希江:《农民工子女心理问题调查研究》,载《教育理论与实践》(太原),2012(21)。

雷万鹏、汪传艳:《农民工随迁子女“入学门槛”的合理性研究》,载《教育发展研究》(上海),2012(24)。

郭思颖:《由异地高考方案获批看我国公民高等教育平等权》,载《法制与社会》(昆明),2012(26)。

郭长伟:《文化资本视域下农民工随迁子女教育融入困境及对策》,载《教学与管理》(太原),2012(30)。

董少校:《九成外来从业人员随迁子女读公办校》,载《中国教育报》(北京),2012-01-08。

吴　霓:《让农民工随迁子女平等顺利接受高中段教育》,载《中国教育报》(北京),2012-02-08。

余济水:《随迁子女上学需有配套措施》,载《深圳特区报》,2012-02-09。

徐维欣:《软硬齐抓推义务教育均等化》,载《文汇报》(上海),2012-02-22。

顾晓萍:《全市义务教育初步均衡年底实现》,载《石家庄日报》,2012-02-28。

柯进等:《农民工随迁子女如何就地升学》,载《中国教育报》(北京),2012-03-04。

璩　静:《杨晓霞代表:随迁子女应“就地高考”》,载《新华每日电讯》(北京),2012-03-05。

严隽琪:《关注农民工随迁子女教育问题实现免费义务教育全覆盖》,载《人民政协报》(北京),2012-03-08。

陈宝泉:《解随迁子女高考难题“如烹小鲜”》,载《中国教育报》(北京),2012-03-21。

林奇青:《随迁子女可就读地高考户籍地录取》,载《中国教育报》(北京),2012-04-18。

张翀等:《13万“流动花朵”绽放公办校园》,载《工人日报》(北京),2012-05-21。

陈　妤:《今年定海义务教育招生有新变化》,载《舟山日报》,2012-07-20。

贾学蕊:《均等教育还需拆除哪些藩篱》,载《安徽日报》,2012-08-03。

焦　新:《各地随迁子女异地高考方案拟年底前出台》,载《中国教育报》(北京),2012-09-01。

孙晓说:《我市将推电子公共教育券制度》,载《惠州日报》,2012-09-09。

张宝敏:《天津打开务工人员随迁子女教育通道》,载《中国教育报》(北京),2012-09-14。

张　策:《把惠民利民的实事办实好事办好》,载《天津教育报》,2012-09-21。

李保林:《随迁子女可在居住地参加中高考》,载《湖北日报》,2012-11-01。

焦　新:《专项督查随迁子女升学考试方案制定工作》,载《中国教育报》(北京),2012-11-22。

徐光明:《江西出台随迁子女异地高考方案》,载《中国教育报》(北京),2012-12-04。

万　静:《业内人士建议修改差别待遇条款》,载《法制日报》(北京),2012-12-05。

陈强等:《河南2亿支持随迁子女就学》,载《中国教育报》(北京),2012-12-10。

贾晓燕:《随迁子女升学考试方案公布》,载《北京日报》,2012-12-31。

毕嘉琪等:《不符合条件考生或可在粤借考》,载《南方日报》(广州),2012－12－31。
董少校:《沪公布随迁子女升学考试方案》,载《中国教育报》(北京),2012－12－31。
刘文彧:《吉公布随迁子女升学考试方案》,载《中国教育报》(北京),2012－12－31。

邱爱玲:《农民工随迁子女思想道德建设研究》,东北师范大学硕士学位论文,2012。
郑文芳:《农民工子女教育政策执行力提升路径研究》,广州大学硕士学位论文,2012。
彭迪莎:《农民工随迁子女义务教育问题研究》,湖南农业大学硕士学位论文,2012。
叶宝玉:《当前随迁子女的成长关怀问题研究》,华东师范大学硕士学位论文,2012。
于新红:《随迁农民工子女教育融入问题研究》,华东师范大学硕士学位论文,2012。
吕　杏:《进城务工农民随迁子女家庭教育影响因素研究》,华中农业大学硕士学位论文,2012。
林丽幡:《农民工随迁子女的差异性及发展对策》,华中师范大学硕士学位论文,2012。
杨乾妮:《西部山区进城务工农民随迁子女德育问题研究》,江西农业大学硕士学位论文,2012。
周巧灵:《农民工随迁子女义务教育公平问题研究》,江西农业大学硕士学位论文,2012。
赵　芬:《山西农民工随迁子女义务教育公平问题研究》,山西财经大学硕士学位论文,2012。
鹿文卿:《农民工随迁子女受教育权保障研究》,沈阳师范大学硕士学位论文,2012。
马　佳:《随迁农民工子女心理健康的社会工作介入研究》,苏州大学硕士学位论文,2012。
陈萨莎:《贵阳市随迁农民工子女教育问题及对策研究》,陕西科技大学硕士学位论文,2012。
周华英:《城市公办学校农民工随迁子女义务教育问题研究》,上海师范大学硕士学位论文,2012。
郭丽莹:《农民工随迁子女融合教育校本课程开发研究》,温州大学硕士学位论文,2012。
黄　金:《进城农民工随迁子女义务教育经费保障研究》,西南大学硕士学位论文,2012。
刘秋月:《在京农民工随迁子女升学现状研究》,中央民族大学硕士学位论文,2012。

二、著作部分

江　波:《文化支持:农民工子女融入城市文化的研究》,苏州大学出版社,2012。

八、教育质量

目录

当前，教育质量不高、优质教育资源短缺已成为教育发展面临的主要矛盾。可以说，提高质量已经成为各级各类教育面临的共同任务。转变教育发展方式，必须强化教育内涵建设，把工作重心从以规模扩张和空间拓展为特征的外延式发展，转移到以提高质量为核心的内涵式发展上来，这是各级党委政府、各级教育行政部门和各级各类学校的共同任务。〔辛涛等，2012(12)〕

(一) 教育质量概述

1. 什么是教育质量

有论者认为，国内外关于教育质量的研究一般存在三种观点：第一种观点把以学生学业成绩为主的教育结果、个体与家庭等因素和学校教育过程都视为教育质量的组成部分，进而讨论个体和家庭因素、学校教育过程与教育结果之间的因果联系。如经合组织 OECD 于 1995 年提出的教育质量框架——《OECD 国际教育指标》和联合国教科文组织提出的《2005 年全球全民教育监测报告》以及联合国儿童基金会《定义教育质量》的教育研究报告。这些教育研究报告的特点是，通过对相关教育研究结果的回顾和总结，提出理解教育质量的框架，但严格来说，它们对教育质量的理解仍是概念上的，难以利用此框架建立起可进行评价的教育质量标准。第二种观点是从学校教育的立场出发，不考虑个体因素，假设学校教育的各个因素都对教育质量有实质性的影响，列出了包括教育结果和学校教育过程的质量指标，进而考察教育在这些指标上的表现，如《欧洲学校教育质量》研究报告。第三种观点只保留了核心的教育结果，即对学生学业水平（也就是教育质量的现状）进行描述，而不做解释，如《巴西教育质量指标》(*Brazilian Education Quality Index*，IDEB) 仅使用学生学业成就作为衡量教育质量的标准。其质量指标简单明确可操作，当然，不足之处就是缺乏系统的对教育过程的探讨。〔辛涛等，2012(12)〕

2. 教育质量观

(1) 基于 ISO9000 族标准的教育质量观

有论者认为按照 ISO9000 族标准的观点，可以把教育质量理解为：教育的质量特性满足教育消费者要求的程度。首先，教育质量高低是由学校教育的消费者即学生、家长、政府、高一级学校和用人单位等决定的，满足消费者要求和让消费者满意是教育质量的最终标准。其次，教育质量特性是教育质量存在的基础。教育本身无所谓质量，教育质量是教育质量特性满足消费者要求的程度。再次，教育质量必须通过教育输入、教育过程和教育结果全方位来体现。构成教育的各个要素都会影响消费者对教育质量的评价。〔程凤春等，2012(6)〕

(2) 基于高考指挥棒的教育质量观

有论者指出，长期以来，以“高考”为指挥棒的教育质量观，把高中教育等同于高考，主要表现为：首先，在我国普通高中教育“双重需要”中，长期重视和强化升学功能而忽视就业功能。一是把“双重任务”分解到不同学生：一部分学生专业预备升学，另一部分学生专业预备就业，认为升学和就业是“两条道上跑的车”。二是将升学预备教育片面理解为专门瞄准学生考试的教育，忘却了高等教育的重要使命及其对普通高中的基本要求，致使许多高中毕业生连基本的学习方式和行为习惯都未达到应有要求。三是在就业预备方面忽视了教育使命的追问，把高中毕业生视为自然的劳动力，而不是具有较高素质的劳动者，缺乏对终身教育体系的科学认识，通过继续教育实施深造的通道很不畅通。其次，在应试教育观指导下，教育对象主要面向少数学生，忽视大多数学生；教育的目的偏重知识传授，忽视德、智、美、心、劳教育；教学方法以死记硬背和机械重复训练为主，使学生课业负担过重；对学生的评价以考试成绩作为主要标准甚至唯一标准；教学内容过于偏重学科体系，忽视综合性及应用性内容，存在着不同程度脱离学生生活实际、忽视实践等问题。〔祁占勇，2012(7)〕

（二）教育质量标准

1. 国内教育质量标准

有论者认为按照ISO9000族标准的观点，教育质量应该包括两类标准：约定标准和满意标准。约定标准的意思是教育质量要符合预先的约定。满意标准的意思是教育质量要令消费者满意，它的要求是学校教育随时追求让消费者满意、让消费者高兴甚至超越消费者的预期。约定标准面向所有消费者，是在综合考虑各类消费者需求的基础上制定的统一标准，实施约定标准的目的是使大多数消费者满意，它是封闭的，有明确的内涵和外延，其含义在于按照以往成功的做法还会取得成功，意义在于它能够给予学校、教师以及学校消费者事先的指导和约束；满意标准是面向单个消费者，追求每一个消费者都满意，它是开放的，不同的消费者满意的原因是不同的，其含义在于随时了解消费者需求，随时满足消费者需求。它是事情进行过程中或事后的，意义在于在工作过程中始终追求消费者满意，以消费者满意为教育质量的最终标准。〔程凤春等，2012(6)〕

也有论者认为，教育质量是衡量一个国家、地区社会综合实力的重要指标之一，学生学业质量是教育质量的重要组成部分，以学生学业质量绿色评价为切入点，全面关注学生的健康成长，引导全社会建立正确的质量观，建立教育质量保障体系，对于促进教育均衡发展、实现教育公平有着重大作用。学业质量绿色指标综合评价的主要内容包括学生学业水平、学生学习动力、学生学业负担、师生关系、教师教学方式、校长课程领导力、学生社会经济背景对学业成绩的影响、学生品德行为、学生身心健康、跨年度进步。〔徐淀芳，2012(15—16)〕

还有论者认为人们对义务教育质量指标的认识是不同的。在日常生活中，人们普遍选择学业成绩作为衡量教育质量的重要指标。近年来，学业成绩作为教育质量指标的话语合法性开始被颠覆，从学生素质发展的取向考察教育质量被广泛倡导。但在国际比较研究中，学业成绩仍然是教育质量的重要指标，而且是一个比教育年限更有比较优势的教育质量指标。直接回答成绩和素质哪个更适合作为教育质量指标这个问题是不高明的，应探讨什么情况下可以使用学业成绩作为教育质量的指标以及什么情况下需要考虑学业成绩之外的指标。〔秦玉友，2012(3)〕

2. 国际教育质量标准

世界各国的探索，为我国建立教育质量标准提供了宝贵经验。具体来说，当前主要发达国家和地区有以下几种常见的教育质量标准形式：一是美国各州的“表现标准”与“共同核心州标准”。美国教育改革——标准化运动的推行在美国各个州形成了三种典型的学业标准，即内容标准(content standards)、表现标准(performance standards)、学习机会标准(opportunity-to-learn standards)。内容标准详细说明了在核心学术领域(如阅读、数学、科学等)，各个年级的学生应该知道什么和能做什么。学习机会标准一般是指为保证学生达到内容标准和表现标准的要求，对教育者提供给学习者的教育经验和教育资源的性质和质量的规定。表现标准主要回答“怎样好才算足够好”的问题，是对学生掌握内容标准的熟练程度的规定。二是英国的“成就目标”。英国2007年版的《国家课程》中，每一个学科都开宗明义地阐明，英国基础教育课程的目的在于使所有学生成为“成功的学习者”、“自信的个体”和“负责任的公民”。其下又可以分为课程标准和成就目标，前者描述了该学科的核心概念、核心过程、内容范围、课程机会；后者则规定了学生在该领域的学业成就标准以及跨年级跨年龄段连续的表现水平标准。三是加拿大安大略省的“学业成就图”。2007 年，加拿大安大略省新修订的学科课程标准包括了学科基本概念、大概念、课程期望（包括总体期望和具体期望）、内容框架（包括内容主题、核心能力、水平界定等）、学业成就图以及各个年级详细的内容设计等，并分别对一至八年级的内容要求、能力等做了具体而详细的阐述，为课程标准转化为教育质量标准奠定了良好的基础。四是欧盟的《欧洲语言教学与评估共同纲领》。为了促进欧盟各国学生对欧洲各种语言的学习，欧洲委员会在 2001 年推出了《欧洲语言教学与评估共同纲领》。该纲领并不从学科和知识内容出发，而是从语言掌握与运用以及良好的沟通能力入手，建立了基于核心素养的标准体系，并探讨了达到相应能力的语言教学方法。〔张晓蕾，2012(5)；辛涛等，2012(12)〕

新西兰十分重视基础教育的质量提高，其教育质量的标准主要有以下几点：一是有公平前提的质量。对相对落后地区学校给予更多拨款扶持，对少数民族进行倾斜照顾，通过随班就读解决残疾儿童少年的教育问题，安排专人照顾，给予特别关爱。二是有安全保障的质量。新西兰是火山喷发和地震灾害多发的国家，一方面，新西兰重视硬件的安全，校舍建设按抗 7 级地震设防，定期进行学校校舍安全检查。另一方面，注重对学生的安全教育，包括在健康与体育课中讲安全，在科学课中讲安全，还开设专门的安全教育讲座，或定期组织开展安全演练，努力提高学生的安全意识和基本的防震避险及自救自护能力。三是有合理布局的质量。新西兰学校布局以学生就学方便为基本前提。即使学校规模小，只要有需要也会继续办好。〔王定华，2012(20)〕

还有论者研究了澳大利亚的教育质量标准，指出追求国家层面上统一的学业质量标准的努力从 1989 年开始，至今已有 20 余年，而从 2008 年开始的新一轮的国家课程(national curriculum)的制定，试图从整合的国家公民形象出发，形成学习领域、通用能力、跨学科的主题相融合的课程内容，并给出学生学习质量标准的序列，是国际上比较典型的一种学业质量标准设计思路。〔夏雪梅，2012(5)〕

（三）教育质量监控和保障

1. 教育质量评估与监控

衡量任何一个地区乃至国家的教育质量，关键是进行相应的教育质量监控。教育质量监控是用科学的技术方法获取数据信息，对现行教育状况做出诊断，并提供改进策略和决策依据。教育质量监控的着眼点是诊断，即通过监控可以了解现行教育面临的具体问题，为教育改革和发展提供科学合理的建议。〔王珊等，2012(3)〕

(1) 学校办学质量评估

有论者指出，在我国，正规意义上的学校办学质量评估研究与实践起步较晚。1991年，国家教委颁布了《普通中小学校督导评估工作指导纲要》(教督[1991]1号)，各省(市、自治区)开始选择一两个县(区)和几所高级中学开展有关试点研究。1997年，为进一步构建全面科学评估学校办学质量的机制，国家教委在总结试点经验的基础上对这一文件进行修订，印发了《普通中小学校督导评估工作指导纲要(修订稿)》，在全国范围内全面推行中小学校督导评估。随着素质教育及基础教育课程改革的全面推进与发展，这一评估体系在评估功能定位、指标设计、评估程序与方法上都暴露出诸多明显的不足。因此学校评估实践需要更新观念，树立新的质量观，从学生发展视角衡量学校的办学质量，将学生发展作为学校评估体系设计的出发点和归宿，构建以学生发展为本的学校办学质量评估新体系。这一体系在指标设计上呈现如下理念：将"学生发展"放在首要位置；既关注过程，又强调结果；在照顾全面的同时突出重点；公平与质量并举；关注地区差异，给地方留出自主空间。在评估程序与方法创新上，可尝试编制学生发展测评工具套件，建立相应的数据库；创造条件让各种利益相关者充分参与；开展常态评估，提高评估效率；用好评估结果，重视评估之后的支持；重视与加强学校自我评估。〔赵德成，2012(6)〕

(2) 区域教育质量监控

有论者研究了区域教育质量监控的内容和模式。

① 从内容上来讲，区域教育质量监控依赖于对教育质量概念的理解。如澳大利亚只监测阅读和数学等核心学科，而美国的NAEP(全国教育进展评议中心)则涵盖阅读、数学、科学、写作、美国历史、公民、地理和艺术。芬兰的教育质量评估不是基于具体学科进行的，而是将学科能力分解为认知技能和情感控制技能两个维度。OECD的PISA项目监测涵盖阅读、数学和科学三个学科，重点是了解即将踏入社会的青少年是否具备了未来生活所需的知识、技能和终身学习的能力。IEA的TIMSS项目则主要测试四年级和八年级学生的数学与科学成绩。对于我国而言，其监测要符合国际教育质量监测的精神实质，更要体现我国教育质量监测的宗旨，以有利于新课改三维目标的真正落实。如，县级区域教育行政主管部门层面的教育质量监测，内容应包括学生发展水平、办学条件、教育经费投入、教育发展均衡程度等；学校层面的教育质量监测，

内容应包括学生发展水平、教师专业成长、学校管理水平等;而个体层面教育质量监测的内容则应包括学生发展水平及其相关因素,如教学策略、家庭背景等。

② 从组织模式来讲,教育质量监测主要有三种组织模式:一是组建专职机构或专门委员会,这些机构独立于教育行政部门,直接向国会或总理报告;二是由政府机构以项目的形式委托大学或研究机构来进行;三是教育行政主管部门的相关职能部门直接负责。〔王珊等,2012(3)〕

(3) 区县教育质量监控

有论者通过对目前区县基础教育质量监控的现状进行分析指出,我国区县基础教育质量监控存在监控机构定位不准、监控范围不均衡、监控内容不全面、监控手段不科学等问题。在结合问题进行深入细致分析的基础上,针对我国区县基础教育质量监控与新时期区县基础教育发展与改革不相适应的矛盾,该论者提出了完善我国区县基础教育质量监控的建议:一是要树立科学的教育质量监控观,对区县教育质量实施全面、均衡的监控;二是要理顺监控机构与区县政府、教育行政机构的关系,为监控工作的有力开展提供组织保障;三是要实施基于标准的教育质量监控,确保监控工作的科学性和有效性;四是要实现监控队伍从"经验型"向"专业型"的转变,为区县基础教育质量监控提供高素质的人才支持。〔徐晓,第 1 页,2012〕

2. 教育质量保障

(1) 美国教育质量保障

为了实现高质量的基础教育,美国在教育战略中除了巨额教育投入、先进的教育理念、建立问责制、提高课业标准等常规措施之外,还提出了多项教育质量保障措施,主要有:①提高教师整体水平——拨款 60 亿美元,用于提高教师的能力,集中在朗读、文字、流利、词汇、综合理解等五个方面;开展提高教师数学、科学知识水平和教学技能的数学和科学合作计划,以此来改善中小学生在数学和科学方面的成绩;提高教师工资,用减免税收和提高教师贷款金额的办法,改善教师待遇,使教师行业具有竞争力;联邦政府还拨专款奖励为缩小弱势群体子女的成绩差距和在低收入学校任教的高质量教师;加大对教师和校长培训的投资力度。②在教学中引入信息技术——所有的学生和教师都能在教室、学校、社区及家中使用信息技术;所有的教师都能有效运用信息技术帮助学生达到较高的学业标准;所有的学生都要具备信息技术方面的知识和技能;通过研究与评估,促进下一代信息技术在教与学中的应用;通过数字化的内容和网络的应用改革教与学。③建立纵向的教育质量数据系统——2005 年 11 月,"美国州首席教育官员理事会”和“美国联邦教育部数据峰会”联合发起了数据质量运动(Data Quality Campaign),其发展目标是各州建立起完善的高质量的纵向数据系统;增强对纵向数据的理解,推动对这些数据有价值的运用,以提高学生成就;推动、发展和采用共同的数据标准,有效地进行数据传递和交流。〔拱雪等,2012(5)〕

(2) 巴西教育质量保障

有论者以巴西教育质量的保障为研究中心,阐述了四个方面的内容:①国家课程标准的制定与教育质量保障。指出了制定新课程标准的原因包括劳动组织和社会关系模式的改变、公立学校系统的持续扩张以及学生培养目标的改变。并认为课程标准的制定与教育质量保障之间存在的关系为:(a)建立课程内容扇形递进轨道以保障教育质量,即每一个学习领域都是一条扇形轨道,轨道的出发点都是公共核心课程。(b)打破传统模式,建立跨学科性的课程标准。因为新的时代要求全面发展的复合型人才,要保障教育质量符合新时代社会发展对人才的需求,就必须制定新的课程标准,摆脱传统模式,建立跨学科性的课程模式。②国家教育评价系统的建立与教育质量保障。为了保障教育质量,巴西教育部建立了全国基础教育评估系统(SAEB),通过测量学生不同学科的学业成绩和表现,评估巴西学校的教育质量,从而指导全国基础教育提高质量、效率和促进公平。主要体现在:(a)通过全国性的考试,检测教育质量。(b)收集与学业成绩相关的信息,挖掘影响教育质量的其他因素。③国家教师专业发展与教育质量保障。(a)主要体现在制定政策计划,为教师培训和专业发展提供法律保障。(b)成立行业组织,为教师培训和专业发展提供资金保障。(c)加强教师实践培训,保障教师教育质量。(d)合并院学校,提高教师综合素质。④加强国家后勤保障与教育质量保障。主要举措有:(a)实行免费午餐计划,改善学生营养状况。(b)制定全国学校教科书计划和教具计划,免费发送课本和教具。(c)建立教材评估项目,保障教材质量。〔石倩,第26—46页,2012〕

(3) 新西兰教育质量保障

有论者研究了新西兰教育质量的保障措施。一是实施渐进课程改革。其课程改革致力于课程标准的科学性、民主性、灵活性、综合性和可操作性。二是促进学生全面发展。其理念是树立自信、善于联系、积极参与、终身学习。三是提高教师教育素质。新西兰设定了新教师初始门槛,即必须具有本科学历加上1年以上研究生学习经历。上任后,还要有2年试用期。转正后,每3年接受1次评估,至少涨1次工资。四是发挥信息技术作用。国家一级设立函授学校,辅导学生学习,帮助边远地区学校开设部分科目，并可让不愿进入学校的学生有选择教育形式的机会。五是改善学校民主管理。各校都设立了校董会，发挥家长参与作用，鼓励开展家校合作。校董会由5名家长代表、1名校长、1名教师组成，有时也聘请专业人士参加。〔王定华，2012(20)〕

■ 论文索引

〔说明：同一期号期刊按刊名的拼音字母排序；报纸按出版日期排序；学位论文按授予单位名的拼音字母排序〕

李函颖：《全球教育改革：公平·质量·发展——第四届世界比较教育论坛综述》，载《比较教育研究》(北京师范大学)，2012(1)。

葛　斌、吴志华：《课程质量评价的选择策略之一：课程效能评价》，载《教育科学》(辽宁师范大学)，2012(1)。

赵应生、钟秉林、洪　煜：《转变教育发展方式：教育事业科学发展的必然选择》，载《教育研究》(北京)，2012(1)。

姚林群、郭元祥：《中小学学业质量标准的理论思考》，载《教育研究与实验》(华中师范大学)，2012(1)。

马克·贝磊著、廖　青译：《"影子教育"之全球扩张：教育公平、质量、发展中的利弊谈》，载《比较教育研究》(北京师范大学)，2012(2)。

李树林：《教师素养及其在提高基础教育质量中的作用》，载《天津教育》，2012(2)。

陈　丽：《亚洲国家现代远程教育质量保证体系比较研究》，载《现代远程教育研究》(成都)，2012(2)。

克莱恩·索迪安著、王远达译：《扩展我们的教育质量观：重新发现教育目的》，载《比较教育研究》(北京师范大学)，2012(3)。

周　全、李云星：《教育公平与教育质量——"华东地区教育学博士学术论坛"综述》，载《基础教育》(华东师范大学)，2012(3)。

王　珊、潘亦宁：《区域教育质量监测研究：基于国际比较的视角》，载《教育导刊》(广州)，2012(3)。

秦玉友：《用什么指标表达教育质量——教育质量指标的选择与争议》，载《教育发展研究》(上海)，2012(3)。

王晓燕：《绩效问责：美国教育质量国家标准的发展趋势及启示》，载《教育文化论坛》(贵州大学)，2012(3)。

刘　焱、杨晓萍、潘月娟、涂　玥：《我国城乡学前一年班级教育环境质量的比较研究》，载《教育学报》(北京师范大学)，2012(3)。

蒲　蕊：《义务教育质量与绩效责任制度》，载《教育学报》(北京师范大学)，2012(4)。

张林静：《国际基础教育质量监测述评》，载《石家庄学院学报》，2012(4)。

拱　雪、张　熙编译：《美国、新加坡基础教育质量政策发展及启示》，载《基础教育参考》(北京)，

2012(5)。
董洪亮:《浅议基础教育质量检测体系的结构》,载《基础教育课程》,2012(5)。
叶 欣:《试析国防教育课程评价和教育质量的关联》,载《江苏教育学院学报》(自然科学版),2012(5)。
夏雪梅:《澳大利亚国家学业质量标准的设计与反省》,载《全球教育展望》(华东师范大学),2012(5)。
杨向东:《基础教育学业质量标准的研制》,载《全球教育展望》(华东师范大学),2012(5)。
张晓蕾:《英国基础教育质量标准〈国家课程〉及监控系统》,载《全球教育展望》(华东师范大学),2012(5)。
程凤春、卫 喆:《再论教育质量及其衡量标准——基于ISO9000族标准的分析》,载《教育研究》(北京),2012(6)。
赵德成:《以学生发展为本的学校办学质量评估体系构建》,载《教育研究》(北京),2012(6)。
胡定荣:《旨在教学质量提升的教学模式的综合创新》,载《教育研究与实验》(华中师范大学),2012(6)。
侯素芳、江桂珍:《个体权利:提升学校教育质量的原点》,载《现代中小学教育》(东北师范大学),2012(6)。
廖诗艳、文 雪:《质性评价:基于课程标准的基础教育教学质量监控途径》,载《教育导刊》(广州),2012(7)。
祁占勇:《数量与质量的权衡:普通高中教育战略目标的价值确认与路径抉择》,载《现代教育管理》(沈阳师范大学),2012(7)。
王 璐:《提升职业吸引力、提高职前教育质量——英国教师教育改革最新趋势》,载《比较教育研究》(北京师范大学),2012(8)。
刘 红、马星国:《基于过程监控基础上的教学质量评价系统》,载《现代教育管理》(沈阳师范大学),2012(9)。
潘艺林、赵亚琴、徐 丽、张平平、姚 俊:《我国网络教育质量管理范式研究》,载《复旦教育论坛》,2012(10)。
姜 雪:《对教育质量和教育质量标准的几点认识》,载《教育教学论坛》(石家庄),2012(10)。
刘万海:《教学质量观重建:有效教学的视角》,载《全球教育展望》(华东师范大学),2012(10)。
王忠敏:《对教育质量标准的思考》,载《人民教育》(北京),2012(10)。
赵伶俐:《以人才质量为核心统摄教育质量——兼论"六维四级"人才质量标准与监测》,载《人民教育》(北京),2012(10)。
黄 皓:《对教育质量的新课改思考》,载《新课程研究》(华中师范大学),2012(10)。
祝新宇:《构建多元融合的区域基础教育质量保障机制》,载《教育发展研究》(上海),2012(11)。
唐荣德:《学习生活质量:学生发展的本质与路径》,载《教育研究》(北京),2012(11)。
杨宏丽:《教学质量提升的多维审视与有效路径探索——第十三届全国教学论学术年会综述》,载《课程·教材·教法》(北京),2012(11)。

中国教育科学研究院国际比较教育研究中心:《时代的选择:建立教育质量国家标准》,载《人民教育》(北京),2012(11)。
辛　涛、姜　宇:《在国际视域下定义教育质量标准》,载《人民教育》(北京),2012(12)。
袁　媛:《义务教育质量由谁评价:现实与可能》,载《现代教育管理》(沈阳师范大学),2012(12)。
徐淀芳:《学业质量绿色指标实践研究》,载《教育发展研究》(上海),2012(15—16)。
尹后庆:《改革学业质量评价推动基础教育转型》,载《教育发展研究》(上海),2012(15—16)。
冯建军:《走向以质量为核心的义务教育均衡发展》,载《人民教育》(北京),2012(17)。
王定华:《新西兰如何提高基础教育质量:考察与思考》,载《人民教育》(北京),2012(20)。
王一军:《优质均衡发展:义务教育现代化的质量范型》,载《教育发展研究》(上海),2012(22)。
范国睿:《破解教育公平与教育质量难题的多元路径——"公平与质量:政策视野下的教育变革"国际学术研讨会综述》,载《教育发展研究》(上海),2012(24)。
彭莉莉:《迈向能力取向的教育质量控制:德国国家教育标准的考察》,载《教育发展研究》(上海),2012(24)。
张　宇、于海英:《城乡教育一体化进程中农村义务教育教师质量问题与对策》,载《教育发展研究》(上海),2012(24)。
周文叶:《共同的核心,明确的高期望——美国CCSS对我国基础教育质量标准研制的启示》,载《教育发展研究》(上海),2012(24)。
王　鉴:《在重建课堂生活中提升学校教育质量》,载《中国社会科学报》,2012-10-5。
徐　晓:《区县基础教育质量监控研究》,湖南师范大学硕士学位论文,2012。
石　倩:《战略视野下巴西教育质量保障措施研究》,山东大学硕士学位论文,2012。
李青青:《中英远程开放教育质量保障体系比较研究》,陕西师范大学硕士学位论文,2012。
吕　飞:《澳大利亚第三级教育质量与标准署质量监管研究》,首都师范大学硕士学位论文,2012。

九、新课程改革

目录

（一）新课程改革的理论探讨

1. 对新课程改革的认识

对于新课程改革，论者们从不同视角给予了分析。

有论者从社会学视角审视了新课程改革，认为新课程改革面临着文化认同困境，而场域和惯习是新课程改革中产生文化认同困境的根源所在。在新课程改革中，场域是指在新课程改革这样一个社会空间内，行动者之间形成的相互关系网络所表现出的各种社会力量和因素的综合体，是一个利益冲突和争夺的“战场”，包括权力场域、文化场域和理论场域三种。惯习是通过体现于个人身体上而实现的集体的个人化，并经由社会化而获得的生物性个人的“集体化”，分为思维惯习、教学惯习和阶级惯习三种。新课程改革的社会学诉求表现在：①场域观念的更新。面对新课程改革的现实，需要以传统的教育文化为根基，批判地吸收西方的教育文化，并在此基础上融合出新，形成一种具有中国特色的“本土的”和“化为本土的”的教育文化。②无形学院的建立。重视无形学院的存在，认可惯习的特殊性。在引进西方教育理论的同时，提升教师的教学实践经验。也要重视非正式交流群体的存在、介入，学习和吸收他们对新课程改革的意见、建议和评价，潜移默化地形成文化的认同。③短路谬误的克服。新课程改革应该正视课程论与教学论是两个领域的事实，相互理解并找到文化关联；也要在继承传统的基础上形成共识，允许多元教育观的存在；还要把“自我”当作一个“他者”来思考，把反对的声音作为新课改的动力，促使“自我”得到提升。④反思性回归自身。反思性回归让人们注意到，任何“实践性”的事物都被日常行动者调动着，应该以最小的成本（尤其在逻辑的追求方面）对日常存在和实践的紧迫性做出反应。新课程改革这一“场域”应该遵循自身特有的逻辑，使新课程改革中人与社会之间、行动与结构之间的关系从紧张对立走向调和。⑤“重叠共识”的形成。“重叠共识”是基于各种理由达成的共识，这些理由在不同的人那里是各不相同的，它是一个由浅入深、先急后缓、自下而上的过程。新课程改革中“重叠共识”的形成需要确立相互接纳的思维方式，提倡开展协商对话及广泛讨论，以保证新课程改革决策的透明度。〔潘朝阳，2012(3)〕

有论者从本土实践视角检视了新课程改革，认为我国课程传统表现为政策重视但无实效；在对待国外课程思想方面，表现为理论上的仰视与实践中的抗拒；当代课程改革实践表现为基于本土的理论建构与实践的多样化。〔刘家访，2012(4)〕

也有论者从整体主义课程理论的思维来审视我国当前的课程改革。整体主义的精髓是对传统课程体系中的主客二元对立、线性还原、实证主义的摒弃与超越，强调课程的关系品质、转化品质及超越品质。整体主义课程理论给予的启示是恢复课程改革的灵魂，走向整体主义；以整体的人作为课程改革的前提；探寻对话与整合式的课程改革途径；确立课程改革理论资源的超越与创新路向。〔张静静，2012(6)〕

还有论者从复杂科学的思维方式透析了我国新课程改革，认为很多研究对课程改革的描述都有简单化之嫌，具体表征为线性事件思维、激进运动思维和孤立实体思维。消除简单思维所诱发的偏执及其困顿，关键在于运用复杂科学的思维方式，进而从课程改革的非线性特征、过程性旨趣以及关系性品质三个维度为课程改革之复杂性进行声辩。〔张良等，2012(4)〕

2. 新课程改革的理论基础

课程改革的理论基础作为课程改革中的核心，直接影响到改革的顺利进行。它不仅为课程改革提供理论支撑，也为课程改革的实施提供方向和目标。

① 理论基础的概念界定。对于新课程改革的理论基础，长期以来人们一直有很大的争议，但主要有以下几种认识：(a)将理论基础理解为一种指导思想和根基。(b)对课程改革理论基础的研究应提升到方法论层面，有必要放在哲学层面进行反思和研究。(c)将研究视角切入到对实际问题的解决中，不再仅限于纯粹的理论研究，课程改革理论基础的确立更多的要考虑在实际操作层面上的作用，不断地深入到课程改革实践中去发现问题、解决问题。〔龙安邦等，2012(4)；于舒曼等，2012(5)〕

② 理论基础的特征与条件。有论者认为，一种理论作为课程改革的理论基础应具备以下几个特征：一是科学性。即课程改革的理论基础应是经过严密论证和实践检验的科学理论，只有具备高度科学性的理论才能为课程改革奠定坚实的理论基础。二是系统性。作为课程改革理论基础的理论应是一种自成体系的理论，是经过系统论证、系统建构、在逻辑上具有很强自洽性的理论。三是基础性。课程改革的理论基础不是课程改革的理论本身，而是一种为课程改革所持的理论提供基础辩护和理论假设辩护的理论，是课程改革理论的“基础”。一种理论（或几种理论）能否成为课程改革的理论基础，还应具备以下几个条件：(a)在课程改革开始之前已经存在并经过坚实论证。(b)理论基础对课程改革的理论建构起直接支撑作用。(c)有足够的推演力量，能推论出整个课程改革的主要理论体系。(d)能够为课程改革的各种行为和措施进行辩护。(e)是改革者自觉运用的。(f)如果几种理论同时作为课程改革的理论基础，则这

几种理论之间必须是相融的。〔龙安邦等，2012(4)〕

（二）新课程改革的成效调查

1. 新课程改革的实施现状

(1) 成效和经验

有论者认为，新课程改革取得了如下的成效：①催生了“课程研究”在中国的全面发展。②深化了人们对“课程目标”的认识。③形成了更加灵活、更加完整的课程管理体系。④学校的真实教育形态也正悄然发生改变。⑤更多的教师开始学会去研究教育、思考教育。〔宁连华等，2012(5)〕

对于课程改革的经验，有论者总结了十个方面：①坚持“以人为本”，把符合时代精神和素质教育要求的理念作为课程改革的设计思想。②坚持整体一盘棋，将自上的科学民主决策指引与自下的因地制宜实践探索相结合。③加强省级政府的统筹规划责任，将提升地方开发与管理课程的能力作为课程改革的重要举措。④坚持在改革中促进教师的专业发展，将教师队伍建设作为推进课程改革的关键要素。⑤以提高教育教学质量为导向，将研究和解决教育教学工作中的实际问题作为学校教学研究的基本制度。⑥以培养学生的创新精神和实践能力为重点，将大力推行综合实践活动，更新教育教学方式作为改革的亮点。⑦坚持因地制宜，将推进农村学校的课程改革作为改革工作的重点和难点。⑧坚持专业化发展，将高校和科研机构作为研究、指导和引领地方课程改革的专业机构和合作平台。⑨坚持素质教育方向，将大力开展考试评价制度改革作为课程改革的主攻方向之一。⑩注重社会宣传和动员，将积极争取社会各界对课程改革的支持与参与作为课程改革的社会环境保障。〔中国教育科学研究院课程教学研究中心课题组，2012(9)〕

但是，也有论者认为，《2011年教师评价新课改的网络调查报告》和《中小学生学习方式的现状分析与对策建议》中的调查数据表明：十年课改，基本失败。逻辑分析和经验证实不可能实现课程政策从“集权”到“放权”、课程范式从“科学中心主义课程”到“社会建构中心课程”、教学规范从“传递中心教学”到“探究中心教学”的三大转型；“自主、合作、探究”不可能是中小学生的主要学习方式；教师培训需要“自主、合作、探究”的方式。〔查有梁，2012(11)〕

(2) 问题与对策

有论者认为，新课程改革的挑战和问题主要反映在观念认识、政策管理、理论研究（专业支持）、操作实施、资源保障和社会支持等方面。①观念错位。一些教师甚至教育管理者对此轮课程改革的一些理念理解得不够透彻，没有树立评价制度改革、教材多样化、用教材教而不是教教材等观念，不能充分做到以培养创新精神和实践能力为重点，促进每个学生身心健康发展，满足每个学生终身发展的需要。另外，教材的选用政策和方法还未被学校和教师所了解，教材选用的意义也未被广大教师所认识，各级教育行政部门对教材选用的政策及方法在某种程度上也存在认识偏差。②政策和测评体系不完善。一是对农村课程改革的政策关照尚需加强。二是课程改革质量检测评估体系不完善。③基础研究和经验研究不到位。一是新课程改革的基础理论研究严重滞后，既有的一些研究只是从改革的外围或表层做文章，或是对一些理念、理论基础是否适合国情的争论，没有形成或提出有效指导本次课程改革的课程和教学理论体系。二是对我国中小学实际的研究仍然不足。④教师对课程改革的适应性不强。一是对综合课程适应较困难。二是对实施探究教学不太适应。三是部分课程（主要是综合实践活动课）实施艰难。⑤学校课程资源开发不足。在对全国东、中、西部 16 个省（自治区、直辖市）近 300 所学校“新课程资源开发情况调查”中了解到，接近 90%的农村学校反映现有资源不能或不能完全满足新课程的要求，尤其是缺少实验室、语音室、计算机教室和多媒体教室等现代化教学设施。⑥有效的教师专业发展机制不健全。多数教师不能经常得到专家指导；校本教研未能真正促进教师专业成长；从地域上看，校本教研的实施情况是东部地区较中西部地区、城市学校较农村学校，重点学校较薄弱学校开展得好。〔中国教育科学研究院课程教学研究中心课题组，2012(9)〕

针对新课程改革面临的挑战和问题，应该从以下方面加以解决：①深入开展课程改革的政策和理论学习与业务培训，不断提高实践者对课程改革的理性认识。②加快完善基础教育课程改革配套政策体系，为学校和教师提供行动指南。③创新基础教育课程管理体制机制，保证改革的制度化和规范化。④切实落实农村课程改革的专项经费，确保课程改革顺利开展。⑤改革和创新教师培训模式与方法，切实提升教师的专业化水平。⑥加强农村基础教育课程改革政策指导，完善农村课程改革推进机制。⑦以质量为导向，完善基础教育课程教学质量检测评估机制。〔中国教育科学研究院课程教学研究中心课题组，2012(9)〕

也有论者认为，新课程改革在推进过程中存在过于依赖行政主导、抛弃本土教育理论、未处理好相关利益关系等问题，并就此提出应对策略：①重塑新课程改革的价值。②处理好传统教育与教育改革的关系。③扫除课程改革的文化障碍。④解决好课程实施中“新”与“旧”的关系。⑤实现强势学校和弱势学校课程改革的均衡。⑥保持正确对待课程专家的态度。⑦重视社会舆论力量。〔王中华等，2012(8)〕

2. 新课程改革的发展趋势

有论者指出十年课程改革大致趋势：一是回归文化传统。一方面要不断地调试新课改的理论基础，使其能够更加适应我国的现有国情、文化传统以及教育大背景，减少中国传统文化对新课改理论基础的阻力；另一方面，要在课程内容、课程目标以及课改具体推进过程中，结构化、深入化地加入传统文化的内容，合理发挥传统文化的隐性作用。二是回归知识基础。合理解决知识与能力、分科与整合之间的关系，加强知识的基础作用，保持学科之间相对的独立性，使课改向知识基础回归，从而尽量达到一种协调状态。三是“本土”与“外来”均衡化。探索如何使“本土”与“外来”实现更加有效地融合，在借鉴国外先进理论的基础上发挥我国的传统优势，从而使两者达到一种更加均衡的状态。四是超越“典型”。学校应该在自立的前提下，借鉴但不照搬先进典型，探索符合自身特点的发展路径，创造出自身独特的典型。五是超越形式。学校和教师要发展自我，走出独特办学、教学的路子，在此过程中，要杜绝“形式化”，使课程运行做到真正意义上的常态化，使课改做到真正意义上的“脚踏实地”。〔孟月，2012(3)〕

（三）教师对新课程改革的适应性问题

新一轮课程改革实施以来迄今已有十年，全面了解与把握当前我国中小学教师对于新课程的整体适应状况，发现和解决教师在课程变革中遭遇的种种不适问题，这对当前新课程的持续推进具有十分重要的现实意义。

1. 现状

有论者认为，教师初次接触新课程改革会面临由“改革—个人—情境”张力导致的专业冲突、文化冲突和制度冲突。其中专业冲突是指由改革与其所处情境在课程、教学等专业事项上所产生的冲突，这类冲突与教师有着最直接的关系，直接影响着教师能否在实践中发生课改所要求的转变。文化冲突是指由于改革与教师所处情境在规范、期望、价值观等方面的距离而造成的冲突。制度冲突是由于改革及其所处情境在制度、政策、行政因素等方面的不一致造成的冲突。〔任姣姣，2012(10)〕

有论者参考美国Zung抑郁自评量表(SDS)和焦虑自评量表(SAS),对新课改背景下中小学教师抑郁和焦虑现状进行了调查,认为:从总体上看,新课改背景下我国中小学教师无抑郁和焦虑情绪,但不同教师群体之间存在显著差异。教师的教龄、学历、学校所在地、任教年级、是否承担班主任工作,对教师职业的满意度、教师的抑郁和焦虑都有影响。六至十年教龄教师、中专及其以下学历教师、乡(村)教师、初中教师、小学教师、非班主任教师、对职业非常不满意和对职业不太满意教师是容易产生抑郁和焦虑情绪的群体。〔张艳芬,2012(10)〕也有论者研究了新课程背景下城市初中教师工作焦虑现状。通过对不同年龄、教龄的初中教师在新课程背景下工作焦虑差异分析,35岁以上及教龄在10年以上的城市初中教师在教学方式方面的工作焦虑有更高程度的焦虑,达到了显著性差异水平,且教龄越小,焦虑程度越高。对重点及非重点学校初中教师在新课程背景下工作焦虑差异分析发现,在教学评价方面,国家级重点与非重点学校初中教师的焦虑水平之间达到了显著性差异水平,即非重点学校城市初中教师由教学评价引起的工作焦虑水平高于国家级重点学校的城市初中教师。〔周蜀溪,2012(7)〕

2. 措施

(1) 转变教师角色

有论者认为,教师角色转变体现在三个方面:①教师作为学生学习的组织者。课程结构的变化要求教师须由知识权威的"统治者"向"组织者"转变,成为学习的组织者,为学生自主学习创造条件,在自由、自主、探究的教学活动中,培养学生的自主性和创造性,促进学生健康成长。②教师作为学习的引导者。教师应该树立全新的课程资源观,把学生视为学习的主体,由知识的"灌输者"转变为知识的"引导者"。③教师作为教育教学的研究者。教师作为研究者的新角色有利于确立教师的研究地位,树立新的教师形象,而且对教育理论和教育实践也有积极的意义。教师角色的成功转型,可以从以下两个方面考虑:一是建设高素质的师资培训队伍,提高教师工作的积极性。教师培训是教师不断更新其知识结构,提高其专业素养的重要举措。从实践层面上,培训机构要按照专兼结合、以兼为主的原则,优化组合一支结构合理、权威性强、理论水平高和实践能力强的高水平、高质量的师资培训队伍。从制度层面上,应实施继续教育教师资格认定制度,教师教育课程改革鉴定制度,教师教育水平登记制度等,以提高继续教育教师准入的门槛。二是构建校本培训模式,促进教师不断学习。以学校为单位,提出不断学习的要求,这就需要教师加强科研意识,反思性实践意识,成长为教育教学活动的"研究者"。〔张娟,2012(3)〕

(2) 赋予教师权力

有论者认为，根据权力的内容和范围，可以将教师课程权力划分为：课程决策权、课程设计权、课程实施权、课程评价权、课程开发权。新课程背景下教师权力的赋予，可以从以下几个方面考虑：①教师课程权力的回归——教师赋权的主要来源。在新课程改革三级课程管理体制的框架下，通过部分课程权力的再分配，为广大教师参与课程开发和设计提供场所。②校本管理——教师赋权的先决条件。当前学校管理强调管理重心的下移，关注教育行政部门给予学校更大的权力和自由，使中小学成为自我管理和自主发展的主体，使得校长、教师、家长甚至学生都能有更大的专业自主空间。③分享课程领导权——教师赋权的效果保障。校长作为变革的促进者，应该通过构建专业学习共同体的方式对教师赋权提供多方面支持，让教师能够感受强有力的领导决策团队。校长营造的空间是教师赋权的支点，学校应营建为教师赋权的环境，建立与行政机构平行的专业机构，比如学校课程发展委员会，可借此平台让教师发表自己的意见和参与课程决策权。④教师成为反思者——教师赋权的内在要求。鼓励教师开展行动研究，针对教学实践中的问题开展教学研究，对课程活动中的真实问题进行反思，寻找解决问题的策略，再回到课程实践中，从而缩小理论与实践的差距，从中提高专业素养。通过这一策略教师可以成为实践型专家，塑造自己的专业生活，这才是赋权的意义所在。⑤合作共享的专业生活方式——教师赋权的专业环境支持。在专业共享与合作中，教师打破职业的孤立性，打造持续发展的专业支持环境。教师合作共享的专业生活方式包括学校内部学习共同体的建设，中小学校际之间的联合、中小学校与大学的协作和教师与学生的小组合作等形式。⑥学院氛围的社区——教师赋权的外在环境支持。虽然新课程的实施应以中小学校为主，但它涉及到许多相关的社会机构和人员，更需要得到家长和社区的理解和支持，以及与地方院校建立伙伴协作关系，并督促地方政府提供政策与经费的保障。〔王威等，2012(5)〕

(3) 重建教师文化

有论者认为，教师文化在教学实践中表现出情境性、智慧性和反思性的特征。在传统文化和新课程文化的冲突下，在反思教师文化特性的基础上探寻适宜的发展路径。首先，启发教师文化自觉，确立教师课程意识。教师的文化自觉有其内隐性，新课程要启发教师内隐的文化自觉。教师作为存在的实体，其外在的行为表征是在内部的规则和习尚指导下进行的，因此，启发教师文化自觉是应有之举。新课程不再是封闭的、独裁的、经验的，而是走向开放的、民主的、科学的，这一重大转变需要教师对课程进行深刻理解，以期指导教学实践。其次，创设良好的文化环境和可持续发展的文化氛围。一方面提供学校支持，学校应从物质和精神两个方面为教师文化的持续发展创造条件，设立专供教师教学的活动基地，提供教师开展文化活动的设备和物资等，也可开展教师培训，召开教师经验交流会，营造教师群体合作的良好氛围。在保证教师个体发展的同时，带动整个教师群体的进步和提升。另一方面提供社会保障。教师除了具有教书育人的身份外，也是社会的基本成员，因此教师文化的重建也需要整个社会的努力。〔王菲菲，2012(4)〕

■ 论文索引

〔说明：同一期号期刊按刊名的拼音字母排序〕

张　莹：《新课程背景下农村教师教学信念的调查研究》，载《渤海大学学报》(哲学社会科学版)，2012(1)。

车雪琴：《论新课程改革对教师专业能力的要求》，载《吉林省教育学院学报》，2012(1)。

金荷华：《从“课程”视角审视教师在课程改革中的角色行为》，载《江苏教育学院学报》，2012(1)。

罗　吕：《新课程改革之路：机遇与挑战并存》，载《江西教育学院学报》，2012(1)。

钟启泉：《寻求课程范式的转型——“新课程改革”的回顾与前瞻》，载《教育探究》(福州)，2012(1)。

江萍萍、姚月仙：《从教师提出问题走向学生发现问题——在新课程中转变学生的学习方式》，载《教育与教学研究》(成都)，2012(1)。

廖哲勋、罗祖兵：《试论学习活动方式的本质含义和重要作用——为修订课程标准和深化课程改革而作》，载《课程・教材・教法》(北京)，2012(1)。

王嘉毅、赵志纯：《西北农村地区新课程适应性的纵向研究——基于 2003 年与 2011 年调查的实证分析》，载《课程・教材・教法》(北京)，2012(1)。

王　鉴、孙新格、王珍珍：《课程改革：从“学术理念”到“治国策略”》，载《当代教育与文化》(西北师范大学)，2012(2)。

刘　双：《试谈新课程改革政策的走向及趋势》，载《教育观察》(广西)，2012(2)。

王策三：《对“新课程理念”介入课程改革的基本认识——“穿新鞋走老路”议论引发的思考》，载《教育科学研究》(北京)，2012(2)。

杨莉娟、项　纯、李铁安：《我国教师适应新一轮课程改革现状的调查研究》，载《课程・教材・教法》(北京)，2012(2)。

彭虹斌：《基层农村新课程改革状况调查——基于湖北省 H 市 A 镇的历史人类学调查》，载《课程教学研究》(广州)，2012(2)。

郭　华：《现代课程教学与教学认识论》，载《北京大学教育评论》，2012(3)。

冯加渔：《新课程改革的文化路向》，载《当代教育科学》(济南)，2012(3)。

李祖祥、潘　霞、徐建平:《守望发展——新课程改革背景下的教材批评回顾》,载《湖南师范大学教育科学学报》,2012(3)。

张　玮:《新课程中教师角色的转变及对教师素质的新要求》,载《教学与管理》(太原),2012(3)。

代建军:《课程监控机制的运作机理》,载《教育科学研究》(北京),2012(3)。

方斐卿:《课程改革批评——来自基层教师的另类思考》,载《教育科学研究》(北京),2012(3)。

吴小鸥:《新课程改革教材建设十年回顾及趋势展望》,载《教育科学研究》(北京),2012(3)。

刘径言、李洪修:《教师课程领导的实践向度与文化意蕴》,载《教育探索》(哈尔滨),2012(3)。

潘朝阳:《场域与惯习:新课程改革的社会学审视》,载《教育探索》(哈尔滨),2012(3)。

张登山:《课程改革中教师专业发展的文化冲突与超越》,载《教育探索》(哈尔滨),2012(3)。

张　娟:《新课程改革下教师角色的转型》,载《吕梁教育学院学报》,2013(3)。

李　芳:《新课程改革背景下教师自我认同的困惑与突破》,载《内江师范学院学报》,2012(3)。

孟　月:《新的十年课程改革发展趋势探索》,载《天津市教科院学报》,2012(3)

李志远:《新课改背景下的校本教研与教师专业发展》,载《当代教育理论与实践》(湘潭),2012(4)。

刘家访:《课程改革十年:本土实践视角的检视》,载《福建师范大学学报》(哲学社会科学版),2012(4)。

龙安邦、范　蔚:《试论课程改革的理论基础——兼论我国十年新课程改革的理论基础及其论争》,载《河北师范大学学报》(教育科学版),2012(4)。

叶　波、范　蔚《课程改革十年:校本课程开发的进展、问题与展望》,载《教育科学研究》(北京),2012(4)。

王菲菲:《试论新课程视野下教师文化的反思与重建》,载《教育探索》(哈尔滨),2012(4)。

张增田、雷冬玉、石　鸥:《课程改革预期目标偏离的政策因素探析》,载《课程·教材·教法》(北京),2012(4)。

张　良、韦冬余:《论课程改革之复杂性逻辑:声辩及其构想》,载《全球教育展望》(华东师范大学),2012(4)。

李　松:《新课程改革背景下教师自我认同的困惑与思考》,载《当代教育科学》(济南),2012(5)。

王若梅:《课程改革中的法制诉求与路径选择》,载《当代教育科学》(济南),2012(5)。

潘希武:《对新课程改革理论基础的反思》,载《教育导刊》(广州),2012(5)。

钱　雨:《课程研究的现象学之路》,载《教育探索》(哈尔滨),2012(5)。

王　威、温恒福:《论新课程背景下教师课程权力与赋予策略》,载《教育探索》(哈尔滨),2012(5)。

李　琼、倪玉菁:《从学生数学学习的追踪研究看新课程改革的实施效果》,载《教育研究》(北京),2012(5)。

宁连华、吕林海:《我国基础教育新课程改革的十年审思与展望——基于历史定位、所获成绩与存在问题的探析》,载《教育研究与实验》(华中师范大学),2012(5)。

丁念金:《课程内涵之探讨》,载《全球教育展望》(华东师范大学),2012(5)。

和学新、张丹丹:《课程的心理学基础研究的问题反思与走向》,载《全球教育展望》(华东师范大学),2012(5)。
屠锦红:《我国十年语文课程改革:问题与反思》,载《河北师范大学学报》(教育科学版),2012(6)。
张静静:《课程改革的整体性:整体主义课程理论的启示》,载《基础教育》(华东师范大学),2012(6)。
李斌辉:《新课程改革代价审视》,载《教育导刊》(广州),2012(6)。
李运昌、王中军:《课程发展的秩序困境与可能路径》,载《教育发展研究》(上海),2012(6)。
曾文婕、段辉勇、李金花、杨　璐:《深化课程改革的三个新生长点——广东教育学会课程与教学论专业委员会第三届学术年会综述》,载《教育发展研究》(上海),2012(6)。
李宝庆、靳玉乐、樊亚峤:《新课程改革下学生学习方式的转变》,载《教育研究与实验》(华中师范大学),2012(6)。
邬向明:《素质教育的核心:课程与新课程改革——现阶段新课程改革的问题与改革思路》,载《课程教学研究》(广州),2012(6)。
杨雪冰:《新课程改革形势下教师专业化发展的几点思考》,载《牡丹江大学学报》,2012(6)。
张侨中、林智中、黄毅英:《课程改革中的教师参与》,载《全球教育展望》(华东师范大学),2012(6)。
李　博:《浅析新课改下教师角色的转变》,载《吉林省教育学院学报》,2012(7)。
周属溪:《新课程背景下城市初中教师工作焦虑调查研究》,载《教学与管理》(太原),2012(7)。
杜文平:《北京市基础教育课程改革十年:数学学科教学质量评估》,载《教育科学研究》(北京),2012(7)。
樊玉亭:《北京市基础教育课程改革十年:语文学科教学质量评估》,载《教育科学研究》(北京),2012(7)。
陶文中:《北京市基础教育课程改革十年:学科教学的进展与问题》,载《教育科学研究》(北京),2012(7)。
黄　璞:《从杜威教育目的论视角评析新课程改革》,载《中国校外教育》(北京),2012(7)。
彭广明:《新课改背景下教学互动存在的问题与改进策略》,载《教学与管理》(太原),2012(8)。
王中华、熊　梅:《新课程改革推进中存在的问题、成因及对策》,载《教育理论与实践》(太原),2012(8)。
曹志平:《中学语文教师适应新课程改革状况的调查与反思》,载《新课程研究》(下旬刊)(武汉),2012(8)。
王晓晓、建　晖:《新课程改革背景下教师领导力的价值探析》,载《新课程研究》(上旬刊)(武汉),2012(8)。
冯莉莉:《新课程背景下教师教学个性生成策略研究》,载《哈尔滨学院学报》,2012(9)。
卿　曦:《教育哲学视角下的新课程改革评析》,载《吉林省教育学院学报》,2012(9)。
中国教育科学研究院课程教学研究中心课题组:《基础教育课程改革十年:经验、问题与对策》,

载《教育科学研究》(北京),2012(9)。
王夫艳、卢乃桂:《自由与束缚:课程改革中教师的学科依附》,载《教育研究》(北京),2012(9)。
杨　蕊、王　伟:《新课改背景下中小学教师角色定位的困境及对策》,载《现代中小学教育》(东北师范大学),2012(9)。
朱喜香、陈少华、徐　洁:《新课程改革实施现状的调查与分析》,载《新课程研究》(华中师范大学),2012(9)。
于舒曼、朱成科:《基础教育课程改革理论基础研究述评》,载《河北师范大学学报》(教育科学版),2012(10)。
张艳芬:《新课改背景下中小学教师抑郁和焦虑情绪现状调查》,载《教学与管理》(太原),2012(10)。
邢红军:《三论中国基础教育课程改革:方向迷失的危险之旅》,载《教育科学研究》(北京),2012(10)。
彭虹斌:《新课程政策软性部分执行问题及出路》,载《教育理论与实践》(理论版)(太原),2012(10)。
任姣姣:《透析教师初次接触新课程改革所面临的冲突》,载《教育与教学研究》(成都),2012(10)。
张士森:《关于基础教育课程改革之再审视》,载《教育与教学研究》(成都),2012(10)。
管廷娥:《新课程改革下教师的学生评价观转变策略》,载《现代中小学教育》(东北师范大学),2012(10)。
张　菁:《三维目标:从课程层次到教学层次》,载《当代教育科学》(济南),2012(11)。
查有梁:《十年新课程改革的统计诠释》,载《教育科学研究》(北京),2012(11)。
胡惠闵、周坤亮:《关注高中课程改革的根本性问题——钟启泉教授访谈》,载《全球教育展望》(华东师范大学),2012(11)。
郭　英、谢名春:《新课程背景下教师教育课程设置的探讨》,载《教育与教学研究》(成都),2012(12)。
孙士雪、李建华:《从教师学习特性看新课程标准改革中的教师发展路径》,载《现代中小学教育》(东北师范大学),2012(12)。
陈文亮、杜丽娟:《新课程背景下教师文化冲突的分析与超越》,载《淮海工学院学报》,2012(14)。
刘启迪:《中国课程改革需要文化自觉与文化自信》,载《当代教育科学》(济南),2012(22)。
张新海:《农村课程改革十年:问题、成因与对策》,载《教育发展研究》(上海),2012(22)。
刘志春、张长征:《试析新课程改革中教师职场角色的转变——从“保姆”到“领导者”》,载《教育理论与实践》(理论版)(太原),2012(35)。

十、教学的有效性与道德性

目录

课堂教学是学校教育的基本形式，也是当前课程改革的焦点之一。与往年相比，2012 年的相关研究延续了有关教学及教学论学科性质的讨论，同时也对教学的有效性和道德性以及教师的教学素养问题进行了进一步的探讨。

(一) 教学及教学论概述

1. 教学的性质问题

教学是认识活动还是实践活动抑或是其他？2012 年，研究者继续对这一关涉教学性质的问题进行追问和思考，主要涵盖以下三种观点：

教学认识论——教学认识论揭示了现代教学以传递和掌握系统的科学文化知识为核心的本质特征。有论者认为，尽管近十几年来教学认识论受到的批判日见猛烈，但是以理性原则组织起来，有着明确的目标追求和严谨的过程实施，以传授系统的科学文化知识为核心的现代教学不能被抛弃。现代教学虽然不能仅仅归结为传授和学习科学文化知识，但科学文化知识的传授和学习却是现代教学的根本，这也是教学认识论屡批不倒的原因。因而，不能拒斥知识而要理性地去对待科学文化知识的传授和学习，这是改造现代教学的一个基本点。〔郭华，2012(3)；李润洲，2012(5)；刘雅林等，2012(8)〕

教学实践论——有论者认为，教学并不是一种认识活动，而是一种实践活动。首先，从性质看，实践是外显的、在头脑外进行的活动，认识则是内隐的、在头脑里进行的活动。而教学的基本性质与实践活动基本一致，与认识活动的基本性质不同。其次，从实践与认识的基本关系看，两者是并列的、非从属的。作为实践活动方式之一的教学，其与认识活动的关系也是并列的。据此，不应当说教学即认识活动。再次，从“心理与实践活动统一”的心理学原则看，人的一生主要有三种主导的实践活动，即学前期的游戏、学龄期的学习与成年期的劳动，人的一切的心理、意识与精神都是在这些活动中发生、发展与形成的。教学与学习是同一活动的两个不同的侧面：从教师方看，就是教学；从学生方看，就是学习。如上所述，学习既然是一种实践活动，在同一活动中与其相对应的教学，自然也是一种实践活动。〔燕国材，2012(8)〕

教学具有一定的伦理属性——有论者认为，围绕着提高有效性而进行的教学改革，容易忽视教学的伦理性，伦理性是教学的固有属性。越是追求有效性的教学，越有必要凸显其伦理性。缺乏伦理规范的有效教学，越是有效，对于学生身心健康的损害就越大，伦理性已成为有效教学中亟需关注的问题。当前，由于忽视教学的伦理性，导致在教育实践中出现种种问题。一是在方法上片面追求教学效率而容易异化成灌输教育；二是在内容上片面追求教学效果而容易异化成知识教育；三是在目标上片面追求教学效益而容易异化成升学教育。因此，教学行为主体在追求教学有效性的同时，需要受到伦理规范的约束。〔肖庆华，2012(1)；徐继存，2012(3)；黎平辉，2012(6)〕

2. 教学的当代走向

(1) 生成性教学

① 含义——生成性教学近些年受到越来越多研究者的关注，它所体现的是一种思维方式的转变，即从“预设性”到“生成性”的转变，强调师生基于课堂情境的多变性，在共同参与的过程中，通过对话与交流实现教学中意义的不断创生。在生成性教学中，教与学之间是一种互为主体的关系，师生之间构成一种“共在”的关系；同时，教学的目的也并非是由外部所赋予的，而是伴随教学的展开以及师生精神的成长而处于生成之中。传统教学对工具性价值过分关注，致使教学本真性的价值受到遮蔽，生成性教学就是针对这种预设性、灌输式教学的诸多弊端而提出的。〔王明，2012(1)；谢兴梅等，2012(8)；马玉琪，2012(10)〕

② 问题——随着生成性教学在我国中小学课堂的进一步展开，生成性教学的“技术主义”倾向日益凸显，其问题大体可以概括为三个方面。(a)“虚假生成”，是指以生成的表面形态进行预定知识传授或教师预定思想和观点的灌输。仅仅把“生成”作为体现新课改理念的工具去迎合外部评价的肯定，将其作为向学生传授书本知识与成人思想的手段，或对学生施加压迫的工具。(b)“随意生成”，是指教学中的“生成”缺乏明确的知识对象和目标指向。在教学中表现为教师对于学生所提出的问题和观点都予以鼓励和肯定，而不管它们是否真正具有教育教学的意味，生成活动是否符合课程标准的导向，或者学生间的探究与对话是否偏离课堂教学目标的指引。(c)“僵化生成”，是指让教学追求等级分明且缺乏批判意识的教育目标，或把某种生成模式、方法、技术

从生成由已产生的情境中剥离出来，使之普遍化、机械化、形式化，由此使生成性教学陷入一种“刻板方法论”。〔周序，2012(3)；程良宏，2012(5)〕

③ 构建——针对生成教学的技术主义倾向等问题，有论者认为需要在教育哲学层面构建生成性教学理论。技术层面的操作性选择对教学是重要的，但价值层面的澄清和选择对技术层面的操作更是方向性的指引。这不仅需要关注从教学方法技术层面对现代性教学的改造，而且强调从教学价值层面对预成论教学哲学进行扬弃与超越。〔程良宏，2012(8)〕也有论者认为，在师生关系上，教师要把学生当成一个独立自主、自由发展的人，要尊重学生独特和完整的个性；在教学方法上，教学双方可展开积极讨论和交流，这种讨论不是把现成的知识以某种方式传授给学习者，而是从学习者那里引出知识，并由学习者自己决定和选择；在教学评价上，尝试运用个体内差异评价，要以学生自身状况为基准，就自身的发展情况进行纵向或横向的比较并作出价值判断。〔苗光宇，第33—37页，2012〕

(2) 对话教学

① 特征——对话教学是师生基于关系价值和关系认知，整合反思与互动，在尊重差异的前提下合作创造知识和生活的话语实践。主要有以下特点：(a)教学交往由“对象式”向“关系式”转变。对话教学打破了“主体哲学”强调主体对客体进行利用、控制的二元对立思维方式，认为人与人之间应该在真诚、理解、相爱的基础之上进行交往。它强调消解教学交往中的师生“主客”二分，赋予学生应有的主体性地位。(b)教学方式寻求“独白”与“对话”的共生。对话教学并不是机械地把“独白式”教学和“对话式”教学截然分开，适切的“独白”和本真的“对话”在育人功能上没有优劣之分。(c)师生关系由“上下级”向“合作者”调试。对话教学强调师生之间应该建立一种自主的、平等的、合理的“主体—主体”结构，两者都以教学活动主体的身份，共同创生教学的意义。〔焦方瑞，14页，2012；余宏亮等，2012(8)；张增田，2012(12)；范红，2012(27)〕

② 问题——(a)边界模糊。通常认为，对话教学是教师、学生、文本三者之间的相互对话。对话主体主要是指在同一时空和同一时代里能够进行言说的生命活体，而文本指的是人类已有的文化精华，因此在这种意义上，师生与文本的对话实质上是师生在深刻理解文本的基础上通过知识、情感的交流共同对前人思想的理解共同创生知识和教学意义的教学形态。此外，在教学实践中，对话教学存在被过度推崇的倾向，甚至在一定程度上造成没有对话的教学活动就不是好的教学活动的现象。

(b)目标过于局限于掌握知识。这使对话教学成为授受教学的一种“变种”，或者成为灌输知识的一种新途径，使得学生不但不能有效地进行知识建构，而且忽视了发展思维、交流情感、熏陶精神等目标。

(c)主体准备不充分。首先，师生的对话意识较弱，师生深入挖掘对话教学的价值和作用的意愿也不够强烈。其次，是否存在民主平等的师生关系一直是对话教学的两难问题。在对话的理念和精神鼓动之下，为了强调民主平等，存在一些矫枉过正的现象，极大地弱化了教师的主导作用。再次，是否比较充分地占有关于话题的资源直接影响着师生在对话教学中是否有话可说。在学习负担较重的情形下，学生通常不可能有太多的时间和精力充分地掌握关于某个话题的丰富资源。

(d)操作方式不规范。一是将对话教学简单化为"问答"式教学，即，只要教师问学生答就被当作对话教学；二是只要学生在说话、表达自己的看法就是对话教学；三是对话教学通常发生在教师和少数优生之间，其他学生成为对话教学的观众。〔王天平，2012(11)；张丽等，2012(14)〕

③ 构建——有论者认为，构建有效的对话教学需要平等的主体、共鸣的话题、开放的情境、顺畅的沟通以及深度的理解。平等的主体有助于学生乐于参与对话教学；师生之间共鸣的话题是对话教学得以展开的切入点；开放的情境可以使师生的想象力得以充分的展现，使对话教学具有丰满的形态；顺畅的沟通有助于对话教学的有效展开；对话教学要真正产生作用，还需要学生对话题进行深度的理解，有效的建构意义、发展思维及培育情感。也有论者认为，对话教学的顺利实施离不开适切的课堂话语环境。对话教学所需要的课堂话语环境具有共同体的特征，从本质上讲，对话性教学共同体是一种异质化共同体。对话性教学共同体的构建需要对教师权威、课程设计与管理、对话教学的目标进行重构以及对社会文化环境进行批判反思。〔张光陆，2012(2)；王天平，2012(11)〕

(3) 体验教学

① 含义——有论者认为，体验教学是一种引导学生根据个人已有经验、情感、认知与环境进行交互作用的过程，是引导学生不断解决冲突，认识和适应环境，创造知识，建构独特生命的教学过程。〔杨敏，第 20 页，2012〕也有论者认为，体验教学是一种以人的生命发展为依归的教学，它尊重生命、关怀生命、拓展生命、提升生命，蕴含着高度的生命价值与意义。它所关注的不仅是人可以经由教学而获得多少知识、认识多少事物，更在于人的生命意义可以经由教学而获得彰显和扩展。〔赵文婧，2012(6)〕

② 策略——体验离不开生活，生活让人明确世界与自我之间的关系，学科与生活

的联系，而这些重要的关系隐藏在各种各样的生活原型之中。有论者从生活原型的角度提出了体验教学的策略，主要有：(a)体验资源的丰富化策略，充分利用学校、家庭和社区的课程资源；(b)体验教学的差异化策略，将不同的生活原型安排在学生的体验活动中去；(c)为学生提供多样化的体验学习方式；(d)体验过程的情感化策略，教师要关注学生的心理活动和情感变化，捕捉学生在体验过程中产生的情感共鸣和情感冲突；(e)体验结果的显性化策略，这会使学生对隐性知识的理解更加深刻，掌握得更加牢固，获得很大的成就感和满足感；(f)体验评价的整体化策略，要做到评价维度多向性和评价方式多元化，关注学生综合素质的提高，关注学生情感水平的发展，关注学生正确价值观的形成；(g)体验意义的个人化策略，教师应创设与学生的生活背景相关联的学习情境，将学习置于学生已有的经历基础之上。〔杨敏，20页，2012〕

另有论者基于库伯(David Kolb)的"体验学习圈"(experiential learning cycle)(如图1)理论提出了体验教学的策略。这种理论认为体验学习要经历具体体验、反思观察、抽象概括和主动检验的持续过程。其中，具体体验与抽象概括代表感知与领悟的理解向度，反思观察与主动检验代表内涵与外延的转换向度。体验教学可以借鉴学习圈的历程来设计与组织：(a)设计真实的具体体验；(b)引导体验后的反思观察，引导反思具有催化经验与学习关联的效果；(c)关注抽象概括的内在思维。预留时间和机会让学生充分表述他们对问题的认识和理解，也可以透过自我分析和反省思考的过程予以具体的表述；(d)再次创造主动检验的应用情境。主动检验意味着将抽象概括的原理运用于新的情境，以经历意义的外延转换，教师需要再创造一个紧密联系的情境或活动。〔严奕峰等，2012(6)〕

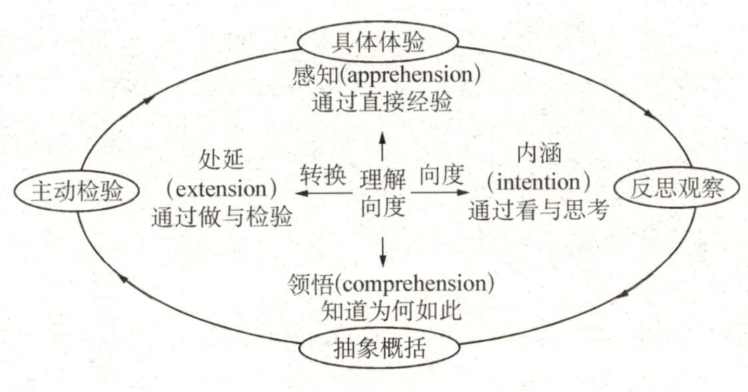

图1　体验学习圈及两个向度

3. 教学论的学科问题

(1) 本土化问题

从语义上说，本土化(localization)，就是使外来的事物(思想、行为、制度、器物等)适应本土(本国、本民族)情形并成为本地事物的变化发展过程，也是本地事物为了迎接外来事物的冲击和挑战而不断调整和强化自身的过程。教学论本土化，就是指外来教学论转化为中国的教学论，即中国化的过程。

就当前我国教学论的本土化问题，论者们提出了以下几个方面的策略：

① 保持传统与现代之间的张力，做到古今教学思想的互补互动。既要全面了解西方教学思想的“过去”与“现在”，善于学习和借鉴其优秀的成果，又要充分把握本土教学思想中的“过去”与“现在”，坚持教学思想的民族特性，发挥本土教学思想的特色与优势。

② 保持本土与西方之间的张力，做到中西教学思想的和而不同。“和”就是要求在处理本土与西方教学思想的关系时，认清各自的价值以及存在的合理性和必要性，“不同”则是要求保持各自的文化特性。

③ 保持借鉴与创新之间的张力，做到教学思想的与时俱进。首先，大力弘扬本土教学思想，努力提升其国际地位，促使其与其他国家的交流更加积极主动；其次，在与其他国家的交流中，坚持本土的教学特色，保持自身的独立自主性；再次，在本土化的过程中，保持必要的怀疑和批判性的精神。

④ 积极开展课程与教学实验并对其经验进行理论概括与提升。实践是理论生成的现实土壤，理论是实践中生长出来的智慧花果。教学理论源于教学实践，教学实践是教学理论的原生土壤，是课程与教学理论的原始生长点。

⑤ 推进当代课程与教学论的整体创新和原创性探索。首先是研究思维的转向，强调现代多元复杂思维；其次是研究方法的转向，采用实践的、体验的、现代的方法；再次是研究话语及其范式的转向，突破书斋式研究，进行实验和实地考察式研究，进行研究体系的整体性建构而不是零散的个别的研究。〔李红恩等，2012(2)；张传燧等，2012(3)；容中逵，2012(7)；李松林，2012(8)；刘欣，2012(12)〕

(2) 研究立场问题

每个教学论研究者都有自己教学论研究的内在追求和价值取向，也就是说都有自己的学科立场，所谓的“无立场”实际上也是一种立场，只是这种立场表现为教学论研究者的一种自我放逐的无主体性状态而已。透视时下教学论研究的现状，不少教学论研究者的立场存在一定的偏差，主要体现在以下三个方面：

① 寻求普适性教学知识。忽视教学实践所依存的经济社会条件和历史文化根基，不能对复杂多样的教学实践提供充分的解释和指导。教学论研究者所持有的普遍理性主义的研究立场和抽象思辨的研究方法，是当前教学论面临困境的重要原因之一。

② 以自我为中心的教学表达。近几年来，个人教学感想和体验取代了对教学问题的科学研究，教学知识似乎成了主观任意的东西，教学论变成了不同教学意见的堆积。这种倾向忽视教学论概念发展的有机组织性和逻辑性，使教学论变成了某种常识。

③ 止于教学论文本的逻辑运演。一些教学论研究者把现实教学问题视为一些教学的观念和概念，集中研究的往往都是教学论文本。人们往往用教学观念来代替实际教学，把自己的教学想象当做教学的实质，教学论研究者成了"摇椅上的学者"。〔徐继存，2012(4)；安富海，2012(19)〕

（二）教学的有效性和道德性

1. 有效教学的界定

"有效"是理解有效教学的关键词。不同的论者分别从不同的视角对"有效教学"进行了界定：

(1) 教学设计的视角。有论者认为有效教学有以下十个基本要义：一是促进发展；二是形成知己、知事与知人相统一的专长；三是实现迁移，即实现可应用于具体学科领域的一般原则或策略的具体迁移；四是意义生成，强调学习中生成意义，以满足学习本质上内外协调、表里贯通的要求；五是内外协调，要求教师把握学习者内部心理结构的变化以及学习者的外部行为表现，内外协调一致；六是学教统一，调动师生两个方面的积极性，在"生本教学"的主流下不能轻视教师的作用；七是扶放有度，努力做到从扶到放、扶放有度，逐渐撤除支架；八是环境友好，致力于创设友好的学习环境，做到物理环境宜人、心理环境舒畅、技术环境通达；九是系统设计，即在面向完整任务和聚焦解决问题的前提下，有序实施各个步骤，包括备课、上课和评课，动态生成与预设安排的统一；十是条件适配，要实现教学目标、教学方法和教学评价之间的相互匹配。〔盛群力，2012(4)〕

(2) 教学行为的视角。有论者认为，有效教学实质上是关注"教学行为"是否有效的教学，对教学行为有效性的分析是理解有效教学的关键。(a)从教学目标的视角进行界定，着重强调教学目标的达成，是指教师在教学中使学生达到一些特定的教学目标的行为，是指那些能促成课堂教学目标完成的教学行为。(b)从教学效果的视角进行界定，着重强调学生学业成就的提高，认为教师的有效教学行为是指那些与学生优异成绩高度相关的行为。(c)从教学能力的视角进行界定，认为有效教学行为是指教师在教学活动中实现合理灵活教学的能力。这种能力是指教学行为能始终围绕着教学任务，安排好各种影响因素，有效地引导学生学习。〔赵士果，2012(20)〕

(3) 教学结果的视角。很多论者认为有效教学即有效果、有效益、有效率的教学。教学有效果指的是受教学的影响所能显示出来的一切成果，学生有无进步和发展是衡量教学有没有效果的唯一指标。教学有效益强调的是学生学到的东西能够为其所用。具体来说，它表现在对社会的效益，符合社会对培养人的要求，努力造就合格和优秀的公民；对个人的效益，为个人一生的发展和幸福奠基。教学有效率要求教师在一定的教学投入内产生尽可能大或多的教学产出。〔庞海云，2012(5)；余文森，2012(5)；廖明等，2012(6)；闫祯，2012(6)；杨启亮，2012(8)〕

2. 有效教学的理论基础

有论者认为，有效教学有其深刻的心理学、教育学、知识论的理论基础。具体如下：

(1) 心理学基础。有意义学习是一种以思维为核心的理解性的学习，其特点是学生全身心的投入，其结果既是认识和能力的发展，又是情感和人格的完善。奥苏伯尔(D. P. Ausubel)认为，影响学习的最重要因素是学生的已知，因此要根据学生的原有知识状况进行教学。他反对把有意义的材料以机械的方式来教，强调知识只有在整体联系中才能被理解和掌握。罗杰斯(C. R. Rogers)从"人"的角度理解意义学习，认为学生在学习过程中是一个具有情感态度价值观的完整的人。提倡教师实施"以学生为中心"的课堂教学模式，注重发展个人的主动性、创造性和责任感。

(2) 教育学基础(发展性教学理论)。学生发展是教学的宗旨、目的和归宿，是检验教学有效性的最高标准。维果茨基(Lev. S. Vygotsky)提出"最近发展区"的思想，强调"教学应当走在发展的前面"；赞科夫(L. V. Zankov)提出发展性教学的思想，其宗旨是"以尽可能大的教学效果，来促进学生的一般发展"。

(3) 知识论基础。知识论是教学论最重要的理论基础，任何教学理论都基于一定的知识论,有效教学论以有效知识论为基础,教学的有效性取决于教学的有效知识量。①知识具有"育人"价值。首先它对个体的智力开发、智慧增长具有积极的促进作用;其次知识具有丰富的道德因素,体现着人类的道德理想和精神品质;再次知识具有陶冶价值,美育离不开知识。②有效的知识观。为了最大限度地促进学生的发展,有效教学要秉承以下知识观:首先是注重思维过程的知识观,要引导学生的思维深入到知识的发现或再发现的过程中去;其次是注重开放和建构的知识观,只有当学生真正认识和理解了知识的有限性、条件性和相对性,形成一种开放和建构的知识观时,他们才能够大胆采取批判性、反思性和探究性的方式进行学习;再次是注重意义和德性的知识观,强调学习者对知识的个人心理意义的建构,强调知识的价值应使学习者感受到生命的充实性和意义性。〔余文森,2012(2)〕

3. 影响有效教学的因素

(1) 教学设计

科学合理地进行教学设计是有效教学的关键。教学设计作为联系教学理论与实践的"桥梁",以促进学习者的学习为根本目的,是运用系统分析方法研究教学问题、确定教学目标,从而建立解决教学问题的策略方案、试行解决方案、评价试行结果和对方案进行修改的过程。有论者认为,进行教学设计要遵循以下几点:

① 宗旨:促进学生进步与发展。教学设计要符合学生的心理和身体发展的特点,关注、关照学生的需要和兴趣等,促进学生在创新、决策、批判性思维等方面的发展。

② 起点:分析学习需要,确定教学目标。教师在教学设计之前就必须了解学生的学习需要和存在的问题,为教学设计的教学任务分析、教学目标的确定、教学策略的制定、教学方法的选择、教学媒体的运用等要素提供重要的依据。

③ 任务:提出有效教学的方案。在教学活动之前,预先对教学目标中规定的、需要学生习得的能力或倾向的构成成分及其层次关系进行分析。

④ 手段:选择教学方法,制定教学策略。教学设计不能仅仅考虑教师教得方便、教得精彩和教得舒畅,更应把学习和学生作为焦点,通过合理选择教学方法、恰当运用教学媒体、灵活制定教学策略等手段,真正做到以教导学、以教促学。

⑤ 监控与调节:对教学进行评价与反思。教师要对教学进行科学的评价与反思。教师为了实现有效的教育教学,对已经发生或正在发生的教育、教学活动以及这些活动背后的理论、假设,进行积极和深入的思考。〔戴风明,2012(5);汪海,2012(6)〕

也有论者认为,教师的素质(教学的观念、能力等)并不是直接影响教学有效性的变量，或者说不是独立存在的影响变量。它是通过影响教师如何理解和处置教学的目标、内容、条件及学情，并设计出适宜或优化的教学行为，进而影响教学的有效性。〔陈佑清，2012(11)〕

(2) 教学行为

论者们认为，教学行为本身是由教师的教导行为与学生的学习行为构成的，它们对教学具有重要影响。

① 学习行为。学习行为与学习结果及效率之间存在直接的相关性和对应性。实现有效教学的学习行为具有如下特征：(a)学习行为的能动性。学生主动参与学习过程是有效教学最为重要的前提条件。(b)学习行为的针对性。有针对性的学习行为，即适宜的学习行为，是针对影响学习行为的基本要素（目标、内容、学情、条件）的实际情况而设计和选择的。(c)学习行为的多样性。有效教学所追求的发展目标的全面性，要求学生综合运用多种行为进行学习，以便实现全面发展的目标。(d)学习行为的选择性。应允许不同的学生选择不同的学习行为，包括不同类型和方式的行为，不同时间以及不同频次或时长地采用某种行为。〔刘万海，2012(10)；陈佑清，2012(11)〕

② 教导行为。教导行为的对象是学生的学习行为，其目的在于引起学生能动地参与学习过程和促进学生有效地展开学习过程。教导行为的具体方式要根据教导所意在引起和促进的学习行为的种类来确定，而后者又是由教学目标实现的需要、教学内容的特性、学生的学情及教学条件所综合决定的。因此，教导行为不仅仅是直接讲授，更多的是对学生的学习能动性的激发、调动，学习方法或策略的指导，思维或活动过程的示范，学习过程与结果的评价、激励，学习疑难的点拨，学习过程的组织以及与学生的交流和互动等。〔陈佑清，2012(11)〕

除了教师的教导行为外，教师对课堂的体验也是影响有效教学的一个重要因素。在理论层面，一堂好课有多种标准，对教师课堂实践真正有帮助的是教师看完这些关于有效课堂的描述之后，自己形成的教学理念，而这些教学理念都会或多或少、或早或晚影响到自己的课堂教学实践行为。在实践层面，虽然没有一堂标准的好课，也没有关于一堂好课的标准，但在每位教师心目中却有着属于自己的理想课堂，而判断这个理想课堂的实现程度，最真实的标准就是教师的课堂体验。〔周彬，2012(4)〕

此外，教师的教学机智虽然并不是直接影响教学有效性的变量，但是它通过影响教师如何理解和处置教学的目标、内容、条件及学情等进而影响教学的有效性。如有论者认为，把握教学的最佳时机是有效教学的一个重要原则。教学的最佳时机是指

"针对特定的教学活动中客观存在的可以获得最佳效能的一段时间中的机遇"。教学最佳时机的创设、捕捉和利用都需要教师具备良好的教学机智素养。〔杨爱君,2012(2);胡志刚,2012(3)〕

4. 教学伦理的缺失与重建

(1) 教学伦理的缺失

有论者认为,教学是一项富有道德理想和伦理使命的善的活动。然而,近年来,实践中的教学活动越来越脱离伦理价值的审视,教师仅关注教学的有效性,忽略教学过程的伦理。当前对有效性的追求使教学的技术性日益强化,打破了原有的教学伦理关系,而与之相应的教学伦理关系又没有及时建立,教学伦理的缺失问题日益严重。〔季明峰等,2012(23)〕当前这种缺失主要表现在以下几个方面:

① 课程计划被压缩,全面发展目标遭搁置。课程计划开设的科目是为学生的全面发展奠基的。然而在教学实践中,课程计划被更改,教师压缩课程内容,把全面发展目标搁置一边,引发儿童厌学情绪,带来负面的教育影响。

② 教学目标遭简化,三维目标整合被悬空。首先是主科课程的教学目标遭简化而呈扁平状,具体表现为教者只关注静态知识的记忆,强调书面考核技能的训练,教学内容单薄枯燥,只围绕考试内容作机械训练,教材不要求考核的内容,不练甚至不教。其次是艺体类课程的教学目标含混不清,学生习得的知识与技能呈零散皮毛状。

③ 教学过程控制过度,自主学力培养遭忽视。在教学过程中,一些教师扮演着知识垄断者的角色,对教学进行过度控制,以致学生的自主学力培养遭到忽视。这种控制表现在两个方面:其一是多媒体课件的泛滥使用导致了对学习活动的僵化控制;其二是对教学时间的过度控制。

④ 教学评价单维僵化,多元潜能发展被忽略。当前主要的评价方式还是书面检测,它主导的教学行为是培养以记忆力为主的认知能力,适合考核的认知类目较有限,能检测到的心智维度较单一,学生的非考核类潜能培养在实际中被边缘化。

⑤ 教学冷暴力现象普遍,学生人格尊严受伤害。教学冷暴力是指教师用挖苦讽刺的话语中伤学生,令其人格尊严受伤害。在传统教学伦理的规约下,教师是学生学业成就的主要责任者,对学生享有绝对的控制权。有些教师不懂得如何控制情绪,训导话语过于激愤,使学生的人格受到伤害,教学过程中的德性被遮蔽,教学的善性品质逐渐疏离。〔李森等,2012(8);伍俏玲,2012(21)〕

(2) 教学伦理的重建

有论者指出，教学伦理的重建首先要遵循两个原则，即利益最大化原则和平等尊重原则。利益最大化原则是指，教学要尽量满足每个学习者的学习需求，尽量使每个学习者得到最大程度的发展；平等尊重原则是指在教学过程中把每个学生视为有内在价值的人，是具有平等价值的主体，要平等地对待和尊重每个学生。具体来说教学伦理的重建应包括以下三个方面：

① 构建教学的伦理关系。一是构建师生都能从教学中受益的伦理关系，即教学行为要关注教学场域中每个人的切身利益和实际需要；二是构建平等的伦理关系。在教学过程中学生的人格应受到平等的对待；三是构建相互尊重的伦理关系。学生在教学活动中应有知情权，教学活动应该在学生认可的情况下进行。

② 规范教学的伦理行为。教学的伦理行为主要是针对教师而言的，教师不能因为片面追求教学的有效性而破坏教学的伦理关系。一方面，教师的教学行为要符合法律规范，这是对教学行为规范的基本要求；另一方面，教师的有效教学行为要符合道德规范，这是对有效教学行为的较高要求。规范有效教学的伦理行为是要把教师群体的伦理自觉转化成教师个体的道德自律，使教师在有效教学过程中自觉地践行有效性和伦理性这两个价值维度，使教师在有效教学中的伦理行为蕴含着道德意蕴。

③ 进行教学的伦理反思。越是追求有效性的教学，就越有必要对其进行伦理反思，一是从教学目的方面来对教学进行伦理反思。人的全面发展始终是教学的伦理目标和价值准则，因此在有效教学过程中要把学生当成目的而不是手段；二是要从教学技术方面来对有效教学进行伦理反思。通过教学方法和手段等技术方面的改进来提高教学效益、效果和效率，要以符合伦理规范为前提；三是要从师生关系方面来对有效教学进行伦理反思。有效教学是面对全体学生的教学，这就要求教师要公平合理地分配教学资源，使每一个学生在课堂教学中学有所获，都能得到适当的发展。〔肖庆华，2012(1)〕

(三) 教师的教学素养

1. 教师的教学决策

教学决策能力是教师教学智慧的集中表现，是影响教学效果的关键因素。教学决策能力是教学共同体为了实现教学目标而在教学过程的各个环节采用一定的方法寻求一个满意决定的能力。在日常的教学活动中，无论是教学准备阶段、教学实施阶段还是教学反思阶段，教师经常要作出一些教学决策，这些教学决策直接或间接地影响着教学流程的实施、教学结构的重建以及教学质量的高低。〔张定强，2012(11)〕

有论者通过对来自甘肃省11个地市参加中学阶段新课程培训的语文、数学等学科的92名教师进行调查发现，现阶段教师的教学决策能力存在一定的障碍，主要表现在教学设计时缺乏系统考究教学要素的决策意识；在教学实施时缺乏对教学过程准确判断的决策力度；在教学反思时缺少对教学进程有效评价的工具和方法。〔张定强，2012(11)〕鉴于教师的决策能力对教学的重要影响，以及当前我国教师的教学决策能力需要进一步提高的现实，论者们从多个视角提出了提高教师的教学决策能力的相关对策。

(1) 反思的视角。有论者认为，教学反思是促进教师直觉性决策发展的主要途径。教师进行实践反思的过程并不是线性的，而是循环往复的螺旋式发展过程。教师通过反思，把日常教学中零散、不系统的教学经验升华、转化为系统的教师实践知识。教师是课堂教学活动的主导者，对教学活动拥有最后的决定权。为提升教学效能，教师必须反思教学中发生的事，分析各种可行的途径，做出合理、有意义的教学决策。〔张定强，2012(11)；杨鑫等，2012(18)；林英典，2012(29)〕

(2) 情感的视角。有论者认为，有效教学决策是教师情感与教师理性协调互动的过程。情感作为教师有效教学决策的基础，对决策目标、决策动机、决策思维、决策沟通和决策评价等决策要素具有重要影响。教师掌握并发挥情感的积极作用，提升自身情感修养，是确保教学决策合情合理、实现决策有效性的根本路径。为此，教师首先应重视情感体验的内在驱动和自我调节功能，加强教学决策过程本身诸如决策目标、决策内容等要素的情感吸引力；其次，加强教师在教学决策中的情感修养，使教师的自身情感进行适合教学目标和决策情境要求的认识、管理和表达，提升情感合理性的过程；再次，还要满足教师在教学决策中的成就感，使教师保持积极的情感。〔赵鑫等，2012(5)〕

(3) 生态理性的视角。教师进行教学决策应遵循整体性原则与双赢原则。前者要求教师考虑教学这一生态系统中教师、学生、教学实践、教学资源等相关因素及其相互联系，以免引起教学生态系统的失衡。后者要求教师决策的结果对师生而言是双赢的。对教师而言，教学决策应该是有利于自己的教学实践；对学生而言，要求决策时不仅要考虑作为整体的学生的权益，也要适当顾及学生个体的利益。〔陆明玉等，2012(2)〕

2. 教师的教学创新

(1) 含义

什么是教师的教学创新？有论者认为，对于教师这一培养人的特殊职业而言，创新体现在教师的教学过程中，它不仅是一种智力特征，更重要的是一种人格特征和精神状态。教学创新不仅在于新颖独特、与众不同地解决教学过程中的各种问题，更在于教师能够积极理解不断更新的教育教学理念和方法，充分尊重和理解学生的个性差异，根据自身优势和特点采取适合的教育教学方式，因材施教地引导学生成长。它主要表现为三个方面：一是教育理念创新，即教师要具有与自己教育教学活动相关的、科学的教育教学思想和观念；二是知识方法创新，具体包括教师的专业性知识、条件性知识和实践性知识不断获得更新和整合；三是师生关系创新，教师要积极理解学生心理与行为特点，与学生建立有助于学生发展、符合教育和社会发展要求的和谐师生关系。〔姚计海，2012(8)〕

也有论者认为，教师教学创新能力由学习能力、教育能力、社会能力、现代教育技术能力四种要素构成。学习能力指教师主动为创新教学方式方法及提高教学效果而有效地进行反思性学习的能力；教育能力指教师具有专业精神，热爱教育事业，有丰富的学科知识和良好的整体知识结构和课堂反应能力，具有一定科研水平，并能有效整合各种教育要素来促进学生的发展；社会能力指的是教师善于有效沟通，并与同事、学生建立良好的合作关系，在教学中抗压能力强；现代教育技术能力指教师善于和乐于利用网络技术搜集信息，并运用各种现代多媒体教育技术于教学中。〔蔡永红等，2012(2)；张喜燕等，2012(8)〕

(2) 策略

① 保障教学自主。教学自主是教学创新的内在保障和外在条件。有论者认为教师必须有权利按照自己认可的、有意义的方式来呈现教学材料，灵活地创造、改进或超越自己所教的课程；同时教师也拥有教学自主权来选择使用与教学情境相适应的方法，能够积极主动地改进教学策略和方法。〔姚计海，2012(8)〕

② 激发教师的内在创新动机。学校可以采取创新竞争和创新激励的策略来激发教师的创新愿望。在安排研究任务及审核创新成果时，学校要对教师的知识水平、职业经验、成绩以及创新成果的价值和意义进行比较、筛选，择优而用，同时还要实施奖励和晋升制度以鼓励勇于创新者、创新成果优异者。

③ 营造轻松、自主、安全的创新氛围。这种氛围通常体现在学校的管理理念、发

展目标、规章制度和物质设施等方面。学校要打破日常惯例，冲破可预见性程序的约束，使创新的组织文化以一种无声、无形的力量走进教师的心里。

④ 进行专业引领。创新理论和方法的教育、培训，如聚合思维和发散思维训练，头脑风暴法、举偶法的习得等，都能够提高教师的创新思维水平。此外，由于创新思维活动与人们掌握的知识和技能密不可分，学校也要鼓励教师自主学习或建立学习团队，扩充教师知识的深度和广度，打破思维定势。

⑤ 形成创新伙伴共同体。其他教师用什么标准来评价创新活动，以什么态度来对待创新成果，决定了创新的价值和可推广程度，会影响教师创新的积极性和建设创新型组织。其解决方案是同化抗拒者，帮助具有共同学术志趣、爱好的教师成为创新合作伙伴，这种具有内在凝聚力的创新团队是创新组织发展的依托。

⑥ 建立长期、稳定的创新研究管理机制。学校需要在深切理解教师创新活动的特性，并真正树立将"创新"进行下去的决心的基础上，建立长期、稳定的创新研究管理机制，不断为教师提供物质资源和心理层面的支持和帮助。〔李玉等，2012(14)〕

3. 教师的信息化教学能力

教师信息化教学能力，是以促进学生发展为目的，利用信息资源从事教学活动、完成教学任务的综合能力。它是信息化社会中教师专业发展的核心能力。世界各国在教育信息化进程中，都对教师信息化教学能力发展高度重视，教师信息化教学能力发展是教育信息化的关键实质环节。〔王卫军，2012(5)；王文君等，2012(6)〕

论者们从多个角度提出了提高教师信息化教学能力的策略：

(1) 宏观策略：教师信息化教学能力发展的外部条件。①社会发展的需求，信息化社会对教师能力发展的期待，要求教师在学习学科专业知识、懂得一般教学法和学科教学法的同时，还要熟练掌握教师信息技术知识与能力。②国家政策的保障，从专门针对信息化社会中的教育规划、教育改革方案，到教育信息化基础设施、教育信息资源、教师信息技术与能力培训等，国家政策层面给予了支持与保障。③教育改革的引导，教育教学改革在课程体系、实践教学、教学方法策略等方面，直接引导了对教育教学评价的价值取向。④学校组织的支持，主要包括校长的支持、资源的准备、培训的参与、教学的交流等方面的支持。⑤教师成长的动力，教师信息化教学能力的自信心、正确的态度、时间保证、知识的准备等，都是教师信息化能力发展的直接促进力量。

(2) 中观策略：教师信息化教学能力发展的方法论。①职前培养与在职培训相结合，教师信息化教学能力发展是一个系统的过程，职前培养与在职培训都是教师信息化教学能力发展的重要促进环节。②传统方式与网络在线相结合，信息社会教师获取学习信息资源的渠道已经多元化，在知识获取、教学经验分享等方面实现传统与现代网络方式的结合。③技术知识与实践应用相结合，职前教师可以在学习中体验模仿，通过积极参与教学实习，强化对技术知识的实践应用转化，而在职教师的教学实践则是技术知识得以及时转化的有效方式。④自主学习与协作交流相结合，即教师既要具有自主学习的意识，也要具备自主学习的能力，同时教师也需要与同行之间，与学生和教学专家展开交流对话。

（3）微观策略：教师信息化教学能力发展的内部动力。①以自主学习为主的知识积累，是促进教师信息化教学能力可持续发展的基础条件和动力源泉。②以教学实践为主的应用迁移，教师获得的教学技术知识、技能，要实现在其他信息化教学情景中的应用转变，尤其是在职教师的信息化教学实践，是信息化教学能力的重要体现。③以协作教学为主的对话交流，协作化教学能力，集中体现在教学观摩、教学研讨、协作交流、协作科研等方面，有利于促进教师信息化教学能力的整体提升与发展。〔王卫军，2012(5)〕

■ 论文索引

〔说明：同一期号期刊按刊名的拼音字母排序；学位论文按授予单位名的拼音字母排序〕

王　明：《教学生成的本体论解读——哲学解释学的视角》，载《教育导刊》(广州)，2012(1)。

肖庆华：《论有效教学的伦理性》，载《全球教育展望》(华东师范大学)，2012(1)。

刘万海：《课堂教学民主：从大话到行动》，载《教育发展研究》(上海)，2012(2)。

杨爱君：《教师教学智慧生成再探讨》，载《教育评论》(福州)，2012(2)。

蔡永红、王　迪、雷　军：《教师教学创新能力结构与创新表现的关系研究》，载《教育研究与实验》(华中师范大学)，2012(2)。

李红恩、靳玉乐：《西方教学思想本土化：意义、途径与策略》，载《教育研究与实验》(华中师范大学)，2012(2)。

陆明玉、李　森：《论“生态理性”视域中的教师教学决策》，载《教育研究与实验》(华中师范大学)，2012(2)。

裴娣娜：《教育创新与学校课堂教学改革论纲》，载《课程·教材·教法》(北京)，2012(2)。

余文森：《论有效教学的三大理论基础》，载《课程·教材·教法》(北京)，2012(2)。

张光陆：《对话教学的课堂话语环境：特征与构建》，载《全球教育展望》(华东师范大学)，2012(2)。

任海宾：《我国古代教学伦理思想刍议》，载《现代教育科学》(长春)，2012(2)。

郭　华：《现代课程教学与教学认识论》，载《北京大学教育评论》，2012(3)。

王志丽:《有效课堂教学评价的内涵》,载《教学与管理》(太原),2012(3)。

任海宾:《我国古代教学伦理思想及当代教学伦理建设》,载《教育探索》(哈尔滨),2012(3)。

张传燧、石　雷:《论课程与教学论的本土化》,载《教育研究》(北京),2012(3)。

胡志刚、李秀华:《教学最佳时机——一个有效教学原则》,载《课程·教材·教法》(北京),2012(3)。

徐继存:《教学生活的精神意蕴》,载《课程·教材·教法》(北京),2012(3)。

王文君、王卫军:《教师信息化教学能力实践分析》,载《现代远距离教育》(哈尔滨),2012(3)。

陈　思:《论教学认识的嬗变与反思》,载《教育理论与实践》(理论版)(太原),2012(4)。

喻　平:《教学的应然追求:求是与去伪的融合》,载《教育学报》(北京师范大学),2012(4)。

徐继存:《教学论的学科立场》,载《教育学报》(北京师范大学),2012(4)。

唐松林、范春香:《身体:教学世界蕴藏其中》,载《教育研究》(北京),2012(4)。

盛群力:《论有效教学的十个要义——教学设计的视角》,载《课程·教材·教法》(北京),2012(4)。

周　彬:《让"有效教学"从"课堂体验"起步》,载《中国教育学刊》(北京),2012(4)。

王卫军:《教师信息化教学能力发展策略研究》,载《电化教育研究》(西北师范大学),2012(5)。

赵　鑫:《教师有效教学决策的情感基础及其实践路径》,载《教育科学》(辽宁师范大学),2012(5)。

戴风明:《教学设计:有效教学的关键》,载《教育理论与实践》(理论版)(太原),2012(5)。

胡志刚:《教学最佳时机:要素、表现形态与特征》,载《教育探索》(哈尔滨),2012(5)。

程良宏:《生成性教学技术主义倾向批判》,载《全球教育展望》(华东师范大学),2012(5)。

李润洲:《重新理解教学认识论》,载《上海教育科研》,2012(5)。

庞海云:《新课程背景下有效教学理性思考》,载《中国教育学刊》(北京),2012(5)。

余文森:《有效教学三大内涵及其意义》,载《中国教育学刊》(北京),2012(5)。

王文君、王卫军:《国际视野下的教师信息化教学能力趋向》,载《电化教育研究》(西北师范大学),2012(6)。

廖　明、姜　峰、朱　蕾、郭燕峰:《提高教师课堂教学效果的策略研究——基于学生教学质量观视角》,载《教师教育研究》(北京师范大学、华东师范大学等),2012(6)。

闫　祯:《回归教学本源:有效教学研究的反思与梳理》,载《教学与管理》(太原),2012(6)。

汪　海:《教学设计:促进教师专业发展的实践力量》,载《教育科学研究》(北京),2012(6)。

严奕峰、谢利民:《体验教学如何进行——基于体验学习圈的视角》,载《课程·教材·教法》(北京),2012(6)。

黎平辉:《教育研究的价值转向与教师教学个性的生成》,载《全球教育展望》(华东师范大学),2012(6)。

赵文婧:《体验教学课堂中的新型师生关系》,载《新课程研究》(武汉),2012(6)。

容中逵:《教学论学科发展的尴尬境遇及其生存之道》,载《课程·教材·教法》(北京),2012(7)。

赵　鑫、李　森:《中国教学论科学化的意蕴和路径》,载《课程·教材·教法》(北京),2012(7)。

张建桥:《当代教学理论的反科学倾向及其根源》,载《中国教育学刊》(北京),2012(7)。
刘雅林、杜尚荣、李　森:《论悟性认识论观照下的有效教学》,载《教育导刊》(广州),2012(8)。
杨启亮:《课堂教学有效性的几个基础问题》,载《教育发展研究》(上海),2012(8)。
李　森、王天平:《教学活动的人性悖论及其合理运用》,载《教育研究》(北京),2012(8)。
李松林:《推进教学论研究的突破口》,载《教育研究》(北京),2012(8)。
余宏亮、秦　森:《对话教学的致思方式及实践转向》,载《课程·教材·教法》(北京),2012(8)。
程良宏:《生成性教学:作为教学哲学的构建与价值》,载《全球教育展望》(华东师范大学),2012(8)。
燕国材:《教学是认识活动还是实践活动——论教学及其过程的本质》,载《上海教育科研》,2012(8)。
谢兴梅、刘万海:《生成性教学:蕴涵、表征与策略》,载《现代教育科学》(长春),2012(8)。
张喜艳、解月光、杜中全:《信息技术促进教学创新研究》,载《中国电化教育》(北京),2012(8)。
姚计海:《论教师教学自主与创新》,载《中国教育学刊》(北京),2012(8)。
李　森、高　岩:《教师教学决策的情感机制与实践策略》,载《课程·教材·教法》(北京),2012(10)。
刘万海:《教学质量观重建:有效教学的视角》,载《全球教育展望》(华东师范大学),2012(10)。
马玉琪:《教学生成与生成教学》,载《上海教育科研》,2012(10)。
陈佑清:《论有效教学的分析模型》,载《课程·教材·教法》(北京),2012(11)。
王天平:《论对话教学低效性的病理与纠偏》,载《课程·教材·教法》(北京),2012(11)。
张定强:《中学教师教学决策能力的现状调查及分析》,载《课程·教材·教法》(北京),2012(11)。
刘　欣:《课程与教学论"本土化"发展问题探讨》,载《教育导刊》(广州),2012(12)。
高向斌:《"对话教学"概念分析与教学论的科学化探讨》,载《教育科学研究》(北京),2012(12)。
张增田:《教学当代转向:从"规训"到"对话"》,载《中国教育学刊》(北京),2012(12)。
安富海:《教学论研究中的本体论思维及其批判》,载《教育理论与实践》(理论版)(太原),2012(14)。
李　玉、温恒福:《论教师创新活动的动力机制与激励策略》,载《教育理论与实践》(理论版)(太原),2012(14)。
张　丽、郑家福:《实施对话教学的两个前提性问题》,载《教育理论与实践》(理论版)(太原),2012(14)。
闫　祯:《回归教学本源:有效教学研究的反思与梳理》,载《教学与管理》(太原),2012(18)。
杨　鑫、霍秉坤:《论教师直觉性教学决策与教学反思的关系》,载《教育发展研究》(上海),2012(18)。
赵士果:《有效教学行为研究的反思与重构》,载《当代教育科学》(济南),2012(20)。
伍俏玲:《教学伦理的缺失与重建》,载《当代教育科学》(济南),2012(21)。
季明峰、代建军:《教学的伦理品性考察》,载《当代教育科学》(济南),2012(23)。

范　红:《对话教学——教学本质的回归》,载《教学与管理》(太原),2012(27)。
杨钦芬、滕衍平:《意义生成:有效教学的价值追寻》,载《教学与管理》(太原),2012(29)。
林英典:《教学反思日记:教师专业成长的内动力》,载《教育理论与实践》(理论版)(太原),2012(29)。
苗光宇:《课堂教学生成研究——基于雅斯贝尔斯教育生成理论》,哈尔滨师范大学硕士学位论文,2012。
焦方瑞:《对话教学研究——生态学视角》,华东师范大学硕士学位论文,2012。
夏　芳:《创新性教师成长与发展研究》,沈阳师范大学硕士学位论文,2012。
杨　敏:《基于生活原型的体验教学策略研究》,四川师范大学硕士学位论文,2012。

十一、生活德育与公民教育

目录

(一) 德育的问题与走向

1. 当前学校德育的实证调查

当前我国德育研究在某种程度上存在思辨研究较多而实证研究较少的现象。2012年,一些研究者采取了问卷等方法对有关德育现象进行了调查研究,有如下发现:

① 道德品质问题——有论者对当前我国中小学生基本道德品质进行了调查研究。对山东、江苏、河北、湖南、四川和甘肃6个省份10403名90后中小学生的调查显示,当前我国中小学生传统美德有弱化倾向,现代意识有待培育,道德认知与道德行为相互脱节。这与中小学德育内容不完善、德育模式偏重"道德灌输"、学校德育的主导价值在不良家庭和社会德育环境中被消解有关。因此,中小学急需构建凸显民族性和时代性的学校德育内容,实施"知行统一"导向的学生道德能力培育模式,建立"一体化"的德育网络。〔赵丽霞,2012(7)〕

② 爱国主义教育问题——有论者针对爱国主义教育活动的内容、认知、形式、效果、评价等维度,采用自编问卷对北京三所不同类型小学的248名四年级学生进行了调查,结果显示:(a)三所小学四年级学生爱国主义教育活动的整体参与状况良好;(b)学生对爱国主义教育活动的态度在性别和父母是否党员上没有差异;(c)不同类型的学校在爱国主义活动的教育效果和评价方面有差异;(d)多数学生更愿意参与灵活性强、趣味性浓的爱国主义教育活动。〔钱志亮等,2012(24)〕

③ 国家认同问题——有论者对我国"90"后青少年的国家认同感情况进行了调查研究。调查结果显示,当前"90后"青少年在国家认同感上表现出评价与情感、依恋与归属的双重矛盾。具体表现为:中庸的评价与积极的情感;较高的依恋感与较低的归属感;女生比男生有更积极的情感;不同年级学生对国家的认同存在显著差异;学习成

绩优秀的学生对国家的认同感高于学习成绩较差的学生。〔刘晓红,2012(5)〕

④ 学生权利问题——有论者对杭州市11所中小学的学生进行了调查,发现中小学生权利意识随年级增高呈上升趋势,表现出对权利意识教育的渴望,但学生的人格权利意识和政治参与意识需要提高。教育工作者应转变忽视权利意识的教育理念,从学校、班级、家庭环境、社区建设等多角度出发,关注公民教育中权利意识的教育,使学生成为独立人格、创新精神、权利意识和责任意识相统一的合格公民。〔赵志毅等,2012(9)〕也有调查结果显示,多数中学生大致了解与学生权利相关的法律和文件,对于不同类型的权利内容有着急切的权利期待;学生的部分权利受到了保护,还有部分权利受到了一定程度的侵害,侵权现象在学校日常生活中时有发生;多数中学生具有一定的权利维护和权利救济意识,愿意采取正当手段维护自己的合法权利,但社会和学校维护学生权利的体制还不够完善,缺乏相应的权利维护机构以及配套的法律法规。〔齐学红等,2012(8)〕

2. 德育的基础问题

① 现代性与德育

有论者利用康德的善良意志理论,通过对现代情境中将德育看作是学习各种道德规范以及忽视善良意志的批判,提出善良意志是现代道德理论之花,后现代无痛德育之果,无痛德育的根本是合乎人性的、和善的。善良意志的德育价值不应该被人们所忽视,后现代纯粹善良意志的德育不拘泥于传授道德规则,德育的任务就是让纯粹的善良意志扎根于个体内心。〔范兆雄,2012(9)〕另有论者认为自现代以来,教育的价值本性随着价值基础的危机而渐趋流失,要遏制现代性价值危机、消解教育的现代性问题,必须还教育以价值本性,通过有意识、有目的的价值教育引领人的价值生存,当前的价值教育,需要借助于合理的价值观念激励和引导学生的人格发展、观念提升和行为养成,塑造有理想、有追求,能够实现并创造价值的人。〔邱琳,2012(5)〕

② 制度与德育

有论者认为,制度是调整在社会生活中人与人、人与社会之间关系或规约行为者行动的强制性规则体系。制度构成了德育的重要环境,是德育的重要资源;制度有道德教化价值,其所内含的伦理精神影响人的德性生成;同时,健全的制度有助于减少德育领域的"搭便车"行为,适恰的制度可以有效降低德育的"交易费用"等。〔曾秀兰,2012(5)〕也有论者认为,制度是引导与规范道德以及道德教育活动的行动准则与规则系统,是实现道德自由的前提条件和必要保障。〔冯永刚,2012(31)〕制度作为一种文化在道德教育中具有重要的功效：它有利于道德知识的继承、传播和创造，提高个体的道德认知；有益于陶冶个体的思想情操，培养人们健康的道德情感；有助于磨练个体的道德意志，塑造其坚强的道德意志品质；还有利于规范个体的行为，使之养成良好的道德品质和行为习惯。〔冯永刚，2012(3)〕作为道德教育不可或缺的素材性资源和条件性资源，制度不仅影响着道德价值的确证和生成，而且关乎道德行为的成本和收益，从价值视角和经济维度探讨和分析制度资源，是当前推进道德教育研究不可规避的时代选择。〔冯永刚，2012(2)〕

脱离制度指引的道德教育将面临一系列严重后果：第一，缺乏制度伦理的指引，易导致道德主体性的迷失以及对自由的僭越；第二，引发道德价值取向的紊乱，弱化社会主流意识形态；第三，缺少制度理性的指引，易使人偏离正确的航道，精神生活陷入困顿，从而引发个体的种种非道德行径，延缓和阻滞人类向道德自由挺进的步伐。〔冯永刚，2012(31)〕也有论者认为，当下的法律制度缺乏应有的道德教化意识，没有尽到赏善罚恶的责任，制造、加剧了普遍道德感的缺失以及信任的危机，以至于见义不为等不良社会现象普遍发生。〔李长伟，2012(13)〕

3. 德育的走向

有论者认为，我国渐趋成熟的公民社会决定了学校德育将走向公民、走向生活、走向对话、走向多元。①走向公民——走向公民的德育目标，要求审慎处理公民生活的三种基本关系：公民与国家、公民与公民、权利与义务，培养独立人格。②走向生活——走向生活的德育课程，极大地颠覆了德育的课程性质、课程标准和教材风格。③走向对话——走向对话的德育方法论，将重构德育课堂乃至学校生活。〔杜时忠，2012(2)〕也有论者认为，道德内容的绝对性与相对性决定了道德教育中“对话”的基本内涵。对话不仅是道德教育的基本方法和基本原则，也是现代社会道德存在和延续的基本形式。〔辛治洋，2012(6)〕但也有论者提出，在提倡对话道德教育模式的同时，不应该否定学生的独白，因为这种具有对话意识的学生独白是对话道德教育模式的重要环节，是一种反思型的道德学习，主体对已有道德经验的反思是对话道德教育得以进行的前提。〔郑富兴，2012(2)〕(4)走向多元——走向多元的思想教育，使德育“不同而和”，真正起到启发思想的价值。同时论者也指出，学校德育要完全实现“四个走向”，还面临着历史文化心理、现有管理体制、教师专业化等方面的障碍，不可能一蹴而就。〔杜时忠，2012(2)〕

（二）生活德育

1. 提出的背景

有论者指出，文艺复兴之后，人们一开始所追求的人本主义思想被现代科学技术所取代，使整个世界技术化，也使人本身被技术化、机械化。因而从人的角度看，现代科技成了窒息人、压抑人、宰制人的对立面。从技术的角度看，人则成了妨碍科技“进步”的阻力。教育领域的回归生活既是现代人真实境遇的反映，也是教育自身真实状态所引发的反抗。而道德教育回归生活或生活德育论是教育回归生活的一个构成性部分。同时，道德教育回归生活或者生活德育的提出，也是对道德及道德教育“技术化”的反抗。〔高德胜，2012(3)〕

20 世纪 80 年代，中国进入了改革开放的时期。有论者认为，就学校德育而言，人们对“文革”的政治德育化所造成的后果深恶痛绝。因而改革开放之初，我国德育界通过清算“文革”，批判政治化德育，开始尊重社会主义初级阶段的道德实际，制订切实可行的德育目标。这是新时期最初的德育走向生活的呼唤。此处的“生活”，强调的是“社会生活”。但此时的人们都沉浸于探索和追求科学化德育的热潮中，使学校德育知识化；在应试教育的大潮中，德育地位岌岌可危，日益被边缘化。因此，立足于对知识化、科学化、边缘化等的批判，德育界的有识之士才提出了生活德育。该论者进一步提出，生活德育是我国学校德育改革合乎逻辑的发展。因为它抓住了道德知识、道德教育和道德生活的特殊性，强调德育服务生活、回到生活、引导生活；它批判了政治化德育、知识化德育和边缘化德育，指明了德育的独特价值，捍卫了德育的独立地位。它改变着我国学校德育的面貌，使德育受到学生愈益广泛的欢迎。〔杜时忠，2012(3)〕

2. 理论的建构

生活德育作为一个理论主张，虽已进入学校德育实践，但仍应当反思生活德育论中对“生活”的理解、生活与德育的关系等，从而使生活德育能够在理论与实践中获得更好的发展。

(1) 如何理解“生活”

有论者认为，“生活”作为生活德育的关键词，需要澄清生活与人的关系，人和生活是一体统一的，人就是其生活，不存在生活之外抽象的人。生活就是人的生命活动展开的过程，人只有通过自己的生活，才能实现自身的生命潜能，丰富、建构自己的人性，才能真正成为人。同时,生活具有实在性,生活的过去形态,是过去生活所形成的"结晶体",是人可以返现的对象。生活又具有非实在性,人总是从实在的生活出发去创造可能的生活,去建构生活的多种可能,去过更好的生活。〔高德胜,2012(3)〕也有论者认为,道德源于生活,生活是本源性的,道德是构成性的。具体理解"生活"如下:①生活是一个现实的领域,是一个具有原初自明性的领域。人降生于世,就离不开生活的浸润,它是我们无法摆脱的现实。②生活不是生存,生存是动物的生命存在的状态,动物本能与自然规律是其不可逾越的"法则",而人可以根据自身的意志去改变客观现实,甚至改变人自身。③生活是人不断地自我更新,它是实践性的,是有内在的价值尺度的。如果没有意义的支撑,生活只能沦为生存。〔杜时忠,2012(3)〕

(2) 生活与道德(教育)的关系

有论者认为,道德与生活是同构的,道德不是外在于生活,任何生活都是一种道德生活,任何一种道德都是一种生活道德,绝对没有脱离生活的道德准则。同时,个人道德品质的形成也离不开生活,道德教育的基石是生活而非知识,有道德的人不是形成于知识化、体系化的规则之中,而是形成于一定的生活境遇之中。所以,生活与德育具有一种本体性关系,生活就是德育的基石,本真的德育表现为一种生活德育。德育是个体在完整的生活内容中,以道德的生活方式,自觉构建一种道德生活。〔胡金木,2012(19)〕

也有论者认为,道德教育必须立足于客观真实的生活世界,直面生活世界本身,并以生活世界所体现的生成性思维方式来展开与运行。首先,生活世界赋予道德教育以生成性和真实性,道德教育要把一切教育因素纳入到人的生成过程之中,观照人生存在于其中的多元开放的生活世界,使道德真正对人的生成有意义。同时道德教育只有关注学生现实生活的需要和体验,才具有道德和生活意义。其次,现实生活赋予道德教育以丰富性和完整性,一个人的品德发展是在生活的背景下通过交往、互动进行的,是在合乎德性的生活展开过程中养成和完满的。最后,道德教育赋予现实生活以超越性和崇高性,道德教育要引导人们可能的生活,要在关注于人的当下生活的基础上,用价值理想去引导并改造现实生活,关切人生的意义与追求,推动人的精神生命不断达到新的高度。〔尹艳秋等,2012(22)〕

还有论者认为德育与生活的关系,本质上是德育对于生活的认识和实践关系。"德育生活化"模糊和倒置了德育与生活的关系,其核心观念和基本主张偏离了德育内容,淡化了德育目标,遮蔽了德育反映国家意志和社会理性的本质要求。它的流行,不

仅会误导德育的理论研究，包括科学方法的运用，也会干扰德育实务的正常开展。〔钱广荣，2012(19)〕

(3) 知性德育与生活德育的关系

有论者认为，知性德育从本质上割断了生活与教育的一体性，割断了理论与实践的融合性，将德育的内容与形式、知识与践行、认知与情感分离开来，割断了德育与其生长根基之间的骨肉联系。生活德育论就是在批判以理性为核心的知性德育的基础上建立起来的。但它在理论上强调德育与生活世界亲密无间的同时，却又人为地将“知识”与“生活”割裂，将二者置于对立的两极，使“生活”概念化、理想化和绝对化，并把“生活”与“德育”混同，否认德育的特殊性。在实践中，这种去知识化、去政治化、去学校化，否认道德知识的普适性、规律性的思维，使生活德育论又走进相对主义及形而上学的思维禁地。这造成了德育理论的消解和德育实践的迷茫。〔赵志毅，2012(2)〕

有论者认为知性德育与生活德育不对立。首先，道德知识教育总是与德育学科课程、直接道德教学、灌输等混同在一起，如果解除了这些紧密联系，道德知识教育与生活德育在这些方面就没有了对立性。其次，道德知识教育的目的其实与生活德育并不冲突，其目的是进入生活世界更好地生活，而不是人为原因异化成的培养“伦理学者”。最后，虽然道德知识教育脱离生活，但是道德知识教育的内容如何选择并不是由道德知识教育本身决定的，而是由国家、社会、政党、课程与教材编写者、教育者所决定的。从理论上讲，道德知识教育可以而且完全应当从学生的生活出发，使学生在活动、实践、生活中建构对生活有意义的道德知识。〔张正江等，2012(28)〕

也有论者试图从道德教育的知识论基础来讨论知识与生活，从而为生活德育建立知识论基础。论者认为，知识是一个立体结构，其最深层的意义是知识的道德与价值意义，对人的行为具有指导和规范作用，通过知识学习可获得德性增长。而学生“德性之知”的获得，正是要通过自己对生活的体悟，对生活的反省，才能够抵达。生成“有道德的人”并不排斥道德知识的学习，但道德知识的学习在生成“有道德的人”的教育活动中已经不再是目的。在学生活过程中，一方面，生活要达到一种更为完善的自我管理水平需要知识；另一方面，在把个体对生活中的情境上升为具有普遍性的知的意义上，从而拓展对生活的了解，使得自我达到一个更广阔的自我。这意味着，通过将模糊的整体性的生活与之发生意义上的联系，使生活达到一个更加澄明和相互承认的状态，获得理性的引领。〔孙彩平，2012(3)〕

(4) 生活德育的机制

生活德育就是通过“过”有道德的生活来培养道德，因此有论者追问了“过”的机制是什么。生活德育不是把道德教育直接搬到日常生活中，而是在认识到生活对于道德及道德教育的本体性作用的基础上，引导儿童过一种有道德的生活。首先，要回归生活，德育要源于生活，来源于生活中的道德需要；要为了生活，服务于人们的道德生活；要立足生活，以社会生活为道德基础。其次，要回归真实生活，每一种生活都具有教育价值，善的、高尚的生活不必说，恶的生活也同样具有教育价值，因而教育回归生活一定是多样的。再次，德育在引导中实现一种超越，德育不仅要关注现实生活，还要引导生活，超越生活。〔胡金木，2012(19)〕

3. 未来的走向

(1) 理论方面

有论者认为，生活德育为学校德育脱离生活的痼疾提供了强有力的理论依据，然而仅限于此则容易走向功利主义道德与相对主义道德。要防止这样的危险，生活德育论须完成三大理论任务：①确证生活内在地“需要”道德。要证明道德并不是可有可无，生活必须道德，没有道德的生活，并不是真正的生活。②阐明生活逻辑的内涵。生活逻辑的具体内涵现在仍不甚清晰，有待深入探索，并在德育实践中经受考验。③指示生活德育存在的社会基础。生活德育论并没有告诉人们，其所追求的教育的本真或本真的教育，究竟存在于什么样的社会，或者需要什么样的社会支持。〔杜时忠，2012(3)〕也有论者认为，其思维方式在本质上都是一种割裂的主客两分思维方式，并未超出知性德育的窠臼，因而要解决德育困境就需要以生成性思维取代主客两分思维，以人的生存方式为切入点建构生活德育。〔王晓丽，2012(2)〕

对于生活德育的未来，有论者认为生活德育是当今特殊的时代境遇和当代中国特殊的教育境遇所催生的一种特殊的教育再吁求。实际上，根据生活与德育的本性以及道德学习的基本规律，生活德育论应该成为教育与道德教育的一种基本常识。因此，生活德育的真正未来在于“没有未来”：什么时候我们不再需要强调生活德育而其基本精神已经化在道德教育的所有维度与过程隐而不彰的时候，生活德育才是真正实现了。〔高德胜，2012(3)〕

也有论者对生活德育的未来发展提出不同看法，倡导一种以实践理性为指引的德育，它汲取了以生活世界为核心的生活德育论的积极因素，同时又涵盖了以道德知识传授、道德判断能力训练为主要内容的知性德育的合理成分。一方面，学校德育离不开生活，实践本身要求学校德育与学生的日常生活紧密联系；另一方面，由于生活的复杂性和弥散性，人的实践理性能对生活中外在的道德现象及实践行为进行积极有效的审视，起到观念的引导和价值的引领作用。因此，学校德育改革应跳出知性德育与生活德育的二律背反，走向实践理性的德育，把实践理性作为德育的根基。〔赵志毅，2012(2)〕

(2) 实践方面

有论者认为，生活德育一直伴随着新课程改革与教师的课堂教学改革。生活德育应用于教育实践，还需要讨论和反思。①理论界和实践工作者必须坚守生活德育的主张，在坚守中完善、进步，在课程的设置与课标中，把德育与生活统一起来。②生活德育在学理上还不清晰、深刻，讨论与发展的空间还很大。对其完善的核心是生活中知识价值、道德价值认识的提升，以及转化方式的明晰。③生活德育的关键是教师的专业水准的提升，尤其是自身的道德修养、对生活德育的理解、道德智慧的生长，以及实践中具体方法的探索与创造。〔成尚荣，2012(19)〕

也有论者认为，随着回归生活的德育在实践中的推进，人们似乎产生了对这一观念的迷信，忽视了生活的多面性和复杂性。事实上，现实生活包含着诸多的对立范畴，它们以一种二元对立的姿态发挥作用。德育回归完整的生活，需要从整体上观照生活本身的多面性，尤其要能够在生活的物质与精神、当下与未来、成人与青少年、精英与大众、善与恶等层面之间寻求适恰的平衡。德育对生活的回归应该是一种全面的、整体性的回归，这样才能真正建构一种与生活具有内在联系的鲜活德育，才能在回归的过程中实现德育与生活之间的良性互动和相互提升。如果忽视了生活的其他面向，势必会造成德育对生活世界的片面回归。〔班建武，2012(22)〕

(三) 公民教育

1. 公民教育概说

公民教育是要给公民传授相关的公民知识，使他们具有公民的意识、价值观和公民道德，掌握公民行动的技能和要求，积极参与公民的生活，实践公民的行为，在公民生活实践中成长为公民。〔冯建军，2012(4)〕

(1) 公共性视野中的公民教育

有论者认为，一个好的教育实践是能够依据公民理想，站在公共性的立场上，培育公民积极承担公共道德义务的品质。现在的教育混淆了公共道德和个人道德，从而忽略了共同生活和公共生活的公共道德的培育。为此，教育应该致力于培养公民承担公共道德义务，形成普遍认同的基本价值，培育公民积极承担公共道德义务的品质。〔金生鈜，2012(3)〕

也有论者认为，当前中国的教育处于转型期，其目标是通过公民教育培养公民。公民教育是一种以培养公民完整素质(个人主体性和公共性)为宗旨的新的教育形态。当代公民的公共性已从传统的国家公民延伸到社会公民和世界公民，所以当代公民需要具备个人公民、社会公民、国家公民、世界公民等多重身份，故需要以具备多重身份的复合型公民的要求来设计公民教育的层次与目标，当前应将重点放在社会和国家层面公民公共性的养成。〔冯建军，2012(4)〕

另有论者认为，个体完整成人是公共性的事件，公共性是人之为人的根本属性。教育不应把人培养成供私人使用的器物和谋生的工具，而应把人培养成人。这意味着学校教育必须开启个体的公共生活视野，历练个体的公共精神，在公共视域中激励个体完整人性的生成。〔刘铁芳等，2012(6)〕还有论者认为，共同价值是指导社会公民共同生活的核心原则或标准，是公民身份的灵魂，统整公民的权利与义务。它通过教育者与受教育者之间的交往活动，引导受教育者认同、形成并践行共同价值，自觉将共同体的美好生活纳入个人追求过程。〔牛楠森，2012(3)〕

(2) 价值取向

在现代性的社会转型过程中，公民教育遭到了价值取向上的冲突：一方面，源于西方的自由主义公民理念，倡导公民自由和公民权利的至上性，认为公民教育的首要目标是培养具有权利优先和自由至上意识的公民；另一方面，中国传统儒家伦理以及几千年所积淀下来的文化传统蕴含着极其深厚的“义务论”伦理取向，强调道德责任优先于道德权利，认为公民教育应优先培养具有责任意识和社会意识的公民。当代公民教育有必要在“权利优先”与“责任优先”之间寻找到一种内在平衡。有论者认为可能的解决路径是，基于天赋人权、自由平等的公民理念传统，也基于当代中国权利意识淡薄、责任压倒权利的现实状况，建构一种以“权利优先”为基础的公民教育体系，在保障公民基本权利的基础上培育负责任的公民，这既可以满足公民的权利诉求，同时也可以促进公民责任的积极履行。〔叶飞，2012(3)A〕

(3) 内容

有论者认为公民教育由公民知识、公民意识、公民道德和公民行为四个方面构成。

①在公民知识方面，包括政治知识（国家与政府、民主政治等）、法律知识（各种法律规定、立法及诉讼程序等）、经济知识（经济体制、经济发展状况等）和社会知识（公民的权利与责任、社会公共生活、社会组织、社会义务）。②在公民意识方面，包括社会主义民主法治、自由平等、公平正义理念，国家意识、民族意识等。③在公民道德方面，包括自尊、感恩、诚实守信、遵纪守法、公道正派、公德心、社会正义等。④在公民行为方面，主要是指公民参与公共生活的一些基本能力，如批判反思能力、理性沟通表达能力、向责任部门或者媒体反映问题和提出建议的能力、影响公共决策的能力等。〔冯建军，2012(4)〕

(4) 途径

① 政策层面——公民德育是公民教育的一部分，其政策设计应更多体现公民教育的道德立场，而不是一般道德教育的立场。当前公民德育的德性化诠释造成一种"去公民化"或"没有公民的公民德育"现象，导致道德教育的边界被无限扩大。模糊公民德育的道德边界是对公民教育的威胁。对此，应该构建专门化的公民德育体制，形成公民德育的完整体制，目前来说，建立一种与道德教育并行或独立于道德教育的公民德育是值得尝试的途径。〔薛晓阳，2012(1)A〕

② 学校层面——(a)通过"说理教育"构建公民文化。和谐社会的建构、国家的可持续发展，应以公民文化为基础，公共理性是公民文化的内在支撑物。"说理"便是公民文化的运作机制，进行"说理"教育是建构公民文化的重要维度，应将其贯彻于具体教育教学实践之中。"说理"是师生双方对话，以逻辑、说理交流为基础，让学生学会区别原因和结果、事实和看法，关注偏见/成见、对话轮次、对话态度、对话方式对达成共识的影响。学校"说理"教育应该着力于关注公共领域、形成公民文化核心价值理念、培养"说理"能力三大部分。〔闫旭蕾，2012(1)〕(b)鼓励学生基于公共兴趣或共同目标组织社团组织，同时鼓励学生以学校的规章制度和公共伦理为准则，组织和制定社团的章程，开展协商、对话和参与式的公益社团活动；鼓励学生参与交往公共事务和公共决策；鼓励学生的公共论辩，完善学校的公共生活和公共管理制度，最终促进学生的公民品质的养成。〔叶飞，2012(9)〕

③ 社会层面——应该组织学生参加各种以履行公民责任为宗旨的公共活动，比如志愿者活动、慈善募捐活动、生态公益活动等。学生在社会公共活动中，不仅可以为社会发展做出贡献，而且也可以培养自身的公民品质和公共精神。另外还可以组织社区服务学习。首先，引导学生去发现社区生活中的问题，确定服务学习的对象；其次，

教师要鼓励学生作为一个社区公民来分析问题;再次,学生应就社区公共问题提出一个可供选择的解决策略,最后教师和学生应将解决方案运用于社区实践,促进社区发展。〔叶飞,2012(3)A,2012(3)B〕

(5) 存在的问题

有论者认为,现代性图景中的公民教育在认识论上存在着三组二律背反现象:①国家与公民的不合,前者是公民的国家认同问题,后者则是公民的自我认同问题。②共和主义与自由主义的不和,共和主义坚持公共生活优于个体生活,自由主义的立场却恰恰相反,但这两种理论都难以在权利与责任之间进行决断。③国家公民与世界公民的不和,国家是传统公民身份的首要环境,而全球化却对跨国家、跨国家政治的全球治理制度提出了新的要求。〔高伟,2012(4)〕

还有论者分析了在具体学校实践中公民教育切实存在的问题。其中在中小学领域,问题有:①应该着重"直接教育"还是"间接教育"。直接教育是指直接教给学生有关公民的知识,着重于获得认知;间接教育是让学生在生活中体验和感悟公民的内涵,在实际操练中获得技能、形成品格。②公民教育实践应该着重"服务模式"还是"自治模式"。服务模式是给学生提供为集体、为社会、为他人服务的岗位;自治模式是让学生在一定的组织系统中,学习民主参与和自我管理。③如何获得"内在建构"与"外部支撑"的平衡。构建学校公共生活,为学生创造公民成长的环境,是学校的"内部建构";而学校所属的行政管理系统和社会环境提供相应的支持是一种"外部支撑"。〔马兰霞,2012(4)〕

2. 公民教育与国家认同感的养成

① 什么是"国家认同"——所谓国家认同,有论者认为是指人们对国家及其构成要素与特征的认可、接纳问题,涵盖"族群认同"、"文化认同"、"制度认同"三个方面,包含领土疆域、族群构成、人口分布、国家主权、公众文化、共享价值体系等多种内容。〔郑航,2012(3)〕还有论者认为,国家认同是指一个人确认自己归属于某个国家的心理意识活动。一般而言,国家认同是现代国家的合法基础,为国家这一共同体维系自身的统一性、独特性和连续性提供保障,人们只有确认了自己的国民身份,并将自我归属于国家之后,才会以一个主动参与者的姿态关心国家利益,对国家的发展自愿承担责任。〔刘丹,2012(11)〕

② 国家认同教育的目标——国家认同教育需要借助理性式的公民教育来加以落实,理性式公民教育基于理性的国家认同,旨在培养理性的爱国者。对此需要从以下

四个方面予以关注：(a)立足于积极公民的立场，强调公民作为“社会人”对国家，亦即对促进公共利益、共同财富和共同事业的义务和责任。(b)增强共同体意识，培养年轻一代对政治共同体基于理性的忠诚和责任。(c)注重共情式理解，即公民作为共同体成员基于自身对共同体的了解、认识和设身处地而发生的情感体验。(d)促进公共文化建构，基于“国家创造民族”的信念建构公共文化，引领和形塑民族精神，形成共同体成员共创、共享的精神家园。〔郑航，2012(3)〕

③ 全球化时代公民身份的变迁与国家认同的建构——公民教育首先是公民身份认同的教育，其本质上就是国家认同。在全球化时代，公民身份发生了变迁，随之带来了身份认同的问题，对此应该通过公民教育来予以解决，构建民族国家的基石，强化国家认同：①传播特定的政治理念，掌握国家认同的现代公民知识，培养公民意识。②增强公民对中华民族的认同，处理好国家认同与民族的关系，并将国家认同置于高于民族认同的地位。③处理好民族与国家之间普遍性与特殊性、共同性与差异性的关系，这是公民教育促进国家认同是否成功的关键。〔刘丹，2012(11)〕

④ 多元文化社会中的国家构建与公民教育——多元文化社会已经成为当今世界各国普遍存在的社会现实，国家公民构成的多样化不断冲击着民族国家原本稳固的社会情感基础，公民教育应该调整方向，适应多元文化趋势，力求在多样性中寻求统一：(a)塑造公共文化，建立和培育一种能为大多数人接受的共同的核心价值，保证多元社会的有效运行。(b)培养多元文化社会的“好公民”，提高公民的认知水平和素质、增强文化理解与宽容、促进社会多元化发展和尊重人权。(c)创造公民教育的实践环境。除学校外，家庭、社区、群体组织及其他文化场域都对公民意识和行为产生影响，应该对其进行重视，使其较好地发挥公民教育的作用。〔范微微等，2012(5)〕

3. 国外公民教育思想和实践

(1) 国外公民教育思想

① 卢梭公民教育思想——有论者分析了卢梭公民教育思想中蕴含的三个困境，一是自然自由与社会自由的冲突和自治，卢梭在其公民教育中更多强调积极自由，强调个体对公意的追求，注重公民的公共精神；在自然人教育中强调消极自由，个人先于且独立于国家的目标和价值理念，两者都是为实现“自由”这个终极的人类幸福服务。二是个体与共同体——个体权利优先还是公共利益优先，其对公意的推崇使其思想呈现出强烈的集体主义倾向，但是对人的自爱情感的崇尚和对自然人绝对价值的肯定又使其思想呈现个人主义倾向。三是个人自由与国家权力的必要张力，在个人自由方

面，限度因所处社会发展阶段而定，归宿点在消极自由而不在积极自由；国家权力方面，通过道德上的引领而非塑造，目标在个人而非国家；另外卢梭对社会的定位是——社会"人化"与人的"社会化"兼具。〔于伟，2012(6)〕

② 纳斯鲍姆的"世界公民"教育思想——纳斯鲍姆的教育目标是培养"世界公民"——具有世界意识、具备独立思维并进行公民实践的人。她认为"世界公民"应该首先具备世界意识，其次要具备自由思想、批判性自省、理性情感的独立思维能力。对于"世界公民"的培养方式，一是要通过人文学科培养公民的判断力、想象力和理性情感的能力；二是要通过多元课程培养。玛莎·纳斯鲍姆的"世界公民"教育思想引起了许多关注，"世界公民"教育思想逐渐传播开来，成为众多学者的研究热点。〔姜元涛，2012(3)〕

(2) 国外公民教育实践

① 美国

(a)第一次现代化时期公民教育的发展。第一次现代化的萌芽时期(建国到19世纪末)公民教育寄于道德教育中，此时美国人将"好公民"等同于"好人"。但是道德规范的作用毕竟有限，后独立的公民教育应运而生，但发展缓慢，直到19世纪末独立的公民科才设立〔付轶男，2012(10)〕第一次现代化的成熟期(20世纪的前60年)，公民代替道德人成为现代社会生活的主体，现代社会的新秩序变成一种公民秩序。这一时期公民教育的表现为道德教育隐退下的大繁荣，即道德教育由19世纪时的全方位功能转向突出个体化功能，减弱社会功能，而公民的功能则开始"彰显"——从单一而且不完善的政治社会功能转向个体与社会功能兼具的全面发展。〔付轶男，2012(11)〕

(b)公民教育的路径。其一，借助网络的力量。美国的网络公民教育主要包括公民知识教育、公民技能训练和公民品性培养三个方面。途径有以下几种：首先，采用渗透式的隐性教育方法；其次，强调互动协商与授受合一的教育方式；第三，注重理论与实践相结合的教育模式。〔杨勇，2012(11)〕其二，培育积极公民的志愿服务路径研究。主要通过以下三种途径：一是志愿者招募面向公民全体；二是采用制度、法律、荣誉、物质等激励方式；三是联邦政府、企业及非营利性组织共同保障。〔康秀云，2012(7)〕

(c)中小学学生权利研究。美国中小学学生权利包括：一是受教育和学习的权利，其中包括享有免费公立中小学教育的权利和要求正当程序的权利；二是自由表达的权利，包括言论自由权、出版自由权、结社和集会的权利；三是平等和不受歧视的权利，包括免受婚姻歧视与性别歧视的权利，免受语言歧视和民族、种族歧视的权利；四是人身

安全和隐私权，包括学生的人身安全权与不受无理搜查的权利，以及学生的个人隐私权。〔程红艳，2012(12)〕

② 德国

二战之前，德国的公民教育充满了权威、灌输和专制，直到20世纪60年代，康德的“勇于认知”的启蒙呼吁变成现实，新左派的实践占据主导，德国公民教育出现了批判转向，冲突教育学成为主导的公民教育理论，“冲突能力”、“批判精神”和“解放”成为公民教育的核心支柱，以此解放教育和反权威的教育风格逐渐流行。但是随着实施，问题也暴露出来，一方面解放被理解为对现存社会和传统的拒绝，另一方面走上了吹毛求疵和琐碎化。德国新保守主义的教育实践和思考随之兴盛，其第一个论点指出，应该作为学校教育目的的成年状态，并不存在完全脱离了所有传统的生活关系的未来社会的理想之中；第二个论点指出，勤奋、纪律和秩序等美德在教育上从未过时。〔彭正梅，2012(12)〕

③ 日本

“二战”后，日本的教育原则从之前的军国主义转变为民主主义，文部省把公民教育视为最受重视的部分之一，学校设置公民课，强调培养学生为社会积极做出贡献和为了清除军国主义、建立民主化社会而努力改造社会的能力。到70年代中期，文部省强调教育的重点是“形成人的素质”和“让学生在舒服的学校环境中学习”。到20世纪80年代，日本教育开始强调培养学生对国家的认同感和广阔的社会视野，培养“世界中的日本人”。日本中小学公民教育课程是依据文部省制定的《学习指导要领》来统一安排和设定的，包括小学阶段的《生活科》和《社会科》、初中阶段的《社会科》(包括地理、历史、公民三个领域)、高中阶段的《现代社会》、《伦理》和《政治与经济》。〔杨秀玉等，2012(2)〕

■ 论文索引

〔说明：同一期号期刊按刊名的拼音字母排序〕

薛晓阳：《公民德育的德性化诠释及危机与认识——公民教育在德育政策层面的价值设计和政策反思》，载《华东师范大学学报》(教育科学版)，2012(1)A。

闫旭蕾：《“说理”教育：建构公民文化之维》，载《华东师范大学学报》(教育科学版)，2012(1)。

薛晓阳：《教师职业道德建设的“专业化”及问题思考——关于教师职业道德建设的政策设计和文本分析》，载《教师教育研究》(北京师范大学、华东师范大学等)，2012(1)B。

靖国平：《培养道德生活的当事人》，载《教育科学研究》(北京)，2012(1)。

刘秀红:《冷战时期美国的公民教育》,载《教育评论》(福州),2012(1)。
王本余:《认真对待儿童权利:从制度理念到教育行动》,载《教育研究与实验》(华中师范大学),2012(1)。
潘　涌:《人权教育:奠定现代公民社会的和谐基础——联合国〈人权教学入门——中小学校的实践活动〉述评》,载《全球教育展望》(华东师范大学),2012(1)。
冯永刚:《道德教育的制度资源探析》,载《国家教育行政学院学报》(北京),2012(2)。
李润洲:《学校场域中公民人格的文化建构》,载《教育发展研究》(上海),2012(2)。
刘万海:《课堂教学民主:从大话到行动》,载《教育发展研究》(上海),2012(2)。
杜时忠:《论德育走向》,载《教育研究》(北京),2012(2)。
赵志毅:《德育的"意志"转向——兼论走向"实践理性"的学校德育》,载《教育研究》(北京),2012(2)。
王晓丽:《生活德育的兴起、局限与超越》,载《教育研究与实验》(华中师范大学),2012(2)。
杨秀玉、杨　勇:《回顾与展望:日本中小学公民教育管窥》,载《外国教育研究》(东北师范大学),2012(2)。
郑富兴:《论反思型道德学习》,载《思想·理论·教育》(上海),2012(2)。
叶　飞:《"权利优先"抑或"责任优先"——对当代公民教育价值取向的反思》,载《高等教育研究》(华中科技大学),2012(3)A。
金生鈜:《公共道德义务的认同及其教育》,载《华东师范大学学报》(教育科学版),2012(3)。
叶　飞:《公共交往与学校公民教育的实践建构》,载《华东师范大学学报》(教育科学版),2012(3)B。
姜元涛:《玛莎·纳斯鲍姆的"世界公民"教育思想探究》,载《教育科学》(辽宁师范大学),2012(3)。
崔永学:《公民道德教育的若干问题研究》,载《教育评论》(福州),2012(3)。
牛楠森:《论共同价值及其培育》,载《教育学报》(北京师范大学),2012(3)。
冯永刚:《刍议制度文化在道德教育中的功效》,载《教育研究》(北京),2012(3)。
魏宏聚:《变革时代的价值教育和公民教育——中国教育学会中青年教育理论工作者分会第21届学术年综综述》,载《教育研究》(北京),2012(3)。
张凌洋、易连云:《专业化发展视域下师范生专业伦理培养研究》,载《教育研究》(北京),2012(3)。
杜时忠:《生活德育论的贡献与局限》,载《教育研究与实验》(华中师范大学),2012(3)。
高德胜:《生活德育:境遇、主题与未来》,载《教育研究与实验》(华中师范大学),2012(3)。
孙彩平:《知识·道德·生活——道德教育的知识论基础》,载《教育研究与实验》(华中师范大学),2012(3)。
郑　航:《国家认同教育:培养理性的爱国者》,载《教育研究与实验》(华中师范大学),2012(3)。
王建梁、陈　瑶:《英、澳、美、加四国公民教育课程改革影响因素比较研究》,载《外国教育研究》(东北师范大学),2012(3)。

拉格曼、刘易斯:《更新公民教育》,载《复旦教育论坛》,2012(4)。
冯建军:《教育转型·人的转型·公民教育》,载《高等教育研究》(华中科技大学),2012(4)。
张英丽:《大学生学术道德失范相关因素的实证研究》,载《高教探索》(广州),2012(4)。
赵　飞:《高校德育课价值实现程度研究报告——以广东省为例》,载《高校探索》(广州),2012(4)。
梁伟红:《教室里的人权体验》,载《教育科学研究》(北京),2012(4)。
高　伟:《现代性图景中公民教育的二律背反》,载《教育学报》(北京师范大学),2012(4)。
陈桂蓉:《转型期公民伦理精神的生长期待与培育》,载《思想理论教育》(上海),2012(4)。
马兰霞:《中小学公民教育面临的问题与现实选择》,载《思想理论教育》(上海),2012(4)。
叶　飞:《公民教育方式的建构——基于"服务学习"的理念》,载《思想理论教育》(上海),2012(4)。
周增为:《基础教育阶段公民教育的思考》,载《思想理论教育》(上海),2012(4)。
骈茂林:《公民参与:现代学校制度建设路径》,载《中国教育学刊》(北京),2012(4)。
曾秀兰:《略论制度的德育价值》,载《高教探索》(广州),2012(5)。
孔　锴、杨静哲:《公民身份与公民教育的社会理论解读》,载《湖南师范大学教育科学学报》,2012(5)。
李长伟:《成本、信任与共同体的教化——对见义不为现象的一种分析》,载《湖南师范大学教育科学学报》,2012(5)。
叶　飞:《学校公民教育的公共生活策略》,载《湖南师范大学教育科学学报》,2012(5)。
刘晓红:《评价与情感、依恋与归属的双重矛盾——"90后"青少年国家认同感的研究》,载《教育科学研究》(北京),2012(5)。
范微微、赵明玉、饶从满:《多元文化社会中的国家建构与公民教育》,载《教育学报》(北京师范大学),2012(5)。
邱　琳:《人的存在与价值教育》,载《教育研究》(北京),2012(5)。
辛治洋:《道德内容的绝对性与相对性——兼论道德教育中"对话"的基本内涵》,载《教育研究》(北京),2012(6)。
于　伟:《公民抑或自然人——卢梭公民教育理论的前提性困境初探》,载《教育研究》(北京),2012(6)。
刘铁芳、曹　婧:《公共生活的开启与学校教育目标的提升》,载《教育研究与实验》(华中师范大学),2012(6)。
陈苗苗、檀传宝:《国际视野下媒介教育促进公民教育研究》,载《外国中小学教育》(上海师范大学),2012(6)。
康秀云:《美国培育积极公民的志愿服务路径研究》,载《外国教育研究》(东北师范大学),2012(7)。
赵丽霞:《当前我国中小学生基本道德品质调查研究》,载《中国教育学刊》(北京),2012(7)。
齐学红、颜雪艺:《中学生权利状况的调查分析》,载《教育科学研究》(北京),2012(8)。

曾水兵、檀传宝:《中学生公民政治权利认同的调查与思考》,载《思想理论教育》(上海),2012(8)。
范兆雄:《善良意志与后现代无痛德育》,载《教育研究》(北京),2012(9)。
崔永学、张澍军:《和谐社会视阈中公民道德教育的几个问题》,载《思想理论教育》(上海),2012(9)。
张笑涛:《为“道德教育、公民教育与公民道德教育”正名》,载《现代教育管理》(沈阳师范大学),2012(9)。
赵志毅、杨文浩:《中小学生公民权利意识状况之审视——以浙江省杭州市为例》,载《中国教育学刊》(北京),2012(9)。
檀传宝:《再论“教师德育专业化”》,载《教育研究》(北京),2012(10)。
付铁男:《美国公民教育的萌芽及其功能初建——以公民教育与道德教育关系为视角》,载《外国教育研究》(东北师范大学),2012(10)。
刘　丹:《全球化时代公民身份的变迁与国家认同的建构》,载《思想理论教育》(上海),2012(11)。
付铁男:《美国公民教育的发展及其功能演进——以公民教育与道德教育关系为视角》,载《外国教育研究》(东北师范大学),2012(11)。
杨　勇:《网络社会视域下美国公民教育探析》,载《外国教育研究》(东北师范大学),2012(11)。
刘铁芳、刘艳侠:《精致的利己主义症候及其超越:当代教育向着公共生活的复归》,载《高等教育研究》(华中科技大学),2012(12)。
程红艳:《不要把公民权利关在学校门外——美国中小学学生权利研究》,载《教育发展研究》(上海),2012(12)。
彭正梅:《迈向批判与保守的辩证:德国公民教育的理论考察》,载《全球教育展望》(华东师范大学),2012(12)。
李长伟:《见义因何不为》,载《中国德育》,2012(13)。
成尚荣:《生活德育的坚守与困境的摆脱》,载《中国德育》(北京),2012(19)。
胡金木:《生活是德育的基础》,载《中国德育》(北京),2012(19)。
钱广荣:《不应模糊与倒置德育与生活的关系》,载《中国德育》(北京),2012(19)。
尹艳秋、杨　清:《道德教育与生活的关系》,载《教育理论与实践》(太原),2012(22)。
班建武:《回归生活需关照生活的多面性》,载《中国德育》(北京),2012(22)。
钱志亮、陆妍蓉:《北京小学生爱国主义教育活动现状调查报告》,载《中国德育》(北京),2012(24)。
张正江、陈菊恋:《认真对待反对道德知识教育的思潮——关于由知性德育向生活德育转化的思考》,载《教育理论与实践》(太原),2012(28)。
汪卫平:《自尊:公民人格教育的核心——兼谈公民人格教育的视域转换》,载《教育理论与实践》(太原),2012(29)。
翟　楠:《教育共同体的类型及其道德意蕴》,载《教育理论与实践》(理论版)(太原),2012(31)。
冯永刚:《制度的缺席:脱离制度指引的道德教育的表现及批判》,载《教育理论与实践》(理论版)(太原),2012(31)。

十二、教师专业的维度与发展

目录

国内在教师专业化及其专业发展的研究,一直与相关政策、一线实践联系紧密。而 2012 年《教师专业标准》的出台就引发学界的热烈讨论,聚焦“教师作为专业者”的条件、特质、理据,“如何成为专业者”的问题成为讨论的重心。针对这一问题出现两种呼声,一种是理论界所发出的,倡导教师回到理论中去,通过反思、阅读去实现专业发展;一种是实践界所发出的,倡导教研、进修、培训的一体化,打通多元实践途径的网络。相比 2011 年的研究聚焦教师生命的专业发展,2012 年度的研究则进一步结合政策与实践的变化,兼顾基础性理论分析和应用性方法支持。

(一) 教师专业化及其三维分析

教师专业化的问题是中国教育界近年来谈论最多的话题之一,学界不仅围绕着教师专业化进程、专业标准制定和教师教育课程设置等问题进行讨论,还根据教师知能、教师情意和教师伦理三个维度来理解教师专业发展的内涵,并且提出了深刻的见解。

1. 教师专业化与专业标准

如今，教师职业已逐渐被纳入到专门职业的行列之中，其专业化的过程体现的是经过严格专业训练的教师如何通过自身不断地主动学习而逐渐成长为一名专业人员。关于“教师专业化”的最基本含义，有论者认为是指教师群体或个体适应教师职业特性和要求，培养自身职业素质与能力的状况与进程。〔李金奇，2012(3)〕

(1) 逐步深化的教师专业化探讨

教师专业化运动的开展需要对教师职业的专业性进行深入探究，与过去聚焦于职业性和专业性特征的研究不同，不少学者开始关注教师专业发展过程中出现的困难并寻求解决途径。有论者提出新课程背景下教师面临着理念“固化”、专业自主权受到“挤压”、技术取向“阻碍”以及理论“失衡”的困境。〔刘小兰等，2012(5)〕也有论者认为，今天理解的教师专业发展，其实只是特定制度条件下相当特殊的一种社会建构，并非专业发展的唯一类型，更不是其本质特征，当然也不是教师发展的必然归宿。〔康永久，2012(1)〕实际上，教师专业化除了教师专业发展之外还有更多更重要的内容。教师专业化运动要从一味重视技能提升的异化的专业化框架中走出来，走向深化，这就迫切需要立足于专业化的一般原理和教师职业特点探寻教师职业的专业性。〔朱新卓等，2012(8)〕

① 教师专业化与教师能动性的发挥

在终身学习的理念下，教师专业发展不再仅仅是外在动力促进下的被动培训、进修，被动发展，而是教师具有的自我意识、自我素质提升的内在需求。〔肖丹等，2012(6)〕自主发展是教师持续有效发展的本质特征。现代教师发展观认为，教师发展应被视为教师作为主体自觉主动、可持续建构的过程，即“教师发展的本质是发展的自主性”，有效的教师发展不是被动的、被迫的、被卷入的过程。只有当教师充分投入到自我设计、实施个人专业发展的过程中时，才能真正获得发展。有论者通过对北京市155位小学科学教师自主发展行为的调查研究发现，他们的自主发展目标和规划有待明确和制定。〔李小红等，2012(7)〕另外，有论者指出农村薄弱学校的教师专业自主发展存在着专业理想的缺失、专业自主发展的知识基础薄弱、专业自主发展的意识不强、专业自主发展的能力与水平较低等问题。为此，农村薄弱学校的教师要实现专业自主发展，必须树立专业自主发展的意识、学会自主学习、善于进行自我反思、开展教育教学研究。〔陈俊珂，2012(7)〕

② 教师专业化与教师自主权的维护

专门职业的一个重要特性是享有高度的专业自主权。近年来，为教师赋权增能的呼声日益高涨。然而，国家在赋权予教师的同时，也通过标准、结果等表现性的问责工具来规控教师。来自制度世界的强大问责压力严重束缚了教师的自主性，表现出自主反而担负着风险。〔王夫艳等，2012(9)〕论者们在2012年的研究里通过多种角度对教师专业自主权进行阐释：

在教师成长模式方面，有论者介绍了新加坡极具时代感的“教师成长模式”(TGM)。该模型反映了教育工作者的需要，提出教师在21世纪所应具备的五大特质：即教师是一个“伦理型的教育者”(the ethical educator)、“称职的专业者”(the competent professional)、“协作型学习者”(the collaborative learner)、“变革型领导者”(the transformational leader)以及“社区建造者”(the community builder)，这是一个旨在鼓励教师专注于继续学习并且掌握自己的专业成长和个人幸福的专业发展模式。〔邓凡，2012(9)〕教师的专业自主权利应受到尊重，新加坡的TGM模式对我国的教师教育政策制定以及教师专业发展具有重要启示意义，教师在规划自身的专业发展时应享有足够的自由和主导权。

在教师评鉴工作方面，有论者比较了香港及中国内地教师的评鉴工作制度，提出了改变现时由上而下的评价模式、让教师有更多参与的构想。在全球化及管理主义的主导之下，有关教师专业性的讨论日益强调问责性，服从于复杂的产出检测，高度依赖量度表现的指针。这种论述压抑了教师批判性思考及反思的发展。其他相关论述，尤其是教师所重视的工作自主性、学生的关顾等均被边缘化。如何在评鉴工作过程中规限教师的专业自主权、给予教师更大的自由空间、真正赋权教师、发展教师领导，是两地教师专业发展值得进一步思考的问题。〔黎万红等，2012(Z2)〕

在教师专业决策方面，有论者认为不断优化教师专业决策权的有效方式是实现教师复杂性与策略性思维的双向穿越，提倡教师以复杂性思维策略进行专业决策、在策略性的专业决策中贯穿复杂性思维。〔曲中林等，2012(9)〕教师思维水平的提升不仅是教师专业决策权行使的内在诉求，也是教师专业品质的一种境界。在教育生活的领域中，课程决策权、教学决策权、学生与班级管理决策权、专业表达决策权、专业研究决策权和专业发展决策权的充分发挥都需要具备成熟的条件，只有提高教师的思维能力，才能避免简单性和随意性，做出正确判断与合理决策。

在教师课程权力方面，有学者分析了教师在课程改革中的学科依附现象，在此基础上提出释放教师的学科自主空间、培养教师的自我赋权意识和能力的重要性。〔王夫艳等，2012(9)〕也有论者强调了课程评价权力的价值诉求，并肯定基础教育新课程改革所提倡的发展性评价赋予了教师应有的课程评价权力，使教师在多种评价形式中发挥主体作用，注重对学生综合素质的考试评价也是给教师课程权力予以极大支持。〔赵虹元，2012(1)〕

(2) 凸显“生本思想”的教师专业标准

教师专业发展应该有一个核心的基点和归宿——“功成于生”，才不会仅仅停留在精神形态或观念形态上，“教师专业发展的宗旨是为了学生”才不会成为一种单纯的标明观念革新的口号。〔刘燕，2012(4)〕

有论者选择了美国、英国、澳大利亚、法国、日本、新西兰等国以及我国的香港、台湾地区的教师专业标准文本进行比较，研究发现，有关教师专业发展内容的最大共识主要表现在“学会理解、尊重学生，致力于每一位学生的学习与成长”、“促进学生有效学习的教学实践技能”、“具有专业反思和终身学习的能力”和“养成专业合作的品质”。〔周文叶等，2012(4)〕另外，澳大利亚的教师专业标准探索一直走在国际的前沿，有论者对其于2011年颁布的最新国家教师专业标准(NPST)进行分析，认为这一标准的制定过程科学严谨，以学生发展为核心目的标准理念建构，具有可操作的内容和强制性与自愿性共存的标准效力。〔蹇世琼等，2012(8)〕其中，以促进学生发展为导向的教师专业发展最受关注，这一指向明确了教师专业发展的旨归是促进学生发展，教师专业发展的“生本”策略需要关注学生学业成就发展的需要、充分认识学生全面发展的内涵。〔肖丹等，2012(6)〕有论者关注菲律宾于2009年推出的能力本位的教师专业标准(NCBTS)，这一标准的基本理念在于为每一名学生平等地提供高质量的基础教育，为学生终生学习奠定基础，为学生的终生幸福着想。〔刘常庆，2012(1)〕

(3) 强调“实践导向”的教师教育课程

教师教育课程标准对于规范教师教育课程、提升教师教育质量、促进教师专业发展都有十分重要的意义和价值。制定教师教育课程标准是一项十分重要的工程，必须从全局性、战略性的高度认识教师教育课程标准研制工作。〔汪明帅，2012(2)〕

在专业化的教师教育发展中，核心环节就是专业化的教师教育课程体系设置，实践导向的教师教育课程体系改革是专业化教师教育的实现途径。〔王坤庆等，2012(12)〕为了适应社会对高素质师资的需求，职前教师教育课程必须从传统的学术理性取向转型为实践取向，在真实的实践情境中培养优质师资。实践取向的教师教育课程以发展未来教师的实践智慧为主，赋予其反思的实践者和研究者的角色。〔彭寿清等，2012(7)〕

随着专业化发展的持续深入，我国正面临教师教育标准化改革，论者们纷纷将研究目光转移到具有“实践导向”的教师教育课程标准制定、课程设置与开发、课程平台设计：①在教师教育课程标准的制定上，有论者介绍了澳大利亚维多利亚州教学协会于2007年6月制定的新教师教育课程标准，这一标准将重点放在“实践”和“反思”上，主张教师通过专业实践将教育教学理论知识与实际相结合，加深对原有理论知识的理解并且形成经验的内化〔吴琼等，2012(1)〕；②在教师教育课程的设置上，有论者特别关注在职教师的课程标准，说明我国的《教师教育课程标准》着眼于广大教师共同面对的若干专业发展任务，建构了一个涵盖“加深专业理解”、“解决实际问题”和“提升自身经验”三个维度，并列举相应主题或模块的在职教师教育课程设置框架，供教师教育机构和教师教育者开设课程选择使用〔余进利等，2012(10)〕；在教师教育课程的开发上，论者们认为教师教育迫切需要开发具有针对性和具体学习内容的实践课程体系。近年来兴起的高能实践理念为这一需求提供了一些解决方案，研究者提炼出对于高水准的教学而言最为核心的实践活动单元并辅之以相应的教师教育方法，力图在实践有限的教师教育过程中为教师种下专业发展的种子。其因简约、跨情境性和对实践直接关怀的特点，对我国已有的教师教育实践课程观可能是有益的补充〔杨兰等，2012(6)〕；在教师教育课程平台的设计上，有论者结合基础教育改革的现实需要，提出教师教育课程平台的顶层设计是教师教育改革需要关注的重要问题。教师教育课程平台顶层设计体现“育人为本、实践取向、终身学习”的理念，立足于教师及教师团队专业的发展需要，有助于培养能够适应并引领基础教育改革的专业化教师。〔娄立志，2012(12)〕

2. 走向实践哲学的教师知能

早在2003年，根据教师知识实际存在方式的不同，有学者将教师知识分为理论性知识和实践性知识两类，并指出实践性知识是教师专业发展的主要知识基础，在教师的工作中发挥着不可替代的作用。〔陈向明：《实践性知识：教师专业发展的知识基础》，载《北京大学教育评论》，2003(1)〕近年来，关于教师专业知识和能力的论述成为一个研究热点，2012年对教师知能的探讨开始呈现出关注教师实践哲学的转向。

(1) 教师实践性知能的持续创生

教师知能的发展是一个持续性的动态过程，专业知识在实践中可以转化为某种能力，于是对教师知识的研究大多会联系到具体教育场域中的实践需要。论者们在讨论缄默知识(默会知识)的意义时提到，这些只可意会、无法言传的知识对教师的实践生活、自由思想与方法创新起着举足轻重的作用，不仅能够指引教师选择、调整自己的教学策略、促进有效教学行为的建构，还有助于延拓教师开放的心灵、恢复教师认知的敏锐、扩展教师的实践能力。〔范春香，2012(2)；王晓莉等，2012(7)〕有论者则阐述了教学与实践性知识之间的关系，提出教师必须依靠实践性知识才能应对教学复杂性，而教学复杂性又是教师实践性知识增长的根源，教师可在具体的教学情境中通过尝试性实践和实践反思的循环往复实现实践性知识的增长。〔龙安邦等，2012(4)〕

在追求优质的全球性教育变革浪潮中，培养教师专业实践能力成为教师教育改革的重要路向。能力是动态、多元的，专业实践能力建基于知识，进而又成为有效表现和行为的基础。〔戚万学等，2012(2)〕论者们也意识到随着教师在实践中的角色变化，其相应的专业能力要求亦各有不同：首先，在课程改革的背景下，作为课程知识的统整者，教师需要鉴于不同课程知识样态间由低至高统整的连续程度，进而掌握联合、综合以及融合三种策略；〔张良等，2012(22)〕作为课程执行者，教师要以教育信念作为动力、知识积累作为支点、教学智慧作为载体，通过各种各样的教学实践产生课程实施力。〔李明铭，2012(12)〕其次，作为学校改进、变革中的领导者，教师领导力的发挥至关重要，它指教师参与决策和对同伴的影响力。具体而言，教师不仅需要具有丰富的教学经验和卓越的教学知识技能，为同事所尊敬和信任，还必须具备特殊的个人特质和知识技能，特别是与领导有关的特质和知识技能。〔胡继飞等，2012(5)；蒲蕊，2012(5)〕再次，作为教学的实施者，教师要具备教学决策能力，即面对丰富多变的教学事件作出教学决定的能力，在设计层面提升决策意识，在实施层面拓展决策空间，在评价层面精选决策方法。〔张定强，2012(11)〕最后，作为教学问题的研究者，教师应基于课堂现场，反思教育实践，开展草根式的田野研究，要积极主动地从自己的教学实践中去发现问题、思考问题、提出假设和验证假设，同时学会借鉴和模仿，掌握科研成果发表的技巧，并培养自己健康的科研工作心境。〔黄树生，2012(7)；朱纷等，2012(10)；刘涛，2012(12)〕"实践反思基础上的问题意识"、"理性认知基础上的问题分析"以及"系统逻辑框架下的问题解决"是教师教育研究能力的三个表征，基于教育研究能力发展的教师教育创新模式应成为当下和未来教育变革和教师教育的重要命题。〔杨茂庆等，2012(12)〕可见，教师在实践中承担着不同的任务，教师需要进行资源整合、作出决策选择和价值判断，不断更新的知能促使教师个人教育哲学及实践智慧的形成与发展。

(2) 教师实践性智慧的哲学建构

围绕"教育实践智慧"的思考确定了教育实践在教育生活中的价值地位，并且实践被要求以智慧的方式展开，教师被要求具备"智慧人"的特质和品性。〔蒋茵，2012(2)〕教师个人教育哲学是教师以哲学的思想和方法为基础，经过深思熟虑、提炼加工而形成的具有一定逻辑体系和话语系统的个人教育主张，是立基于实践生活之上，属于教师个人的通达形上、关乎形下的对自己教育生活的高度自觉的思考。要保证课堂教学活动的有效性，客观上要求教师在教学中应具有个体教学哲学这样独特的“自我”内驱。〔谢延龙，2012(1)；高岩，2012(2)〕建构个人教学哲学是每一个教师在其职业生涯中必须面对的理性思考活动，它对于促进教师专业素养的提高，保证教学活动的有效性，提高教学效果具有重要作用。〔杜复平，2012(2)〕不断修正、调整符合教育规律的个人教学哲学，是教师专业化过程中获取积淀实践智慧的重要过程，2012 年的研究中有不少论者谈论了教师建构实践哲学的途径。

途径一：在教学活动的开展中优化思维

有论者认为教师教学设计的过程正逐渐成为其教育教学能力提高的重要过程，教学设计日渐成为促进教师专业发展的实践力量。〔汪海，2012(6)〕有论者基于哲学解释学的视角和教学生成的本体论意蕴，从“预设”到“生成”的思维方式转变来探讨“教学生成何以可能”这一本源性问题。〔王明，2012(1)〕也有论者指出，教师个体对学生的需求与特征、对教学的目的与价值、对教学内容的整合、对教学的策略与方法、对教学的评价主体与方式等方面的“反思—构建—实践—再反思—再构建的反思与实践”过程是形成教师个人教学哲学的基本途径。〔杜复平，2012(2)〕还有论者提倡将对话教学理论回置于当下鲜活的教学实践之中，秉承辩证的致思方式，使教学交往由“对象式”向“关系式”转变，教学方式要寻求“独白”与“对话”的共生，师生关系要由“上下级”向“合作者”调适。〔余宏亮等，2012(8)〕

途径二：在学科教学知识的建构中提升能力

每当提及学科教学知识(Pedagogical Content Knowledge，简称 PCK)，论者们均强调 PCK 是在实践中形成和发展的，其获得必然离不开教师的主动建构和反思。有论者认为，教师参照专业领域的价值观念、行为规范对自己与学生联系最密切、最投入或最能体现教学意图的教学实践的观察和思考，是对教育教学工作有所改进的理性认识，这种教学反思是教师获得 PCK 的必备能力之一。〔梁永平，2012(6)〕也有论者探讨了化学教师 PCK 的基本建构策略，指出 PCK 的发展是一个非线性的、螺旋发展的动态的过程，化学教师要形成促进 PCK 发展的教学思维方式、提升对化学科学的理解水平、关注学生对于化学的理解、发展化学课程知识、提高整合转化能力以及多渠道丰富 PCK 资源库。〔汤杰英等，2012(5)〕

途径三：在课程理解的加深中生成智慧

有论者建议教师依托自己的生存境遇和文化积淀，运用自己的知识、信念和态度对课程进行个性化解释、判断和意义建构，发展契合于个性和生命根基的课程理解，体会课程实践的尊严和创造。教师用心灵、用理解的方式显现课程魅力，淡化自己与课程的界限，投入个人的实践知识、生活经验、生活方式等，诠释和建构“被活化的课程”，从而涵养智慧。〔白会肖等，2012(1)〕

3. 多面向的教师情意

当今时代的教师专业发展不仅需要专业知识、教育性知识和实践能力这些技术“硬件”，还应有统摄技术选择和应用的理性和情感。教师情感是专业发展之基础、纽带、承诺、动力和境界。〔王凤英等，2012(3)〕然而，在众多对教师专业化的研究中，往往对教师的知识、技能和态度着力较多，而对更为深层的教师内在情感、认同和自我实现没有足够的关注。近年来，论者们开始尝试理解教师工作的丰富性和挖掘教师发展的内在动因，探索教师在其专业发展生涯中自我完善的可能性和方法。〔张华军等，2012(3)〕教师情意方面的研究开始受到重视，2012 年对此的探讨呈现出多层次、多角度的特点。

(1) 基于职业人格的专业精神

对于“什么样的教师才是好教师”这一问题的追寻，已成为全球教育改革，尤其是教师教育改革关注的焦点。部分学者逐渐从外在的教师职业技能关注转向对教师内在的自我、教师的专业精神的探查。〔张丽敏，2012(6)〕

有论者在对教师专业化的省思中提到，从事教育的人——教师必须是一个有信仰的人，他/她所从事的行动是一种信仰活动。信仰是一个人、一个教师思考的力量和源泉。作为一种神圣性的行为的信仰承诺，教师应以对正义、真知的探寻，对精神自由的守护以及对自我和他人成长的理性关注为无条件志向。〔曹永国，2012(2)〕有论者从专业情意上探寻了成为教育家型教师的现实路径：深刻洞察教育规律，不断提高教育能力；敏锐体验爱之真谛，持续增强爱的情感；潜心不受外部诱惑，不懈践行教育理念；执著守护教育信仰，不断提升人格修养。〔周春良，2012(3)〕

教师信念是教师专业发展的重要内容，也是教师教育研究领域一直关注的焦点问题。教师信念是教师关于教育事业的价值定位与追求，是教师开展教学实践的源动力，良好的教师信念有助于推动教学创新、养成学习信念、维护师生关系，引领教师树立坚定的理想和价值观、强烈的职业意识和奉献精神，实现教师在心理和文化上积极的专业认同，使教师在职业生涯不同阶段都能得到可持续的专业发展。〔李霞，2012(3)；程晓玲等，2012(4)〕有论者依据国际科学教育文献对理科教师信念的相关研究进行梳理，对有关理科教师信念的研究主题、主要研究方法和研究发现进行详细介绍与评述，提出了我国理科教师教育值得关注和思考的问题。〔陈博等，2012(7)〕

在师生交往过程中所反映出来的教师专业品质具有十分显著的职业特点。有论者基于北京市石景山区四所中学的调查数据，分析了教师关怀品质缺失的现状，并进一步阐释作为关系的关怀是关怀者与被关怀者之间基于需要的识别与满足的交互行为，其核心是关怀者与被关怀者建立在需要基础之上的情感共鸣，即关怀者的关怀不仅表现为一系列的行为，更表现为被关怀者对这一行为的内在认可和主动回应。〔班建武等，2012(4)〕具体而言，有论者阐明了唤醒和提升教师"他者"意识的重要性，作为教学实践主体的教师，需要尊重和理解学生的相异性、外在性，并以此促进学生自由个性化的发展。〔周杰，2012(3)〕同时，为了消解对学生的心灵伤害，有论者提议教师必须淡化身份意识、形成专业立场、强化职业志趣、加强教育人格自修，促进教育人文情怀的成长，提高教育爱的能力。〔蒋红斌，2012(1)〕此外，还有论者建议培养教师提升师生关系的助益品性，教师需要立足于尊重人的价值、信赖人的能力的哲学立场，从学生情感态度维度切入，做到真诚透明、无条件关注、共情理解和尽量减少外在评价的威胁。〔何善亮，2012(5)〕

(2) 基于教学效能的情感机制

不少论者对与教学实践紧密相连的教师专业情意进行研究，讨论的焦点都在于教师的情感机制如何让教学变得更加有效。

在教学观念上，有论者认为，崇高的教学理想、健全的教学理性、积极的教学情感和坚强的教学意志，都是教师提升教学境界的重要内容。教师需要面对真实自我，珍视教学自由，改进教学环境，提升教学境界。〔徐继存，2012(3)〕有论者指出，课堂文化建设是深化课程改革、提高教育效能的一个重要途径。教师作为课堂文化的建设者和执行者，其教学观念的转变是关键。〔唐春萍，2012(10)〕还有论者从语言学视角对课程与教学的关键问题进行了重新审视，提出了基于体验的课程语言观：理解者可以用自己个体的生命把握他人的生命，教师可通过想象回到创造者的创造现场，与创造活动的线索本身同向发展，一直与创造者的生命体验活动历程本身一道前进。〔杨道宇等，2012(8)〕

在教学实践上，有论者基于发生学视角分析了教学理念向教学行为转化的机制，探讨教师在“理解—内化—生成—外化”的动态过程中如何实现把教学理念转向教学行为。〔段作章,2012(4)〕此外,不少论者关注了教师的有效教学决策,认为这是教师情感与教师理性协调互动的过程。作为理性和情感的结合体,有效教学决策过程带有浓厚的情感色彩,教师情感在教学决策中的基础地位不容忽视。有论者关注教师教学决策的情感机制,认为情感作为教师教学决策的核心要素之一,对决策目标和内容、决策动机、决策思维等具有重要影响。情感体验则作为一种先天的行为倾向,是教师在教学决策中认识和理解外界教学人事与自身之间关系的价值参照系。〔赵鑫,2012(5);李森等,2012(10)〕

(3) 基于情感劳动的心理素质

教育是教师需要在情感上付出努力的事业,知晓并发展自身的情感修养、积极优化情感劳动,这也是当今教师专业发展的重要内容。〔赵鑫,2012(5)〕2012 年的不少研究均突出了体现情感劳动特点的教师专业情意。

论者们以量化研究的方法对教师压力展开了调查。其中,对南京市 996 名小学教师工作压力的来源情况进行分析的结果表明,小学教师的工作压力在工作负荷、人际关系、学生管理、心理需求、学校管理等五个向度上存在显著性差异,其中工作负荷与心理需求成为教师工作压力的主要来源。〔彭小虎,2012(3)〕还有论者探讨了武汉市中学女教师与男教师、女工在面临压力的应对方式和社会支持方面的差异,以及不同学校、不同职称、不同学历的中学女教师的应对方式和社会支持方面的差异。结果表明,中学女教师的积极应对方式得分和社会支持各项得分高于女工,但低于中学男教师;而消极应对得分高于中学男教师,但低于女工。〔王萍等,2012(1)〕

关注教师内心的真实情感也是近年来的研究趋向。有论者表示,在各种风险加剧且充满不确定性的当代社会,教师和学生在教学情境中面临并企图摆脱某种危险性情境所产生的防御性反应,并伴有不安全感,危机感,无能为力感等情绪体验,这种教学恐惧不仅会使个体自身出现内在性的分裂,甚至会导致教师、学生、教学科目无法有机地联合。〔罗祖兵等,2012(7)〕另有论者从一个反向的角度论述了教师的专业生活勇气,即教师在专业生活中以自己身体实践活动为依据发生和显现出来的敢于迎战恐惧、勇于承担焦虑的对专业发展具有内在动力性的气魄,并认为教师勇气有助于持续、自主和内发的教师专业发展之实现。〔郭祥超,2012(2)〕基于此,有论者进一步提出,尽管教育变革带来的风险、教师实践本身的不确定性都引发了教师的存在论危机,但信任的存在则将这种变革风险的“阈限”调控到教师可以接纳、支配的范围,并在自己的专业

实践场景中能够重新获得一种新的自我身份感与确定感。〔李茂森,2012(2)〕

4. 专业化趋向的教师伦理

专业化时代要求教师职业道德建设也必须做到“专业化”,即按照教师专业化的标准和特点探索职业道德建设的方法和策略。〔薛晓阳,2012(1)〕纵观2012年关于教师专业伦理的文献,有不少论者分析教育实践场域中出现的伦理困局,并且在此前提下指明了教师伦理建设的专业化方向。

(1) 德性消解:教师专业化进程中的伦理困境

长期以来,教师的“好”似乎只反映在对于专业知识和教学技能的掌握上,而教师是否具有一个好人的品质之类涉及善恶的问题被搁置了起来,教师是否优秀的本体问题被遗忘了。当今社会,教师角色发生了诸多变化,凸显出多元而复杂的特征,也带来了诸多问题,尤其是教师的身份认同危机、信念准则缺失以及伦理责任隐退等等,极大地阻碍了教师发展。〔朱水萍,2012(9)〕近年来,有关教师问题的报道时见于各种媒体。普遍反映教师职业道德下滑、师德失范的种种现象:理想信念淡漠,世界观、人生观、价值观有失偏颇;以教谋私,不钻研业务;忽视自身思想道德的修养和人格魅力的塑造;缺乏自尊自爱精神等。此外也有因师德不良和教师心理问题所导致的侮辱、摧残学生事件及教师自伤、自毁事件屡屡被披露。这些都严重影响教师的形象和教育的质量。由此可见在我国的教育机构中,师德建设的误区颇多、困境重重,师德现状令人堪忧。〔汪耀,2012(1)〕

造成目前的伦理困境的原因有很多,有论者批判了师范生专业伦理培养面临技术主义倾向、知行断裂以及教育方法灌输式等问题,人们仅仅将关注的目光聚焦于师范生的教学水平和教学效能,谈及专业化往往不谈教师伦理与专业化之间的内在联系,从而导致其面临着“伦理困境”。〔张凌洋等,2012(3)〕有论者认为,学校内部分工条件下,教师与他人及周围环境的关系互动中处于孤立、分散的存在状态,导致教师并没有实现成就“德性我”与成就学生的统一,教师德性呈现出消解的趋势。〔易连云等,2012(5)〕

伦理混沌是教师专业发展的危机之一,当下备受关注的教师伦理困境表现在两个方面:其一是教师责任扩大化。当前,教师的社会责任呈现出无边界、无限度的扩大化态势,特别是对于生存状况并不乐观的广大农村教师而言,社会责任的扩大化已然成为农村教师不能承受的生命之重,这不仅会使教师的角色定位变得含糊不清,而且还会引发一系列的社会问题。农村教师社会责任扩大化现象日益凸显,表现在农村教师被动地承担“监护人”的责任、孤立地承担促进学生社会化的责任和理想化地承担文化传承的责任。社会责任的扩大化消解农村教师有限的教学精力，阻滞其专业化发展。〔吴虹雨等，2012(8)〕其二是教师功利化。有学者借助布迪厄行为理论来对教师功利化的现象进行反思，并指出“义利对立”的道德观造成“教师要追求道德崇高，就必须压抑对现实生活的利益需求”及“教师要追求利益，就失去了道德的崇高”的两难困境，因此造成教师的“象征性行为”得不到认可、“象征利益”的潜在价值得不到保障。〔张建桥，2012(3)〕

(2) 道德自觉：建设教师专业伦理的突破口

在专业化时代，教师的教育生活面临完全不同的社会基础和职业环境，重新建构一套具有专业化时代特点的教师职业道德体系，已经成为刻不容缓的任务。〔薛晓阳，2012(1)〕在人的伦理道德认知能力的提高与完善过程中，道德主体性的发挥是最主要的决定性因素。〔张凌洋等，2012(3)〕

随着教师职业伦理历史演变至后现代社会，他律时期统一的道德规范对人的制约开始减弱，道德环境变得宽松，道德主体的多元化、价值追求的多极化开始出现，教师道德的约束力主要来自道德主体的内心，而不再是外部。由于后现代社会教师职业道德的约束力和职业伦理秩序的构建主要来自道德主体内心的“自律”，所以，如何实现道德自我的发展与提升仍旧是教师需要一生追寻的人生哲学。〔龙献忠等，2012(1)〕教师只有成为自觉、自主的践行者，坚持专业自主的伦理判断与决策，其职场行为才可能是公正的，才能够负责任、有道德地承担起教书育人的社会责任。教师的伦理自主性是在摆脱具体的伦理困境中表现出来的，教师解决伦理冲突的过程就是教师专业伦理逐渐成长的过程。〔朱水萍，2012(9)〕

对于如何发展教师专业伦理，学术界提出了诸多观点。有论者认为，教师在道德教育中的作用首先取决于教师本身的道德意识状态，为了适应后现代背景下的道德价值多元化，教师自身的道德意识澄清非常重要，应该成为道德教育的起点。〔刘峻杉，2012(3)〕有论者发现，组织公民行为的诱导因素及其作用机制契合了教师道德行为的自觉自愿的本质特征，所以对直接和间接地促进教师道德成长显出特别的意义和价值。〔杨炎轩，2012(24)〕甚至有论者指出，在教师自觉做自身德育专业化的主人时，如果学校都能成为积极的角色，那么“教师德育专业化”的直接主体——教师的主体性、主动性显然就更大。〔檀传宝，2012(10)〕但是，更多的学者倾向于认为专业伦理建设的立足点应该放在教师伦理品性的养成上。

一是对教师使命的关注。有论者把教师使命概念内涵分为两个层次——教师职业使命感和超越性使命。教师使命第一层次是低层次专业精神的初步提升，教师需要去知觉和感知职业的目的、意义和价值所在，追求生命价值的“自我实现”；教师使命的第二层次已经再次升华，形成精神的内核，是一种高级的心理能量，是强大的精神力量之源。因此，超越性使命具有极强的内在主动性，不需要教师去感知它，甚至教师并未知觉到它的存在，它却已经深深影响教师的行为表现，渗透在教师日常教育教学实践的方方面面，这是一种“不以自我实现为目的的自我实现”。〔张丽敏，2012(6)〕

二是对教师良知的重视。教师是教育实践的道德主体，必须以实现教育的终极价值为己任，具有教育良知、具有对教育终极目的的理解、具有对于好的教育的深刻认识与信念，不断追求教育的终极价值的实现。教育良知使得教师形成自己的教育理想，形成对教育行动的清醒和敏感的反思，使教育工作与教育的终极价值相符合。〔金生鈜，2012(4)〕

三是对自主责任意识的呼吁。教师职业道德的建设，不能仅仅停留在规范的宣传与学习上，而是要思考怎样引导广大教师把崇高的师德要求转化为自觉的价值追求和行为取向。教师应该秉持一种更高程度的道德自觉和自律，自主责任意识的生成和完善是教师职业道德成熟的重要标志。〔车丽娜，2012(5)〕

（二）基于理论—反思—共同体的教师专业发展

随着社会的发展以及教育实践对教师从数量需求向质量需求的变化，教师职业的专业化性质得到普遍认同，促进教师的专业发展越来越成为国家、社会、学校以及教师的共识，论者认为可以从教师的理论学习、教师反思和自我成长及教师专业学习共同体等三个路径实现教师自我的专业发展。

1. 教师理论学习

(1) 立足于实践的教师理论学习

杜威在1904年发表的文章《教育理论与实践的关系》充分论述了教育理论学习在教师培养中的作用。杜威指出，准教师对理论的学习可以培养教师在未来教学实践中进行独立探究的精神(spirit of inquiry)和能力，教师可以在理论性学习的过程中体验到思维发展的内在过程而不仅仅流于对技巧的掌握，包含了认识方法的教育理论学习可以转化为教师在实践中进行独立探究和反思的能力。这种体验可以帮助教师在教学中敏锐地发现学生思维发展的活动，避免在实践中对教学技巧的盲目模仿。这样教师才能成为“教学的学习者”(students of teaching),从而在教学实践中获得持续的专业发展。〔张华军,2012(2)〕对于2012年相关研究梳理,可以看到,论者们从理论自觉、理论性知识和实践性知识的关系以及U-S合作中教师的理论学习三个方面进行了讨论。

有论者提出了在专业发展中立足于实践的理论自觉的重要性。尽管每一位教师在其日常的专业生活中,都会逐步形成对教育教学的理解和看法,但并不是每一种经验性的看法都能够称得上是实践理论。教师的实践经验,需要如康德所说的那样建立一所理性的法庭予以审判,“来保证理性合法的要求而驳回一切无根据僭妄”。这就需要培育并提升教师自身的理论自觉。只有具有一定的理论自觉意识的教师,其专业生活实践才能成为经由理性批判、而不是混乱的、杂乱无章的经验惯习,才可能形成真正对教师专业发展起推动作用的实践理论。〔马新英,2012(1)〕

教师专业发展中理论性知识和实践性知识的关系一直是学界争论的话题。有论者基于杜威的思想指出,理论性学习的一个基本的特点在于学习把学科知识和其认识方法结合。杜威认为,包含了认识方法的教育理论学习可以转化为教师在实践中进行独立探究和反思的能力。因为在包含了认识方法的理论学习中,教师得以把自身独特的经验和理论中所包含的他人的经验联系起来,发现自身经验和他人经验的相通之处。此时教师也把对自身心智活动的认识和对学生心智活动的认识联系起来,这时才能说教师学习并运用了教育的理论原则,理论学习促进了理论向实践的转化。值得强调的是,这时的转化并不是直接把理论套用到实践中,因为在杜威看来本没有一成不变的单一理论,而是理论中所包含的思维方法在实践中的转化。〔张华军,2012(2)〕有论者则认为,我国教育研究界和实践领域对于教师实践性知识到底是什么仍处在探究阶段,传统教育理论领域对这一类型的知识也还持保留态度,因为相对于传统的知识类型而言,教师实践性知识在被冠以“知识”地位时,其性质、合法性、构成和生成等方面仍存有不少争议。在这种知识和教育理论知识之间似乎还呈现出一种对立关系。杜威曾明确批判过教育理论和教育实践的二分对立,在他看来,二者实际上是一同来源于并反馈回个人经验之中的。基于这种理论和实践的关系,我们可以说,理论性知识和实践性知识都帮助我们在实践中观察、理解和反思我们遇到的新的情境和问题,预测未来的结果并参与到行动计划中去。因此,站在杜威的知识论立场,理论性知识和实践性知识都可以看做工具,其功能都是为了明智的行动,并最终为了获得更好的实践(praxis)。〔陈向明等,2012(4)〕

在U-S合作中，大学教师和中小学可以分别作为理论性知识和实践性知识的拥有者，因此有学者基于U-S合作解读了理论性知识和实践性知识的关系：在该论者对参与合作研究项目的中小学教师的访谈中，一位教师表达了自我的改变："以前，学校老师们对理论有两种不同态度，一是惧怕，总觉得理论太深奥，我们搞不来，我们就是做事情的，所以怕去碰理论；二是排斥，觉得理论总是有道理，但是这些道理只是用来说的，要做起来，靠这些理论根本不行。经过这么多年跟课题组的老师一起走过来，我们不仅对理论有了新的认识，而且产生了内在的需要……从理论中尝到了甜头，也就真正开始学会用理论思维来反思自己的教学实践了。"〔孙元涛等，2012(3)〕

(2) 多元的理论学习促进教师的专业发展

理论学习在教师的专业发展中起着至关重要的作用，对于教师理论学习的开展，论者从不同的角度进行了阐述。

① 读书

苏霍姆林斯基强调，真正的教师必须是书之爱好者，读书乃教师发展的最有效途径。第一，读书有益于增强教师的教育涵养。第二，读书有助于完善教师的行动技巧。第三，读书有利于提高教师的幸福指数。读学术著作，在教育经典和名著中找寻自己的志趣以及属于自己的学术天地，通过读书与众多的教育家进行心灵的碰撞与情感的交流，获得对教师职业的认同感和自我满足感。所以，读书无疑可增长教师的专业幸福指数。〔李保强等，2012(3)〕

有的一线教师也从自身的切身体验阐释了读书对于教师专业发展的促进作用：新课标新教材的编排已经在触动教师的读书神经。教材增加了选修本，以高中语文为例，《外国小说欣赏》中的许多篇目，对于教书多年的语文教师来讲都是初次相见，如阿根廷作家博尔赫斯的《沙之书》，就挑战了语文教师对小说这种熟知的表达方式的认识极限，光凭简单的教参显然难以应对选修了这门课的学生，而要开设选修课，中学老师首先面临的就是阅读原著，扩展对教材相关背景的了解和认识。不读书就无法上好课，这就逼迫教师不得不读书，不得不更新知识，这就是最实际的促进。〔郭志荣，2012(11)〕

② U-S合作

大学与中小学合作研究指的是大学教育学者与中小学教师为提升教育教学有效性、促进教师专业发展而构筑伙伴协作关系(partnership)，共同开展教育教学研究的一种合作方式。有论者在对参与合作研究的47位中小学骨干教师的访谈中发现：几乎全部的教师都反映，走近大学教育学者，步入合作研究的过程，是一个"痛并快乐着"

的过程。“痛”源于新的挑战与自身原有思维方式、实践方式和素养结构之间的落差。当原有的“惯习”被打破，而大学教育学者所提倡的新理念、新的教学实践方式尚未“化入”自身的专业实践中，尚未转化成为新的“惯习”时，教师体验更多的是“痛苦”。而快乐，则产生于对一种或多重可能性的新发现。在教学设计、实施、反思重建和班级建设等方面，大学教育学者的介入，让许多中小学教师感受到了“另一种眼光”对于突破自身局限性的意义，体验到了“研究”对于专业实践的价值。〔孙元涛等，2012(3)〕

有学者采用质性研究取向，以甲、乙、丙三位教师为研究对象，从三个方面深入探讨了学校与大学伙伴协作下教师专业发展的历程，并分析了大学与学校合作中大学专家在教师的专业发展中所扮演的角色。

第一，就专业知识范畴而言，伙伴协作下的课堂学习研究能够大大地提升乙老师和丙老师的学科知识和学科教学法知识，但只能够扩阔甲老师的学科教学法知识；第二，就专业能力范畴而言，三位教师都认为伙伴协作下的课堂学习研究提升了他们处理“学什么”、“如何教”及“学了什么”的能力，即提升了为学生选取课程与学习内容的技巧，提升了课堂设计与教学的技巧，提升了促进教与学的评估之技巧；第三，就信念与态度范畴而言，三位教师均认为伙伴协作下的课堂学习研究强化了他们学生为本的教学观念与取向，并对自身以至同侪的专业发展持更积极的态度。

从以上三位教师的转变可断言：来自高等院校的专家可说是校本课程发展及教师专业发展的重要资源，它使教师站得更高、望得更远，并为教师注入教学创新的动力。因为这些专家通常拥有丰富的知识底蕴，包括学科知识和教育理论。具体来讲，本研究中的三位专家展示了他们在教师专业发展中扮演了四方面的角色，包括：催化监督、批判引领、实务支援和建构专业学习网络。〔黄晶榕等，2012(22)〕

③ 学科依附

有的学者从学科依附方面阐述了其促进教师专业发展的作用，他认为，教师的生活世界是很脆弱的，它不断被制度世界所侵蚀和殖民，并在一定程度上丧失其生机和活力。“但在学科教学这一被压缩的有限时空中，教师也在不断建构专业生活的意义”，学科是教师专业生活的依托，是教师专业自主权的重要来源。在学科教学中，较高的考试成绩是教师在工作中所获得的“最大的满足感、成就感，给予教师专业自信和自我效能感，尤其是为教师提供了在制度中生存的本体性安全感”。这些积极的情感体验皆为教师从学科教学中所获得的深层意义和价值，并进而影响到教师对该工作的继续投入，是教师自我提升与发展的重要动力，教师的文化和制度的记忆又强化了对学科的依附意识。教师在建构专业身份的过程中也面临诸多矛盾和冲突，而基于成绩的工作意义本身即内含悖论，即当其成为教师所追求的至关重要的工作意义时，这种内在的价值和体验本身就被工具化，表现为价值理性对工具理性的简单附庸，但学科身份仍是教师竭力维持的。〔王夫艳等，2012(9)〕

2. 教师反思与教师自我成长

(1) 教师反思：从个体反思到团队自省

教师的自我反思必然要求教师具有独立思考的特质，有学者认为独立思考是为师者必须具备的职业素养，这一素养在课改背景下尤为重要。而让人忧虑的是，传统的师范教育在功能上的缺失，使培养对象的技能性特点较为突出，而思维能力十分欠缺，教师“入门”时即“营养不良”。这种“先天不足”加之后天“营养”补充不全，自然会产生许多“后遗症”。为此，有论者提出了几条具体的建议：①建立强烈的独立思考的意识和明确的思维取向；②在探索“具体的真理”的过程中，增强独立思考的能力；③创造有利于强化教师独立思考能力的组织制度与组织形式。〔沙培宁，2012(9)〕

虽然教师的独立思考使教师的反思具备了基本的素养，但有的学者依然看到了教师个体反思面临的困境。教师个体反思面临的问题具体表现在：第一，反思主体单一，限制了反思的有效性，“把总结当反思，不上课则无反思，反思对象仅限于教师自己”。第二，反思内容多为描述性的教学经验总结，随意性比较大，很少对问题进行系统而深入的分析并提出解决办法。第三，反思的形式单一，多以先教后记、课堂感悟、学期总结、教学随笔等形式出现，并带有模式化倾向。在缺少有效的监督和指导的情况下，教师所进行的反思随意性较大，容易流于形式而无实际内容，重反思过程而无落实行动，对教学水平的提高和自身的成长意义严重受限。与个体反思相比，教师在团队中进行自省具有如下优势：首先，可以弥补教师反思主体仅限于教师个人的缺陷；其次，可以克服教师个体反思内容多为描述性的教学经验总结、缺乏操作性的缺点；最后，团队自省可以使教师反思具有持续性。我国教师反思的发展，正经历着从教师个体反思到教师团队自省的变化，教师团队自省，是我国教师反思的理论诉求，也是我国教师发展的实际需要，教师团队自省是教师个体反思的新层次。〔赵敏等，2012(22)〕

(2) 教师反思“口号化”：如何实现反思的有效性

反思是促进教师专业发展方面的重要途径，它在改进教师教学行为、完善教师知识结构、提高教育教学效果方面的作用已得到广大教师的普遍认可。然而，反思有效性的问题还未引起大家的广泛关注，在实践中，教师反思的效果也并非尽如人意，盲目、被动的反思仍然存在，教师反思的作用还没有得到充分的发挥。因此，反思有效性问题应当引起大家的注意，应当成为教师反思研究的重要内容。〔吕洪波，2012(4)〕反思允许教师对默认的事情提出质疑，同时鼓励他们用别样的眼光来看待自己的教学。这种教师反思因为有促进教师发展的潜能，在前线教师和专业教育研究者那里都获得了广泛认同。但实际上，一些教师反思并没有成为教师发展的助手，而是成为教师沉重的工作负担，教师反思也显现出"口号化"、"污名化"的危险，导致这一问题的主要原因是反思的有效性不够。为了实现教师反思的潜能，有必要重视教师反思的有效性问题。〔丁道勇，2012(22)〕

在影响教师反思有效性的因素中，正确的反思习惯与方法尤为重要。第一，避免只问不答的反思，着重问题的解决；第二，避免单纯个体的反思，发挥群体反思的作用；第三，避免浅表弥散的反思，围绕专题进行持续反思；第四，避免形式单一的反思，多种方式表达反思成果。〔吕洪波，2012(4)〕

有论者建构的教师反思水平模型，提供了一种评鉴教师反思有效性的概念架构以及一种提升反思品质的路径。基于此，从教师教育研究史上遴选出三组基本的心理建构，以此来描述教师的关键品质。它们同时成为教师反思的备选对象。第一组：行动/能力；第二组：信念/知识；第三组：身份/使命。其中，以"行动/能力"为对象的反思，处在最外围；以"身份/使命"为对象的反思，处在最核心的位置。就教师反思对教师发展的实际效果来说，该论者认为中间层次的教师反思更具优势。〔丁道勇，2012(22)〕

(3) 在实践反思的基础上开展研究

教师在反思基础上的研究是教师专业成长的有效途径。对此，有论者认为，一名教师开始参与课题研究，从本质上讲，是一个不断思考、深入思考的过程，是一个在研究的状态下进行有效思考的过程。首先，实践性是教师职业的显著特征之一。但教师更需要的是"在研究状态下"的教学实践，它是重视教育科学理论指导的实践，同时也是不断发现新情况、解决新问题的探究性实践，是一种充满生命价值的育人实践。其次，教师在研究状态下的总结，就是要拿起笔写文章、编写专著，让研究成果促进教学实践，并为丰富教育理论尽自己的一份力量。第三，真正的研究者需要主动出击，积极推广自己的科研成果，以求得到实践的检验，并为开展进一步的研究提供依据。同时，只有得到推广，科研成果也才能扩大影响，产生更大效益，彰显应有价值。第四，研究使得教师得到了不断地成长。〔刘虹，2012(11)〕

有论者指出，随着课程改革的不断深入，教育研究不再是神秘莫测的学者"专利"，研究是教学不可或缺的一个组成部分。参与学校教育科学规划课题或教学研究课题的专题项目，既是教师专业义务，更是职业责任。教师要积极参与学校教科研活动，在实践反思的前提下开展专项课题研究。①科研与教研相结合，即加强专业理论学习，整合学校课题研究与教师专题教学研究，富润学科素养；②教研促进教学发展，即通过教研共同体的同伴学习，促进有效教学发展和教师专业发展；③课堂实践为课题研究提供基础，并验证课题成果结论；④案例研究积累实证性成果，更主要是重视教学设计和课例研究。〔黄树生，2012(7)〕

(4) 教师的自我成长

教师的成长是有规律的，都会经历适应、分化定型、突破和成熟这发展的四个阶段。从站上讲台到站稳讲台，从站稳讲台到站高讲台，再从站高讲台到高站讲台，是一个教师从青年开始，走向成稳、成熟、成功和成就，走向优秀型、专家型教师的成长发展过程。〔吴金根，2012(6)〕

① 新手教师

不同的新教师进入不同的学校情境中，其所遭遇的问题可能是千差万别的，其专业发展的需求也是多种多样的，因而新教师专业发展的方式也要兼顾多元。

有论者指出，传统新教师专业发展的主流是师徒带教形式的入职教育，容易将新教师置于被动接受者的位置，去记忆学校既定规则、接受社群已有文化、效仿他人教学技术，并不利于新教师专业自主的发展和专业身份的认同。所以未来新教师专业发展应从范式转变视角进行重构，通过专业学习社群的建设来为新教师的专业发展提供优质土壤，让新教师以一种独立自主的专业身份进入学校的教师社群，让新教师主动学习、自主实践、分享合作，最终实现专业成长。〔宋萑，2012(4)〕

有论者发掘出戈夫曼之拟剧论对于教师自我成长的启示。新手教师成为专家教师需要打造好第一印象，做好日常的印象管理；需要在“神秘化”和“去神秘化”之间以及“一视同仁”和“区别对待”之间寻求平衡的支点；需要运用好师生互动的规则，必要之时可以再造规则；需要把握好表演和“做作”之间的边际，在长期的坚持中寻求着力点。〔王晋，2012(12)〕

也有论者从杜威意义上的“经验”入手展开讨论，力图破除教育实践界对经验的迷思，指出并非所有的经验都具有教育意义。经验必须是个体亲身经历和体验的过程，必须是个体在所做和所得结果之间建立起联结，其只有在一个连续统合的社会情境下生成和进行反省才有意义。基于此，对新手教师群体提出建议：在“拿来”他人的经验时，必须完整“打包”，把他人的行、知、信、意甚至情境本身都一并考察反思，在透彻理解的基础上学习。〔王红艳，2012(4)〕

还有论者认为，从一位新手型教师发展成为名师的过程，通常是一个从被动的发展到教师自身主动要求发展的过程。教师从直觉到自觉、从规范到专业的发展过程，如果离开了制度的保障与机制的促进，很难完成这种转型。这个过程是一个相对较长的过程，它需要一定制度的保障与机制的促进。

促进教师专业发展的机制，可以是宏观层面的国家有关政策与制度的制订与执行，也可以是中观层面上的地方政府有关地方性措施与落实。但是随着教育改革与发展的深入，当国家政府越来越重视教师素质的提升时，尤其当“有好的教师，才有好的教育”取得共识时，学校的机制始终是对促进教师专业发展作用与影响最为深远的机制。〔王俭，2012(2)〕

② 优秀教师

有论者从“决策人”的视角论述了优秀教师的自我成长。决策人，即将教师视为在实际情境中不断面对选择并作出决策的人。决策不仅仅是领导者、管理层的职责和特权，事实上，每位教师每天都在课堂上、在教学活动中快速进行着多种多样的“即时决策”(in-the-moment decision making)。持此观点的研究者相信，弄清教师如何在实际教学中作出决策，弄清什么原因导致他们作出某种决策，是探寻优秀教师成功秘诀的必经之路，也是促进教师专业发展的基本前提。在这种决策人假设中，教师不仅拥有一双能够掌握各种具体知识和技能的“手”，也不仅拥有一颗具有特定兴趣、动机和情感的“心”，还拥有一个精于计算收益与代价的“脑”。探寻促进教师专业发展的有效途径，应该将教师的教学决策作为研究的突破口。〔吴艳茹，2012(5)〕

③ 专家型教师

有论者认为，专家型教师的基本素养包括具有深广的知识、善于解读教学情境、善于解读他人的教学模式和建构自己的教学模式。根据维果茨基的学习理论和哈瑞的分析框架，这些素养的形成需要经历一个“内化—转化—外化—习俗化”的深度学习过程，因此，当今的教师培训需要突破把教师“拉出去”的传统培训方式，应更关注教师的职场学习。〔毛齐明等，2012(1)〕

3. 走向教师专业学习共同体

(1) 多样化的教师专业学习共同体

在这样一个教师教育模式日趋开放和多样化的背景下，在推进教师教育职前职后一体化和如何通过教师教育真正实现教师专业发展的研究与探索中，大学与中小学之间的伙伴协作关系逐渐深化，教师教育中的合作共同体应运而生。如同合作共同体“伙伴”的丰富性一样，共同体的合作类别也呈多样化。大学与教师教育研究机构的合作将推进教师教育学科的专业建设，影响教师教育政策的制定；中小学之间的合作有利于学校培养教师资源的共享；大学与中小学的合作为教师教育理论与实践的结合搭建了桥梁，实现教师教育理论与实践的创新。当然，共同体的合作还包含同一组织内部专业人员之间的合作。〔张景斌等，2012(1)〕

(2) 教师专业学习共同体如何促进教师的专业发展

教师专业学习共同体(PLC)是作为专业人员的教师共同构建的事业型共同体、实践型共同体与学习型共同体。在教育生活中，教师个体既在向教育实践、教育知识学习，又在向其群体生活、专业社区学习。专业社群是教师专业成长的第二摇篮，构建并参与教师专业共同体(Professional Learnering Community，即“PLC”)是教师专业实现整体、高效、迅猛成长的快行道，是突破教师个体的专业成长上限的重要方略。〔陈晓端等，2012(1)〕论者从不同的角度阐述了教师专业学习共同体对于教师专业发展的促进作用。

有论者认为，在教师专业学习共同体中，教师发展具有双驱动力和双主体特性。其一，教师发展的动力具有二重性，是原创性动力和感应性动力的交合，它们构成了教师专业共同体的双引擎。其二，教师发展是双主体——个体与群体互利共益、互依共生的过程，其核心机制是差异互动，其学习对象是学习型课程，其目标是创构实践性理论。教师专业学习共同体的纽带不是一般的学业问题、学术问题，而是当下专业社群面临的亟待解决的实践难题，它是将该社区内所有教师聚拢起来、吸引到共同体内的一枚磁石，它生成着专业学习共同体的向心力。教师走进专业学习共同体的原动力是基于对教育事业的使命感、事业心与责任感，是其对信守的美好教育愿景的执著追随。教师专业学习共同体的生命线是其对教师专业成长的效能性，是专业汇谈、专业探究对教师专业发展的实在价值。〔陈晓端等，2012(1)〕

有论者认为，在合作共同体中，伙伴关系中“伙伴”的含义更加丰富，既可以是大学与中小学结成伙伴，也可以是教师教育的研究机构之间结成伙伴，还可以是中小学之间结成伙伴。如同合作共同体“伙伴”的丰富性一样，共同体的合作类别也呈多样化。大学与教师教育研究机构的合作将推进教师教育学科的专业建设，影响教师教育政策的制定；中小学之间的合作有利于学校培养教师资源的共享；大学与中小学的合作则

为教师教育理论与实践的结合搭建了桥梁，实现教师教育理论与实践的创新。〔张景斌等，2012(1)〕

有论者指出，合作研究共同体是在顶岗支教实习基地建立由课程与教学论专家、基地学校在职教师、实习教师组成的合作研究团队，是适应教师教育改革趋势的一种新的教师专业发展模式。实践表明，这一模式对教师专业发展具有显著的促进作用，具体表现在：实习教师的道德观念得到提升，课堂教学技能得到提高，就业观念得到更新；在职教师的新课程理念转变成了教学行为，教学设计能力得到加强，教育科研能力得到提高，教育技术能力得到加强；课程与教学论专家的授课内容针对性加强，研究视野拓宽。〔张海珠，2012(1)〕

(3) 在发展中促进合作共同体的建设

教师教育的改革与发展催生了以培养教师为基本目标和任务，由大学、教师教育机构和中小学共同参与的合作共同体。因此，有效建设合作共同体成为教师教育改革与创新的突破口。〔张景斌等，2012(1)〕对于合作共同体的建设，论者从运行机制、教研组的成长和知识共享等角度作出了阐述。

有论者指出，运行机制是共同体建设诸因素相互作用的方式，对主体间的实质性合作、有效合作十分重要，需要从四个方面构建完善的运行机制：①建设合作共同体的组织机制；②建设规范的合作制度；③建设研究讨论制度；④建设反思与自检制度。〔张景斌等，2012(1)〕有论者认为，在教师共同体的研究实践、讨论交流时总会遇到问题、困惑和迷茫，此时领衔人如何发挥作用至关重要，领衔人相比共同体其他成员有更为丰富的理论、策略以及教学经验，但在讨论交流时提供这些知识的支持，引导、激励、促进大家思考解决困难的具体方法才是领衔人的首要任务。如果因为领衔人在理论经验等方面的优势而直接决定最终问题的解决方法，那么长此以往就会出现其他成员被动执行，无法主动参与研究和思考的现象，最终也无法实现共同发展的目标。〔马菲，2012(7)〕

有论者从教研组的成长论述了合作共同体的建设。专业学习共同体在教师专业发展中的良性作用受到诸多学者和一线教师的广泛认同。为此，一些发达国家致力于建立教师专业学习共同体，以促进教师的发展和学校质量的提升。我国中小学教研组和备课组长期以来承担的工作和责任具有某些专业学习型组织的特征，然而，因其职能的多样化受到很多人对其专业性的质疑。中学教研组不是纯粹意义上的专业学习型组织，它带有相当的基层管理组织性质和民间群众组织的性质。这可能导致教研活动易陷入具体的、非专业事务中,从而影响专业教研活动的质量。另外,普通学校一些学科教研组的教研活动的专业性、丰富性未被教师认可,严重影响这些教研组的专业建设。由此可见,要把教研组建设成为专业学习共同体,需要明确其组织定位,厘清其组织目标,净化其工作内容,使之真正成为促进教师专业发展和学校教学改进的专业学习共同体。〔胡艳,2012(6)〕

有论者认为,知识共享既是教师专业共同体发展的外在要求,也是教师个体必备的内在质素,但是脱离了一定质与量的社会互动作为其基础,脱离了互惠互利的基本原则,教师专业共同体的知识共享是难以达成的。因此,需要从社会资本的结构、关系和认知三个维度促发教师的知识共享机会、意愿和能力,进而促进教师专业共同体的知识共享包括对于知识创新至关重要的隐性知识共享。〔刘雪飞等,2012(3)〕

(三)研、训、修一体化的本土探索

1. 培训模式的多元化

(1) 入职教育模式的多元化

入职教育,是一体化教师教育中的一个重要组成部分,它既不同于教师职前培养,也不同于传统的教师在职进修,而是处于职前培养和在职进修之间的一个过渡环节,一般是与教师头几年的教学同步进行的。〔任学印、李广:《教师入职教育及其目标研究》,载《外国中小学教育》(上海师范大学),2004(10)〕通过对2012年相关文献的梳理,可以看到,除了我国中小学常采用的"师徒带教"模式外,很多其他国家的入职教育模式对我国新任教师专业发展也有着一定的启示。入职教育模式呈现多元化的特点。

有论者提出PTRA型初任教师专业化培训模式。PTRA型初任教师专业化培训模式采用"计划(plan)—教学(teach)—反馈(reflect)—应用(apply)"循环系统(简称PTRA型)对初任教师进行培训,其目标是促使初任教师认同教师专业并且提升他们的教学技能。在培训过程中,初任教师与指导者以及教师之间相互学习,逐渐学会了自我普理和设计个性化的自我专业发展。其中,PTRA型培训模式的实施依次包括以下几个阶段:(1)新手阶段,初任教师表现为孤独、新手、需要帮助、从属、依赖等;(2)参与合作阶段,初任教师表现为期望授权、赋权、期盼参与合作等;(3)熟练阶段,初任教师表现为熟练、精通、独立、自主等;(4)自我实现阶段,初任教师表现为自我效能感良好,已开始变得经验丰富等;(5)高峰体验阶段,初任教师获得专门知识或技能,已经从

经验不足向经验丰富教师、专家型教师转变。〔何李来，2012(4)〕

有论者对澳大利亚维多利亚州近年来在以教师专业学习理念为核心的理论基础的引领下所建立起的以“初任教师辅导制”为核心的，包括校内外资源融合、学习共同体与个人相互促进的初任教师模式进行了述评。该模式一是以安迪·哈格里夫斯的教师专业发展的历史阶段论所划分的第三、四阶段为参照，将初任教师的培训嵌入到教师的专业发展过程中，积极应对后现代时代的挑战，使之不仅成为个体教师专业发展的起始阶段，更成为重建学校专业文化的重要部分；二是深化“教师专业学习理念”，使初任教师的学习从一开始就能尊崇“教师专业学习理念”的指导，进而贯穿教师专业发展的全部过程。维州初任教师培训模式的基本内容为：(1)校内外资源融合，包括实习与见习、校内培训、校外咨询和辅导以及校外研讨；(2)学习共同体与个人相互促进，包括指导观摩、专业对话、教研辅导、有计划的专业阅读、个性化的专业阅读、认可课程以及网络学习。〔袁丽等，2012(5)〕

有论者对新西兰中小学新教师“入职指导计划”进行述评。“入职指导计划”是新西兰教师委员会为新教师的专业学习提供实践支持的一项教育指导计划，旨在提高教师专业发展能力，促进新西兰教师教育职前培养、入职指导和在职专业发展的一体化进程，以推动教师终身教育体的形成与发展。“入职指导计划”实施的对象是新教师(Beginning Teacher)，目的是为新教师提供高质量的专业学习机会，以便新教师学会如何在自己的教学生涯中不断地为不同的学习者提供有效的教学实践。该计划包括五大特征：(1)一项高质量的教育指导计划；(2)强调重实践的专业学习；(3)具有大量的专业发展机会；(4)以清晰、相互理解的教学标准为基础的形成性总结性的评价；(5)将得到专业领导者的积极支持与承诺。“入职指导计划”具有五个方面的特点与意义：(1)入职指导计划是新教师入职教育的指导性纲领；(2)入职指导计划规制了新教师专业发展所需的基本素养；(3)入职指导计划促进了教师资格与入职培训一体化机制的形成；(4)入职指导计划加强了教师、教育机构与中小学之间的合作与联系；(5)入职指导计划体现了现代终身教育理念和教师专业一体化。〔李英，2012(5)〕

有论者“师徒带教”教育模式的内涵与特点进行了阐述分析。“师徒结对”指的是在我国广大的中小学校中，根据初任教师(一般指上岗1—3年的新教师)的实际情况和需要，配备在业务水平和师德素养等方面都比较优秀的教师，对其进行“传、帮、带”的指导，使新教师在老教师的指导和帮助下，对备课、说课、上课、听课、评课、作业的检查与批改、教学效果的考核、班主任工作及撰写作业的检查与批改、教学效果的考核、班主任工作及撰写教育教学论文等教育教学工作的各个环节都能尽快熟悉和掌握，从而达到促进和加快初任教师发展的目的。基于教师专业发展的“师徒结对”的特征为：双向选择的结对原则；师徒双赢的结对目标；多样化的结对形式；全面丰富的结对内容；逐层递进的结对设计和民主平等的师徒关系。〔范蔚等，2012(9)〕也有论者认为，新教师在入职后将面临专业知识、情绪感受和社会适应的专业困境，而目前新教师专业发展的主要形式——入职教育和师徒制——所秉持的仍然是传统教师专业发展范式，忽视新教师自主。因此，未来新教师专业发展应从专业学习社群的角度来建构，为新教师提供社群土壤。〔宋萑，2012(4)〕

(2) 在职培训模式的多元化

通过对相关文献的梳理，可以看到学者们对在职教师培训存在的问题极为关注，并由此提出了各自的意见与建议。如有论者指出，教师培训过程中，由于主客观因素的失误，出现了培训宗旨和政策措施、培训内容与教师发展、培训方式与教师需求的冲突以及校本培训和网络培训的短板。为提高教师培训的实效性，应完善教育立法，推进教师培训法制化；立足教师需求，科学规划培训内容；抓住关键问题，革新教师培训方式，并创新教师培训的保障措施。〔张雷，2012(6)〕有论者指出，教师培训存在培训专家泛化、培训目标功利化、培训内容理论化、培训方法陈旧的偏误，并提出应设定教师培训标准、优化教师培训课程设计、建立多样化的培训方法、建构良性教师培训制度。〔胡娇等，2012(6)〕也有论者依据北京大学中国教育财政科学研究所组织专家对我国中小学教师培训质量进行了大规模调查研究，研究结果显示当前我国中小学教师培训质量不容乐观，突出存在如下问题：不重视培训需求调查分析，内容脱离教师专业发展和教学实践的需要；培训方法主要以传统的集中讲授和听课评课为主，不能充分调动教师积极参与培训；培训师资资源缺乏优化，教师培训者队伍专业化程度不高；培训监督和评价主要停留在反应评估和学习结果评估层面，较少关注教师培训给学员行为改进带来的长远影响。〔薛海平等，2012(12)〕还有论者针对《教师教育课程标准》对在职教师教育课程的设置，提出应把明确培养什么样的教师放在首位、加强对面向特定教师群体的教育课程体系的构建的研究方向。〔余进利等，2012(10)〕

① 国培计划

“国培计划”是“中小学教师国家级培训计划”的简称，由教育部、财政部于 2010 年开始全面实施，包括“中小学教师示范性培训项目”和“中西部农村骨干教师培训项目”两项内容，旨在发挥示范引领和促进教育改革的作用。有论者认为，从教师专业发展的角度看，将“国培计划”目标与参培教师的培训需求相结合，培训目标可确定为提升教师的专业能力。这一目标的实现，需以“参与—分享”式培训为主导，以整合各方优质资源为保障。〔于洁等，2012(5)〕也有论者针对国培计划项目绩效评价指标体系进行了研究，提出“中小学教师国家级培训计划”项目绩效评价是建立在需求分析基础上的真实性评价，是关注参培学员培训进程体验及培训效果的表现性评价。该计划置换脱产研修项目绩效评价指标体系构建需要解决一级指标分解技术、观测点的价值取向以及同级中再论高低的评价思想三大核心问题，其评估机构和教师评价范式的有效评价方式有网络问卷调查、深度访谈、平台演练及反思日记等方式。〔沈军，2012(11)〕

② 校本培训

有论者对校本培训的组织与实施策略进行探讨。该论者通过实证研究，总结出较好的校本组织模式为“三驱四层六环”模式，校本培训的模式主要有课堂教学案例式、问题研讨式、专题研训式、合作研修共赢式、网络研训开放式、行动研究探索式等。校本培训的实施策略为加强组织管理，建立制度保障、明确培训目标，落实培训以及确保政策领航，机制护航。〔李社荣，2012(3)〕也有论者则认为为提升内涵应重构校本培训体系。该论者认为应建设教师研究型学习团队，重构校本培训新体系。〔潘娜，2012(5)〕

③ 农村教师培训

论者们认为当前农村教师培训存在着低效的现象，并据此从不同的视角对此提出了改进策略。有论者指出当下农村教师队伍老化和断层现象严重，学历和职称偏低，学科知识和知识结构失衡，由此提出要建立农村教师长效补充机制和弹性退出机制，加大农村学校人事制度改革力度，深化师范院校课程改革，加强农村教师的培训工作，从而优化农村教师结构，提升农村教师队伍的整体素质。〔肖正德，2012(4)〕有论者从空间哲学角度看，认为农村教师发展不足是由其长期狭窄封闭的生活空间决定的。优化培训的物理空间是改进农村教师培训的关键，它可以促进农村教师精神空间发展和意识觉醒，有助于培养农村教师创新能力。〔陈彩燕，2012(10)〕另有论者通过调查发现，当前参与式方法在农村教师培训中的应用和推广是比较成功的，能够有效调动参训教师的积极性和参与性，对预期培训目标的实现具有重要的保障作用。但同时参与式教学在实际作用和操作中仍存在诸如培训偏向形式、实效性不高；培训内容偏多，理论层次不够；培训可持续性偏低，后续监测机制不完善等问题，需要不断反思和完善。〔邹联

克，2012(4)〕

④ 远程培训

有论者针对在大规模的教师远程培训陆续开始之际，一方面对于助学教师的需求量激增，而培养时间却严重缩水，使得短时间内培养合格的助学教师成为教师培训领域的专业化难题；另一方面，因助学教师的聘用停留在完成任务层面，缺乏开展远程教学的持续动力，这也使得助学教师的可持续保有成为另一难题的问题，从而以多个大规模教师远程培训项目为研究平台，从"速成"角度总结了"聚焦关键短板"、"提供工作支架"、"引入选拔机制"等"攻略"，以解决培养时间严重缩水的问题；从"可持续保有"角度分析了"培养工作认同"、"化解事务性工作"、"提供发展创新空间"等"攻略"，提供了远程助学教师专业发展的持续动力。〔魏非等，2012(10)〕

除此之外，还有论者对校长以及教师在教师在职培训过程中所起的作用进行了论述。如有论者认为，教师教育者应重视教师已有的实践基础，创造遭遇，"诱变事件"在在职培训中的应用能让教师有与众不同的认识和感受，最终促使教师产生行为改变的冲动乃至促进行为发生改变，从而实现教师专业发展。〔汪明帅，2012(11)〕有论者认为，在大规模的改革培训中，部分教师常常将其作为一种迫于外压力被迫参与或者是出于功利目的的应急性任务。〔程良宏等，2012(8)〕针对这一问题，有论者采用跟踪观察、问卷调研、专家访谈以及现场观察及学习者自我陈述等方式对教师在培训项目中的学习参与度进行了考察。〔严加平，2012(12)〕还有论者对校长培训提出了自己的见解。该论者认为传统的中小学校长培训理论与实践脱节，缺乏培训的有效性和针对性，极大地影响到校长培训工作的生命力。为此必须向建构主义转型，在培训方式上要提供实效内容，促进互动交流，引导实践反思和重视理论生成，促进校长领导能力的提升。〔江晓谷等，2012(10)〕

2. 教研模式的改革

(1) 师本教研——服从性向主体性的转变

师本教研即以教师为主体，以教师的课堂教学实践为基础，对自己的教育实践进行反思，促进教师自身的专业化发展，从而实现教师的自身价值。〔李雅芬：《师本教研：一种有效的教研模式》，载《河北师范大学学报》(教育科学版)，2010(4)〕论者们认为教师应从服从性转向主体性，从对统一化的教研指标和游离于自身实践活动的教研课题的服从转变为做自己的研究者，开展自己的研究课题。

有论者认为，虽然以课题研究为载体，教育科研引导课程改革和课堂有效教与学，引领学校科学发展和教师专业发展已经成为绝大多数学校的共识，但是教育研究和教学实践脱节的现象在部分学校依然存在。造成这种教育怪相的原因，一是理论工作者对自己的科研成果孤芳自赏，鲜有机会主动进入课堂现场；二是教师认为教育研究事不关己，或多或少有畏难情绪。为此，该论者提出，教师要积极参与学校教科研活动，在实践反思的前提下开展专项课题研究，教师应成为自觉的研究者。〔黄树生，2012(7)〕

有论者针对“教师成为研究者”的要求，认为并不是所有的教师都能成为研究者，也并不是所有的教师都应成为研究者。并由此对教师成为研究者这一命题所涉及到的“怎样的教师成为研究者”、“教师成为怎样的研究者”以及“教师怎样成为研究者”这三个具体问题作了阐释与分析。教育研究的性质以及教师队伍的现状决定了不是每个教师都能成为研究者。教师首先应追求成为一名优秀的教学能手，其次才应该追求其他方面的发展，一个研究能力不足的教师，如果在其他方面有好的发展，一样能够成为一名优秀教师。教师即使没有很好的研究能力，也能够通过学习及时掌握先进的教育理论，领会最新的教育理念，掌握有效的教育方法以改进自己的教学，促进自己的发展。因此，不是每个教师都应成为研究者。而成为研究者的教师，应具有从事教育科研活动的内在动机、基本能力，应具有教师作为研究者的实践属性、行动属性、微观属性与平民属性，并应学会借鉴和模仿，并形成从事科研的心境。〔刘涛，2012(12)〕

论者们普遍认为，教师应将自身专业发展与科研相结合。有论者提出，在专业发展的道路上应有科研相伴，教师应在研究的状态下深入思考、持续实践、不断总结、积极推广、不断成长。〔刘虹，2012(11)〕也有论者对此进行了进一步的思考，进而提出教师应撰写研究日志，通过与文献、同行以及自己的对话，记录研究过程中的点点滴滴，使得教师以一种更具个性化和人性化的方式理解课程及教学。〔陈玉华，2012(12)〕有论者认为，教师应积极开展基于课堂的教育研究，教师从事教育研究，可以提升教师专业素养，反思教育实践，提高有效教学技能，减轻学生学业负担，激发学生学习潜能，引领学生主动发展。因此，要大力倡导教师开呢基于课堂的教育研究，为了学生发展，去积极探索身边的真实的问题解决策略。〔朱纷等，2012(10)〕有论者则直接提出了教师“个人课题”，并对教师“个人课题”研究的现状、管理经验以及如何评价进行了详细的分析。教师从事研究的人数逐步增多，研究的兴致盎然；研究内容多集中在对教学问题的反思；研究的方式方法多样；参与研究的人员集中在中青年教师；研究水平参差不齐；教师个人课题研究中存在不少的问题。对教师个人课题的管理起点低，不复杂；重过程，共学习；量放大，面放宽；有支持，重精神；齐管理，共指导，有标准，不唯学术。对教师个人课题研究制度的评价，则应明确中小学教育科研的研究主体问题，落实中小学教育科研的目标，点明中小学教师在研究方法上存在的问题，为解决中小学教师研究的评价提供思路，并开拓中小学教育科研管理的思路。〔陈进，2012(8)〕还有的论者基于教师专业成长的需要和教研员工作性质，提出教研员对教师“个人课题”指导的有利条件和必要性。认为教师开展“个人课题”研究，需要教研员提供展示交流的平台，需要教研员针对性的指导、服务，需要教研员的专业引领。〔唐德海，2012(8)〕

(2) 校本教研——经验性向实践性的转变

① 教研员的角色转变——从“专家”到“专业领导者”与“教师合作者”

论者们对教研员在校本教研中的角色定位问题显示出愈加关注的趋势。有论者从政策、实践和理论的三维角度来论证教研员作为专业领导者的新角色定位。首先从政策角度，国家政策和基础教育改革，都需要教研员承担多元职能，已然超越业务工作范围而进入专业领导领域；其次在实践层面，教研员却将多元职能悬置，其原因在于未能把握新角色的定位而导致专业发展方向不明。因此，“教研”概念必须从理论层面来重构，明确专业领导者的角色定位是教研员承担多元职能的必然选择，其也要求教研员在专业领导力上着力发展，并初步建了 APPA 专业领导力的培训架构作为支持教研员专业发展的建议途径。〔宋萑，2012(1)〕有论者则将教研员角色定位为“与教师一起探索的合作者”。在传统教研中，教研员往往以“专家”、“领导者”的身份出现，是凌驾于教师之上的说教者，教研活动中广大教师缺乏参与的热情、机会和能力。在新课程实施过程中，随着新问题的出现必须构建教研员与教师“共同参与，共同体验，互相合作，互相发展”的教研模式。只有建立教研员与教师的新型关系，成为教师专业发展的伙伴，才能在为教师的专业发展提供服务和帮助的同时，促进自身的发展和提高。为此，教研员要真正成为一线教师的合作者，“下去”是唯一的策略。“下去”即为下移工作重心，下行活动以及下校蹲点。〔何文明，2012(5)〕还有论者基于 2011 年 10 月 28—30 日中、美、日三国学者聚于上海的交流研讨所达成的共识，即把教师发展指导者(即教研员)的角色界定为“与教师一起工作的，帮助和指导教师改进课堂教学的人员”，并通过人种志的录像带分析，通过现场观察、访谈以及制作刺激录像，进行了对教师发展指导者(staff developers)的聚焦组访谈(focus group interviews)的讨论与分析。并归纳出我国教师发展指导者六块教学指导内容，即(a)学科一般知识；(b)教学理论知识；

(c)学情分析;(d)任务设计;(e)过程测评;(f)行为改进。四种指导方式,即(a)一般通识讲评;(b)估计问题然后讲评;(c)教师提问后的针对性讲授;(d)探究式的平等讨论。经过元分析,厘清了六块指导内容之间的关系,其中:"学科一般知识"、"教学理论知识"是指导者教学指导的统领性知识;"学情分析"、"任务设计"、"过程测评"、"行为改进"是指导者教学指导的工作要素。当前教学指导的不足是"学情分析"到"任务设计"的不足和"过程测评"到"行为改进"的不足。〔顾泠沅等,2012(8)〕

② 教研组的转变——从单一的集体学习组织到半系统的学习共同体

有论者对教研组的历史演变进行了重新审视。从发展过程来看,在我国,教研组于1949年成为一个专门组织,并作为"集体学习"的教学研究组织而存在。到1978年,教研组成为追求"集体研究"的学校教研组织。这一时期除了强调集体学习外,还在集体备课、听评课、公开课教学、质量分析等教学研究方面有所强化。从历史发展上来看,教研组一直面临着"为难"与"难为"的困境。〔胡惠闵等,2012(2)〕另有论者通过对北京市城区的教师和教研组长的调研,从教研组的工作内容、教研组的组织类型、组长的角色三方面研究中学教研组的实际性质,发现当前北京市中学教研组还不是真正意义上的专业学习共同体。由此,教研组应明确组织定位,厘清组织目标,净化工作内容,使之真正成为促进教师专业发展和学校教学改进的专业学习共同体。〔胡艳,2012(12)〕基于教研组所存在的种种问题,有论者根据新课改的基本理念,结合校情,运用"实践共同体"的理论,将共同体文化引入学校教研组文化建设和研修活动之中,从教师的自身专业生活和课堂实践出发,强调教研组管理功能的再优化、教研组研修活动的创意设计和教研组文化专业引领,力图改变当前教研组长领导下降、教研组活动缺少合作和互动以及教研组文化建议缺少专业引领的局面。〔张平,2012(5)〕

③ 教研活动形式的转变——从抽象到具体,从校内到校外

有论者对新课改背景下,学校教研方式的转变的历史做了详细的总结归纳,并指出学校教研方法存在着学校教研内容局限于基础性教材教法,无法满足教师发展的个性需求;学校教研重宏大教学课题研究,忽略教学实践问题解决;重对教师"教"的研究,缺乏对学生"学"的研究;重研究结果,缺乏过程性引领和督导的主要问题。并提出了相关的解决策略:在研究主体上,需要从依赖少数骨干教师转向动员全体教师,提倡教研员与教师的合作,大学与中小学的合作;在研究内容上,需要从教材和大纲的基本内容转向教学实践中的动态问题,从宏观大课题转向实践小课题;在研究形式上,要扩

展教研组，改革课题组结构，构建校际联动、院校合作、研修一体的立体教研网络。并提出了以下三种教研实践模式：一是提倡主题跟进式教研，重构教研组活动；二是重视教与学的课例研究，促进教研服务教学；三是重视小课题研究，过程与结果并重。〔王晓玲等，2012(2)〕另有论者针对中小学教研问题提出了"望、闻、问、切"四种基本策略的诊断方法，从而实现中小学教研的优质与高效。"望"就是观察，即针对课堂教学中的现象、教学进程，进行细致、周密的考察、调查，也可以理解为是一种查看体验活动。"闻"就是倾听，以学校一员的身份，深入实地、静心"闻"而不"语"。"问"就是访谈，是以口头形式，根据被询问者的答复，搜集客观的、不带偏见的事实材料，以准确地说明被访谈者对某些问题的观点和看法。"切"就是专门调查，即制定计划，收集研究对象的某一方面的材料和信息，并做出深入分析、综合判断，有时需要辅以问卷调查。〔李中华等，2012(10)〕

关于公开课的听评课，有论者认为，传统的听评课存在听课无合作、评课无依据、听评课无研究的症状，体现了专业性的丧失，由此提出了课堂观察 LICC 范式（见图1），即以"学生学习(L)"为课堂中心，以"教师教学(I)"、"课程性质(C)"、课堂文化(C)为影响学生学习的关键因素，图1箭头表明各要素间的关系。

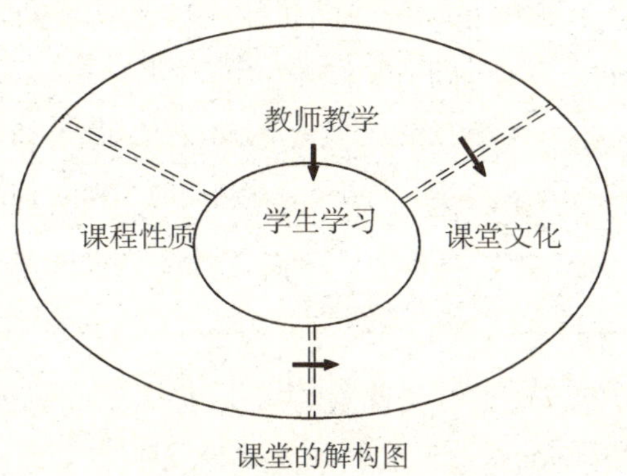

图1　课堂观察 LICC 范式

出于观察的需要，遵循理论的逻辑，将每个要素分解成5个视角，再将每个视角分解成3—5个可供选择的观察点，就形成了"4要素20视角68观察点"，见表1。这为人们理解课堂、确定研究问题，明确观察任务提供了一张清晰的认知地图和实用的研究框架。

表 1　课堂的 4 要素 20 视角 68 观察点

要素	视角	观察点举例
学生学习(L)	(1) 准备 (2) 倾听 (3) 互动 (4) 自主 (5) 达成	以“达成”视角为例,有三个观察点: ● 学生清楚这节课的学习目标吗? ● 预知的目标达成有什么证据(观点/作业/表情/板演/演示)? 有多少人达成? ● 这堂课生成了什么目标? 效果如何?
教师教学(I)	(1) 环节 (2) 呈示 (3) 对话 (4) 指导 (5) 机智	以“环节”视角为例,有三个观察点: ● 由哪些环节构成? 是否围绕教学目标展开? ● 这些环节是否面向全体学生? ● 不同环节/行为/内容的时间是怎么分配的?
课程性质(C)	(1) 目标 (2) 内容 (3) 实施 (4) 评价 (5) 资源	以“内容”视角为例,有四个观察点: ● 教材是如何处理的(增/删/合/立/换)? 是否合理? ● 课堂中生成了哪些内容? 怎样处理? ● 是否凸显了本学科的特点、思想、核心技能以及逻辑关系? ● 容量是否适合该班学生? 如何满足不同学生的需求?
课堂文化(C)	(1) 思考 (2) 民主 (3) 创新 (4) 关爱 (5) 特质	以“民主”视角为例,有三个观察点: ● 课堂话语(数量/时间/对象/措辞/插话)是怎么样的? ● 学生参与课堂教学活动的人数、时间怎样? 课堂气氛怎样? ● 师生行为(情境设置/叫答机会/座位安排)如何? 学生间的关系如何?

课堂观察 LICC 范式丰富了有关课堂的知识、提供了一套程序与技术、改善了学生的课堂学习、促进了教师的专业发展,但也存在着知识不是公认、普适、系统的;问题不是理论的、普遍、抽象的;没有现成统一的工具或方法,可靠性不牢固的局限性。〔崔允漷,2012(5)〕另有论者则通过对一次教研活动的实证研究,对公开课的有效性及其实现作了论述。该论者指出,公开课是一种特殊的教学形式,它的受众不只是学生,也包括听课的教师。因而,公开课的有效性不仅要满足内部有效性即一般课堂教学的有效性,而且应有其独特的衡量标准——外部有效性即满足观摩、研究教学的功效。实现公开课内部有效性的途径,是设定明确、合理的教学目标,恰当地实施教学过程以及全面检测教学效果;实现外部有效性的途径,是发扬观摩价值并开展深入的研讨。正确

认识公开课不同于日常课堂教学的特点，全方位地界定它的有效性，对于避免公开课的偏差，挖掘它的功能都是必要的。〔牛瑞雪等，2012(5)〕

有论者针对一般校本教研模式提出了校际协作教研模式。校际协作教研是学校与学校之间为着自身发展与教师成长的需要，自愿联系起来开展校本教研的新方式。校际协作教研的基本范式为：确立主题—研前准备—课堂观察—主题研讨—专业引领，主要有以赛促训、走教(研)、网络诊断三种实践形式。〔沈美华，2012(7)〕还有论者提出了基于共同体文化的跨校际教研模式。该论者将研修模式定位在基于愿景认同和问题实践的研修学习，提出在共同愿景的确立下学习——始于认识立于认识；在问题的实践中学习——兴趣导航，注重实践；在问题的设计中学习——关注现状，寻求突破；在领衔人和学员共同协商、合作中学习——切磋交流，创新为本。〔乐维英，2012(5)〕

3. 拓展型的研修一体化

(1) 促进教师、学校共同发展的校本研修

校本研修是学校的一种研究制度，也是教师的一种研究方式，是指教师在教育教学实践中将遇到的一些具有个性化和真实性问题作为研究对象的一种教学研究活动。〔李秀伟，2012(7)〕推进以校为本的研修活动，是实现学校教师专业发展的一条有效途径。教师的专业发展很大程度依赖于学校教学研修活动的展开。教师只有在教学中开展以问题为中心的教学研究与实践反思，才能对自己的发展有所帮助。

“校本研修”已经成为促进教师专业发展的热点话题。而我国中小学校本研修也在一定程度上提升了课程实施水平、教师专业素养及学校教育质量。〔李秀伟，2012(7)〕但校本研修仍面临着诸多困境。为此，论者们从不同的视角对校本研修如何促进教师、学校共同发展进行了分析。

有论者以问卷调查的方式对参与中小学骨干教师培训班的2021名教师进行了实证考察，综合研究结果指出中小学校本研修面临着课程价值、教学改进、组织形态、内省发展等困境。基于以上困境，从分享的成功经验中得出改进校本研修应关注研修自组织、课程目标以及笔墨文化的实现，构建以课例为载体，主体为“建立习组织—发现研究主题—实施课例研修—评价改进成果”的校本研修模型。总体上来说，即为让教师通过积极有效的开展教研活动，提高课程实施和教学实施的质量，不仅实现教师的专业发展，更要实现学生、教师、学校的协同发展。〔李秀伟，2012(7)〕

也有论者基于当前大多数学校中缺乏能够带领老师进行校本研修的“种子”教师的现状，提出以培育“种子”为基本目的教师研修具有非常重要的意义。因此，应提高

“种子”教师研修质量。提高“种子”教师研修质量，必须贯彻“从实践中来，再回到实践中去”的研修理念；必须注重研修参与教师学科业务能力、校本研修能力的提升及“种子”意识的养育；课程设置应聚焦问题，有效促进教师教学方面的专业成长，培育他们引领学校教师从事校本研修的基本素养；研修组织形式应贴近教学实际，给予“种子”教师实习引领的机会；研修应以学科业务能力及校本研修能力为基本评价内容。〔郑百伟，2012(8)〕

与以上仅仅关注骨干教师与种子教师的培训不同，还有论者从生态学角度出发，认为教师专业发展与植物界一样存在共生效应，而校本研修不应仅仅针对骨干教师，而应发挥不同层次教师的作用，使每个教师都能得到与其相应的发展，就此提出了生态校本研修。生态校本研修即为学校从学校的教育哲学出发，根据每个发展阶段教师的不同需要，充分挖掘学校教育资源，为教师提供个性化的、全程化的校本培训，使每个教师都得到相应的发展，最后实现全校教师共同发展的一种教师培训活动。针对不同教龄的教师，提出相应的生态校本研修的目标。其中，教龄0—3年的教师研修目标为掌握相应的知识和技能；教龄3—10年的教师研修目标为成为一个熟练教师；“高级后”教师发展目标为成长为一名专家型教师。生态校本研修的内容具有三大特征：点线面相结合、由外而内和从过关向创新转变。研修方式则有四种基本方式：个人研修与团体研修的融合、校内研修与校外研修的并进、基础研修与特色研修的共生、现实研修与虚似研修的同步。并且在生态校本研修系统中，不仅有系统中人的因素，即为“有机成分”的保障，还有学校环境、组织、机制、经费等“无机成分”的双重稳固的“金字塔”的保障。〔虞伟庚，2012(12)〕

还有论者从校本机制的角度出发，认为“推的机制、引的机制与悟的机制”构成了促进教师专业发展的三大机制，而校本研修就是促进教师感悟的最好机制之一。指出校本研修的关键在于教师要立足自身，站在自身的角度上，来发现问题、澄清问题，形成一种“问题、主题、课题的机制”，以课题的形式深入研究，并能将研究及时转化为现实的教学力。〔王俭，2012(2)〕

与上述形成“问题、主题、课题”的校本研修机制相应的，有论者对着眼于“问题”解决，对区域引领的学期主题研修的实践应用做了详细的分析，提出了“问题解决式”评比。“问题解决式”评比是指秉持以校为本服务的理念，着眼于校本研修问题有效解决，以四环节专题评比形式进行的校本研修区域指导机制。四环节评比的一般流程为：聚焦关键问题，确定评比专题—研制评比方案，组织全员解读—组织分层评经比，

实施过程指导—指导成果提炼，加强总强推广。〔朱宏英，2012(5)〕

(2) 走向实践的教师研修一体化

有论者从情境学习理论出发，认为教师研修的本质就是走进教育现场，围绕真实情境中的主题、问题构建一个研修共同体，在共同体中进行对话、交流和协商。〔李更生等，2012(8)〕为此，需要构建实践取向的教师研修共同体(Learning community of teachers)。这种教师共同体是教师基于"研修主题"开展实践研修活动而构建起来的一种个体学习和实践的联合体。走进教育现场，建立基于研修共同体模式的实践机制，选择研修现场，确立研修主题，达成协商的研修目标，确定研修方式。并提出了"走进教育现场式"教师研修的特质与成效：一是在研修价值取向上凸显了实践性；二是在研修场所上体现了情境性；三是在研修方式上注重参与性和体验式；四是在组织形式上构建研修共同体，突出了学习的合作性；五是在培训模式上突出创新性，创设"SECAP"研究流程。所谓"SECAP"研修流程即为"故事分享(Sharing)——对话交流(Exchanging)——专家引领(Coaching)——反思体悟(Awaking)——实践提升(Practicing)。〔李更生等，2012(8)〕

有论者以骨干教师为研究对象，在教师研修共同体的基础上提出了基于骨干教师研究特性的"主题驱动合作研修"模式。该模式的内涵为骨干教师基于工作实践，选择共同感兴趣的主题，形成研究共同体，经历主题研究的全过程，在研究的过程中学习，最终形成工作室的集体成果和骨干教师富有个性的成果，而这些成果在实践中能够得到较好的应用，并且具有一定的推广价值。这种模式有组织、活动方式以及成果三个元素，其研修目标即为提高骨干教师的实践性研究能力和教学领导力。"主题驱动合作研修"模式通过"课题提出—研究过程—成果形成—示范引领"的程序结构，较好地实现了提高骨干教师的研究能力这一功能。〔张丹等，2012(12)〕

有论者以阿吉里斯(Argyris)组织学习理论中的"防卫性习惯"概念为框架，通过对一次真实的教师专业发展研修活动的开始与展开过程的研修实践的分析，概括出有意义的教师研修活动开展的三个关键因素：开放的、实事求是的互动环境；"由里及外"的研修方式以及由数据推动的决策。〔王洁，2012(2)〕

■ 论文索引

〔说明：同一期号期刊按刊名的拼音字母排序〕

龙献忠、许　烨、舒常春：《教师职业伦理及其后现代诠释》，载《大学教育科学》(湖南大学)，2012

(1)。
蒋红斌:《教师人文情怀与学生心灵伤害的消解》,载《教师教育研究》(北京师范大学、华东师范大学等),2012(1)。
马新英:《论教师的理论自觉》,载《教师教育研究》(北京师范大学、华东师范大学等),2012(1)。
宋 萑:《论中国教研员作为专业领导者的新角色理论建构》,载《教师教育研究》(北京师范大学、华东师范大学等),2012(1)。
薛晓阳:《教师职业道德建设的"专业化"及问题思考——关于教师职业道德建设的政策设计和文本分析》,载《教师教育研究》(北京师范大学、华东师范大学等),2012(1)。
白会肖、刘 涛、贾树生:《课程理解:教师课程实践的理性之维》,载《教育导刊》(广州),2012(1)。
王 明:《教学生成的本体论解读——哲学解释学的视角》,载《教育导刊》(广州),2012(1)。
赵虹元:《论教师课程权力的价值诉求》,载《教育导刊》(广州),2012(1)。
张景斌、蔡 春:《教师教育中的合作共同体建设》,载《教育科学研究》(北京),2012(1)。
康永久:《深度定位的教师专业发展》,载《教育研究与实验》(华中师范大学),2012(1)。
毛齐明、袁慎彬:《论以专家型教师为目标的教师职场学习机制》,载《教育研究与实验》(华中师范大学),2012(1)。
王 萍、杨汉麟、戴 琼:《中学女教师对压力的应对方式和社会支持调查研究——以武汉市中学女教师为例》,载《教育研究与实验》(华中师范大学),2012(1)。
陈晓端、龙宝新:《教师专业学习共同体实践基模及其本土化培育》,载《课程·教材·教法》(北京),2012(1)。
张海珠:《合作研究共同体:教师专业发展共赢模式的实践探索》,载《课程·教材·教法》(北京),2012(1)。
汪 耀:《教学文化影响师德养成的心理机制探寻》,载《上海教育科研》,2012(1)。
刘常庆:《菲律宾能力本位的教师标准述评》,载《外国教育研究》(东北师范大学),2012(1)。
吴 琼、高 夯:《澳大利亚维多利亚州教师教育课程标准述评》,载《外国教育研究》(东北师范大学),2012(1)。
谢延龙:《教师个人教育哲学:教育家生成的必由之路》,载《现代教育管理》(沈阳),2012(1)。
范春香:《默会知识促进教师智慧的生成:意义与可能》,载《大学教育科学》(湖南大学),2012(2)。
王 俭:《促进教师专业发展的校本机制研究》,载《教师教育研究》(北京师范大学、华东师范大学等),2012(2)。
胡惠闵、刘群英:《我国中小学教学研究组织的发展及其困境》,载《教育发展研究》(上海),2012(2)。
王晓玲、胡慧娟:《论学校教研方式的转变》,载《教育科学研究》(北京),2012(2)。
曹永国:《从信仰到职业——一个对教师专业化的省思》,载《教育学报》(北京师范大学),2012(2)。

郭祥超:《论教师专业生活的勇气》,载《教育学报》(北京师范大学),2012(2)。

张华军:《论理论性学习在教师培养中的作用——基于杜威思想的讨论》,载《教育学报》(北京师范大学),2012(2)。

戚万学、王夫艳:《教师专业实践能力:内涵与特征》,载《教育研究》(北京),2012(2)。

杜复平:《教学案例开发:教师个人教学哲学建构的有效途径》,载《教育研究与实验》(华中师范大学),2012(2)。

李茂森:《信任与教师的确定性寻求》,载《全球教育展望》(华东师范大学),2012(2)。

王　洁:《如何设计教师专业发展研修活动——以上海市教科院实验小学的作业研究为例》,载《上海教育科研》,2012(2)。

高　岩:《教师个体教学哲学的缺失与建构》,载《现代教育管理》(沈阳),2012(2)。

蒋　茵:《教育实践智慧的建构及其价值》,载《现代教育管理》(沈阳),2012(2)。

汪明帅:《制定教师教育课程标准:意义与价值》,载《现代教育管理》(沈阳),2012(2)。

李金奇:《对教师职业属性和教师素质结构的再认识——基于教师专业化的视角》,载《高等教育研究》(华中科技大学),2012(3)。

李　霞:《信念、态度、行为:教师文化建构的三个维度》,载《教师教育研究》(北京师范大学、华东师范大学等),2012(3)。

刘峻杉:《教师道德意识澄清:道德教育的起点》,载《教师教育研究》(北京师范大学、华东师范大学等),2012(3)。

王凤英、柳海民:《走向以"情"为根基的教师专业发展》,载《教师教育研究》(北京师范大学、华东师范大学等),2012(3)。

王　俭:《促进教师专业发展的校本机制研究》,载《教师教育研究》(北京师范大学、华东师范大学等),2012(3)。

张华军、朱旭东:《论教师专业精神的内涵》,载《教师教育研究》(北京师范大学、华东师范大学等),2012(3)。

李社荣:《试探校本培训的组织与实施策略——以广州市番禺区学校为例》,载《教育导刊》(广州),2012(3)。

李保强、张　娜:《基于教师专业发展的读书观:苏霍姆林斯基的教师读书思想审视》,载《教育科学研究》(北京),2012(3)。

张凌洋、易连云:《专业化发展视域下师范生专业伦理培养研究》,载《教育研究》(北京),2012(3)。

孙元涛、许建美:《大学与中小学合作研究:经验、问题和思考》,载《教育研究与实验》(华中师范大学),2012(3)。

彭小虎:《关于小学教师工作压力的调查分析》,载《课程·教材·教法》(北京),2012(3)。

徐继存:《教学生活的精神意蕴》,载《课程·教材·教法》(北京),2012(3)。

周　杰:《论教师的"他者"意识及其提升》,载《全球教育展望》(华东师范大学),2012(3)。

张建桥:《教师道德和教师功利的矛盾与反思——基于布迪厄行为理论的视角》,载《上海教育科研》,2012(3)。

周春良:《教育家型教师:当代教师发展的现实追求》,载《上海教育科研》,2012(3)。

刘雪飞、骆　徽:《社会资本与教师专业共同体知识分享》,载《中国高教研究》(北京),2012(3)。

程晓玲、赵潇潇:《教师信念培育与教学实践创新》,载《大学教育科学》(湖南大学),2012(4)。

金生鈜:《教育的终极价值与教师的良知》,载《教师教育研究》(北京师范大学、华东师范大学等),2012(4)。

刘　燕:《对农村小学教师专业发展基点与归宿的思考》,载《教育导刊》(广州),2012(4)。

龙安邦、王文君:《教学复杂性与教师实践性知识的增长》,载《教育导刊》(广州),2012(4)。

王红艳:《新手教师如何从"经验"中学习》,载《教育发展研究》(上海),2012(4)。

段作章:《教学理念向教学行为转化的过程分析——基于发生学视角》,载《教育科学研究》(北京),2012(4)。

班建武、曾　妮、蒋　佳、丁　魏:《教师关怀品质的现状调查——基于北京市石景山区四所中学的调查数据》,载《教育学报》(北京师范大学),2012(4)。

陈向明:《从杜威的实用主义知识论看教师的实践性知识》,载《教育研究》(北京),2012(4)。

肖正德:《农村教师队伍结构的失衡问题与优化策略》,载《课程·教材·教法》(北京),2012(4)。

邹联克:《参与式方法在农村教师培训中应用的调查研究——以贵州省为例》,载《课程·教材·教法》(北京),2012(4)。

周文叶、崔允漷:《何为教师之专业:教师专业标准比较的视角》,载《全球教育展望》(华东师范大学),2012(4)。

吕洪波:《以行为改进为核心,探索教师反思的有效办法》,载《上海教育科研》,2012(4)。

何李来:《PTRA型初任教师专业化培训模式:目标、实施及评价》,载《外国教育研究》(东北师范大学),2012(4)。

宋　萑:《新教师专业发展:从师徒带教走向专业学习社群》,载《外国教育研究》(东北师范大学),2012(4)。

刘小兰、杨立国:《个人理论视角下教师专业化发展的困境与出路》,载《教育导刊》(广州),2012(5)。

汤杰英、周　兢、韩春红:《学科教学知识构成的厘清及对教师教育的启示》,载《教育科学》(北京),2012(5)。

赵　鑫:《教师有效教学决策的情感基础及其实践路径》,载《教育科学》(北京),2012(5)。

蒲　蕊:《教师在学校改进中的领导作用》,载《教育科学研究》(北京),2012(5)。

吴艳茹:《基于教学决策理论的教师专业发展》,载《教育科学研究》(北京),2012(5)。

易连云、毋丹丹:《论关系存在中当代教师德性的消解与回归》,载《教育学报》(北京师范大学),2012(5)。

崔允漷:《论课堂观察LICC范式:一种专业的听评课》,载《教育研究》(北京),2012(5)。

车丽娜:《论教师职业道德发展中的自主责任意识》,载《教育研究与实验》(华中师范大学),2012(5)。

何善亮:《论师生关系的助益品性》,载《教育研究与实验》(华中师范大学),2012(5)。

赵　鑫、熊川武:《教师情感劳动的教育意蕴和优化策略》,载《教育研究与实验》(华中师范大学),2012(5)。

胡继飞、古立新:《我国教师领导力现状及其影响因素的调查研究——以广东省为例》,载《课程・教材・教法》(北京),2012(5)。

牛瑞雪、王文丽:《论公开课的有效性及其实现——以一次体验式语文教研活动为例》,载《课程・教材・教法》(北京),2012(5)。

乐维英:《基于共同体文化的跨校际教研模式初探》,载《全球教育展望》(华东师范大学),2012(5)。

张　平:《基于共同体文化教研组建设的实践探索》,载《全球教育展望》(华东师范大学),2012(5)。

潘　娜:《提升内涵需重构校本培训体系》,载《人民教育》(北京),2012(5)。

何文明:《论教研员在校本教研中的角色转换和指导策略》,载《上海教育科研》,2012(5)。

朱宏英:《以"问题解决式"评比引领区域"学期主题研修"》,载《上海教育科研》,2012(5)。

李　英:《新西兰中小学新教师"入职指导计划"述评》,载《外国教育研究》(东北师范大学),2012(5)。

徐　红、董泽芳:《中外专家型教师研究差异的比较及启示》,载《外国教育研究》(东北师范大学),2012(5)。

袁　丽、刘维兰、黄运红:《澳大利亚维州基于教师专业学习理念引领下的初任教师培训模式述评》,载《外国教育研究》(东北师范大学),2012(5)。

于　洁、唐　姿:《从提升专业能力视角探索"国培计划"培训模式——以怀化学院"国培计划"中西部农村英语骨干教师培训项目为例》,载《中国大学教学》(北京),2012(5)。

肖　丹、陈时见:《促进学生发展为导向的教师专业发展——澳大利亚教师专业发展及教师专业标准的启示》,载《教师教育研究》(北京师范大学、华东师范大学等),2012(6)。

张丽敏:《教师使命的内涵及特征探讨》,载《教师教育研究》(北京师范大学、华东师范大学等),2012(6)。

胡　娇、王晓平:《教师培训的偏误与匡正——对基础教育课程改革十年教师培训的反思》,载《教育导刊》(广州),2012(6)。

张　雷:《冲突与整合:中小学教师培训问题探析》,载《教育导刊》(广州),2012(6)。

汪　海:《教学设计:促进教师专业发展的实践力量》,载《教育科学研究》(北京),2012(6)。

胡　艳:《我国中学教研组性质的实证研究——以北京市城区中学为例》,载《教育学报》(北京师范大学),2012(6)。

梁永平:《论化学教师的 PCK 结构及其建构》,载《课程・教材・教法》(北京),2012(6)。

杨　兰、杨　帆:《高能实践与教师教育实践课程的探索》,载《全球教育展望》(华东师范大学),2012(6)。

吴金根:《小学专家型教师的成长规律研究》,载《上海教育科研》,2012(6)。

李小红、余景丽:《小学科学教师自主发展行为的调查研究——以北京市为例》,载《教师教育研究》(北京师范大学、华东师范大学等),2012(7)。
陈俊珂:《对农村薄弱学校教师专业自主发展的思考》,载《教育导刊》(广州),2012(7)。
李秀伟:《中小学校本研修的改进路向与模型建构》,载《教育研究》(北京),2012(7)。
彭寿清、蔡其勇、苏贵民、冉隆锋:《实践取向的职前教师教育课程建构》,载《课程·教材·教法》(北京),2012(7)。
陈　博、魏　冰:《理科教师信念研究综述》,载《全球教育展望》(华东师范大学),2012(7)。
罗祖兵、李　丽:《教学恐惧:涵义、危害与对策》,载《全球教育展望》(华东师范大学),2012(7)。
黄树生:《教师要成为自觉的研究者》,载《上海教育科研》,2012(7)。
马　菲:《领衔人在教师研究共同体中的作用——以"凤翔六人行"数学教师研究共同体为例》,载《上海教育科研》,2012(7)。
沈美华:《校际协作教研:教师专业成长的新空间》,载《上海教育科研》,2012(7)。
王晓莉、李淑媛:《缄默知识视域下教师有效教学行为建构》,载《现代教育管理》(沈阳),2012(7)。
叶飞帆、邱　妘、李生校:《嫁接模式下教师国外教学进修效果的实证分析》,载《中国高教研究》(北京),2012(7)。
蹇世琼、饶从满:《澳大利亚最新国家教师专业标准述评》,载《比较教育研究》(北京师范大学),2012(8)。
朱新卓、陈晓云:《教师职业的特殊性与专业性》,载《高等教育研究》(华中科技大学),2012(8)。
杨道宇、张　伟:《基于体验的课程语言观》,载《教育导刊》(广州),2012(8)。
程良宏:《论教育改革中教师的"被培训"》,载《教育发展研究》(上海),2012(8)。
李更生、刘　力:《走进教育现场:基于研修共同体的教师培训新模式》,载《教育发展研究》(上海),2012(8)。
郑百伟:《提高"种子"教师研修质量探索》,载《教育发展研究》(上海),2012(8)。
吴虹雨、朱成科:《教师不能承受之重——对农村教师社会责任扩大化的思考》,载《教育科学研究》(北京),2012(8)。
余宏亮、秦　淼:《"对话性他者"对话教学的致思方式及实践转向》,载《课程·教材·教法》(北京),2012(8)。
顾泠沅、朱连云:《教师发展指导者工作的预研究报告》,载《全球教育展望》(华东师范大学),2012(8)。
陈　进:《教师个人课题研究新探》,载《上海教育科研》,2012(8)。
唐德海:《教研背景下的"个人课题"研究指导》,载《上海教育科研》,2012(8)。
范　蔚、廖　青:《基于教师专业发展的"师徒结对"的内涵及特征》,载《教育导刊》(广州),2012(9)。
曲中林、许占权:《教师专业决策权的优化——复杂性与策略性思维的双向穿越》,载《教育导刊》(广州),2012(9)。

王夫艳、卢乃桂:《自由与束缚:课程改革中教师的学科依附》,载《教育研究》(北京),2012(9)。
邓　凡:《更大的自由和主导权——新加坡新“教师成长模式”及其启示》,载《全球教育展望》(华东师范大学),2012(9)。
沙培宁:《“我思”的缺失与弥补——对教师“独立思考”之思考》,载《上海教育科研》,2012(9)。
朱水萍:《好教师的伦理实现——基于教师发展的重要维度》,载《现代教育管理》(沈阳),2012(9)。
陈彩燕:《优化培训的物理空间是改进农村教师培训的关键——空间哲学的视角》,载《教育导刊》(广州),2012(10)。
江晓谷、杨建忠:《试论中小学校长培训的转型及其方式》,载《教育导刊》(广州),2012(10)。
余进利、柯　政、王少非:《关于在职教师教育课程设置的建议》,载《教育发展研究》(上海),2012(10)。
李中华、孔凡哲:《中小学教研问题诊断的基本策略方法》,载《教育科学》(北京),2012(10)。
檀传宝:《再论“教师德育专业化”》,载《教育研究》(北京),2012(10)。
魏　非、闫寒冰:《远程助学教师的培养“攻略”——大规模教师远程培训项目中师资培养问题的研究与实践》,载《开放教育研究》(上海),2012(10)。
唐春萍:《浅谈教师教学观念之于课堂文化》,载《上海教育科研》,2012(10)。
朱　纷、黄树生:《教师要积极开展基于课堂的教育研究——以无锡市(江阴)教师专项教研课题为例》,载《上海教育科研》,2012(10)。
李　森、高　岩:《教师教学决策的情感机制与实践策略》,载《课程・教材・教法》(北京),2012(10)。
沈　军:《“中小学教师国家级培训计划”项目绩效评价指标体系研究》,载《高教发展与评估》(武汉),2012(11)。
郭志荣:《让阅读照亮专业成长之路》,载《基础教育论坛》(沈阳),2012(11)。
刘　虹:《在专业发展的道路上让科研相伴》,载《教育导刊》(广州),2012(11)。
汪明帅:《教师专业发展中的“诱变事件”》,载《教师教育研究》(北京师范大学、华东师范大学等),2012(11)。
张定强:《中学教师教学决策能力的现状调查及分析》,载《课程・教材・教法》(北京),2012(11)。
王　晋:《缩短新手教师到专家教师的成长距离——来自戈夫曼之“拟剧论”的启示》,载《比较教育研究》(北京),2012(12)。
李明铭:《略论教师课程实施力》,载《教育导刊》(广州),2012(12)。
刘　涛:《教师成为研究者:急需澄清的三个问题》,载《教育发展研究》(上海),2012(12)。
虞伟庚:《生态校本研修的实践研究》,载《教育发展研究》(上海),2012(12)。
薛海平、陈向明:《我国中小学教师培训质量调查研究》,载《教育科学》(北京),2012(12)。
张　丹、钟祖荣:《骨干教师“主题驱动合作研修”模式的实践探索》,载《教育科学研究》(北京),2012(12)。

胡　艳:《我国中学教研组性质的实证研究——以北京市城区中学为例》,载《教育学报》(北京师范大学),2012(12)。

娄立志:《教师教育课程平台顶层设计的理念与构想——搭建与基础教育改革相沟通的桥梁》,载《教育研究》(北京),2012(12)。

杨茂庆、孙杰远:《聚焦于教育研究能力的教师教育模式探析》,载《教育研究》(北京),2012(12)。

王坤庆、胡中波:《实践导向的专业化教师教育课程体系改革与探索》,载《课程·教材·教法》(北京),2012(12)。

陈玉华:《教师可以这样做研究——在自己的故事中成长》,载《上海教育科研》,2012(12)。

严加平:《教师在培训项目中的学习参与度及其考察》,载《上海教育科研》,2012(12)。

丁道勇:《教师反思的水平模型及其应用》,载《教育发展研究》(上海),2012(22)。

黎万红、卢乃桂、乔雪峰:《规限的专业性:香港及中国内地教师评鉴工作比较》,载《教育发展研究》(上海),2012(15-16)。

黄晶榕、林智中:《学校与大学伙伴协作推动教师专业发展的反思》,载《教育发展研究》(上海),2012(22)。

张　良、刘　茜:《论教师作为课程知识的统整者》,载《教育发展研究》(上海),2012(22)。

赵　敏、梁耀文:《从教师个体反思到教师团队自省》,载《教育发展研究》(上海),2012(22)。

杨炎轩:《教师道德行为与道德成长:组织公民行为理论的视角》,载《教育发展研究》(上海),2012(24)。

十三、高中教育改革

目录

高中教育作为衔接基础教育和高等教育的关键学段,其改革与发展得到越来越多的关注。2012年,研究者们关于高中教育改革的讨论主要集中在高中教育的定位,高中教育的多样化,特色化发展,高中课程改革,国外高中改革经验介绍四个方面。

(一) 高中教育发展的定位与方向

1. 高中教育的定位

高中教育的改革与发展,首先要解决自身作为一个独立学段的性质定位问题。其定位是否清晰、准确,将在很大程度上决定着高中教育的改革能否顺利,发展能否持续。有关高中教育的性质和功能定位,对高中教育改革与发展具有导向和引领作用。

(1) 性质定位

①"大学预科"。有论者认为,高中教育从历史发展、国际范围来看,有两次转型。第一次转型是由精英教育向大众教育转型。过去的高中是少数的,上高中就意味着上大学,高中教育带有精英化的色彩。第二个阶段是由大众终结性教育向大众预备性教育转型。大众终结性教育就是高中毕业以后工作,不上学了,终结了,入职了。大众预备性教育就是高中毕业以后大多数人要上大学。目前中国的高中教育处于第二个阶段。今天中国普通高中的毕业生升上大学的比例已经达到70%,使高中教育从过去基础教育的一部分,变得越来越多地具有了大学预科的性质,高中教育的内容和管理与大学的关系也越来越密切。因此,当前中国高中教育的性质应定位于大学预科。而且,根据我国高中教育发展实际以及国外经验,高中教育定位变化的主要内涵之一是加强与大学的衔接,增加课程与教学的选择性、学术性和学生学习的自主性。而且,这种定位与提高学生综合素质的功能并不矛盾,并且也体现了人的身心发展和教育的间断性与连续性的统一。一方面它不会改变高中阶段教育的基本性质,并且能够继续保

持其体制、层次与管理方面的稳定性；另一方面，这种定位及其变化又突出和强调了高中阶段教育的开放性与发展性的特征，反映和体现了相当一部分的高中阶段教育与高等教育之间的联系与衔接。〔谢维和:《从基础教育到大学预科——新时期高中教育的定位及其选择》，载《中国教育报》，2011－09－29；谢维和，2012－03－02；段兆兵等，2012(12)〕也有论者从英国大学预科教育反观我国高中教育定位问题，认为高中教育应与大学衔接，高中教育既要关注提高学生的综合素质，又应该注重学生的选择和自主性。〔綦春霞，2012(16)〕

② “基础＋选择”。有论者认为，首先很难简单地按照高中升入大学或进入职场的比例人数来判断高中教育的性质。这种“双重预备”的理论，强调的依然是教育的工具价值。其次，学校已不再是一个封闭和远离社会实践生活的场所，教育也不再局限于单纯的书本知识范畴内，一切与学生未来息息相关的经验和技能，如生存问题、情感问题、环境问题等，不管是学术性的还是非学术性的，都应该成为高中教育的重要内容。如此丰富的成长需求，用“预科教育”显然难以满足，相反只能导致学校和社会继续“重出口轻过程”，用空洞的“拼搏”、“奋斗”、“成功”等口号，将学生的生活和幸福不断滞后。高中教育的性质可以根据该年龄段全体学生的需求，并通过与高等教育和义务教育的比较来确定。该论者提出高中教育应定位在“基础＋选择”，前者用于区分高中与高等教育的不同；后者则凸显高中学段与义务教育的差别。〔刘沪，2012－03－09〕

(2) 功能定位

有论者认为，高中教育实际上是一个承上启下，并且具有多重意义与性质、具有高度关联性的教育层次或阶段，因而也是一个非常复杂和具有多种功能的教育层次或阶段。就中国的实际而言，高中教育的功能至少有以下三个方面：第一，高中教育是义务教育的延续和提升。这种形态或功能的高中教育往往具有普通教育的特征，旨在进一步提高年轻人的综合素质和文化水平。第二，高中教育是一种终结性的教育，成为义务教育到职业生涯的过渡和衔接阶段。这种形态的高中教育往往具有职业技术教育的特点，或者是具有就业取向的普通教育，其目的是培养具有一定专业技能素质、能够胜任一定职业领域要求的工作人员。第三，高中教育是高等教育的预备阶段。它是一种为接受高等教育所需要的教育，是以接受高等教育为目的的普通教育。〔谢维和:《从基础教育到大学预科——新时期高中教育的定位及其选择》，载《中国教育报》，2011－09－29〕

有论者根据国际高中教育的发展趋势和国家制定的普及高中教育的战略目标，认为我国高中教育在功能定位上应该突出其基础教育的功能，强调学生的基本素质培养。首先，高中教育对学生基本素质的培养需要更加宽泛与深入，改变单纯的“升学”

与“就业”的功能定位。其次，在普及高中教育的过程中加强基础性。基本的知识与技能最能体现个体的基本素质与发展预期。不重视基本知识与能力的高中教育很难支撑个体更高层次学习的需要，学生很难适应千变万化的社会需求。再次，把培养公民作为高中教育的基本功能。高中阶段是个体获得成人资格的最后阶段，高中阶段的公民教育应该有不一样的内容与要求，认识自我与社会、理解和履行公民义务、积极参加各种社会活动等主题与内容都需要在高中阶段得到切实的训练。复次，把发展学生的特长与个性作为高层次基础教育的重要功能。要培养具有创造性、独立性和反思能力的人，学校的教育活动就要充分尊重和发展学生的个性，促进高中课程的多样性与选择性。〔徐爱杰，2012(7)〕

2. 高中多样化改革

《国家中长期教育改革和发展规划纲要（2012—2020 年）》提出要“推动普通高中多样化发展”，“推进培养模式多样化，满足不同潜质学生的发展需要”，“鼓励普通高中办出特色”，为普通高中的多样化发展明确了方向。有论者认为，普通高中多样化发展主要体现在办学体制多样化与培养模式多样化上，具体表现在办学主体、培养目标、课程设置、教学模式等多样化。〔朱忠琴，2012(9)〕

(1) 必要性

高中多样化受到国家政策的推动，同时是改革当前高中发展困境的现实要求。首先，普通高中发展同质化。长期以来，我国大多数普通高中延续着传统升学教育的“一维”发展模式，主要源于高考的压力。这种压力使普通高中在建设中逐渐形成了应试取向，把应试当成教育本身，放弃有利于提高学生素质的特色化发展目标，去追求学生的考试成绩和升学目标。这使学校特色化、多样化发展的可能性越来越小，进而造成了学校之间严重的同质化现象。

其次，普通高中功能转移的需要。随着高等教育大众化的到来，普通高中正在从基础教育向大学预科的方向发展，不少普通高中已经不再或主要不再承担为社会培养劳动者的任务，而是为人才培养奠定基础，为大学培养预备人才。这使得普通高中的应试化程度加深，多样化建设逐步失去必要性和必然性。

再次，普通高中建设过程与方法的同一化倾向。我国普通高中建设主要采用两种方式：一是建设示范高中，并按照国家级、省级、市(地)级三级水平进行建设；二是普通高中的标准化建设，设定了国家级、省级和市(地)级标准，以确保学校的办学标准。无论是“示范”还是“标准”，都隐含着去校本、去个性、样板化的特征，使学校的个性淡化或消失。此外，各学校偏重硬件建设，造成普通高中独特精神文化内涵的缺失。我国普通高中建设的重点多年来一直以改善办学条件，加强硬件建设为重点。但学校究竟要培养什么人才，学校有什么办学理念，学校的精神文化内涵是什么，学校有什么特色则缺乏研究和实践。由此，学校缺乏精神文化内涵，办学方向不明，办学目标与定位盲目，使得办学特色消失，陷入千校一面、缺乏个性的尴尬境地。〔段兆兵等，2012(12)；王飞等，2012(12)〕

(2) 存在的误区

① 将“多样化”等于“特色化”

有论者对二者进行了区分，认为高中“多样化”与高中“特色化”有所不同。高中“多样化”是指办学形式的多种多样。一是办学主体多样化，包括公办、民办、民办公助、公办民助等；二是办学目标“多样化”，包括重点高中、一般高中，综合高中、国际高中等；三是办学规模“多样化”，如巨型高中、中型高中、微型高中；四是办学形式“多样化”，包括常规高中、特许高中，常规高中应该完全接受教育行政部门的领导与指导，而特许学校则可以在教育方针的框架内，自由实验，自主发展。而高中“特色化”则多指学校文化和办学成果各具特色。学校根据自己的教育条件、师资队伍、生源状况、办学历史、科研传统等，选择与众不同的发展方向，逐步形成特色文化。因此，高中“特色化”往往是从学校文化打造和办学成果不同而言的，特色不同，学生的发展具有个性化；高中“多样化”是从办学形式说的，形式不同，学生发展的方向各异。〔刘永和，2012(7)〕

② 高中“被多样化”

高中“多样化”应该是普通高中自主发展的必然要求，带有很强的自主性。应该是学校根据自己的实际情况，结合社区的实际需要，举办适应学生需要、家长拥护、社区欢迎的高中。但是，现在一些高中办学目标、办学方向、办学主体、办学体制等由地方政府决定，失去了办学自主权，形成“被多样化”的局面。这种形式上的多样化，没有内生点，没有生命力。因此，在高中多样化发展的过程中，地方政府和教育行政部门应该制定方针、政策、原则等以指导高中多样化发展，而不能自上而下通过指令的方式促进高中多样化发展。〔刘永和，2012(7)；段兆兵等，2012(12)〕

③ 为“多样化”而“多样化”

多样化是为学生提供广泛的选择空间，而不是为了学校之间的刻意不同，因为学校不是企业，不是商品，不能够刻意的标新立异。学校是育人的地方，有党和国家的教育方针、政策的规范，学校教育目标不能偏移；有国家课程和地方课程的制约，只有较小的校本课程空间；有国内外教育理论、理念的支撑，必须符合教育规律；因而，学校教育总体上面临许多共同的问题，例如，学生的全面发展和应试升学之间的矛盾就是所有现代高中遇到的共同问题。当前一些学校为了“多样化”而“多样化”势必走上形式主义的老路，这样出现的“多样化”的学校不是为了学生，而是为了学校，既无益于学生的选择，也无益于学生的个性化发展。〔刘永和，2012(7)〕

(3) 实践路径

各地主要从办学定位、制度、课程、评价等方面对高中多样化发展进行了实践探索。

① 明确学校发展定位

有论者认为，个体存在的差异性以及发展的多维性，预示着学校教育目标的多方面性。每一所学校并非一定要实现这些广泛目标的全部，学校的教育目标可以是有限的。根据学校的自我教育能力以及学生发展的潜在可能性，来确定相应的教育目标，就有可能使学校之间彼此相异，特色纷呈。学校多样化发展，需要根据学生的教育阶段以及不同的教育阶段所要实现的目标，采取适合于学生的教育方法。学校的多样化、教学与课程的对象化，以及三者之间的相互配合与响应，将使学校教育能够在不同的层次上适应它的教育对象。需要在教育目标、教育内容、教育方法与教育对象之间建立起应有联系，从而为适合的教育寻找上述四个要素之间的内部关系的理论基础，以确保适合性的内部联系；同时根据现代教育制度与学校教育的类型，在学校教育与受教育者之间确定适合性，以保证适合性的外部联系，从而使得学校的发展呈现多样化，并且能够实现“为每个学生提供适合的教育”的价值追求。〔周兴国，2012(8)〕

② 推进制度与法律改革

有论者从地方政府的制度供给出发，认为普通高中多样化发展的核心在于保障学生个体在教育活动中表现出来的各种选择权。这些权利的享有并非完全依靠学校内部制度，还需要外部组织尤其是地方政府供给相应的制度予以保障。针对普通高中多样化发展，地方政府主要提供正式制度及其实际机制。一方面，相对于基础性管理制度而言，其功能定位更多地体现引导。另一方面，相对于学校内部实施的管理制度，地方政府供给的主要是关于普通高中办学形式、培养模式、外部管理等方面的基本框架，通常以学校或相关机构为制度实施单元。总体上，地方政府供给的制度可以归纳为以下几种类型：促进各方主体合作的制度，赋予微观主体改革权力的制度，为各方主体提供激励的制度。〔骈茂林，2012(10)〕还有论者从财政制度出发，认为要保证高中教育的资金投入，应设立高中教育经费投入的法律法规，杜绝政府转嫁教育经费投入责任。政府应淡化追求部门利益最大化倾向，改变当地政府和重点高中创造并垄断优质教育资源现状，凸显并加强公共服务的职能，加大财政投入力度，保障高中阶段教育经费的按时足额下拨。〔刘建民等，2012(5)〕

③ 增加学生课程选择权

普通高中新课程方案的实施改变了普通高中课程统一化的历史，课程模块化、选修课成为普通高中多样化发展的“助推器”与核心动力。课程模块化使课程内容得以用多开端、多系列、多层级的方式进行组织，为师生主动参与课程开发与教学、学习提供了可能。〔王玉国等，2012(6)〕还有论者认为，校本课程开发是普通高中多样化发展的内生点。校本课程能够有效地将具有特殊意义的地方知识和教师的个人知识转化为课程内容，体现地方和学校的特点。如果一个普通高中能够开发并实施有特色的校本课程，这个学校就是一个有特色的学校，每个学校都有个性与特色，也就实现了普通高中的多样化发展。普通高中多样化发展正是循着“校本课程开发—校本教研—行动研究—反思性教学—教师专业发展—师生行为方式变革—学校文化重建—特色学校建设”这样一个路径逐步推进。〔段兆兵等，2012(12)〕

也有论者以个别高中课程体系为例，指出建设独具特色的课程体系可以一方面根据国家课程的基本精神与自身状况，对国家课程进行校本化深化与拓展，开设适合学生全方位发展的多样化课程；另一方面，学校结合自己的优势学科，自主编写校本教材，这些校本教材有助于实现课程的多样化，有助于学生发展多种才艺。〔王飞等，2012(12)〕

④ 引入社会评价

高中多样化发展，促进学生的个性发展，离不开高中评价方式的多元化。有论者认为，高中社会评价是高中多元评价体系改革的形式之一，它区别于单一的教育行政部门的政府评价，它以社会公众为评价主体，学校、学生、家长、社区以及中介评价机构都积极地参与到评价中，共同促进学校的健康发展。过去的那种以政府为主体的评价指标比较单一，难以满足对不同类型学校教育教学活动进行科学评价的需要。目前的高中评价，基本上遵循“应试教育”的模式，以学生的学业考试成绩和升学率作为考核的首要标准。这使得学生学业成绩和升学率好的学校在教育质量方面能够获得良好声誉，一般学校和薄弱学校的声誉则由于学生考试表现不佳而受到人们忽视。这种单一的评价方式在客观上限制了各类学校办学的积极性。而根据多样化标准去评价各种不同类型的高中，则有利于学校之间形成良性的竞争机制，有利于各学校发挥已有的优势与特色，还有利于同一类型学校之间的交流，发挥教育资源共享。〔朱忠琴，2012(9)〕

3. 高中特色发展

有论者认为，在深入实施素质教育的社会背景下，普通高中教育在现有办学模式的基础上，创建一批特色学校，不仅是教育改革和发展的要求，也是学校增强自身办学活力和提高办学效益的重要举措。〔李颖，2012(2)〕当前普通高中特色办学中涌现三种类型，第一类也是最多学校选择的，走的是艺体类单科突进的道路；第二类学校主要通过某一主题体现办学特色，以一批实验性示范高中为主；第三类学校则比较综合，它们努力在校内为学生提供多样的课程，以满足学生多样化需求。〔计琳，2012(11A)〕

(1) 判定标准

特色学校的建设和发展具有阶段性，一般要经历从特色项目(领域)到特色学校的过程。判定一所高中是否是特色学校，学生参与面、课程化、可持续化、师资队伍、认可度与辐射度等应该成为关键指标。首先，在学生参与面这一标准上，特色学校所提供的基本的特色教育服务应该是面向全体学生的，在此基础上，可以聚焦部分学生，为其提供更细化的特色教育服务。其次，课程化是指学校的特色项目应该纳入学校课程体系，成为学校课程计划的重要内容，既有专门课程，也有渗透式课程，并有学校自主开发的特色校本课程和教材以及相应的课程管理体系。再次，具有可持续性。特色是一种相对稳定的学校文化，应该渗透在学校办学制度的各个方面，渗透在学校的育人与管理全过程内，具有稳定性和可持续性。第四，师资队伍标准。应拥有一支稳定的立志于学校特色发展，并且能够完成学校特色教学任务的管理队伍和教师队伍。第五，特色学校的认可度和辐射度。在校内外具有较高的认可度和知名度，特色办学的经验不仅在本校发挥巨大的促进作用，而且在一定区域内辐射其他学校。〔徐士强，2012(7)〕

(2) 注意问题

普通高中是特色高中建设的实践主体，其对特色建设如何认识、选择和实践，将直接影响到特色建设的顺利进行和实际成效，因此，普通高中在特色建设的过程中需要处理好以下五类关系。

①正确处理特色与多样化的关系。“多样化”是群体特征，主要是对不同地区或区域内高中学校总体特征的描述；“特色”是个体特征，主要强调一所学校在发展策略及

由之形成的结果上的独特性。不同区域和学校的学生有多样化的教育需求，同一所学校内的学生的教育需求也不尽相同。这样，学校的多样化和特色发展的矛盾就形成了。有论者认为，解决这一矛盾需要厘清特色办学策略与高中基础教育本质之间的关系。高中特色办学只是高中发展策略的一种选择，它本质上还是基础教育。〔徐士强，2012(7)〕②正确处理特色学校与特色项目之间的关系，避免出现认识上的不到位。目前，一些普通高中认为创建特色普通高中就是举办诸如美术、体育、音乐等特色班，将特色学校等同于特色项目。特色学校的办学特色应该具有全局性，而特色项目是局部特色。特色学校建设要以特色项目建设为基础，进而体现出一种独特的整体风貌。③要正确处理学校特色与校长理念之间的关系，避免出现特色选择上的不严谨。校长是构建特色高中的关键要素，所以处理好学校优势与校长理念之间的关系，使之协调统一，是普通高中特色建设的关键所在。④正确处理近期目标与长期规划之间的关系，避免出现特色创建上的不持续。特色学校建设是一个长期的过程，要想使特色学校建设具有长久的生命力，就必须要对特色建设活动有一个长期规划。⑤要正确处理内涵发展与外在形式之间的关系，避免出现特色成果评价上的不全面。当前对特色高中建设评价上，存在把特色高中建设成果评价与各类考级、竞赛获奖的层次和数量、升学质量等相挂钩的做法，这说明了这些学校对特色高中建设的内涵和形式把握不正确。因此，要根据特色高中建设的方向建立相应的评估机制，在评估指标上突出对办学特色的评价，引导学校从单纯的以高考升学率为导向的功利办学转变为以促进学生个性发展和健康成长为目标的特色办学。〔李颖，2012(2)〕

(3) 实践探索

当前特色高中的实践探索主要集中在以下两个方面：第一，如何开发特色课程。使得学校特色课程能够惠及全体学生，能够有阶梯、有层次地为不同学生创造更多样的机会；第二，如何建设一支与特色高中相配套的师资队伍。教师是特色学校建设的实践者，要创建学校特色，就必须拥有一支与之相适应的素质优良并具有特色的教师队伍。〔林啟红，2012(6)；陈翔雁，2012(10)；计琳，2012(31)〕

① 特色课程开发

高中特色发展最重要的问题是特色课程的开发。有论者认为，独特性是特色课程的首要标准，优质性是特色课程的根本标准，选择性是特色课程的基本特征。多样性也是特色课程的重要标准，稳定性与动态性的结合是特色课程的整体特征。其开发主要有以下三种途径：首先是特色课程实施的开发，即课程的特色化实施。要求在具体的课堂情境中“创生”出优质、独特而又符合课程要求的课程经验。其次是特色课程方案的开发。由于每所学校对提供什么样的选修课程(模块),如何开设这些课程(模块)的处理方式不同,就会形成若干不同类型的课程方案。学校特色课程方案的核心内涵是指方案应尽可能地为学生提供对课程(模块)及其修习时序的多样化。三是从长远或改革层面来看,普通高中特色课程开发的范围可以扩展到套餐式、板块式的课程群。例如,按照艺术、人文、自然、经济等划分套餐或板块类别,每个套餐或板块设计一套课程,既包括基础性的必修课程,也包括适应特定板块需要的选修课程。〔石鸥,2012(12)〕

② 特色教师队伍建设

建设与特色高中相匹配的师资队伍,也是关乎其可持续发展的关键所在。首先,确立办学理念是特色教师队伍建设的前提。教师是连接办学理念和特色学校发展的桥梁,是特色理念的实践者。其次,立足学校实际是特色教师队伍建设的基础。一般来说,学校所期望的特色,与大部分教师的兴趣爱好专长一致或相近时,教师就容易接受、容易投入,特色学校建设容易获得突破。再次,加强校本研训是特色教师队伍建设的根本。校本研训是培育特色教师综合水平最常见、最实际、最有效的手段和途径。其可以采取以下三个系列:研究生课程进修班系列——以高学历层次、高理论起点的培训为主;年轻教师岗位培训系列——以做好学科课程和校本课程教学工作为主;教科研方法学习班系列——以学习掌握教科研的基本知识、基本方法为主。第四,以教育科学研究为引导。特色学校的创建需要学校广大教师在“研究、学习、实践、反思、再实践”的探索之路上不断前行并促进学校特色的生成和发展。第五,营造合作氛围是特色教师队伍建设的支撑。特色学校的创建,特色教师队伍的建设要讲团队精神,要有合作的意识。教师要形成特色,必须学会分享,合作探究,层次推进。特色教师要在具有一般教师共有的教学水平教学能力的基础上,有着与众不同的个性,但是有个性的教师并不总是能推动教学改革,关键要看他的个性是否恰当地融入群体之中。〔徐士强,2012(7);陈翔雁,2012(10)〕

(二)高中课程改革

1. 课程标准改革

有论者认为,课程标准是课程改革的根本问题。在过去的教育教学中,教学大纲作为根本或者唯一参考,但教学大纲充其量只能是教育内容或学科内容的一个整体安排，并非严格意义上的课程标准。真正的课程标准包含三个元素，即成就标准、内容标准、机会标准。成就标准（表现标准）是指学生应当达成的基础学力或是基本能力、关键技能的目标规定；内容标准是指学生应当掌握哪些基本的学习内容（应该掌握和能够掌握的人类文化遗产），从而实现成就标准；机会标准旨在保障每一个学生的“学习权”而制定的教学规范、关系规范、分配规范，借以支持每一个学生的卓越学习。

目前我国课程标准仍存在一定问题，如成就标准的研究依旧停留在“双基论”上；“内容标准”的研究，与发达国家相比，尚处于“教材解释研究”或“教材开发研究”层面，而非“学科教育展望研究”，且缺乏一个科学的内容标准体系；“机会标准”所内涵的评价仅限于易于评价的知识和技能，尚未覆盖教育目标的全域。因此，高中课程标准问题作为本次课程改革的核心问题，需做出调整。首先，在成就标准的研究上，应借鉴国外先进理论，如法国的“共同文化”研究、德国的“关键能力”研究、美国的“核心知识研究”等；在“内容标准”研究上，应深化学科教育内容研究和学科教育展望研究；在“成就标准”上，应注重三种评价制度的建立，即以高考、中考为代表的终结性评价（选拔性评价）、以国外的 PISA 或是上海倡导的绿色指标为代表的诊断性评价（标本性评价）、渗透于教育现场的形成性评价（发展性评价）。〔胡惠闵等，2012(11)〕

2. 课程设置改革

(1) 文理分科

有论者认为，高中不宜实行文理分科，因为分科将导致严重的知识“跷脚”现象。首先，文理分科撕裂教育完整性的体制，导致学生所获得的知识是封闭的和支离破碎的；其次，升学指挥棒效应下“文理分科”遭遇异化扭曲，导致“文科生不学理科课，理科生不学文科课”的现象；再次，文理分科降低了民族的整体素质。〔龚宝成等，2012(15)〕也有论者认为，文理综合是未来高中发展的方向，全面提高普通高中学生综合素质，必须打破学科壁垒。〔王家伦等，2012(3)；冯生尧，2012(6)〕

对于文理分科的争论，部分学者从改革高考的角度提出了意见，但是有论者认为“这种认为文理分科的关键在‘考’不在‘学’的观点是长期以来社会利用高考作为解决教育问题的突破口这一定式思维的延续”。还有论者提出根据“因材施教”的思想实施科学分流，根据学生的学习能力差异，将学生分为“文理兼修”和“文理单修”两类，然后高校根据分流后的学生进行分类录取。〔王家伦等，2012(3)〕

关于文理科分合的问题，有论者提出专业分化可以兼容和超越文理分合。并且指出高中专业分化相对于当前单纯的文理合科以及文理分科的优势。首先，相对于文理合科，专业分化下，通过科目组合和选修，自然地形成若干学生组别，形成、培养和选拔各类文理通才；文理合科下，所有学生皆成一类文理通才。其次，相对于当前的文理分科。专业分化不但有助于培养各类文理通才，也有助于培养各类文科或理科通才。而文理分科，仅仅培养一类文科通才、一类理科通才。而专业分化体制，形成若干组别，培养多种类型的文科或理科通才。〔冯生尧，2012(6)〕

(2) 选修课设置

2012 年论者们对于高中选修课程设置的讨论，主要集中在以下三个方面：选修课程设置的意义、现实中存在的问题以及应对策略。

① 选修课程设置的意义。从宏观上来看，选修课是实现高中多样化的一种有效途径，是体现学校办学特色化的重要领域，是影响高中课程改革能否成功的重要突破口和保证。〔徐爱杰，2012(4)〕从微观层面来看，高中选修课的设置无论对于学生还是教师都有深远的影响。首先，从学生层面来看，由于选修课是建立在丰富多样的课程资源基础之上的，有利于培养学生多方面的兴趣，拓展视野，激活个性思维，成就学生的个性化学习；选修课与必修课的衔接，有助于知识结构的整合，不断促进新知识的生长。〔谢慧芳，2012(7)〕其次，选修课要求教师具有更高的知识素养和教学能力，一定程度上能够加速教师专业能力的发展，使教师成长为专家型教师。〔潘涌，2012(1)〕

② 存在的问题。首先，国家给予地方和学校较小的课程选修空间，学生自主选择能力的培养受到了限制，如目前我国高中新课程规定的毕业学分最低是 144 学分，必修学分为 116 分，占总毕业学分的 80%左右。其次，有些学校开发了很多选修课程，但由于缺乏一定的规范性和目的性，选修课质量不高，与学校的整体发展和改革不匹配。再次，学校缺乏课程开发能力。第四，学校选修课制度不健全，对学生的选课指导不到位，造成学生在选修课程时存在功利性、片面性和盲目性。第五，课程评价体系不完善，大部分选修课程尚未纳入高考范围，造成了选修课在实践操作中难以落实。〔周应章等，2012(11)；郑毅等，2012(49)〕

③ 应对策略。首先，科学整合校内外选修课程资源，调动全体师生参与到选修课中去；其次，借鉴国外的先进经验。重视学生的自我规划与自我管理能力；在校内建立选课辅导制度，加强对学生的指导，如借鉴芬兰的由专门教师担任的“学生咨询人员”；允许选修课程获得一定的财政与专业支持，促进学生学术能力与专业能力的发展。〔张奎勇，2012(2)；徐爱杰，2012(4)，郭崇江，2012(12)；郑毅等，2012(49)〕

3. 课程评价

(1) 综合素质评价方案改革

伴随着课程改革的推进,高中阶段的学生综合素质评价改革也在全国范围内展开,但是在实施过程当中存在一定的问题。①部分评价指标不合理,容易产生不良导向,增加学生学业负担,导致新的教育不公平。②各地评价标准不统一,主要表现在:评价内容的一级指标划分不统一,基础性发展目标的评价等级划分标准不一致,多元评价主体的评价结果所占权重不统一。③评价方案可操作性不强。具体评价指标难以测量,评价的操作客观性难以保证,等级评定过程繁复。针对上述三方面的问题,有论者提出了改进的建议:建立以促进教育机会平等为前提的评价体系,采取将评价方案与课程教学相整合的评价模式,确立以"价值观形成性评价"取代"成果表现性评价"的评价指标,将表现性标准与完成性标准结合起来。〔李宝庆等,2012(10)〕

(2) 三种评价制度改革

有论者认为,评价的最终目的是要看教育目标是否实现,因此要建立覆盖教育目标全域的评价制度。需要关注三种评价制度的确立。第一,以高考、中考为代表的终结性评价(选拔性评价)。随着各省市自主性命题的推展,国家级高考命题的比较分析与实证研究理应推上议事日程,借以引领高考、中考改革的步伐。第二,以国外的PISA或是上海倡导的绿色指标为代表的诊断性评价(标本性评价)。上海倡导的"绿色指标",主要是从教育行政的角度出发,旨在如何有效地对学校教育、教学质量加以监控,进而修订相应的教育政策。第三,渗透于教育现场的形成性评价(发展性评价)。在学校现场,如何形成有助于学生发展的新的评价观,确立新的评价制度,是更为严峻的挑战。〔胡惠闵等,2012(11)〕

4. 教师教育

教师是课程改革实施的必要条件,在课程改革实施过程起着关键作用。有论者认为,教师问题也是普通高中课程建设的一系列基础研究之一。讨论普通高中课程改革的问题,不能把不同师范院校、教师教育机构挂起钩来,捆绑起来思考。〔胡惠闵等,2012(11)〕

新的课程能不能推进,有没有预期效果,教师对新课程的适应性也起很大的作用。有论者以地方课程改革中教师适应为例,认为教师对新课程的适应主要有:对课程目标的适应性、对课程外部环境的适应性以及高中教师自身素质对新课程的适应性问题三个方面。对课程目标的适应包含课程功能、课程结构、课程内容、课程评价和课程三级管理的适应；对课程外部环境的适应性包含对校园文化和新课程培训的适应。研究表明，高中教师尤其是民族中学的教师在这些方面均存在一定程度的适应不良，如难以把握课程目标、不能融入新的校园文化环境等。〔向红，第34—42页，2012；杨凯等，2012(12)〕

同时不仅要促进一线教师的课程适应，还要发挥教师教育对高中新课程改革的“引领”、“服务”的作用。首先，从教师教育研究方面来说，要从以下几个方面着手：①深入教师教育研究。让师范院校承担起教师教育的重任，加大对作为教师教育生命线的儿童学、教师学、教材学的研究，并建立与之相一致的国家级研究中心。②专注于学养教师(scholar-teacher)的培育。对于他们的培养具体需要做出三方面的努力：培养深入理解的学习方式、锻炼批判反思的能力、掌握行动研究方法。③强化教师的通识教育，提升他们对于资源的统整能力以及对教育教学的情意。〔胡惠闵等，2012(11)；李纯等，2012(22)；杨凯等，2012(12)〕

其次，提高教师专业素养与能力，使其能更积极地投入课程改革。具体途径有：①更新教师的教育观念、完善必要的知识结构、普及先进的教育理论；②关注教师的自我反思能力以及教师的教研和科研能力；③提升教师的学历水平，优化教师的学历结构；④加强教师的校本培训，并注重培训模式的多样化、培训时间的常规化等。〔杨凯等，2012(12)；蒋平，2012(1)A；2012(1)B〕

再次，充分发挥教科研机构在高中新课程改革中的职能。积极开展调查研究，准确把握高中课改动向；创新培训形式，增强高中教师培训的针对性和实效性；以课题研究为载体，加强高中新课改研究；加强学业水平检测，确保高中教学质量提高等。〔谢宏，2012(5)〕

（三）国外高中改革经验借鉴

1. 美国

① 课程标准研发。美国在2006年PISA测评中，学生的数学素养和阅读素养均低于OECD的平均水平，这引发美国公众对州课程标准权威性的质疑。为改变这一现状，自2009年开始，无论是政府还是非政府组织都积极支持高中课程标准的研究。美国文凭项目(The American Diploma Project，简称ADP)将高中核心课程标准的开发建立在实证性证据基础之上，其为升学和就业做准备的高中核心课程标准研制理念为众

多州所采纳。ADP以升学和就业为导向研发高中核心课程标准，反映了美国研制高中核心课程标准的特点。其由课程专家、雇主、企业员工和高校教师等共同参与课程标准研制的过程与方法，凸显了独特的实证性课程标准研发理念。具体而言，ADP研制模式为我国研发高中核心课程标准提供了有益的启示：(a)高中核心课程标准的研制应体现升学与就业的理念。(b)高中核心课程标准的研制方法应凸显实证性。(c)高中核心课程标准研制过程应发挥多方审议的作用。(d)高中核心课程标准研制的政策主体应实现多级化。〔刘学智等，2012(1)〕

② 课程选择。美国高中课程有很大的选择性，有论者以加州圣罗莎学区的选课体系为例来分析美国高中的选课系统。每个学习阶段由低到高，分“特殊教育班”(special day class，即SDC)、“普通班”(regular class，即RC)、“学术班”(academic class，即AC)、“荣誉班”(honors placement，即HP)、“高级班”(advanced placement，即AP)、“国际学士学位文凭班”(international baccalaureate，即IB)等学习层次。如此纵横交错，收放自如，供学生各取所需，选择学习，真正做到了让每个高中学生都拥有一张富有个性化、适合自己的、与众不同的课程表。这种课程可以使教师因材施教，学生各长其能，充分激发他们朝着更高的要求和目标奋力攀登，学生的个性化发展得到了保障。但这种课程选择也存在以下不足：(a)彻底的选课走班、分层教学模式使部分后进生的学业困难和行为偏差难以得到及时有效的甄别和持续的矫正，学生之间的素质和能力的差异因学校教育而进一步拉大。(b)加重教师的教学负担，影响了教师的专业化提升和发展。(c)这种从小学就开始的课程选择，由于小学教师学科教学的专业化分工程度相对较低，小学生的学科内容浅显在一定程度上影响了中学阶段应有的学科深度和难度。〔刘友霞，2012(10)〕

③ AP课程。AP(The Advanced Placement)即大学先修课程，为美国高中生提供丰富的课程选择。AP课程及考试始于1955年，是由美国大学理事会(College Board)主办，在高中阶段开设的具有大学水平的课程。目前有22个门类、37个学科，已在美国15000多所高中开设。该项考试为在高中学有余力的学生提供提前接触大学课程的机会，完成一些美国大学的学分课程及考试。AP课程及考试可以帮助高中生达到减免大学学分、降低大学教育成本、缩短大学教育时间的目的，同时AP考试成绩可以作为申请大学的一个重要筹码。〔徐苹，2012(24)；周序，2012(24)〕有论者认为AP课程在运作过程中为学生的创造力培养提供了诸多有利条件：(a)提供广泛的知识积累和深度的知识理解。(b)创设自由和宽松的环境。(c)体现了以学生为本的教育机制。对

我国创造性人才培养有重要启示：(a)课程创新是创造性人才培养的条件，开设更多的选修课，增加学生的课程选择性。(b)追求“卓越和公平”是创造性人才培养的动力。AP课程的实施过程中注重培养学生对知识和权威的质疑、批判精神，注重对知识的拓展和创造；重视不同层次、不同家庭背景、不同种族学生获得教育资源机会的均等性。(c)灵活的教育体制是创造性人才培养的保障。从AP课程的巨大成功背后，可以看出美国灵活多样的教育体制在创造性人才培养中的作用。从底层开始到从上层支持，美国政府为促进AP课程这一优质教育资源的发展，提供了直接的支持和保障。〔黄雨恒等，2012(3)〕

2. 英国

英国高中阶段教育是以单个学科和资格证书为中心的，而不是以教育计划为中心。对于全日制普通高中生来说，至少有以下几种宽泛的课程类型：第四关键阶段(14—16岁)中等教育课程、A水平(A-Level)课程、文凭课程(Diplomas)、英国商业与技术教育委员会职业资格证书(BTEC)等宽泛的职业证书课程、基础学习(Foundation Learning)。其中，A水平课程是一种学术性课程，主要培养传统的学习技能；文凭课程是由学校与雇主、大学和学院共同开发的，针对14—19岁阶段学生的一种新资格证书课程，满足就业与培训；宽泛的职业教育课程，职业资格证书课程往往以职业岗位要求为基础和依据，提供丰富的与工作和行业相关的学科门类供学生选择。另外，也有些学校开设国际学士文凭证书课程(International Baccalaureate)和学徒制课程。〔郭宝仙，2012(2)〕

英国高中课程经历了几次改革，从英国《1988年教育改革法案》(*Education Reform Act* 1988)规定全国所有公立中小学实行统一的国家课程后，又分别在2000年和2008年进行了国家课程改革。2008年的国家课程包含四方面的目标：使学生在课程方面有更多的选择机会；将学生的学术课程学习与职业课程学习有机结合起来；注重发展学生的关键技能；使学生能够参与数量众多、内容丰富的活动。有论者认为，这些改革对我国高中课程多样化具有借鉴意义：首先，课程设置多样化，在开设国家课程的基础上，提供多种资格证书课程，兼设普通教育与职业教育课程，课程或科目组合方式、学习领域和科目水平和层次多样化；其次，注重中等教育内部以及中等教育与中等教育后的教育与培训的衔接与沟通，新推行的文凭资格把14—19岁阶段的教育与培训看作是一个连贯的整体，而不是以往的两个部分；再次，课程评价灵活、多样、人性化，高校入学途径多样，学分转换，减少重复学习，评价方式多元，评价制度灵活。〔綦春

霞，2012(5)；郭宝仙，2012(2)〕

3. 日本

战后日本高中一直在谋求课程的多样化，以满足所有想上高中的孩子都能在高中获得个性化发展。推进课程多样化的措施有：首先，颁布《高中教学纲要》，建立丰富多元的课程结构。目前面向所有高中生开设的普通教育课程包含10门学科，59门科目。教学纲要中的科目只有少部分被列为必修科目，其余都由学生自由选择。各门学科由难度和内容不同的多元科目构成，学生可以根据自己的兴趣、能力倾向和发展方向等选择适合自己的学科，形成个性化课程。其次，设定课程的最低标准和多层次标准。保证所有学生能够在完成基本科目的学习之后，在某一学科领域开展更深入的自主探究和问题解决学习，实现上世纪末课程改革所谋求的培养"生存力"的目标。再次，在课程多样化中不断加强共同基础教养，通过政府文件对共同必修的基础知识和基本技能做出基本要求。第四，提供所谓学程(course)的多种课程套餐，增加课程的可选择性。学生选择任何一种学程学习时，都允许学生自由选择该学程之外的科目。〔沈晓敏，2012(12)〕

在进行课程改革过程中，日本积极推进学生的学业评价改革。在教学过程之中，针对学生在阶段性的教学内容方面的理解程度进行评价，形成发展性学生评价理念。主要包括以下三方面的基本理念：强调自主思考，促进知识理解；重视观察探究，培养学科素养；尊重个性发展，关注情感态度。有论者以名古屋大学附中高一综合人类学科评价为例进行了分析。评价活动以学生个人为单位展开，除学科教师以外，每5名学生为一个小组并配有一名教师担当课程指导。评价形式主要有：主题发表会、小组发表会和研究发表会。学生评价(包括自我评价和相互评价)也作为这门课程发展性学生评价过程的一部分，在教师指导下分两次进行。〔熊淳等，2012(4)〕

4. 韩国

私立教育盛行是韩国社会关注的焦点，目前，韩国私立教育规模持续扩大，人均私立教育费用居高不下。这一现象为韩国的教育带来了一系列教育问题：自律学习态度弱化、复合型人才培养受阻、教育机会不平等加剧、国家经济资源浪费严重。同时又带来了一系列的社会问题：家长不满学校教育质量、私立教育投资回报率较低、社会变迁存在结构性矛盾。面对私立教育盛行带来的教育和社会问题，韩国政府采取了一系列对策：初中入学免试政策，高中教育平均化政策，国立、公立教育正常化政策，"新教育体制"改革政策，私立教育费用减轻政策。〔崔东植等，2012(12)〕

有论者特别针对韩国政府采取的“平均化政策”进行了研究，认为“平均化政策”自实施起一直伴随着争议。近十年，批评这一政策的声音越来越多，认为这一政策未能带来教育公平，还降低了教育质量。而校外教育产业膨胀，是“平均化政策”失效的直接原因。有论者认为，这种冲击主要表现在以下三个方面：①校外教育使富裕家庭子女更容易进入名牌大学，使阶层更加固化。韩国统计厅在2007—2010年进行的调查显示，月收入700万韩元以上高收入家庭进行校外教育投资的比例在90%左右，平均月支出为47万到51万韩元。也就是说，富裕家庭通过校外教育市场买到了升学竞争力。②校外教育加剧了家庭间的贫富差异，使阶层矛盾更加凸显。校外教育机构把不同阶层看作不同的细分市场，为其提供差别化服务，低收入阶层因此产生了强烈的被剥夺感。③校外教育是导致学校教育危机的重要原因。学生校外补习时间过长，补习班的“提前学习”使得学校授课变得更难，学生重视校外学习而轻视校内学习。〔王晓玲，2012(10)〕

5. 意大利

2010年2月4日，针对学术高中(licei)的第89/2010号总统法令、针对技术高中(istituti tecnici)的第88/2010号总统法令以及针对职业高中(istituti professionali)的第87/2010号总统法令由部长理事会正式通过，标志着意大利开启了高中阶段的改革。①高中改革针对的主要问题：学习门类纷繁复杂，教育质量低下，辍学率高，高中教育无法满足社会需求。②改革的理念包括：首先，平等与多样化。此次改革在强调学术高中、技术高中、职业高中多样化的同时，保障这些学校在意大利学校系统中的同等地位，从而为学生提供多样化选择。其次，质量与现代化。通过下放教育自主权，由大区负责对专属管辖的教育进行系统规划，其目的是提升教学的有效性和高效率。再次，传统与创新的融合与平衡。比如，此次改革中，古典高中基本变化不大，而更加贴近现实需求的理科高中和人文高中分别引入了两种无需学习拉丁文的选修路径。第四，学校成为创新中心。通过创新组织结构和教学方法，加强学校与大学、高等职业院校、现实世界的联系。③改革的主要举措有：首先，构建清晰的教育体系。意大利将这些纷繁复杂的门类统一整合到6类高中里，将技术高中原先的10个部门39个门类纳入2个部门的11个门类中。加强学校自主权和灵活性，提升科学、数学、外国语的地位，建立精简的课程体系，创新组织模式与教学方法。

尽管此次新高中改革能否有效解决意大利教育体制中长期存在的辍学率高、效率低下等问题还有待进一步观察，但是改革中提出的增强学校自主权、提升国际化、精简课程、提高效率、巩固学校成为创新中心等举措顺应了世界高中改革的趋势，也为意大利高中提高办学质量和整体实力提供了契机。〔梅伟惠，2012(10)〕

■ 论、著索引

一、论文部分

〔说明：同一期号期刊按刊名的拼音字母排序；报纸按出版日期排序；学位论文按授予单位名的拼音字母排序〕

陶西平：《万类霜天竞自由——谈普通高中多样化发展》，载《北京教育》(普教)，2012(1)。

蒋　平：《从高中新课程改革透析老师校本培训路径选择——基于北川中学推进新课改的实证研究》，载《教学与管理》(太原)，2012(1)A。

潘　涌：《专家型教师：突破高中选修课的"瓶颈制约"》，载《教育科学论坛》(成都)，2012(1)。

刘学智、曹小旭、毕庆三：《美国 ADP 高中核心课程标准的研制模式与启示》，载《课程·教材·教法》(北京)，2012(1)。

顾明远：《把选择权还给学生》，载《课程教学研究》(广州)，2012(1)。

陈彬莉：《升学率驱动下的学校组织地位分化——以 W 县高中教育为例》，载《清华大学教育研究》，2012(1)。

徐士强：《发达地区普通高中国际化办学的实践模式述析——以上海为例》，载《全球教育展望》(华东师范大学)，2012(1)。

冯　明、潘国青：《上海市普通高中办学特色调研报告》，载《上海教育科研》，2012(1)。

王　熙：《从"资格能力"评价体系看中外合作办学中的文化建构——以"高中国际班"为例》，载《四川师范大学学报》(社会科学版)，2012(1)。

付慧宇：《高中学业水平考试与传统会考——基于现代管理学视角的比较分析》，载《天津教育》，2012(1)。

蒋　平：《高中教师校本培训路径选择：北川中学课程改革之探索》，载《现代中小学教育》(东北师范大学)，2012(1)B。

杨文超：《将高中教育纳入义务教育的学理思考》，载《新课程(中)》(太原)，2012(1)。

姚　舜：《日本高大连携计划的实施与评介》，载《长白学刊》(长春)，2012(2)。

王玉文：《试论高中教育与大学教育的有效衔接——基于大学入学新生适应问题的分析》，载《教育导刊》(广州)，2012(2)。

周建华：《高中数学骨干教师专业发展情况调查研究——来自国培计划(2011)中小学骨干教师研修项目人大附中高中数学班的报告》，载《教育研究》(北京)，2012(2)。

李善良：《美国高中学生学习评价系统探析》，载《课程·教材·教法》(北京)，2012(2)。

李　颖：《特色普通高中建设需要重点关注的几个关系》，载《辽宁教育行政学院学报》，2012(2)。

郭宝仙：《英国普通高中课程方案及其特点》，载《全球教育展望》(华东师范大学)，2012(2)。

吴丽萍：《关于普通高中多样化发展的几点思考》，载《山西教育(管理)》，2012(2)。

李启迪、刘忠武、邵伟德:《建国以来我国高中体育教材内容的演变脉络与展望》,载《体育与科学》(南京),2012(2)。

解百臣、付 辰、邓英芝:《基于 DEA 视窗分析理论的普通高中教育效率研究》,载《现代远程教育研究》(成都),2012(2)。

宋艳梅:《高中教育的价值取向及示范功能研究》,载《学术探索》(昆明),2012(2)。

方建新、俞小珍:《高中体育选项教学实施现状——来自江西省上饶市的调查》,载《上海教育科研》,2012(2)。

谭华暖:《新课改背景下农村高中学校的困境与出路——基于海口市长流中学的高中课改经验》,载《知识经济》(重庆),2012(2)。

罗 滨、陈 颖、李亦菲:《高中中等生学习心理品质现状调查分析——以北京市为例》,载《中国教育学刊》(北京),2012(2)。

黄雨恒、李 森:《从高中 AP 课程看美国的创造性人才培养》,载《当代教育科学》(济南),2012(3)。

徐爱杰:《论我国高中教育的功能定位》,载《教育理论与实践》(太原),2012(3)。

唐汉琦:《实施进城务工人员随迁子女就地高考的困境与对策》,载《考试研究》(天津),2012(3)。

王家伦、张长霖:《"因材施教"原则下关于高中文理分科的思考》,载《考试研究》(天津),2012(3)。

李继双:《从素质教育出发谈高中体育课程教材》,载《考试周刊》(长春),2012(3)。

姜道友:《高中新课程实验背景下学校内涵发展思考》,载《科学咨询》(教育科研)(重庆),2012(3)。

高元芳:《我国各地区普通高中基本情况分析》,载《山西财经大学学报》,2012(3)。

付慧宇、张景华、刘 浩:《高中体育考试改革探析——增强青少年体质的对策研究》,载《天津体育学院学报》,2012(3)。

张 强:《探究式学习应用于高中体育教学的探究》,载《新课程(中学)》(太原),2012(3)。

王立臣:《高中课改学校应做好的保障工作》,载《学子(教育新理念)》(哈尔滨),2012(3)。

吴德文、张 岩:《学生全面而有个性的发展是普通高中特色化发展的出发点和落脚点》,载《吉林省教育学院学报(下旬)》(长春),2012(4)。

徐爱杰:《浅谈国外高中选修课的开设状况与经验》,载《教学月刊》(中学版)(杭州),2012(4)。

江 山:《论高中研究性校本课程的构建》,载《全球教育展望》(华东师范大学),2012(4)。

王 斌、李 改、马红宇、李 敏、黄向东:《高中体育课教学中领导力训练的实验研究》,载《上海体育学院学报》,2012(4)。

吴风华:《对高中阶段教育普及率的内涵解读及指标选择——以广州市为例》,载《四川文理学院学报》,2012(4)。

彭 荣:《高中教育科研管理现状分析与对策》,载《学校管理》(南京),2012(4)。

熊 淳、王雪颖:《能力与人本主义视域下日本高中发展性学生评价解读》,载《外国教育研究》(东北师范大学),2012(4)。

尹雪梅:《内因外力助推高中特色发展——福建省普通高中办学模式多样化改革的探讨》,载《福建基础教育研究》(福州),2012(5)。

杨　旭、李剑萍:《高考的文化使命与政策选择》,载《河北师范大学学报》(教育科学版),2012(5)。

刘建民、毛　军、吴金光:《湖南省普通高中教育经费投入:现状、问题及对策》,载《湖南社会科学》,2012(5)。

王冰蔚:《发达国家增加职业教育吸引力的招生与就业制度研究》,载《继续教育研究》(哈尔滨师范大学),2012(5)。

谢　宏:《教科研机构在高中新课程改革中的职能及策略——以眉山市为例》,载《教育科学论坛》(成都),2012(5)。

张瑾琳、宋思洁:《确立新的教育理念,深化高中课程改革——河北省高中课程改革调研视导综述》,载《教育实践与研究》(石家庄),2012(5)。

祁占勇:《制度创新基础上的有效治理:普通高中教育发展中的制度精神与机制选择》,载《教育探索》(哈尔滨),2012(5)。

张新平:《我国普通高中教育的危机及其应对》,载《南京师范大学学报》(社会科学版),2012(5)。

惠志娟:《新课程理念下高中班级管理中存在的问题及策略》,载《新课程》(太原),2012(5)。

曹雁飞、王景英:《高中教师科研管理问题研究——以长春市普通高中为例》,载《现代中小学教育》(东北师范大学),2012(5)。

綦春霞:《英国高中课程设置及其启示——以两所高中为例》,载《中国教育学刊》(北京),2012(5)。

唐盛昌:《基于创新人才培养的高中教育改革探索》,载《中国教育学刊》(北京),2012,(5)。

邹联克:《实施高中学生生涯规划教育,深化普通高中课程改革》,载《贵州教育》,2012(6)。

蔡永利:《浅谈对"普通高中的特色化与学生个性化的关系"的一点认识》,载《吉林省教育学院学报(中旬)》,2012(6)。

金东浩:《普通高中的特色化应与学生的个性化紧密结合》,载《吉林省教育学院学报(中旬)》,2012(6)。

徐士强、高　光:《普通高中面向境内学生开设国际课程的现状、问题与建议——以上海为例》,载《教育发展研究》(上海),2012(6)。

冯生尧:《专业分化:兼容和超越文理分合,培养各类通才专才》,载《课程·教材·教法》(北京),2012(6)。

林啟红:《大学文化资源与高中生人文素养的培养》,载《上海教育科研》,2012(6)。

杨云萍:《语文选修课与必修课同质化问题及对策》,载《中国教育学刊》(北京),2012(6)。

李　青:《高中创新实验室建设分析与思考》,载《中国现代教育装备》(北京),2012(6)。

张世英:《浅谈高中教育现状和改革方向》,载《中小学电教(下)》(长春),2012(6)。

王晓丽:《新课程改革的探索与体验》,载《中学教学参考》(南宁),2012(6)。

曲玉芬:《新课标与教育民主化》,载《中学政治教学参考》(陕西师范大学),2012(6)。

朱家发:《"五环互动"教学模式的研究与实践》,载《当代教育理论与实践》(湖南科技大学),2012(7)。

谢慧芳:《发挥选修课程作用助力学生个性发展》,载《福建基础教育研究》,2012(7)。

盛淑兰:《贫困地区发展普通高中教育的思考》,载《甘肃教育》,2012(7)。

吴　楠:《芬兰高中体制改革一瞥》,载《教育》(北京),2012(7)。

刘永和:《高中多样化的"为何"与"何为"》,载《教育导刊》(广州),2012(7)。

徐爱杰:《论我国高中教育的功能定位》,载《教育理论与实践》(太原),2012(7)。

徐士强:《普通高中特色、多样、优质发展问析》,载《教育理论与实践》(太原),2012(7)。

唐盛昌:《聚焦志趣、激发潜能——上海中学高中生创新素养培育实验研究》,载《教育研究》(北京),2012(7)。

熊　淳、王雪颖:《能力与人本主义视域下日本高中发展性学生评价解读》,载《外国教育研究》(东北师范大学),2012(7)。

边团结、苗小军:《高中特色发展的实践与探索》,载《现代中小学教育》(东北师范大学),2012(7)。

马少兵:《高中校际非均衡发展的原因及对策研究》,载《教学与管理》(太原师范学院),2012(8)。

周兴国:《为每个学生提供适合的教育——兼论学校多样化发展的价值追求与实践路径》,载《教育发展研究》(上海),2012(8)。

裘晓兰:《东京高中改革进行时》,载《上海教育》,2012(8)。

樊汉彬:《在文化意义上系统发展学校特色》,载《新课程》(综合版)(太原),2012(8)。

袁明明:《农村高中教育——关切与思考》,载《湖南教育(上)》,2012(9)。

程方平:《2009—2010 年中国学生成长状态研究(7)——对高中生生活状态和教育状态调查的点评》,载《教育科学研究》(北京),2012(9)。

刘建民、刘建发、吴金光:《强化普通高中教育经费政府投入责任的路径探讨》,载《教育研究》(北京),2012(9)。

王　奎:《试析高中学生管理的常见问题与解决对策》,载《考试》(教研版)(北京),2012(9)。

朱忠琴:《社会评价:引领普通高中健康发展的重要方式》,载《全球教育展望》(华东师范大学),2012(9)。

梅伟惠:《意大利新高中改革探析》,载《比较教育研究》(北京师范大学),2012(10)。

王晓玲:《论校外教育产业对教育公平政策的影响——以韩国高中教育平均化政策失效为例》,载《比较教教育研究》(北京师范大学),2012(10)。

陈翔雁:《特色教师队伍建设的实践与思考》,载《教学与管理》(太原师范学院),2012(10)。

李宝庆、樊亚峤:《高中生综合素质评价方案:问题及改进》,载《教育发展研究》(上海),2012(10)。

骈茂林:《地方政府推动普通高中多样化发展的制度供给逻辑》,载《教育发展研究》(上海),2012(10)。

卢旭昌:《提升教育品质,培养学生发展力——东莞市第一中学实施"发展性教育"探索》,载《课程教学研究》(广州),2012(10)。
刘友霞:《美国加州高中学生的课程选择——以美国加州圣罗莎(Santa Rosa)学区为例》,载《全球教育展望》(华东师范大学),2012(10)。
邱　倩:《绩效责任制下的美国学校改进现状评析——以沃特福德高中学校改进项目为例》,载《上海教育科研》,2012(10)。
熊丙奇:《高中抢生源乱象需进行制度性破解》,载《四川教育》,2012(10)。
杨　萍:《韩国高考制度演变特征与问题》,载《大家》(昆明),2012(11)。
叶显发:《人文情怀:高中教育变革的通途》,载《湖北教育》(综合资讯),2012(11)。
管仁福:《走出创新人才培养的四大误区》,载《基础教育研究》(南宁),2012(11)。
周应章、黄　敏:《浙江省高中选修课程建设中的问题与对策》,载《教学与管理》(太原师范学院),2012(11)。
彭　波:《论普通高中教育发展的现实樊篱及其突破》,载《教育学术月刊》(南昌),2012(11)。
刘福才、刘复兴:《试析我国公办普通高中的法人性质》,载《教育研究》(北京),2012(11)。
胡惠闵、周坤亮:《关注高中课程改革的根本性问题——钟启泉教授访谈》,载《全球教育研究》(华东师范大学),2012(11)。
韩　雪、罗生全:《美国虚拟高中的评价体系及其借鉴》,载《外国中小学教育》(上海师范大学),2012(11)。
丁林兴:《高中生涯教育应处理好的五对关系》,载《中国教育学刊》(北京),2012(11)。
杨　凯、蔡雪慧:《高中课程改革背景下教师专业素养内涵及培养策略》,载《贵州师范学院学报》,2012(12)。
段兆兵、付　梅:《校本课程开发:普通高中多样化发展的生长点》,载《河北师范大学学报》(教育科学版),2012(12)。
许世红、徐　勇:《普通高中学业水平考试实施现状及完善建议》,载《基础教育课程》(北京),2012(12)。
王　飞、辛治洋、陈永忠:《普通高中"多维空间"办学模式与实践探索——以安徽省宣城市第三中学特色办学为例》,载《教育研究》(北京),2012(12)。
沈　伟、曲　琳:《我国普通高中课程改革的反思与展望——杭州师范大学张华教授访谈》,载《全球教育展望》(华东师范大学),2012(12)。
喻小琴:《英、美、瑞三国普通高中办学模式的比较及其启示》,载《上海教育科研》,2012(12)。
沈晓敏:《日本高中课程的多样化特征》,载《外国中小学教育》(上海师范大学),2012(12)。
曹东云、谢利民:《一种设计型学习的教学设计框架——基于美国高中"可持续发展"的课例分析》,载《外国中小学教育》(上海师范大学),2012(12)。
崔东植、邬志辉:《韩国私立教育的现状、问题与政策应对》,载《外国教育研究》(东北师范大学),2012(12)。
郭崇江:《高中"选课走班"教学模式初探》,载《中国教师》(北京师范大学),2012(12)。
刘建民、唐　婷、吴金光:《教育经费投入与支出对普通高中发展的影响——基于湖南省的研究》,载《中国教育学刊》(北京),2012(12)。
石　鸥:《普通高中特色课程开发研究》,载《中国教育学刊》(北京),2012(12)。
孙百才:《高中阶段教师队伍建设公共经费需求预测——基于实现教育投入占GDP4%目标的背景》,载《中国教育学刊》(北京),2012(12)。
龚宝成、陈雍茹、殷　舟:《从未来十年高中阶段发展前景看文理学科综合趋势》,载《教学与管理》(太原师范学院),2012(15)。
綦春霞:《由英国大学预科教育反观我国高中教育定位问题》,载《辽宁教育》,2012(16)。
李　津:《高中教育走向何处》,载《内蒙古教育》,2012(17)。
李春生:《日本高中教育制度改革的新进展》,载《基础教育参考》(北京),2012(17)。
刘　宁:《新课改下高中体育课程改革与探索》,载《现代企业教育》(济南),2012(17)。
姜　炎:《对高中教育问题的几点思考》,载《中国科教创新导刊》(北京),2012(18)。
贝文力、顾　恒:《俄罗斯普通高中侧重专业式教学研究》,载《教育发展研究》(上海),2012(20)。
郑若玲、谭　蔚、万　圆:《大中学衔接培养创新人才:问题与对策》,载《教育发展研究》(上海),2012(21)。
张铁玉:《论新课程背景下高中班主任的素质培养与自我建设》,载《吉林教育》,2012(22)。
李　纯、李　森:《智者之教:高中新课程改革背景下教师教育者的教学改进》,载《教育理论与实践》(太原),2012(22)。
谢维和:《从教育的间断性与连续性看高中改革——再论高中教育的定位与选择》,载《基础教育论坛》(沈阳),2012(23)。
赖配根:《学校的旗帜上高扬着"人"——江苏省锡山高级中学教育改革记略》,载《人民教育》(北京),2012(23)。
崔多立:《应高度关注普通高中教育发展中存在的问题》,载《教育教学论坛》(石家庄),2012(24)。
蔡志钢:《普通高中学校管理和教育教学改革的思考》,载《时代教育》(成都),2012(24)。
徐　苹:《AP课程的介绍》,载《中国教师》(北京师范大学),2012(24)。
余丽萍:《浅议专题学习网站在高中信息技术课堂中的应用模式》,载《中国教育信息化》(北京),2012(24)。
徐文娜:《加强普通高中与大学有效衔接的研究综述》,载《课程教育研究》(呼和浩特市),2012(27)。
张鹤颖:《如何推进体育教学改革》,载《神州》(北京),2012(28)。
王喜娟:《美国高中阶段主要办学模式探析》,载《文教资料》(南京师范大学),2012(28)。
计　琳:《高中多样化,从"特色"突破》,载《上海教育》,2012(31)。
王　生:《加强学生社团建设,促进学校内涵发展》,载《江苏教育》(南京),2012(35)。
师　轶:《高效课堂的思考与实践研究》,载《广西教育》(南宁),2012(36)。
郑　毅、谢曙光:《选修课中的教学管理策略》,载《考试研究》(长春),2012(49)。
刘宪权:《大同市新荣中学特色办学之路》,载《中国教育学刊》(北京),2012(增)。

王中强:《高中学业水平考试成绩在高校自主招生中的应用研究》,载《中国教育学刊》(北京),2012(增)。

谢维和:《从教育的间断性与连续性看高中改革》,载《中国教育报》(北京),2012-03-02。

刘 沪:《高中要与大学接轨》,载《中国教育报》(北京),2012-03-09。

綦春霞:《高中的衔接与选择路在何方——由英国大学预科教育反观我国高中教育定位问题》,载《中国教育报》(北京),2012-04-06。

杨桂青:《中国普通高中教育何处去》,载《中国教育报》(北京),2012-06-15。

杨桂青:《重建高中生的教育生活方式》,载《中国教育报》(北京),2012-10-26。

刘 慧:《我国普通高中学生选课制度研究》,安徽师范大学硕士学位论文,2012。

崔国涛:《中考改革的数学建模研究》,东北师范大学博士学位论文,2012。

韩 冰:《关于高中教育资源库建设的研究》,东北师范大学硕士学位论文,2012。

马婷婷:《教育生态学视角下普通高中教育资源配置问题及对策研究》,东北师范大学硕士学位论文,2012。

向 红:《民族地区高中教师新课程适应性研究——以重庆市石柱土家族自治县民族中学为例》,广西民族大学硕士学位论文,2012。

张海江:《新课程改革下初、高中数学衔接问题探究》,河北师范大学硕士学位论文,2012。

高金锋:《反思与抉择》,华东师范大学博士学位论文,2012。

刘 燕:《澳大利亚昆士兰州高中校本学生评价研究》,华东师范大学硕士学位论文,2012。

赵元梅:《高中文理分科的争论与应对研究》,华中师范大学硕士学位论文,2012。

高 琛:《促进学生优长发展教育模式研究》,辽宁师范大学博士学位论文,2012。

李俊堂:《高中文理分科对大学生学业表现影响的研究》,辽宁师范大学硕士学位论文,2012。

宋艳梅:《示范高中规范问题研究》,陕西师范大学博士学位论文,2012。

罗 敏:《高中生学业负担过重的成因及"减负"策略》,上海师范大学硕士学位论文,2012。

宋晓岚:《普通高中多样化特色发展之路探索》,上海师范大学硕士学位论文,2012。

方雅玲:《中法中学教育体系比较研究》,上海外国语大学硕士学位论文,2012。

吕 艳:《我国转制学校研究》,首都师范大学硕士学位论文,2012。

曹爱琴:《高中校长课程领导研究》,西北师范大学硕士学位论文,2012。

庞 超:《二十世纪八十年代以来瑞典基础教育改革的价值取向研究》,西南大学博士学位论文,2012。

邹联克:《比较视野下贵州省高中课程改革策略研究》,西南大学博士学位论文,2012。

二、著作部分

〔说明:按出版社名的拼音字母排序〕

霍益萍、朱益明主编:《中国高中阶段教育发展报告·2012》,华东师范大学出版社。

十四、高考制度改革

目录

中国的考试招生改革，特别是高考制度改革，事关教育改革全局，历来受到整个教育界甚至全社会的高度关注，是一个敏感而重大的问题。2012年，论者们围绕高考制度改革的理论及实践探索展开讨论。

(一) 高考制度改革的理论探究

在高等教育走向大众化，录取率迅速提高的背景下，考试招生制度改革也迅速推进，取得了不少成就：分省命题探索实施，自主招生不断实验，考试内容不断调整，高校招生"阳光工程"实施，不断规范招生管理，平行志愿录取模式不断推广。〔刘海峰，2012(19)〕尽管我国高考制度的改革一直力争更加科学化、合理化和客观化，但是改革的结果仍不尽人意，出现了高校自主招生权的实现受到限制、考生的自由选择权和个性特质并未受到重视等问题，因此高考改革需要不断的推进。〔杨芹等，2012(2)〕

1. 改革目标

《国家中长期教育改革和发展规划纲要(2010—2020年)》(以下简称《纲要》)中提出"分类考试、综合评价、多元录取"的考试招生改革目标和原则，是高考改革的目标。有论者据此提出了与之相对应的高考改革模式。高考改革目标模式使高考改革朝着正确的目标一步一步地推进，并最终实现改革的目标，其内涵主要包括以下七个方面：建立统一的综合测试平台，按高校专业大类设定科目组合，统一测试与自主测试相结合选拔特殊人才，高职院校招生采用灵活多样的考试方式，加强艺术类、体育类专业测试，确立综合评价的原则，形成多元录取机制。〔张芃，2012(8)〕

2. 价值取向

有论者认为，近年来各省市的高考改革重心和具体措施虽各不相同，但改革的基本目标和价值取向趋同。其基本价值取向可以概括为六个关键词：①分类：从大一统的、单一的招生模式，朝分类有别的招生模式演变；特殊类型院校采用不同于一般院校的办法；高水平大学和高职院校采用自主招生的办法，所谓两头放开。②综合：评价和考试标准综合，考试内容综合。③多元：招生主体多元；评价和考试方式多样；录取方式多样(包括志愿设置模式多样)。④自主:包括学校的自主权和学生的自主选择空间。就学校而言,在自主招生里,学校自主确定考试内容和方式;就学生而言,学生自主选择报考学校。⑤个性:包括学校的个性和学生的个性,通过自主的选择得到体现。〔边新灿,2012(4)〕

还有论者认为,高考制度改革应坚持以下价值取向:①提高高考公平意识的价值取向。进行高考制度改革时,应顾及高考制度改革的社会影响,顾及高考的公平、公正,尽量减少区域歧视,阶层歧视。②体现"以学生为本"的个性化教育价值取向。充分考虑学生个人主体的价值追求,实行平等的个性化教育。③树立能力本位的价值取向。这并不是说不能在高考中考查学生对知识的掌握程度,而是应该加强对学生能力水平考查的力度,从试题的选择到录取的标准都应该体现对学生能力的注重。〔杨芹等,2012(2)〕

针对高考的公平价值取向,有论者提出质疑:"高考公平"确实是社会公平的一种象征,但其本身只是教育公平的一个领域,而教育公平也只是社会公平的一种领域,高考本身虽然具有很大的公平性,但究其本质,它毕竟只是一种普通的人才选拔制度,在日趋复杂的社会背景下,它是否真的具有保障社会公平的责任和能力?而且具体到高考上,公平意味着让每个学生都有机会上适合自己的大学,让每所大学都有机会招收适合自己培养目标和培养方式的学生。唯其如此才能说明高考是合理的。〔王思懿等,2012(5)〕

3. 改革的未来走向和路径选择

《纲要》在关于考试招生制度改革内容中强调:"探索招生与考试相对分离的办法,政府宏观管理,专业机构组织实施,学校依法自主招生,学生多次选择,逐步形成分类考试、综合评价、多元录取的考试招生制度","高等学校普通本科招生以统一入学考试为基本方式,结合学业水平考试和综合素质评价,择优录取。对特长显著、符合学校培养要求的,依据面试或者测试结果自主录取;高中阶段全面发展、表现优异的,推荐录取。符合条件、自愿到国家需要的行业、地区就业的,签订协议实行定向录取;对在实践岗位上作出突出贡献或具有特殊才能的人才,建立专门程序,破格录取。"有论者认为,这一表述简练地概括了中国高校考试招生改革的未来走向。〔边新灿,2012(4)〕

因此,有论者从《纲要》这一定位出发,提出推进高考制度改革的若干策略:

① 继续推进高水平大学自主招生试点,逐步扩大自主招生的范围和规模。从制度设计的角度看,自主招生应根据高校培养目标和专业要求着重对学生进行有针对性

的个别化的鉴别选拔。招生录取时，高校也应对学生成长过程中的评价给予更多关注，全面审核学生的有关材料，并将其作为判断学生是否符合培养要求的重要依据。

② 把高职院校考试招生改革作为大步推进高考改革的突破口。高职院校多样化、多通道的考试招生改革在一些省市多年实践探索的经验证明，将高职院校招生考试与目前“一张试卷”的高考分开是必要的和可行的。高职院校招生总的趋势是实行开放式入学，在达到高中毕业要求的前提下，只要学生对某一职业、某一门专业技术有兴趣和意愿，经过必要的实践技能测试或其他专门考查，高职院校就可以招收。

③ 加强普通本科院校分类考试招生的研究和探索。鼓励普通本科院校加强高考分类、分层设计研究，支持培养目标和专业特点相近的高校通过横向合作进行按学校类型或专业大类实施分类考试的试点，积累经验，成熟一类推广一类。

④ 逐步增加招生考试通道，推进“综合测试平台”建设。各省市在高考改革中要逐渐增加学生升学的通道，探索使用不同水平的试卷和把学业水平考试逐渐纳入高考的办法。可以先从数学、外语等学生学业水平差异较大的学科开始增加不同层次水平的试卷，逐步走向所有学科都采用多种层次水平的试卷，使考试模式逐渐向本目标模式中综合测试平台的模式过渡。

⑤ 明确改革方向，形成高考改革的合力。当前高考改革中的一些探索与高考改革的大方向似有冲突之处，如高考平行志愿录取单纯强调了公平要素，将所谓分数面前人人平等推向了极致。因此，需要构建高考改革的目标模式，明确高考改革的目标，对于不符合目标的改革行动进行及时的调整。〔张芃，2012(8)〕

还有论者进一步提出分类考试建构的思路：①完善现有考试评价制度。首先，要完善中等学校的考试评价制度，实施综合评价。其次，强化学生以个人兴趣和智力潜能为指导的职业生涯设计，实现学生在多元模式下有针对性地进行选择。②构建高校招生多元评价体系。在“高中学业水平考试制度”和“高中综合素质评价制度”基础上，构建高校招生多元评价体系。③建立分层次分类型的考试制度。第一层次是精英高等教育机构，可实行自主选拔考试成绩结合高中学业水平考试等第录取，并可在高考统考科目中加入附加题测试，或学校自行进行相应的加试。第二层次是以应用型人才为主要培养目标的普通高校。在高考成绩基础上可以参考高中学业水平考试成绩和综合素质评价的学业和非学业多元评价结果进行录取。第三层次是以培养职业技能型人才为主要培养目标的高职院校，逐步由自主进行入学考试、自主实施招生录取的招生形式过渡到根据高中学业水平考试成绩注册入学。④探索一年多次考试和社会化考试模式。一年多次考试将降低考试的偶然因素，让高考常态化，为学生提供更多的考试机会和选择机会。高考社会化有利于考试、教育、录取三者分离、各司其职，从而实现良性互动。〔余永玲，2012(7)〕

（二）高考制度改革实践措施

1. 高考科目改革新举措：加试体育

2012年1月，山东省出台《山东省2012—2014年普通高校考试招生制度改革实施方案(试行)》。从2012年开始，山东省根据国家学生体质健康标准，在高考录取中充分体现考生体质健康、参加体育活动及体育课成绩的状况。山东省高考体育测试成绩不计入高考总分，但计入电子档案，供高校在录取时作为重要参考。这是将体育纳入高考的尝试，也是体育纳入高考进程中迈出的关键一步。〔余永玲，2012(7)〕

(1) 高考加试体育的必要性

有论者认为，高考加试体育主要基于以下两个原因：首先是由高考的性质决定的。成功的高考制度不仅会为高等院校带来各自满意的选拔，还会引导中小学的教学方向和模式驶向体现教育本性的航行轨道。由于当今高考倾向于检测学生对文化知识与理论的掌握运用，采用的形式是以纸张或者计算机为媒介的问答模式。没有按照“德、智、体全面发展”的原则展开教育，不仅阻碍了学校德育、体育的开展，并且选拔的人才也有失全面。其次，从目前高中体育教学的现状来看，学校教育围绕高考展开，高考的考试内容也就成为学校教育为之奋斗的精神寄托，而忽略了“健康第一，以人为本”的思想，造成了体育教学的地位下降。这直接导致体育教师职业责任的下降，体育课堂便会以一种无序的状态呈现在大众的视野之中，导致高中体育课的模式呈现出固定的“集合—自由活动—集合”模式。因此，将体育元素融入高考，不失为一个妥善之举。〔李强等，2012(6)〕

还有论者认为，将体育纳入高考，还有以下两个原因：首先，落实国家相关政策。我国政府对学生体质发展的高度重视，陆续颁布了《学生体质健康标准》、《中共中央国务院关于加强青少年体育增强青少年体质的意见》等文件，并在《教育法》、《体育法》等法律法规中对发展学生的体质做出了要求和规定。教育部还在2007年启动了“每天锻炼一小时”的阳光体育活动。但在实施过程中，很多条例和措施并没有得到保证和落实。主要原因是现行高考制度对体育没有提出要求，引不起学校、家长、学生对体育的重视。在高考中增加体育科目考试,通过制度引导学生参加体育锻炼,遏止学生体质下降的趋势。其次,保持基础教育阶段学生健康教育的连续性。体育锻炼对健康的增进是一个循序渐进的过程,自2000年以来,全国各地开始广泛推行初中毕业升学体育考试制度。有研究发现,初中生体质较往年开始回升,而作为初中阶段延续的高中,学生的体质状况还在呈逐年下降的趋势。〔周茗,2012(5)〕

(2) 高考加试体育的阻力

① 政治因素。在每次做出高考改革的决策之前,相关政策制定者必须要寻找国家相关法规文件和政策精神作为依据。虽然将体育纳入高考,其促进高中体育工作的开展、改善学生健康状况的作用已经被社会广泛认同,但作为一项重要改革举措,其风险、难度、社会影响和预期效果等必然成为决策层考量的重要因素。

② 社会因素,主要是社会公平问题。学生之间的智力水平虽然存在着差异,但相比较身体素质之间的个体差异并不十分明显,一些相对体质比较弱、身体素质比较差的学生在加试体育中会变成弱势群体,在高考竞争异常激烈的形势下,对他们升学和未来的发展难免会产生深刻的影响。

③ 经济因素。体育纳入高考改革是在原有科目考试基础上增加的新科目,从相应的场地建设、设备购置到管理人员的培训、参与测试等,需要大量的资金投入,这必然会增加高考的经济成本。

④ 教育因素。高考的导向作用就会使考试项目成为高中体育课的主要教学内容,无论学生是否接受和喜欢,都要被迫地进行练习,使高中阶段的学校体育成为高考的复习课,这与目前在高中实施新课程的理念和目标相矛盾,会形成一种新的应试教育。

⑤ 技术上的操作难度。首先,体育高考不同于一般的文化知识考试,会受到地域、气候、场地、设备、测试人员、监督机制等多种因素影响,很难形成一个统一的标准。其次,在测试过程中的数据采集和传输也存在着人为的安全隐患。伤残学生、借读生和非应届毕业生的考试安排等一系列问题都是阻碍体育纳入高考的技术因素。〔周茗,2012(5)〕

(3) 高考加试体育的定位

有论者认为,高考加试体育如果在全国范围内推广,必须要明确以下几个问题:首先,高考体育只是促进学生体质健康的一种手段。以考试的方法督促学生锻炼,可以在一定程度上缓解青少年学生的体质健康水平呈持续下降趋势,但高考体育不是最终目的；随着基础教育课程改革的逐步深入和完善、家长和社会逐渐形成正确的成才观和教育观，高考体育政策将会逐渐退出历史舞台。其次，高考体育必须与“体育与健康”课程改革相统一。高考体育制度改革离不开体育课程改革的土壤，因此高考体育的发展必须要与体育课程改革的方向相统一。要保持考试目的与课程目标相统一，考查内容与课程内容相统一，评价方式与课程学习评价相统一。再次，高考体育必须保证其公平性和公正性。注意评价内容和评价标准的公平性，制订恰当的评价标准，对特殊群体给予人性化关怀；加强组织实施过程的公正性，建立科学有效的操作机制和监督机制。〔宋军等，2012(6)〕

(4) 高考加试体育的推广模式

当前高考加试体育推广存在三种可能模式，分别是“清华模式”、“山东模式”和“中考模式”。首先，“清华模式”即“清华大学自主招生复试体质模式”，该模式坚持自愿原则和加分原则，学生可以选择参加或不参加体质测试，测试成绩仅作为加分因素，不参加不扣分、不影响高考录取。体育测试的内容为，速度/灵敏类、柔韧/力量类、耐力类、运动技能类项目；计分办法为：每类选测一项，评分标准参照《国家学生体质健康标准》，各项测试成绩达到优秀级可分别获得高考 1 分或 2 分的加分；测试时间可与《国家学生体质健康标准》测试同步，由当地县（区）级及以上教育行政部门组织自愿参加测试者统一参加测试。其次，高考体育的第二种方案可以在参考“山东模式”的基础上做适当调整，将体育学科作为会考科目，以加分的形式（测试成绩达优秀者加分）计入高考总分。测试内容同“清华模式”相同，但是计分方法不同。成绩全部达到优秀者在满分基础上奖励 2 分，即可获得高考 5 分加分。再次，中考模式。考试内容同上述两种模式一样，计分方法不同。体育总分约占高考总分 5%（以满分 40 分为例：平时成绩 10 分、体能 15 分、运动技能 15 分），体育成绩直接计入高考总分。平时成绩考查由学校自行组织，于现场测试以前完成并上报上级教育行政部门审核、备检。现场测试时间可安排在当地体育中考之后，由县（区）级及以上教育行政部门统一组织。〔宋军等，2012(6)〕

2. 高考加分

(1) 加分政策及其意义

有论者认为，高考加分政策是中央与地方教育主管部门、高校在高校招生录取中根据考生的民族、身份、德智体表现、竞赛获奖、社会贡献等情形给予其高考分数优惠与照顾的行为规则。高考加分有三大类：一是鼓励性加分。如获得省优秀学生称号者、国家二级运动员(含)以上称号等。二是照顾性加分。如华侨子女考生、烈士子女等(第46条)。三是荣誉性加分,如自谋职业的退役士兵、在服役期间荣立二等功(含)以上荣誉称号的退役军人等。〔尹秋莲:《我国加分政策的演变、动力与革新》,载《考试研究》,2011(2)〕

高考加分政策是作为高考的补偿性政策提出的,从人才选拔角度考虑,高考在高效、省力、操作简便、可比性强等方面无疑是最优的,然而却也存在选拔标准单一、"一考定终身"、应试等缺点。因此,鼓励性加分政策的提出,对于改善高考弊端、帮助高校选拔多样化人才、引导基础教育学校实施素质教育、促进学生个性发展等方面起到了重要作用。而对于受惠于"照顾性加分政策"的考生,由于教育资源的短缺引起的受教育机会不公平在一定程度上也得到了弥补。〔马莉芳,2012(6)〕

(2) 高考加分存在的问题

考虑到各地情况存在差异,在教育部统一规定的适合全国的高考加分政策的基础上,国家下放权力,允许各省根据自身情况制定相应的地方政策。〔马莉芳,2012(6)〕权力的下放为各地自主设置加分项目提供了条件,使得加分政策在刚性之外,又增加了几分弹性,容易在具体实施中出现问题。〔肖伟颜,2012(36)〕通过调查和数据分析,可以发现在加分政策的程序执行上,主要存在以下三方面的问题。

① 加分项目问题。高考加分项目主要有"省级优秀学生、思想政治品德方面有突出事迹者"、"体育类加分"、"学科奥赛、科技创新大赛之类的加分"三种类型。但是据媒体调查,各地林林总总的优惠种类累计高达192项。加分项目繁多,为"权力寻租"带来可能性。同时此加分项目难以量化,在具体操作中主观影响较大;针对"学科奥赛、科技创新大赛之类的加分"加分项,容易加重学生负担。〔段拉卡,2012(16)〕

② 加分幅度问题。对于高考加分幅度,教育部只规定,对于符合条件的考生,增加和降低分数均不得超过20分,每一个项目究竟加多少分没有作明确规定,因而不同省份对同一加分对象的加分幅度也会存在着明显差异,带来考试不公问题。

③ 加分对象家庭背景问题。在对在校大学生的追踪调查中,对北京大学、清华大学等7所重点大学425名大学生家长的职业调查显示,国家机关、党群组织、企业、事业单位领导人员、个体老板等社会中上层子女获得加分的共计101人,占加分总人数的69.66%。加分政策的受益群体主要来自于优势阶层子女,高考加分在政策执行过程中已经与政策目标在一定的程度上发生了偏离。〔肖伟颜,2012(36)〕

还有论者从高考加分的法律性质出发,认为高考加分政策存在法律缺陷。每年有关普通高等学校招生工作规定主要包括两级，即教育部制定的《普通高等学校招生工作规定》和各省制定的《普通高等学校招生工作规定》。在法律上，上述文件属于部门规章和地方政府规章。这些规章主要存在四个方面的缺陷。①制定程序不合理。《规章制定程序条例》第14、15条规定起草规章应当深入调查研究，广泛听取意见，直接涉及公民等切身利益的，应当征求社会各界意见，必要时要举行听证会。高考加分所涉事项直接涉及公民、法人或其他组织的切身利益，并且广受社会争议，有必要举行听证会才能起草。②规定内容违反上位法《宪法》和《教育法》。《宪法》第三十三条第二款规定："中华人民共和国公民在法律面前一律平等。"《教育法》第九条第二款规定："公民不分民族、种族、性别、职业、财产状况、宗教信仰等，依法享有平等的受教育机会。"《规定》中的鼓励性加分规定和荣誉性加分规定明显缺乏合法性依据。③规定可执行力不足。加分制度之所以腐败，重要原因之一在于加分制度本身的缺陷，即对"程序公正"的忽视，其操作过程往往是封闭的、不公开和不受监督的，没有关于操作程序方面的严密规定。④问责制度缺失。公众对教育的关注也越来越多，针对近些年发生的高考加分违法案件，在社会上造成了很大的不良影响，但是教育系统内的问责制度尚无章可循，建立问责机制势在必行。〔刘雨等，2012(6)〕

(3) 完善高考加分的建议

当前高考加分政策虽然存在不规范之处，但是论者们认为对于高考加分政策，"规范胜于取消"。〔马莉芳，2012(6)；段拉卡，2012(16)〕首先，健全配套制度，确保信息公开加分制度的有效运行，需要健全一系列操作性强的配套制度，让信息公开透明。程序公开、操作透明是首要原则。各地必须将享受加分的考生向公众公示，接受社会监督。〔马莉芳，2012(6)〕还有论者从政策法规的执行角度指出，要建立健全教育问责机制。〔刘雨等，2012(6)〕其次，调整与规范相结合。在规范措施方面，一是各省(区、市)要系统清理高考加分项目，合理适度调减加分项目及分值；二是严密防范、严厉打击加分资格或身份造假。进一步规范加分工作流程，拟享受高考加分的考生，均须经过本人申报、有关部门审核、省地校三级公示等3个环节。再次，高考加分应赋予高校更多自主权。当前一部分高校在招生中指出，对于享受高考加分考生，专业选择时是按取消加分录取的，也有一些高校不认可省级加分。

2012年在完善高考加分制度的实践措施上，北京和四川率先出台了高考加分规范措施。它们的方案都是着眼于"减少加分项目"和"降低加分分值"两个方面。四川省删除了29个加分项目，对17个加分项目分值进行了缩减。〔燕农，2012-06-25；刘磊，

2012－12－03〕

（4）少数民族加分政策

高考少数民族加分政策是我国民族教育招生优惠照顾政策的重要内容，当前主要有“加分”、“降低分数要求投档”和“举办少数民族预科班”优惠政策。近年来，高考少数民族加分政策的公平与公正性问题引起社会的广泛关注和争议。〔王升云，2012(1)〕

① 少数民族加分政策引起争议的原因

有论者认为，加分政策引起争议的原因主要有以下四个方面：第一，各地对享受优惠政策的少数民族审核标准不统一，管理监督体制不完善。因民族审核标准或程序存在漏洞，个别地方有些考生存在弄虚作假的现象。尤其是高考移民和采取假证明或其他不正当手段更改民族成分。这是引起社会各界对高考少数民族加分政策存废之辩的导火线。第二，对高考加分政策内容与类型了解不够。部分群众对民族教育优惠政策不了解，一旦出现问题，容易夸大加分政策存在的问题，矛头指向少数民族加分政策。第三，对民族加分政策存在误读现象，认为所有少数民族都可以加分。其实，少数民族也不一定加分，如云南省经济文化条件比较好的地区的少数民族考生不属于民族加分的范畴。第四，少数民族地区与落后地区边界不一定完全重合，有的省份以民族成分加分有失公平。〔王升云，2012(1)〕

② 少数民族加分政策的理论和现实基础

少数民族加分政策虽有争议，但论者们认为其存在有广泛的理论和现实基础。首先，少数民族考生高考加分的历史基础。自隋炀帝大业元年(605年)科举制度确立以来，历代封建王朝都曾经或多或少给予少数民族地区一定的照顾倾斜，并将之作为促进少数民族地区经济文化发展、缩小与汉族地区之间差距、维护社会和谐稳定的重大举措。其次，少数民族考生高考加分的宪法基础。《中华人民共和国宪法》第46条规定：中华人民共和国公民有受教育的权利和义务。受教育机会平等包括形式平等和实质平等，对少数民族考生高考加分就属于后者的范畴。由于历史和现实的原因，少数民族聚居区的基础教育水平根本达不到全国平均水平，如果仍然坚持让他们跟全国其他考生一起进行所谓的公平竞争，实质上是不公平的。再次，少数民族考生高考加分的社会基础。根据教育的外部关系规律，教育与社会政治、经济、文化发展有着千丝万缕的联系。少数民族高考加分政策是给对处境不利的群体给予特殊照顾。再次，少数民族考生高考加分的国际基础。美国就有类似于中国少数民族高考加分政策的《平权措施》，对黑人、拉丁族裔、印第安人给予“优先录取”和“加分”优惠。〔张玲，2012(30)〕

③ 完善少数民族加分政策的建议

有论者认为，首先，调整加分对象。在教育部每年公布的少数民族高考加分政策中，加分对象是民族聚居区的少数民族考生，各省市又根据各自具体情况，适当增加或减少加分的对象。然而有些部门为了工作方便，所有的少数民族考生统一加分，这不仅背离了民族加分政策的初衷，也给民族身份造假提供了机会。其次，加分幅度的调整。少数民族加分一般采用"5 分起步、20 分封顶、5 分一个台阶"的原则，但由于少数民族考生与汉族考生在基础教育阶段的差距，即使增加 20 分对他们来说也是杯水车薪。因此可借鉴台湾地区的百分制加分，对原住民等特种生的加分幅度一般为考生总分的 10%—25%。再次，加强高考加分的程序规范。颁布《考试法》，既要明确加分对象和加分幅度，也要对加分的法律责任予以规范。〔张玲，2012(30)〕

还有论者认为，首先要严格贯彻执行少数民族加分政策，加强监督管理，出台惩罚措施，杜绝弄虚作假行为。其次，采取"区别对待"原则，确定高考少数民族加分的适用主体。例如，对城市少数民族考生或经济比较发达地区的少数民族考生的加分政策进行调整。再次，充分发挥边疆班(校)、预科、民族院校招生政策的优势。例如，内地西藏班(校)和新疆班的招生实行"统一考试、统一阅卷、单独划线、单独招生"政策。〔王升云，2012(1)〕

3. 自主招生

2001 年江苏省三所高校试行自主招生，2003 年教育部出台《教育部办公厅关于做好高等学校自主选拔录取改革试点工作的通知》，北京大学、清华大学等 22 所高校被赋予 5%的自主招生权，时至 2011 年实施自主招生的试点院校数已增至 80 所。〔鲍威，2012(19)〕当前已形成三种自主招生的模式：一种是以复旦、上海交大为代表的"完全"自主招生方式，这类方式最大的突破在于面试结果即能决定录取与否；一种是以清华、北大为代表的"非完全"自主招生方式，这类招生方式是拿出一定比例的招生计划进行招生，通过测试确定入选考生名单，考生入选后还要参加全国统考，在录取时可享受一定条件的优惠；另一种是以高职、高专院校为代表的自主招生方式，这类方式是指考生参加这些院校自主招生测试合格后，可直接被录取，不用再参加高考。〔李颖婷，23—24页，2012〕

有论者认为，高校自主招生不仅是选拔优秀创新人才的新探索，而且是扩大高校自主权、深化高校考试招生录取制度的重要举措。自主招生相对于传统高考有自身的优势，自主招生的形式灵活、多样。自主招生在考查学生素质的时候不仅有纸笔测验，多数高校还会采取专家面试的方式，两者有机结合考核学生的综合素质和个性特长。同时在考试内容方面，跟统一高考是完全不同的，在创新性以及考试内容的新颖性方面都优于高考。〔林强，29—30 页，2012〕

（1）高校自主招生联盟

高校联盟考试是 2010 年以来自主招生的新形式，至今已形成了几个重要的自主招生联盟，以北大为代表的 7 所高校组成的“北约”联盟、以清华为代表的 7 所高校所组成的“华约”、以同济大学等 8 所工科见长的“卓越”联盟和北京交通大学等 5 所高校所组成的“北京联盟”。联盟高校大多采用通用测试、高校个性测试和高校面试的模式自主选拔。测试笔试成绩彼此间互认，个性化测试彼此参考，面试时间尽量协调。2011 年 12 月，南开大学和复旦大学相继宣布退出“北约”联盟，选择独立。此外，“北约”和“华约”2012 年的笔试时间同为 2 月 11 日，使得考生无法兼顾，只能选择其一。〔周继良等，2012(2)〕联盟内部的变化以及联盟考试时间的撞车，引起了论者们对高校联盟考试这一自主招生新形式的反思。

① 自主招生联盟存在的问题

有论者认为，自招生联盟就是一场组团的“掐尖”大战。〔周继良等，2012(2)〕关于高校联盟的不足主要有以下四个方面：第一，联合出题覆盖面广，不同院校层次不同，侧重点不一，可能给考生增加了额外的负担。第二，联合招考演变成联盟团体间、高校间争抢优质生源的手段，而非选拔合适人才的途径。第三，联盟的扩张，从“一考定终身”到“多考定终身”，容易造成“小高考”、“第二次高考”的质疑。第四，对没有自主招生权的院校的不公。联盟院校本身办学能力和优势就非常明显，如果再借助抱团联考的威力，对没有招生自主权的学校来说，无疑是一次重创。〔朱卫国等，2012(5)〕

② 自主招生联盟的优势

有论者认为，应该看到高校自主招生联盟的优势。首先，联考有利于各个高校节约经济成本，提升效率，形成规模效应。其次，方便考生报考，节省精力，以免疲于应考，也降低了考生的考试成本。再次，参加一次考试，可以获得申请多所大学面试的机会，联考给了考生更多的选择机会。第四，联盟的高校间形成资源共享，优势互补的良性互动。同时，对于弄虚作假之类的信息也能及时共享，可以在很大程度上杜绝舞弊现象，维护高校自主招生的公正与安全。〔涂丹，18 页，2012〕

③ 自主招生联盟的改进

有论者提出一些改变联盟弊端的举措。首先，要科学确定自主招生联盟的“合作标准”，强化合作的必然因素：一是高校的层次、性质和学科专业类型，二是办学理念、办学水平和人才培养目标。其次，实现自主招考联盟的共享互认。从对联考成绩的共享互认，扩大到对于学科专业特色测试和面试成绩共享。再次，联考和面试的时间、地点应该尽量分散，这样才能增加学生选择联盟和选择高校的数量。〔周继良，2012(2)〕

(2) 自主招生中存在的问题

自主招生作为落实大学招生自主权和改革考试招生制度的探索，取得了一定成效，但是在自主招生目标、招生形式、招生程序等方面存在一定的问题，主要表现为：

① 偏离政策目标。在自主招生试点过程中，尤其是2010年推行高校自主招生联盟之后，自主招生逐步演变成为重点院校争抢生源的“招生战”。更有甚者，社会上出现了“自主招生的培训班”，加重了考生的负担，应试倾向愈演愈烈。加之自主招生本身存在的问题，如考试以统考形式进行，对“特、偏、怪”考生的界定模糊，造成了自主招生偏离初衷。〔李颖婷，第39页，2012〕

② 缺乏科学性。首先，文化课考试次数过多。考生要参加由招生院校组织的文化课测试和面试，通过选拔的学生仍然要参加高考，以高考成绩是否达到一定要求为录取依据，这意味着考生至少要参加两次重复的文化课考试。如果报考多所大学，则要多次参加文化课考试。其次，考试命题不规范。由于招生院校的综合选拔体系尚未形成，各高校试题的测试目标、测试的整体性、测试功能等差异很大，甚至被社会诟病为“偏”、“难”、“古”、“怪”。再次，缺乏专业招考队伍。招生院校尚未建立起一支专业化招考队伍，院校自主命题的测试的效度和信度、面试的公平公正都受到质疑。〔李雄鹰，2012(2)〕

③ 导致新的不公平。自主招生对招生对象有条件要求，在不同地区的名额分配不一，招生程序复杂，这些都成为自主招生过程中不公平问题滋生的空间。关于自主招生不公平，主要体现在两个方面：第一，机会不公平。主要表现在以下四个方面：首先，考生自主招生资格的获取不公平。自主招生的报名资格限定，如在全国或国际性奥赛、科技创新大赛等赛事中有获奖经历等条件，明显有利于教育资源发达地区的学生获得自主招生的名额。其次，就“校长实名推荐制”而言，获得推荐资格的学校主要分布在教育发达地区，教育发展落后的小城市和边穷地区的学校较少惠及。再次，自主招生的考点大都分布在省会城市，而农村或偏远地区的学生由于信息闭塞、路途遥远、考试成本高等不利因素，与自主招生有一种天然的阻隔与疏离；第四，由于文化资本积累的不同，各个社会阶层的子女所获得的自主招生的机会存在不公平。据对开展自主招生试点改革的八所“985”院校的学生进行抽样调查，数据显示，在其他条件固定

的前提下，第一代大学生（父母均没有接受大专以上高等教育的经历）在自主招生选拔机制中成功的概率，比第二代大学生减少了 39.3%。这表明父母的受教育水平，即家庭积累的文化资本对子女成功通过自主招生选拔考试具有重要的影响作用。〔李雄鹰，2012(2)；欧颖，2012(2)；鲍威，2012(19)〕

第二，过程不公平。有论者认为这主要表现在三个方面：首先，在招考的目标上，自主招考重在考查学生知识面、思维能力、人文素养等综合素质，对于城乡和区域性发展不均衡的教育弱势区域和群体也造成了新的不公。〔朱卫国等，2012(5)〕其次，在考试内容与形式上，自主招生考试的题目和内容带有明显的城市倾向。对于信息闭塞、沟通欠缺的农村学生很容易"无言以对"。〔李雄鹰，2012(2)〕再次，自主招生的程序上，缺乏清晰的选拔指标体系，对报考材料的审核缺乏客观的操作标准，面试的主观性强，监管制度又不健全。暗箱操作、递条子、权钱交易等现象在一定范围内仍存在，严重危害了自主招生的公开、公正、公平原则。〔高娟，第 30 页，2012〕

(3) 完善自主招生的建议

面对当前自主招生过程中出现的目标偏离、缺乏科学性、有违公平等问题，论者们也提出了改革的建议，主要集中在以下四个方面：

① 明确招生目标

自主招生高校要坚守初衷，打破"一考定终身"模式，探索多元化的选拔录取机制，为大学选拔综合素质优秀的学生。因此，自主招生大学应秉承"多元录取"精神，围绕"想招什么样的人"和"要培养什么样的人"的人才培养命题，以自主招生改革为契机，综合考量学校类型、学科专业优势、人才培养特色等因素，充分发挥招生自主权。

② 提高自主招生的科学性

第一，组建考试招生专家队伍，以提高招生工作的专业性和科学性。第二，研制综合选拔指标体系。建立包括综合素质发展、学校推荐、个人表现、高中学业水平考试成绩、大学测试面试等信息指标的综合评价体系，甚至建立第三方专业化考试机构，逐步开发类似美国 SAT(Scholastic Aptitude Test)的考试。第三，优化考试内容，注重内容的导向性，增强内容的科学性。第四，注重内容的对接性，即在内容上不仅需要将自主招生与高中教育成功对接，更要使选拔学生的特长与高校学科优势成功对接。〔李雄鹰，2012(5)；朱卫国等，2012(5)〕

③ 促进自主招生公平

第一，自主招生向农村考生倾斜。自主招生的报考条件和名额投放，应充分考虑到农村和教育发展落后地区的考生利益。当前倾斜主要通过两种方式：一种是以北京大学为代表的试点高校，划定录取农村户籍考生的比例或名额，如北京大学决定2012年自主选拔录取候选人中农村户籍考生的比例不低于20%；另一种是以清华大学为代表的，对参加自主招生的农村和贫困地区考生进行资助。

第二，试点高校必须调整面试的内容与形式，使自主招生能全面考查农村考生的综合素质和创新能力。自主招生的考试形式和内容设定应考虑到农村教育实际，可以为农村考生设立专门的自主招生考试。〔李兵，2012(2)〕

第三，加强对自主招生的监管和社会监督，建议大学公开自主招生过程，公布考生基本信息，实施阳光招生。实行依法招考，要进一步加强相关规章制度建设，出台具有可操作性的法律法规；加强政府监督，由政府组织对高校自主招生工作进行督导；增强高校自律，健全校内民主集中制，避免出现个人领导取代集体领导的现象；鼓励社会参与，接受社会舆论、媒体监督，及时公布招生相关的各种信息。〔尹晓敏，2012(2)；朱卫国，2012(5)〕

④ 改革录取方式

一种改革的方式是，将自主招生放到高考后组织。这样既可以帮助有特长学生通过另外一种途径上理想的大学，又不妨碍高校自主举办的选拔考试的进行，同时也可防止获得资格的考生，由于达不到高考成绩基本要求而造成资格与资源的浪费。除此之外，也可将自主考试改为自主录取，即根据高考成绩来自主决定录取。由于目前自主招生的经验尚且不足，弊端较多，基本上都还是依据高考成绩，如果改为自主录取，虽然没有直接组织考试，但是高校可以通过方案的制定、科目的选取等环节实现高校行使自主权。高校可以更好地把注意力放在如何甄选适合自己高校的学生和提高办学质量上。〔朱卫国，2012(5)；熊丙奇，2012-11-29〕

4. 异地高考

流动人口增加的现实，使得那些随父母迁居其工作地区并在该地区学习的非户籍考生，能就地高考而不愿回原籍地。而当前高考报名制度要求凡高考考生必须在户籍所在地参加高考不得跨地区考试。显然，这二者之间是矛盾的，使随迁子女在异地参加高考陷入困境，这一问题的凸显急需出台有关异地高考的相关政策。2012年8月31日，国务院办公厅转发教育部等四部委的《关于做好进城务工人员随迁子女接受义务教育后在当地参加升学考试工作意见的通知》文件，要求各地在2012年12月31日前出台异地高考具体办法，随后各地开始加紧步伐制定异地高考政策。截止到2012

年12月31日，除西藏、海南、内蒙古、山西、青海和宁夏，已有25个省市颁布了异地高考改革方案。

(1) 异地高考的改革阻力

① 异地高考的门槛设置困境

教育部部长袁贵仁在解释《关于做好进城务工人员随迁子女接受义务教育后在当地参加升学考试工作的意见》时，提出异地高考家长、学生、城市都需要满足一定的条件。但是，门槛设置的高低问题，尤其是北京、上海、广州这些人口流入集中的大城市的门槛问题，一直是论者们讨论的重点。从京、沪、粤三省市公布的异地高考方案，可以看出，异地高考的门槛设置集中在“居住证”、“社保年限”和“随迁子女在当地就读的时间”三个方面。〔刘飞，2012(10)〕

有论者认为，北京和上海两地设置的门槛过高，过于苛刻。京、沪两地对“稳定住所”的要求门槛比较高，因为北京和上海的房价太高，进城务工人员买房很困难，这将导致受益面太窄，新政策的初衷可能难以实现。例如，上海市的异地高考方案被指是之前与居住证挂钩的考试办法的延续，主要是为了人才引进，而对解决大部分进城务工人员随迁子女的异地高考问题没有实质的推进。〔文鹏，2012-09-05〕

也有论者认为，北京、上海当前门槛设置有其合理性，因为像北京、上海这样的大城市如果不设置较高的门槛将会带来以下两种后果：第一，北京、上海历年来考生录取率较高，异地高考政策一旦出台，会再次引发“高考移民”奔赴高考“洼地”。第二，大量考生的涌入会给城市带来很多社会管理等方面的问题，影响大城市的发展。由于北京和上海等大城市的优质教育资源与户籍挂钩，要解决异地高考问题，还须多方统筹，综合考虑城市人口承载力。〔刘尧，2012(9)；胡乐乐，2012-09-15；刘景洋等，2012-11-21〕

② 各方利益调整的困难

异地高考允许考生在非户籍所在地参加高考，在现行的分区定额的高考录取制度下，本质上是对高考利益的重新调整。因为异地高考的实施涉及不同的利益群体，本地人和外地人的具体利益冲突，区域间的利益冲突。〔翟月玲，2012(7)〕

有论者从教育投资的角度指出，我国的教育投资主要来自政府，为了回报地方政府的支持，各高校自然在所在省份投以更多的招生名额和更低的分数线，这样形成了不同的利益群体。如北京大学、清华大学、复旦大学、浙江大学、南京大学等国家重点支持的“985大学”，在本地录取考生达到招生总量的30%到40%，甚至50%。显然，那些高校众多的大城市的考生处于高考的优势地位。异地高考的开放给大城市本地的学生家长利益带来冲击，会遭到本地人的反对。因为这些大城市本地人作为既得利益者，不可能轻易放开本地的异地高考，再加上大城市日趋一致的控制人口数量的施政趋向，本地居民利益和地方政府的施政目标更加重叠，大城市的异地高考利益调整变得更加复杂化。〔陈斌，2012(3)〕

还有论者从高考录取指标省际间分布不均，指出如果放开异地高考，将增加当地考生数量和竞争压力，如果按照当地标准录取将占用各大学对当地分配的招生指标。〔郑兴，2012(6)〕

③ 教育公平问题

有些论者依据罗尔斯的正义理论，认为我国当前的高考制度中存在一系列不公平因素，主要表现在以下三个方面：第一是区域排他性，第二是资源的失衡性，第三是配额的计划性。〔郑兴，2012(6)〕异地教育的阻遏已经带来了部分更差境遇群体的诞生，典型例子就是留守儿童。因此，解决异地高考问题，是实现社会公平正义的时代命题。〔赵义，2012(18)〕此外，也有论者从历史的角度提出不完全依据考试成绩，而是按分区定额录取人才，是自北宋中叶以后中国考试史上逐渐演变出来的一个结果。这种人才录用模式造成了考试公平与区域公平的矛盾，而异地高考打破区域限制的高考改革制度能在一定程度上缓解考试公平和区域公平的矛盾。〔龙超凡，2012－12－10〕

还有一些论者认为，异地高考无法推动教育公平，反而会带来新的不公平。首先，教育资源分配不均和不合理的招生制度是教育不公平的根源，异地高考无论怎么设计改革方案都无助于促进教育公平。〔刘尧，2012(9)〕其次，异地高考门槛的设置带来新的不公平：门槛的高低取决于地方政府的操作性规则，因为因地制宜的原则一定会体现出地方规则的差异性，而公平的教育权利需要普适性的共享标准，在共同标准下的任何特例，都是对统一标准的违背。〔李晓燕等，2012(11)〕

(2) 异地高考的改革建议

异地高考政策在实施过程中之所以遭遇种种困境，无论是门槛的设置、各方利益的调整还是对教育公平问题的担忧，都与现行的高考制度有密切关系。异地高考政策的推进，需要制度层面的改革。

① 改革高考报名的户籍制度

有论者认为，异地高考问题的根源在于高考报名的户籍制度。一些相对激进的建议是完全取消高考的户籍限制，这样便可以从源头上解决异地高考问题。但这种做法，更适用于外来人口相对较少的地区；而那些拥有优质教育资源城市内部，尚且无法实现供给完全满足需求，更何况将来面对外来人口的需求。但是，在准入机制上根据各地具体情况逐渐放宽户籍限制，例如一些高考报名人数负增长地区。〔方方，2012-09-04〕

② 改革分省命题的考试制度

论者指出，制定统一的高考方案，实行全国统一高考，消解高校招生的地域歧视，促进获取教育资源机会的均等化。并在推进教育均衡化和均等化的过程中，遵循考试公平与区域公平兼顾的原则，废除高考分省命题，恢复全国统一高考，根据考试成绩多元录取。〔刘尧，2012(9)〕但也有论者认为，统一高考的愿望虽好，但实行起来很难。中国现在每年参加高考的考生数是其他许多大国参加升学考试人数的十倍以上，如果要将全国900多万份高考试卷集中到一个地方来评阅，显然又不现实。如果真正统一分数线的话，很可能会造成更大的不公，即使将边疆省区排除在外，很有可能出现考上北大、清华的考生将高度集中在东南少数省份，而有的人口大省极少有考上北大、清华的情况。因为地区之间存在文化教育水平的差距，实行统一的全国高考会带来区域间的不公平。因此，可以借鉴美国的SAT考试制度，逐渐推行以第三方教育考试机构为实施主体的、统一的高等院校入学资格认证制度。〔刘尧，2012(9)；刘海峰，2012-03-19〕

③ 改革分区定额的高考录取制度

有论者认为，应按照《国家中长期教育改革和发展规划纲要(2010—2020年)》的思路"探索招生与考试相对分离的办法，政府宏观管理，专业机构组织实施，学校依法自主招生，学生多次选择，逐步形成分类考试、综合评价、多元录取的考试招生制度，打破现行的分省按计划集中录取制度"。〔熊丙奇，2012-12-04〕还有论者认为，破解异地高考制度难题需要赋予大学自主招生的权力，可以从全国重点大学探索基于统一测试的完全自主招生制度，以实现多元录取制度。从实践层面来看，我国的高等院校可以分三类，实行不同的招生。第一类，全国重点高校，可以采取"全国统一考试+高校自主招生"招生方式。第二类，高职高专类学校，可以实行申请入学、注册入学的方式。第三类，地方性本科院校，由于这些院校为当地政府出资举办，因此可以把招生名额更多给本地考生。〔陈斌，2012(3)；熊丙奇，2012-12-04〕

■ 论、著索引

一、论文部分

〔说明：同一期号期刊按刊名的拼音字母排序；报纸按出版日期排序；学位论文按授予单位名的拼音字母排序〕

周剑清:《固守与创新:高考改革的必然抉择》,载《广西师范大学学报》(哲学社会科学版),2012(1)。
吴一凡、李雅君:《浅析俄罗斯高考制度改革》,载《黑龙江教育学院学报》,2012(1)。
刘　进:《高校自主招生中的权力寻租》,载《江苏高教》,2012(1)。
王海龙、郑丕谔、李振宇、吴兆彤:《互联网的一档多投式高考录取模式系统仿真研究》,载《天津大学学报》(社会科学版),2012(1)。
王升云:《坚持和完善高考少数民族加分政策》,载《中南民族大学学报》(人文社会科学版),2012(1)。
周继良:《试论高校自主招生联盟的学生选择与影响因素》,载《高校教育管理》(江苏大学),2012(2)。
李小娃:《自主招生考试改革的制度逻辑与利益导向》,载《湖北招生考试》(武汉),2012(2)。
杨　芹、王　洋:《高考制度改革的价值取向研究》,载《佳木斯教育学院学报》,2012(2)。
欧　颖:《关于高校自主招生中"中学校长实名推荐制"的反思》,载《江苏高教》,2012(2)
彭拥军:《追寻高等教育改革真相》,载《江苏高教》,2012(2)
吴斌珍、钟笑寒:《高考志愿填报机制与大学招生质量:一个基于择校机制理论的经验研究》,载《经济学》(北京),2012(2)
李　兵:《自主招生向农村考生倾斜的问题与对策分析》,载《考试研究》(天津),2012(2)。
李雄鹰:《自主招生改革的社会期待与大学应对》,载《考试研究》(天津),2012(2)。
孔　超:《普通高校招生制度综合改革目标模式研究》,载《考试研究》(天津),2012(2)。
蒋云芳、徐　辉:《新世纪国外高校入学考试政策与实践变革刍议》,载《民族教育研究》(中央民族大学),2012(2)。
陈　斌:《异地高考的利益博弈、困境分析与对策建议》,载《教育与考试》(福州),2012(3)。
廖哲勋:《论我国招生考试制度的整体改革》,载《课程·教材·教法》(北京),2012(3)。
李　峻:《中、韩两国大学自主招生政策的比较研究》,载《南京邮电大学学报》(社会科学版),2012(3)。
汤　颖、陈国群:《新课程教学评价视界下高考制度改革的价值取向探究》,载《通化师范学院学报》,2012(3)。
尹晓敏:《论高校自主招生面试环节的腐败控制》,载《现代教育科学》(长春),2012(3)。
曾令奇:《教育公平视野下的高校自主招生问题》,载《现代教育科学》(长春),2012(3)。
蒋钢城:《从后设走向引领——高考制度革新瞻望》,载《太原师范学院学报》(社会科学版),2012(4)。
边新灿:《高校招生制度改革的脉络、现状和走向——兼论公平和素质作为高考改革的两个坐标》,载《浙江社会科学》,2012(4)。
靳培培:《高考改革成功之道:形式与实质合理性的完美融合》,载《大学》(学术版)(北京),2012(5)。
朱卫国、张　玮:《高校自主招生十年回顾与反思》,载《高校教育管理》,2012(5)。

陈路芳、肖耀科:《台湾地区族语认证加分政策研究——兼论我国大陆地区少数民族高考加分政策》,载《广西大学学报(哲学社会科学版)》,2012(5)。

李雄鹰:《自主招生改革的难点与突破》,载《国家教育行政学院学报》(北京),2012(5)。

徐自强、黄俊辉:《高校自主招生政策信念的冲突研究》,载《国家教育行政学院学报》(北京),2012(5)。

王思懿、胡耀宗:《论高考制度的公平价值》,载《考试研究》(北京),2012(5)。

黄文伟:《政策学习与变迁:一种倡议联盟框架范式——对我国高职院校招生政策变迁的解读》,载《清华大学教育研究》,2012(5)。

王彦力:《台湾高考制度的改革》,载《天津市教科院学报》,2012(5)。

周　茗:《体育纳入高考制度的理性思考》,载《体育学刊》(华南理工大学、华南师范大学),2012(5)。

肖军飞、刘大伟:《异地高考的SWOT可行性分析及实施策略》,载《复旦教育论坛》,2012(6)。

刘　雨、主父文峰:《高考加分规定的合法性分析》,载《湖北招生考试》,2012(6)。

马莉芳:《高等教育入学机会公平之高考加分政策思考》,载《教育与考试》(福州),2012(6)。

宗菲菲:《中美高考制度比较研究及启示》,载《考试》(教研版)(北京),2012(6)。

郑　兴:《教育公平视角下异地高考制度改革的思路探讨》,载《内蒙古民族大学学报》,2012(6)。

李　强、许益芳、任文静、刘沙沙:《对山东高考加试体育之考试内容的思考》,载《中国学校体育》(北京),2012(6)。

宋　军、马　杰:《高考加试体育必须要明确四个问题》,载《中国学校体育》(北京),2012(6)。

周峥艳、张云英:《高校自主招生问题研究》,载《中国电力教育》(北京),2012(7)。

余永玲:《高校招生分类考试探析》,载《中国高等教育》(北京),2012(7)。

翟月玲:《"异地高考"的根源、理念探究与对策》,载《中国高教研究》(北京),2012(7)。

颜色盛、李美霞:《分省录取模式下高考少数民族加分政策探析》,载《中国考试》(北京),2012(7)。

李木洲:《高考公平的元思考》,载《国家教育行政学院学报》(北京),2012(8)。

张　芃:《高考改革的目标模式与推进策略》,载《教育研究》(北京),2012(8)。

刘　尧:《异地高考的困境与路径》,载《河南教育》(郑州),2012(9)。

谈松华:《我国教育评价及高考招生制度的改革和发展》,载《基础教育课程》(北京),2012(9)。

刘　飞:《异地高考须"门槛"适度统筹各方确保公平》,载《四川教育》,2012(10)。

徐亚辉:《高考制度的文化价值分析及改革趋势》,载《新课程学习(上)》(太原),2012(10)。

毛　雪:《社会转型期的高考多元化发展趋势探析》,载《中国考试》(北京),2012(10)。

曹峤鹏:《高考内容改革的实践与思考》,载《中国校外教育》(北京),2012(10)。

李晓燕、刘慧珍:《异地高考政策:具体规则与利益博弈》,载《北京教育》(高教),2012(11)。

张家勇:《异地高考政策问题刍议》,载《北京教育》(高教),2012(11)。

杨　萍:《韩国高考制度演变特征与问题》,载《大家》(昆明),2012(11)。

罗小茗:《城市利益下的"异地高考"》,载《社会观察》(上海),2012(11)。

伍　宸、洪成文:《我国异地高考问题、原因及解决对策——基于新制度主义的分析》,载《中国教育学刊》(北京),2012(11)。

何绍生、王德清:《我国高校自主招生联考的实践与思考》,载《河北师范大学学报》(教育科学版),2012(12)。

王长乐:《高考制度改革的不为与不能》,载《河北师范大学学报》(教育科学版),2012(12)。

张　玮、朱卫国:《关于自主招生联盟的思考》,载《国家教育行政学院学报》(北京),2012(12)。

王彦力:《台湾高考改革中关于"扩招"的争论》,载《上海教育科研》,2012(12)。

金绍荣:《关于户籍为限和学籍为限高考制度的思考》,载《基础教育研究》(南宁),2012(15)。

邱正阳:《基于教育公平的视角解读高校自主招生》,载《湖北招生考试》(武汉),2012(18)。

刁　博:《解决异地高考需要还大学的独立性》,载《教育与职业》(北京),2012(16)。

段拉卡:《高考加分:规范胜于取消》,载《教育与职业》(北京),2012(16)

徐世杰:《规范完善高校自主招生制度》,载《教育与职业》(北京),2012(16)

王思懿:《自主招生高校联盟的发展方向》,载《考试周刊》(长春),2012(16)。

赵　义:《异地高考:恢复公平之路》,载《南风窗》(广州),2012(18)。

鲍　威:《高校自主招生制度实施成效分析:公平性与效率性的视角》,载《教育发展研究》(上海),2012(19)。

王娟涓、谭菲:《新课改背景下高考改革方案的解读》,载《教学与管理》(太原师范学院),2012(19)。

石　勇:《异地高考的"三个条件"》,载《南风窗》(广州),2012(19)。

刘海峰:《十年来高校考试招生改革的新进展》,载《中国高等教育》(北京),2012(19)。

余慧娟、施久铭:《高考改革的历史方位——十年突破综述》,载《人民教育》(北京),2012(20)

陈晓玲:《解读"异地高考"三项准入条件谏言"异地高考"政策》,载《中国教师》(北京师范大学),2012(22)。

李晓荣:《高等教育改革对农村生源大学生的不利影响及对策》,载《教育与职业》(北京),2012(23)。

舒圣祥:《异地高考的权利与城市定位无关》,载《教育与职业》(北京),2012(25)。

熊丙奇:《开放异地高考会导致城市人口激增根源何在》,载《上海教育》,2012(27)。

李绥化:《中国高考问题研究现状综述》,载《学理论》(哈尔滨),2012(27)。

张　玲:《对少数民族考生高考加分政策的思考》,载《湖北招生考试》,2012(30)。

张枫逸:《有条件的异地高考不失为次优选择》,载《教育与职业》(北京),2012(31)。

肖军飞:《基于层次分析法的异地高考 SWOT 分析及政策设想研究》,载《教育理论与实践》(太原),2012(32)。

宋闽湘:《中国与发达国家、地区高考制度比较研究》,载《黑龙江科技信息》,2012(36)。

万小露:《高考改革应以教育公平为前提》,载《湖北招生考试》,2012(36)。

张千帆:《"异地高考"迈出第一步》,载《新民周刊》(上海),2012(36)。

肖伟颜:《关于"高考加分政策改革研究"的调查分析报告》,载《中国科教创新导刊》(北京),2012

(36)。

熊丙奇:《自主招生必须改革程序设计》,载《东方早报》(上海),2012－02－12。
赖红英、王　卓:《广东 2014 年取消 17 个高考加分项目》,载《中国教育报》(北京),2012－03－02。
李　凌、万玉凤:《异地高考期待更多“一小步”》,载《中国教育报》(北京),2012－03－06。
熊丙奇:《解决异地高考,还需改革思路》,载《第一财经日报》(广州),2012－03－07。
王庆环:《北大深化自主招生改革》,载《光明日报》(北京),2012－03－12。
刘海峰:《如何兼顾考试公平与区域公平》,载《中国教育报》(北京),2012－03－19。
启　越:《异地高考必须有顶层设计》,载《经济观察报》(北京),2012－05－07。
燕　农:《高考加分何时能正本清源》,载《新华每日电讯》(北京),2012－06－25。
余雅风:《异地高考如何促进教育公平》,载《中国纪检监察报》(北京),2012－08－11。
熊丙奇:《“京沪版”异地高考方案如何破冰》,载《新华每日电讯》(北京),2012－09－03。
杨东平:《落实“异地高考”方案需制度创新》,载《中国教育报》,2012－09－03。
熊丙奇:《“异地高考”实施细则应界定各方利益边界》,载《东方早报》(上海),2012－09－04。
方　方:《异地高考,盯紧资源配置更重要》,载《中国经济导报》(北京),2012－09－04。
文　鹏:《异地高考难在准入门槛》,载《北京日报》,2012－09－05。
胡乐乐:《异地高考困局须灵活破解》,载《光明日报》(北京),2012－09－05。
王东亮:《教育部为异地高考设三条件》,载《北京日报》,2012－09－07。
张海英:《“异地高考”的准入条件不宜过严》,载《新华每日电讯》(北京),2012－09－07。
胡乐乐:《异地高考困局须灵活破解》,载《光明日报》(北京),2012－09－15。
李　龙:《不宜用社保年限捆绑“异地高考”》,载《广州日报》,2012－10－11。
黄　茜:《异地高考不能变成“拼爹游戏”》,载《广州日报》,2012－10－13。
海　燕:《京沪两地门槛会有多高》,载《中国商报》(北京),2012－10－23。
刘景洋、张展鹏、潘　祺:《异地高考提速:槛设多高口开多大》,载《新华每日电讯》(北京),2012－11－21。
张展鹏、潘　祺:《异地高考提速:槛设多高口开多大》,载《新华每日电讯》(北京),2012－11－21。
程方平:《突破异地高考,需严密制度设计》,载《中国教育报》(北京),2012－11－21。
柯　政:《异地高考不可操之过急》,载《社会科学报》(上海),2012－11－22。
郑若玲:《异地高考:为何千呼万唤难出来》,载《光明日报》(北京),2012－11－28。
张天潘:《异地高考改革需智慧但更需魄力》,载《新华每日电讯》(北京),2012－11－29。
刘　波:《异地高考与教育平权》载《华夏时报》(北京),2012－12－03。
魏　薇、姜泓冰、贺林平:《北上广,异地高考有多远》,载《人民日报》(北京),2012－12－03。
刘　磊:《四川 2014 年高考加分政策“瘦身”》,载《中国教育报》(北京),2012－12－03
熊丙奇:《打破分省录取制度才能解决异地高考难题》,载《东方早报》(上海),2012－12－04。
熊丙奇:《分省录取不废,异地高考难解》,载《郑州日报》,2012－12－05。

顾　骏:《如何平衡异地高考多方利益》,载《中国教育报》(北京),2012-12-05。
龙超凡:《异地高考,梦想正在照亮现实》,载《中国教育报》(北京),2012-12-10。
谢维和:《高等学校的三种入学形式》,载《中国教育报》(北京),2012-12-14。
雷　雨:《异地高考若无门槛,城市学校将被挤爆》,载《南方日报》(广州),2012-12-26。
姜泓冰、赵　鹏、贺林平等:《解码异地高考》,载《人民日报》(北京),2012-12-31。
熊丙奇:《解决异地高考须寻求治本之策》,载《新华每日电讯》(北京),2012-12-31。

温　超:《普通高考加试体育项目的可行性研究》,哈尔滨体育学院硕士学位论文,2012。
李颖婷:《新世纪我国高校自主招生之研究》,湖南师范大学硕士学位论文,2012。
刘　乾:《高校自主招生制度公平性的调查研究》,华东师范大学硕士学位论文,2012。
斯群子:《我国大学招生考试社会化问题研究》,华东师范大学硕士学位论文,2012。
张　宇:《21 世纪初我国普通高校自主招生研究》,吉林大学硕士学位论文,2012。
高　娟:《高校自主招生政策公平性探析》,南京师范大学硕士学位论文,2012。
马明明:《高考志愿填报和录取机制的研究》,清华大学硕士学位论文,2012。
彭东超:《我国高校自主招生考试形式研究》,山东大学硕士学位论文,2012。
沈　娜:《我国高校自主招生政策的价值分析》,首都师范大学硕士学位论文,2012。
孙　萍:《少数民族高考加分优惠政策存在问题及其调适》,西南大学硕士学位论文,2012。
杨小玲:《人力资本视角下的高考制度研究》,西南财经大学博士学位论文,2012。
秦　华:《高考招生政策中的人本倾向研究(1977—2010)》,浙江师范大学硕士学位论文,2012。

二、著作部分

〔说明:按出版社名的拼音字母排序〕

刘海峰编、刘额尔敦吐著:《中国高校少数民族招生考试政策研究》,华中师范大学出版社,2012。
冯用军、朱华山:《考试新论:以科举和高考为中心》,辽宁人民出版社,2012。
张亚群:《高校自主招生与高考改革》,中国社会科学出版社,2012。

十五、教育评价

目录

教育评价是教育科学的一个重要领域,素来是教育理论界的热点研究问题之一。同时,由于教育评价是教育质量的重要保障手段,是教育管理的一个重要环节,因此教育评价的改革也是教育决策者非常关心的问题之一。教育评价是一个涉及范围较广的研究主题,2012 年,研究者们围绕教育评价的基本理论、教育评价中的教师研究、学生研究等多个专题以及教育评价改革展开了系列研究。

(一) 教育评价的理论研究

1. 教育评价观的演进

有论者认为,19 世纪末 20 世纪初以来,教育评价观念经历了如下演进过程:由以选择和认证为评价目的,将教育评价等同于教育测量和测验的测验时期(testing era),转向超越单纯的选择和认证目的,倾向价值判断,并开始关注到课程与教学的评价时期(evaluation era),之后又转向关注获得判断依据的过程,关注进行判断之后的反思和改进过程,关注考评过程、关注课程与教学交互作用的考评时期(assessment era),以及以目标为导向,以价值判断为核心,通过“协商”而形成“价值多元化的心理建构”的建构时期(constructive era)。〔吴扬等,2012(3)〕

2. 教育评价的范式

美国学者古巴和林肯将教育评价发展的历史划分为四个阶段,即测验和测量时期、描述时期、判断时期、建构时期。有论者认为,教育评价在不同的时期,由于教育的进步和科学的发展从而具有不同的范式,可将不同时期的教育研究范式划分为四个不同的种类：

① 量化的范式。量化的范式盛行于19世纪末至20世纪30年代，最初是由心理测量和教育测量发展而来。量化的教育评价范式主要采取的是测量、统计等可获得客观结果的评价方法。量化的评价范式以外显的现象或行为作为评价对象，并以数字作为评价的结果依据，克服了评价过程中各种主观因素的影响。但是它也存在一定的弊端，其两个基本假设，即测验的分数能够作为一般的意义推广和一个测验的所有题目应该测量一个单一的根源属性，而实际上，量化的方法要做到这一点是很难的，太多的主观或客观因素在量化的过程中是难以预料的。这两个假设的不可克服，也就使得量化评价范式所产生的结果不够客观公正。

② 描述的范式。描述的范式兴起于20世纪30年代，源于对量化范式缺陷的批判。描述的教育评价模式预先确定目标，使行为有了目的性和计划性，提高了评价的功效。其操作性较强，工作流程相对简单，故易于被大多数人接受和掌握。但它也具有局限性，这主要表现在它基于一种消极、被动的人性观和教育观，学生根据预定的目标学习，未考虑个人的意愿与兴趣，故其隐含的人生观是消极、被动的。其次，回避了教育的价值问题。该模式没有考虑目标的科学性，把教育评价局限在预期目标的实现方面，阻碍了人们对目标本身的评价。第三，只重视对"结果"的评价，而忽视了对教学过程的评价。第四，对非预期结果的处理未涉及，也未重视人的个性发展的特殊性。第五，并非所有的目标都可以行为化、量化，那些难以用行为目标陈述的评价问题(尤其是意识形态领域，如欣赏水平、同情心等)如何评价，这在评价的技术处理上又是一次挑战。

③ 判断的范式。判断的范式是用一定的标准去衡量所得结果是否达到了既定目标，并作出"价值判断"。判断的教育评价范式提出了重视目标的背景评价，将目标的评价引入到教育评价活动当中，使教育目标本身的科学性、合理性受到一定的关注和重视。同时还强调了评价要贯穿教育活动的整个过程，关注评价过程中产生的非预期结果。同时还强调了评价要贯穿教育活动的整个过程，关注评价过程中产生的非预期结果。但"判断时期"教育评价也存在不足，评价活动把评价对象及其他有关人员排除在外，容易使评价者与评价对象之间形成紧张对立的关系，影响评价工作的顺利进行以及评价的公正与准确。而且评价者总是把自己的价值观作为评价工作的唯一标准，评价很难为多元文化背景下的人们普遍接受。再有评价过分强调科学实证主义的方法，缺乏必要的灵活性和弹性，忽视了价值方面尤其是评价对象道义上的追求。

④ 建构的范式。建构主义萌生于20世纪80年代，它的产生以教育评价日趋专业化为背景，开始关注价值多元化。建构范式具有如下一些特点：从评价的目的上看，强调将完整的、有个性的人当作自己的对象，并努力通过评价促进受教育者个性的充分发展；从评价的对象看，从评价学生的学力发展到评价影响学生学习的各种因素。从评价的功能上来看，从原来的甄别和选择以促进学生发展，到评价教育活动是否达到预定的教育目标，再扩大到通过评价进行教育决策，提高教育质量，促进教育改革；从评价方法上来看，从推崇标准化的教育测量，发展到提倡观察、调查等手段的定性分析，进一步发展到广泛收集信息、进行解释论证，并作出价值判断的定量与定性结合的方法；从评价的形式来看，从终结性评价发展到形成性评价，进一步再发展到背景评价、输入评价、过程评价、结果评价等多种评价。

教育评价的建构时代受后现代主义和建构主义的影响，将理解为核心思想的解释学作为一种方法论的哲学基础，并将其思想体现在评价模式的具体操作框架中，它根植于建构主义，假定社会现实是参与者不断建构的，存在多重因果关系结构，强调价值多元化，强调评价必须重视利益相关者的感受，并对利益相关者的价值诉求、利益和争执等作出应答。

未来的教育评价范式应是一种人本范式。人本教育评价范式是基于人本主义教育价值取向提出的，主张把教育的意义和价值作为自己的研究对象，注重教育者与受教育者的主观方面、个体意识、精神以及进入价值意义结构的文化背景；主张通过重新体验，理解教育中人们的内心世界、活动动机、文化意义达到了主体与客体的融合。它所提倡的是一种全面、客观、多样化的评价，具有如下特点：推崇自我评价；把学习过程当作人生过程；强调主动反思与自我修正；师生理解与对话。〔温雪梅等，2012(1)；杜瑛，2012(10)〕

3. 教育评价设计模式

有论者对美国梅斯雷弗(R. J. Mislevy)等人提出的关于系统性地进行评价设计的模式——“以证据为中心”的评价设计模式(evidence-centered design, ECD)进行了引介。ECD经由美国国家评价、标准、学生测试研究中心(CRESST)、教育测量服务中心(ETS)等评价机构的提倡，当前已成为美国教育评价领域的主要研究方向和应用模式之一。

① 理论基础。ECD的理论基础是梅斯雷弗所持有的评价本质观。梅斯雷弗认为，无论什么类型的教育评价，本质上关注的是对学生的知识、技能和成就做出一定的

推理，而这种推理需要关于学生能力的证据作为支持，即期望从学生所说、所做或所提供的具体事情上来推论出他们知道什么和能做什么；从而评价可以看成“基于证据进行推理”（reasoning from evidence）的过程。

② 概念性评价框架。ECD的概念性评价框架（conceptual assessment framework，CAF）提供了评价设计系统的整体蓝图，包括六个子模式：组合模式、学生模式、证据模式、任务模式、呈现模式、发布系统模式。每个模式都要回答一些关键性问题。学生模式，也叫做能力模式，回答的问题是“期望测量什么样的学生的知识、技能和能力的综合体”；证据模式回答的问题是“什么样的行为能表现测量目标的不同水平”；任务模式回答的问题是“什么样的情境可以引发组成证据的学生行为”，这是关乎评价工具和评价任务的。组合模式并不是独立的一个模式，而是学生模式、证据模式、任务模式构成的整体，描述了学生模式、证据模式和任务模式如何协同运作起来形成评价；呈现模式描述了在一项评价设计之后，如何呈现给学生以及如何与学生互动；这是设计好的评价任务向学生进行延伸和发挥作用的过程；发布系统模式描述了一个评价所需的学生模式、证据模式、任务模式、组合模式和呈现模式的整体，以及它们各模式间是如何共同运作的。

③ 优势和局限。ECD的优势主要表现在四个方面：一是灵活性。ECD提供了一个灵活的框架，用来设计不同目的（形成性或总结性）、不同层次（大规模和课堂层面）的有效评价，并能用来评价学生能力的不同类型（比如，概念理解、技能等）；二是整合性。ECD可以按照评价者的期望整合不同种类的数据（比如，质性数据、量化数据）；三是透明性。因为ECD是基于证据的推理，从而可以清晰地把具体的表现数据（是可观察的）和关于学生模式的理论结构（是不可观察的）联系起来；四是可用性。ECD提供了设计评价的可以重复利用的蓝图，可以减少准备评价任务或环境的时间。

ECD的局限也表现在四个方面：一是花费巨大。使用ECD设计评价要做很多前期的工作来准备所有的模式，比如要解决评价结构的合理性问题、评价证据的有效性问题、评价任务的匹配性问题等等，这会涉及到和专家的咨询和探讨、对学生的前期测试等，这些过程是费时费力的；二是学生模式范围确定的难度。ECD中的学生模式应确立在恰好可以设计能促进学习的评价上。过于宏观的变量会使得证据不具体，过于微观的变量会使得评价的复杂性增加，所以，如何确定合适的学生模式的范围，即适切的评价结构，是核心的问题；三是证据模式量表确定的难度。需要提供详细的量表，不仅要考虑到不同的任务情境，也要考虑到学生回答的细微差别；四是任务模式情境确定的难度。ECD不仅包括教学后的或大规模的测验，更为重要的是涵盖了学习过程中的评价情境，重要的是能够清楚评价任务具体的情境。〔冯翠典，2012(8)〕

(二) 教育评价的专题研究

1. 教师评价

由于教师在提升国家教育质量中所扮演的重要角色，教师评价成为各国当前教育改革的重点之一。〔张娜等，2012(8)〕

(1) 教师教育质量评价依据

有论者从教育服务观出发对教师教育质量评价进行了研究。认为对施教者的教育教学质量的评价应该具有五大依据：一是管理依据，主要包括管理理论、法律法规、管理制度等。管理依据从管理学和法律法规方面为教育教学评价提供根据；二是教育依据，主要包括教育本质及其规律、教育教学理念、教育方针、教育标准、教学规划等。教育依据从教育学和教育标准与目标方面为教育教学评价提供根据；三是方法依据，主要包括教育教学技术与手段、评价工具等。方法依据从教育方法论和教育技术与手段方面为教育教学评价提供根据；四是结果依据，主要是施教者的教育与教学质量和学生的综合素质水平、学生的满意程度、家长和社会的满意程度等。结果依据从教育的最终目的和效果方面为教育教学评价提供根据；五是职业道德依据，主要包括《中小学教师职业道德规范》或教师《职业道德标准》(尚未制定)、《公民道德教育实施纲要》等。〔林樟杰等，2012(2)〕

(2) 教师效能的增值模型

有论者对教师效能的增值模型进行了研究，提出了两类模型，每一类模型又包括一些具体模型：

① 单学科单群组连续两次测试成绩的模型。适合于单学科单群组连续两次测试成绩的模型主要有获得分数模型和协变量校正模型以及为满足教育评价中等级评定数据的分析需要而引入的马尔科夫链模型。获得分数模型(Gains Model)将学生连续两次测试成绩的增长量与相应的教师联系起来，其数量的表现形式是两次测试成绩的差值。在评估教师效能时，可用班级学生两次成绩差值的均值作为评价指标；也可将班级学生两次成绩差值作为因变量，利用多层线性模型方法，将班级层的固定效应或随机效应作为评价指标；协变量校正模型(Covariate Adjustment Model)以后测成绩为

因变量，前测成绩为协变量，允许加入学生特征变量校正模型估计结果，班级层的随机效应为教师的效能值；马尔科夫链模型（Markov Chain Model）从概率转移的角度分析不同学业水平学生接受教育后，学业水平发生变化的概率，根据概率的转移计算当年学校或教师在不同学生等级上表现的特征值，以此来评价教师效能。

② 多学科多群组两次以上测试成绩的模型。这类模型主要有田纳西多因变量模型、持续效应模型、交叉分类模型。田纳西多因变量模型又称为多因变量模型（Multivariate Response Model）。交叉分类模型（The Cross-classified Model）假设学生成绩随时间呈线性增长，增长趋势的参数取决于学生；教师对学生成绩的影响是对学生特定增长轨迹的"偏转"作用，或正或负；并假设教师对学生成绩的影响是累计的过程，即是持续不消失的。持续效能模型（Variable Persistence Model）要加入学生或学校特征变量校正教育效能的估计；直接估计先前教师的持续效能，不约束学生成绩的增长。〔邓森碧等，2012(4)〕

(3) 教师评价的变革与发展趋势

随着教师评价领域的国际学术交流与借鉴日益频繁，人们在现有教师评价体系的基础上不断反思和总结经验，促进了教师评价体系的不断完善和发展。

① 教师评价目的与功能多样化。教师评价的目的从单一的总结性目的过渡到以形成性目的为主、总结性目的为辅，强调通过教育评价来改进教师的教学行为，促进教师的成长与发展。在功能上，新的教师评价不仅将发挥传统评价的管理功能，也将通过结合教师评价与教师的专业发展的方式，突出评价的反馈功能、诊断性功能和发展性功能，注重评价对象的未来发展，注重使评价对象"增值"。

② 教师评价标准多元化。首先，在各项评价指标的设置方面更加人本化，重视个体差异，体现多层次性，对不同教学背景的教师设定相应的评价标准；其次，教师评价的标准也表现出从单一标准走向多元化标准的特点，将评价标准从单一的以学生学习成绩扩展到师德、学生的人格成长、教师的发展等方面。

③ 教师评价内容个性化。倡导区分性评价，允许使用个性化的评价材料，尊重个性差异和多元价值，充分体现出教师的专业性。

④ 教师评价过程规范化，强调评价的可操作性、科学性、系统性、客观性以及民主性。教师评价将明确在何时何地由何人以何种方式进行评价，评价的结果也将实现预定的发展性目标。

⑤ 评价方法与技术综合化，将更加注重定性研究和定量研究的结合，量化与质化

评价互相补充。

⑥ 教师评价主体与客体一体化。一方面，教师评价的主体逐渐呈现多元化的特点，呈现出学生评价、同行评价、专家评价、领导评价以及教师的自我评价相结合的发展趋势，对教师的评价是综合各评价者的意见之后形成的。另一方面，评价客体之间单纯的竞争关系将会得到弱化，评价客体之间将逐渐形成相互交流、相互合作、相互促进的关系。

⑦ 教师评价信息化。随着网络教学越来越普及并受到广泛的重视，教师评价的内容和方法呈现出新的特点和趋势。首先，在教师评价的内容上，主要包括教师对信息技术的掌握情况、师生的交互情况、教师提供的学习资源的数量与质量、教师对学生作业的反馈与答疑、学生的考试成绩等等。其次，将新的信息技术运用到网络教学下的教师评价逐渐成为教师评价中的一大趋势，如利用新信息技术建立教师电子档案袋。

⑧ 教师评价理念人性化。强调教师评价的人性化，以人为本，注重发展，重视过程，在制定新的教师评价体系时坚持导向性、超前性、目标性、发展性等原则，在实践中将逐渐呈现出奖惩性教师评价与发展性教师评价相结合的趋势。

⑨ 元评价。多种元评价方式的结合将成为对教师评价进行再评价的一种趋势，对教师评价的有效性、准确性和可行性进行评价，不断提高教师评价的信度和效度。〔陈振华，2012(5)；张娜等，2012(8)〕

2. 学生评价

学生评价对促进学生的成长和发育有着重要的意义，是教育评价中最为核心的部分。

(1) 学生评价的发展轨迹

有论者认为学生评价历史悠久，源远流长，其发展轨迹大致可以划分成三个时期，即考试制度时期、教育测验时期和学生评价时期。

① 考试制度时期。考试制度的历史可以追溯到我国奴隶社会。中国古代早就形成了一套完整且规范的考试制度，规定了明确的修业目标和修业年限、严格的考试频率和考试内容。隋唐以后实行的科举制度，经过唐朝的发展以及宋朝、元朝、明朝和清朝的演变，逐步形成了一套行之有效的、相当完善的考试制度，实施学校常规考试、举行逐级选拔考试、采用多种考试方法(包括帖经、墨义、策问、诗赋、口试)。

② 教育测验时期。19 世纪中期是心理测量形成、发展和盛行的时期，教育测验应

运而生。教育测验大量吸收了心理测量的基本原理和技术，努力追求学生成绩评定的客观标准。教师普遍扮演了“教育测验技术员”角色，他们采用各种量表测定学生的知识记忆或某些特质。进入20世纪后，教育测验步入高速发展的阶段，被称为“测验时代”。教育测验的发展经历了两个阶段：第一，测验量表的推广；第二，标准化测验的推广。

③ 学生评价时期。1930年以后，进入了学生评价时期，其代表性事件是“八年研究”和替代性评价革命。“八年研究”奠定了学生评价的理论基础，促进了学生评价实践的发展，使学生评价成为改进教育、教学、课程与管理的手段之一。替代性评价革命，亦称“替代性评价运动”或“寻找替代标准化测验的运动”，旨在设计出能够替代标准化测验的评价方法。在这期间，教育测验还是一个重要的评价工具，但不再是唯一的评价工具，教师也不再是纯粹的“教育测验技术员”。

学生评价的发展轨迹是一个不断传承和创新的过程。考试制度、教育测验和学生评价始于不同时期，但是它们都一直延续至今，并各具特色。它们之间不是后者取代前者的关系，而是外延不断扩大和内涵不断丰富的过程。与考试制度和教育测验相比，学生评价的方法更加多样，学生评价的范围也更加宽泛。〔王斌华，2012(1)〕

(2) 学生评价的基本内容与评价体系的建构

学生作为一个完整的人，其发展应该是全面的。有论者认为，学生整体发展质量评价的内容，从个体发展角度来看，包括德、智、体、美、心理素质等诸方面素质的发展质量；从课程学习的角度讲，包括学生的基本课程的学习、专业课的学习、通识课程的学习质量以及隐性课程的习得效果，具体应该包括四个方面：道德素质、智力素质、身体素质和审美素质。〔林樟杰等，2012(2)〕

多元智力理论的提出对学生评价提出了新的要求，认为评价不仅仅是价值的判断，更重要的是通过提供多种情景，激发学生的内在潜力，发现并实现价值多元化，并最终实现自我价值的创新。在这一理论的指导下，学生评价体系应该进行重构：一是评价模式由封闭转向开放，积极构建评价共同体；二是多种评价方式相结合，倡导多元评价模式。要重视学生自我评价和伙伴评价，高度重视电子学习档案袋的作用。〔何彤宇等，2012(5)〕

(3) 学生评价的主要研究内容

学生评价是一个包括多方面内容的评价体系，论者们从不同角度对其进行了研究。

① 学习过程评价。学习过程评价即是对学习者学习过程进行的评价，它是在对学习过程达到一般认识的基础上，系统地搜集关于学习者学习过程的资料，分析和解决学习者学习过程中存在的问题，从而改进学习者学习过程的一种评价。学习过程评价主要的具体方法有如下几种：一是学习过程质量概况评价。其能够较全面地了解一个学习者学习过程的质量，了解其学习过程存在的优势和问题，找到改进学习过程质量的对策；二是学案评价。学案评价是在教师或专家的指导下，学习者对自己的学习活动做系统的学案，然后基于学案对自己的学习过程进行评价的一种方法；三是学习叙事评价。学习叙事评价是学习者在专家或教师的指导下，自主地以真实故事的形式叙述自己的学习过程，并加以评价的一种方法；④成长包评价。成长包评价是为每个学习者建立一个成长包，基于成长包中的相关信息和材料，对学习者定期进行评价的一种方法。〔丁念金，2012(3)〕

学习过程评价不同于学习过程性评价，过程性评价是评价的一种特殊方式，是相对于终结性评价而言的。过程性评价不仅具有延续性的一面，也有阶段性的一面。从延续性的一面看，过程性评价关注的是学习过程中的情感态度和行为表现；从阶段性的一面看，它关注的又是每一个小阶段的智能学习效果和情感效果。〔韩叶秀等，2012(2)〕

② 学业评价。学生是教育质量的最终载体，学业质量评价标准是教育质量标准中最根本的标准。〔苏红，2012(5A)〕学生学业质量标准是依据国家教育方针和培养目标，以教育质量观为基础所规定和设计的学生课程学习活动所应该达到的发展状态和发展水平。学生表现标准即规定学生在某一阶段学习了某门课程内容之后应该达到的学业表现水平及具体指标，包括学生学习素养标准、学科知识水平标准、学科能力表现标准、学科核心价值观发展标准及学习活动标准五个方面。〔姚林群等，2012(1)〕

学生学业评价的一个重要方式是课堂评定，其是一种形成性而非终结性的评价方法，其根本目的在于提高学生学习的质量，而不是为评价学生等级或给学生打分提供证据。课堂评定的范围非常广泛，包括学生学习的各个方面，如知识、分析与推理能力、综合与批判性思维能力、问题解决能力、动手实践能力、学习方法与策略以及学习情感等七个方面。课堂评定的常用方法包括快速书面反馈、表现性评定、日常学习日志、同伴检查四种。〔蔡敏，2012(1)〕课堂评价质量的提升离不开教师评价素养的提高。要做好课堂评价，教师需要实现角色的转变，锻造自己的评价素养，包括评价的概念、评价的意识、评价的规划、评价的解释、评价的描述、评价的评估、评价的改进与评价的

伦理,等等。〔许瑜函等,2012(1);钟启泉,2012(3)〕

学生学业评价的另一个重要方式是考试。有论者认为,就考试评价本身来讲,其功能主要体现在三个方面:一是通过考试结果反馈教学情况,激励和改进教师教学、学生学习能力的功能;二是通过考试结果评价学生学习成绩,对学生进行选拔、安置,以及衍生出来的对教师、教材等相关问题的评价功能。三是通过不同群体和区域的考生结果的比较,挖掘影响学生学业能力的因素,为国家和地区制定相应政策提供服务的功能。〔马世晔等,2012(5)〕当前教育考试存在着异化现象,如考试目的的偏离、考试功能的窄化、考试形式和内容单一。要解决教育考试的异化问题,应把教育考试的改革放在社会大背景中进行,而不只是局限教育考试本身:一是建立终身教育体系;二是切实增加教育投资,提供更多的教育资源,减少考试的负面作用;三是正确运用教育评价,以正确的评价理念引导考试。〔庞忠荣等,2012(11)〕

③ 综合素质评价。有论者结合目前我国小学生评价的价值理念,提出了"零起点、互动式、发展性"小学生综合素质评价模式的新构想。"零起点认定"是该模式的基础环节,它描述了被评价者在评价起始阶段的实然状态。在"零起点认定"之后,强调在评价过程中形成家长、教师和学生同辈群体"三位一体"的"互动式协作"机制,以学生为中心展开合作与交流。教育评价的核心理念是发展,测试的目的不在于考察学生现时掌握了多少,而在于了解学生的学习潜力,即促进学生努力实现自己的发展。〔陈举,2012(7)〕

④ 实践能力评价。有论者认为实践能力评价是基础教育课程改革的重要组成部分,是检测基础教育阶段教育质量的重要手段之一。实践能力是个体在自然和社会中生存与发展所必备的能力,其分为交流沟通能力、项目完成能力和管理协调能力三个类别。每个类别能力分别对应不同的维度。从评价实施来看,交流沟通能力评价主要包括信息评估能力、表达交流能力和技术运用能力三个维度的评价;项目完成能力评价主要包括项目设计能力、项目实施能力和项目改进能力三个维度的评价;管理协调能力评价主要包括个体管理能力、团队协作能力和项目委托能力三个维度的评价。〔杨宝山,2012(10)〕

⑤ 数字化学生评价。数字化学生评价(简称 SXP)是北京四中提出的一种新型学生评价理论,是数字化教育评价理论(简称 SJP)的一个重要方面。SXP 采取尽可能减少评价等级的方式来确保评价原始信息的可靠性以及操作的简捷性。此外,SXP 变一次性评价为多次(多个周期)评价,以确保有足够的评价信息(相当于测量的数据量)。

随着评价信息的积累，评价结果不断变化，评价结果与评价对象的实际情况逐渐接近，即对评价对象的刻画逐渐精细和逼真。SXP系统将多位教师的定性评价转化为定量评价，最终以数字化评语的方式呈现出评价结果。SXP最终依据大量数据生成客观、直观的评价结果——数字化评语。〔刘长铭，2012(5)〕

3. 学校评价

(1) 学校评估指标设计

教育评估指标体系(index system of educational evaluation)是由评价指标根据评价对象诸因素构成的逻辑结构组织成的有机整体。它由三个系统组成：一是指标系统及其要素的结构；二是权重系统，包括各级指标及要素的自重权数和加重权数；三是标准计量系统，包括标准和计量方法。〔王晓妹，2012(6)〕

指标设计是构建学校评估新体系的基础性工作，它是学校评估实施的依据，对中小学办学治校具有明显的导向作用。“基础教育阶段学校评估标准体系研究”课题组在“以学生发展为本”理念的引领下，遵循合法、适中、现实和统一原则，提出了由4+1个一级指标、16个二级指标构成的中小学办学质量评估指标体系。该指标体系在设计上体现了以下几个核心理念：将“学生发展”放在首要位置，其他指标服务于学生发展；既关注过程，又强调结果；在照顾全面的同时突出重点；公平与质量并举；关注地区差异，给地方留出自主空间。〔赵德成，2012(6)〕

有论者从学校内涵发展的角度出发，提出学校内涵发展督导评估指标体系分为办学方向、师资队伍、课程实施、学生发展、学校文化、办学特色6个一级指标、22个二级指标、62个三级指标。办学方向是学校内涵发展的旗帜和导向，是学校管理核心价值观的综合体现，是其他各项工作开展之魂。师资队伍是学校内涵发展的关键，是学校内涵发展实施的主体和生力军，也是学校内涵发展的一个重要核心要素。课程实施是学校内涵发展的有效途径和载体。学生发展是指学生的健康主动和谐发展，它是学校内涵发展的主旨和核心要素。学校文化是学校内涵发展的土壤和氛围，也是最高境界。办学特色是不同层次学校自主内涵发展的特质和有效途径。〔王晓妹，2012(6)〕

(2) 学校评估方法

学校评估的常用方法主要有观察法、问卷法、测验法、访谈法以及文本查阅法等。每一种方法都有其优势和局限性，实践中评估者通常根据评估功能定位、评估内容指标及所要做出的评判，综合使用各种方法，并将各种方法所获取的信息进行分析，最后形成评判意见。学校评估要以学生发展为本，充分发挥其发展性功能，具体而言应该做到以下几点:①编制学生发展测评工具套件,建立相应的数据库。评估者要从多种来源、通过多种途径和方式收集数据,基于对数据的概括、分析和解释形成合理的评判意见。②创造条件让各种利益相关者充分参与。在学校评估中,学生、家长、教师、校长和管理者等各种利益相关者对学校教育有不同的价值诉求,对学校及学生发展有不同的理解和建构,因此,评估者要重视多种利益相关者群体的参与、协商与对话,广泛听取他们的意见与建议,使评估更加客观、深入地反映实际。③开展常态评估,提高评估效率。实施常态评估,可以准确反映学校及学生发展的真实状况,提高评估的客观性与有用性。④用好评估结果,重视评估之后的支持。重视评估结果的公布与应用,逐步推动学校评估结果的公开,以保障各种利益相关者的知情权和监督权,并逐渐将结果作为校长考核、聘任、晋级以及学校经费划拨的重要依据之一。要有意识地加强评估结束后对学校改进的指导和支持。〔赵德成,2012(6)〕

(3) 学校文化评估

有论者认为学校文化评估对学校文化的改进和发展至关重要,是贯穿学校文化建设的不可缺少的重要活动。该论者对学校文化评估的内涵、主体、方法与程序及模型与工具等做了阐述。

① 内涵及意义。学校文化评估是借助质性与量化两种方法及问卷、访谈等具体技术,对学校文化发展程度做出判断的活动。它既是对学校现有文化发展状况的价值判断,也是对学校未来的文化发展空间的价值预期;不仅仅是对某一特定时空学校文化成果的判断,也是对整个学校文化建设过程的动态评价。学校文化评估对学校文化发展既有鉴定价值,即衡量学校的文化处于什么水平;又有发现价值,即通过评估梳理学校的文化变革路径,发现其亮点和特色,也发现存在的问题;还有促进价值,即通过判断与分析促进建设与变革,从而最终促进学校文化的发展。

② 学校文化评估主体。学校文化评估主体指对学校文化进行价值判断的人。根据理论与实际的区分,学校文化评估主体包括制度主体和执行主体。学校文化评估制度主体指学校文化评估的发起人,包括政府、学校、社会中介机构、顾客等。目前,我国学校文化评估的制度主体主要是政府和学校。学校文化评估的执行主体是指学校文化评估的实施者,主要有专业的教育咨询机构、学校文化评估专家组、校长主导的学校文化自我评估团队三种。

③ 学校文化评估方法与程序。学校文化评估具有量化与质性两种不同的评估方法。在学校文化评估实践中,常用的技术手段有问卷调查法、访谈法、观察法、内容分

析法等。其中,专业程度很高的问卷和量表的编制是最关键的。学校文化评估是一项复杂的系统工程,分为准备、实施与结果应用3个阶段、15个环节或步骤。

④ 学校文化评估模型和工具。学校文化评估模型和工具可以分为学校文化类型评估模型和学校文化轮廓评估模型两种。前者通过评估可以确知学校文化在模型中归属的类型,后者可以了解学校在模型各方面的表现,能较全面地评估学校文化。〔张东娇等,2012(4)〕

4. PISA研究

国际学生评估项目(Programme for International Student Assessment, PISA)是由经合组织(The Organization for Economic Cooperation and Development, OECD)负责并资助,旨在通过以具有广泛参与度的多学科、多系列教育实验(含阅读、科学和数学)主动探索人类在全球化时代持续发展的战略路径。〔潘涌,2012(2)〕PISA是目前国际上最具有影响力的国际学生学习评价项目之一。近年来,特别是2009年上海作为一个地区参与了PISA测试,取得了优异的成绩,引发了我国教育理论界对PISA的广泛研究,并取得了一定的研究成果。

(1) 研究现状

有论者基于CNKI的统计分析,总结了近年来国内对PISA的研究内容,归纳起来,PISA的研究范畴主要包括以下四个方面:①PISA的理论研究;②PISA的评价内容研究;③PISA的比较研究;④PISA研究启示与决策。从统计来看,国内研究现状可以概括为:侧重于PISA评价内容研究和PISA启示与决策方面研究,尤其是在2009年以后;在2008年之前,研究重点是PISA理论研究;在整个研究过程中,PISA比较研究在不断进行中。关于PISA评价内容的研究主要包括阅读素养、数学素养、科学素养以及问题解决能力四个方面的研究,其研究涉及的范围:测评研究、试题设计、评价工具或方法等。〔王小金,2012(9)〕

(2) 技术特点

PISA工具构造和数据分析体现了目前国际上教育测量理论和技术的最高水平,其技术特点体现在以下几个方面:

① 对考生和测试内容双重抽样。PISA在技术上的领先之处是对学业内容也进行抽样,这里所说的抽样并不是指传统考试从全部学习内容中抽样产生一份试卷,而是要产生十几份内容各不相同的试卷,然后通过巧妙的设计,让每个学生只需作答一小部分题目,但整个评价结论却建立在这十几份试卷所覆盖的全部考查内容之上。

② 确保测试工具跨文化和语言无歧视现象。PISA 项目涉及世界上几十个国家的数十种语言，为保证不同语言和文化的测验版本的等价性，语言学、教育测量学、伦理和文化学等很多领域的学者通过来回翻译、试测、统计分析等各种手段确保各种测验版本的一致性。

③ 采用现代教育测量理论使测试结果成为客观等距量尺。PISA 立足的现代教育测量理论着眼于把测验数据构建成客观等距量尺，使其性质更接近于物理测量，增强了结果的科学性和可靠性。

④ 利用测验等值技术使不同轮次考试间的结果可比。PISA 每三年进行一轮，对各个参与国来说，在相对于世界各国的横向比较之外，更重要的是本国跨越不同年度间的发展和变化趋势即所谓纵向比较。这就需要 PISA 不同轮次的结果都建立在一个共同的单位体系之上，否则就无法进行纵向比较。测验等值技术是实现这种趋势分析和比较的基础，它既和采用的测量模型有关，又需要面对题目曝光等独特的技术困难，是国际教育测量和评价领域的主要技术话题。

⑤ 结合考生背景解释和分析测试结果。PISA 除测量和比较学生认知因素的发展水平之外，还通过专门的问卷调查收集学生和学校的背景信息，针对社会和教育热点问题，面向学校状况、教师教学、家庭环境和政府投入等影响学生表现和学业质量的诸多因素，找出影响学业质量的重要因子，提出政策和改进建议。

⑥ 基于网络建立高效的数据共享和反馈机制。每一次 PISA 测评后，国际数据库都会在官方网站公布供全球研究者使用，所有研究报告也都可以在官方网站中免费下载。这种共享和反馈机制，不但使 PISA 自身充分利用数据，更为全球研究者提供了公开共享的可利用资源，使基于这些资源的“二次研究”成果斐然，这些成果反过来又不断促进 PISA 的技术进步。〔王蕾，2012(3)〕

(3) 比较研究

有论者认为档案袋评价法和 PISA 是符合我国新课改评价理念的两种评价方法，对它们的理论基础、内容分类、实施办法、存在问题等方面进行了比较研究。

① 理论基础。档案袋法与 PISA 具有相同的理论基础，都以杜威的“从做中学”、“教育即生活”等教育理论以及建构主义理论为理论基础。此外，加德纳的多元智力理论、斯滕伯格的三元智力理论等也为这两种方法提供了另一种重新看待学生发展的角度。

② 评价目标。档案袋评价法和 PISA 不仅具有设计上的创意和方法上的创新，而

且都符合我国新课程改革“关注过程”、“强调质性评价”以及“教学与评价整合”的改革趋势。

③ 评价主体。PISA项目针对的是OECD国家(后也有非OECD成员国家,如中国)中15岁的青少年,测试其是否具备终身学习的基础知识和技能,因此PISA研究项目的研究对象是确定的。而档案袋评价法的研究对象则是不确定的,可以是所有学段的学生。

④ 评价内容和类型。档案袋法的具体构成因评价目的、结果的提交对象以及学生的具体情况不同而产生差异,目前较为权威的是美国学者格莱德勒的分法,他依据档案袋的不同功能,将档案袋分为理想型(ideal)、展示型(showcase)、文件型(documentation)、评价型(evaluation)以及课堂型(class)5类。PISA评价法的评价类型简单得多,它选择阅读、数学、科学素养3个领域作为其评估对象,每次的评价以其中一种素养为主、其他两种素养为辅,每种素养又包括内容(概念)、过程和情境3个维度。〔杨洁等,2012(1)〕

5. 教育增值评价

近年来,增值评价作为一种新型教育评价模式,由于其以学生的学习进步为评价指标,利于学校、教师改善教学以及教育公平发展,日益成为教育评价领域关注的焦点。〔周燕等,2012(3)〕

(1) 意义与弊端

增值评价(Value-add-ed Assessment)作为一种新的教育评价思路,关注全体学生、重视起点关注过程、落实评价公平及促进教育改进,其能为传统的教育测验分数的分析提供新的视角,弥补了我国惯常使用的课堂评价及学生成绩评价的不足,能够实现对学校和教师效能的客观评价,因而具有重要的实践意义。〔邓森碧等,2012(4);辛涛等,2012(5)〕①对学校来说,以学生进步幅度而不是一次考试成绩来衡量教师工作和学生学习的成效,是教师和学生评价办法的革新,能促进其向科学和公正发展;能提供更准确的分析结果,帮助学校进行自我评价,制定发展规划,便于学校确定工作目标;通过年度比较,可以检测教学改革的效用。增值测量法着眼于学校和全体学生的发展及其历程,是符合素质教育要求的评价方式;②对于教育行政管理工作来说,能了解学校工作的实际效果有利于提高评价的科学性;了解本地区域影响学生学习进步幅度的主要原因是什么,发现需要特别关注的学校,有利于提高管理的科学性,有利于实现评价的激励效应,调动薄弱学校和普通学校的积极性;长远来看,有助于教育行政部门更加客观而准确地评估学校效能，更加有效地进行相关的教育决策，更加合理地进行教育投入；③对于社会来说，有利于促进教育公平，可以引导社会给生源差的学校以公正评价，有利于鼓励教育工作的长效行为。〔党保生，2012(1)〕

但是，增值评价法作为一种新的评价模式，统计技术主要是从采用多元回归分析到多层线性模型转变，其并不是一种完美无缺的评价方法，也面临着一些困难。①没有清晰的界定。对效能概念本身认识模糊不清，究竟什么是学校效能没有形成一致性的看法。②很难建立恰当的模型。增值评价法主要依赖多项选择题的常模参照测试。然而近年来，基于多项选择题的客观试题越来越暴露出其不足之处。③评价衡量指标不全面。指标主要以学生学业成绩为主，而缺少非认知方面的指标。④难以兼顾影响学生学习的其他因素。影响学生学习的因素包括家庭和家长的影响、社会环境的影响、遗传基因的影响、学校其他教师和其他方面的影响，而不只是教师。〔党保生，2012(1)〕

(2) 技术分析

增值评价技术主要是基于多水平模型统计技术，多水平统计模型又称随机效应模型，是将Ⅱ型方差分析理论与多元统计分析相结合的新技术。在实际的增值评价过程中，需要以下的一些技术要求。①取样。多水平模式技术要求在一个学校效能评价的行政区域范围内，前测和后测考试统一，并且是同级的样本学校，样本量最低不可以少于 20 所，否则数据不稳定，分析结果可靠性较差。最理想的样本量是 40 所以上。②指标制定。在学校和学生两水平的学校效能评价中，指标一般包括学生的后测成绩、前测成绩、学生个体背景变量、学校背景变量。③增值分析。一所学校的一个学生与其他学校的起点成绩相似的学生进行比较，如果他们的成绩高于其他学校的起点成绩相似的学生的后测成绩的中位数，那么他们的增值是正的，如果低于这个中位数，那么增值是负的。所有学生个体的增值的平均数就构成了学校的增值。④模型构建与选择。多元的计算主要通过多水平模型来实现。多水平模型将不同水平的单位，如学生、班级、学校、地区放在一个系统内同时进行检验，是一种能够区分数据层级的多元回归技术。〔党保生，2012(1)〕

(3) TVAAS 研究

目前，教育增值评价已广泛运用于教育领域，如学校效能增值评价、教师效能增值评价、课程效能评价等〔萨丽·托马斯等，2012(7)；邓森碧等，2012(4)；葛斌等，2012(1)〕。田纳西州增值评价系统(Tennessee Value-Added Assessment System，TVAAS)作为增值评价的先行者，迄今已有近20年历史，是目前世界上最为完善、使用最为广泛的增值评价系统之一。本处以此为对象，剖析教育增值评价的运用。

① TVAAS界定

TVAAS特指一种测定学校系统、学校和教师促进田纳西州学生学业增长的有效性的统计方法。它采用大量与课程目标相关程度高且满足敏感度测量的变量，运用统计学的混合模型理论和方法对学生学业成绩数据进行纵横两方面的多元分析，是一种通过对学生的成绩进行连续多年追踪分析来评估学区、学校、教师效能的系统。在TVAAS中，三至十二年级的每个学生都要参加一系列的测试，如语言、数学、科学等；然后该系统采用增值评价方法分析每个学生学业的进步，并依此评估各区、各校、各教师对学生学业进步的贡献大小。〔周燕等，2012(3)〕

TVAAS所指的增值是每个学生连年的平均增值和相同年级相同学科国家进步常模相比所得的结果，这是反映学校系统、学校及教师促进学生学业进步有效性的主要指标，而国家常模则是评价田纳西州教育绩效责任的基准。〔徐丹等，2012(1)〕

② TVAAS的理论假设与技术假设

在理论方面，TVAAS假设学生测验成绩的逐年变化能够准确反映学生的学业进步，以学生某一时间段成绩的"增值"而非某个时间点的成绩为变量，来测量教师、学校和地区的影响，就克服了以往只利用原始成绩进行评价的缺陷。同时假设先前教师的效能是持续不变的，并认为模型中不需要加入影响评价公平的控制变量(如种族、贫困学生情况或其他社会经济指标)，连续多次的测试成绩就能充分反映学生的特征，在模型估计中控制这些前测成绩，能准确地估计教师效能。

在技术上，TVAAS假定测试数据准确反映了学生的学业水平；测验正确实施，有信效度、无偏差，增值评量等单位化；假定能收集到教师每年和每个学生接触时间的准确信息；随着时间推移学生记录能正确匹配；收集到的数据能得到准确处理；以及满足混合模型本身要求的各种统计假设。〔徐丹等，2012(1)〕

③ TVAAS模型

TVAAS将不同年级学生的分数进行了IRT(项目反应理论)垂直等值，因此，不同年级的学生在同一学科上的分数可以直接进行比较。

TVAAS给各教育部门提供了多达15类报告，大致分为州报告、学区报告、学校报告、教师报告、学生报告五大类，TVAAS建立了一个专门的网络信息平台以提供反馈报告。通过分析这些报告，教育实践者不仅可以了解到学生目前的学习状况，还可以了解到学生连续多年学习情况变化的轨迹，从而帮助教育实践者更全面地了解学生，及早发现并解决教育教学过程中出现的问题，并提出有针对性的改进方案。〔周燕等，2012(3)〕

④ TVAAS特点

首先，TVAAS拥有一个非常庞大且有序的数据库。每年，TVAAS都会对田纳西州三至十二年级学生施测每门学科；其次，TVAAS将估计结果简单明了地反馈给教育实践者，促进了实际教学的改善；再次，TVAAS模型估计的教师效应具有累积性，教师效应估计更加稳健；最后，TVAAS估计的学校、教师效能不受稳定的学生背景因素的影响，大大提高了模型使用的简便性和经济性。〔周燕等，2012(3)〕

⑤ TVAAS的研究成果

TVAAS在经过了一系列研究的基础上，得出了以下一些结论：一是不同学校和教师在学生学习上的影响有着可测性的差异，在研究的所有背景变量(学校间的社会经济状况、班级规模、班级内学生间的差异等)当中，教师效能差异是影响学生学业增长的主导因素。这一结论适用于所有学科，数学尤其明显；二是学校的影响与该校学生的种族结构、各社会经济因素(接受免费午餐的学生所占的百分比等)无关，教师影响没有表现出场所特殊性，教师和学校的影响每年间的评价基本一致；三是学生学业的增长与他们入学时的能力或成绩水平无关。但是，转学对学生的学业增益是有影响的；四是教师对学生学业进步的影响是累积的和附加的。〔徐丹等，2012(1)〕

(三) 教育评价的问题与改革

教育评价往往被看作是教育改革的关键。教育能否朝着健康科学的方向发展在根本上取决于教育评价体系的构建，只有科学的、多元化的、以人为本的教育评价才能为教育的发展完善不断提供和反馈正确信息，才能促使教育健康发展。〔罗庸贞等，2012(12)〕

1. 教育评价存在的问题及原因

(1) 问题

从现实来看，我国教育评价(特别是学生学业评价)还存在许多问题，主要有：①评价标准单一，忽视教育类型的多样性。②评价技术比较落后。现在对学生考试成绩的解读，主要是获取一些简单的统计量，如原始分、平均分、排名等，忽略了评价结果所能提供给教师和学生的关于如何改进教学的宝贵信息。③在功能方面，过分强调甄别与选拔的功能，忽视改进与激励的功能。④评价主体单一，忽视评价主体的多源、多向和互动化。缺乏第三方评价，过分强调评价的政府行为，受教育者主体地位被忽视，在实践过程中导致被评对象的防卫心理和弄虚作假行为。⑤在评价内容选择和指标体系设计上，无视教育的多影响因素及非线性的影响方式，单方面注重硬件设施、师资数量等显性的、易量化的内容。⑥在评价成本上，各种评价活动自成体系，在指标设计和数据采集过程中缺乏统一口径，造成学校负担过重，疲于应付。〔谈松华等，2012(1)；王军红等，2012(3)；郝美田等，2012(5下)；谈松华，2012(9)〕

(2) 原因

有论者认为，当前学校教育评价出现的种种问题都与教育工作者对评价标准中隐含的两种价值判断误区密切相关：误区一，学科知识即价值。学科知识的价值在于为人的发展提供条件，但它并不必然具有这种价值，它需要在教学中借助师生双方积极的互动、通过个体主动加工生成，以使这种公共性的学科知识转换成为个体性知识，学生也只有在这样的知识学习中才能获得知识的意义和能力的增长。将学科知识当作价值，导致了教育评价中的几个突出问题，即评价目标上重预设轻生成、评价内容上只重学科知识尤其是考试科目的知识、评价标准上重统一轻多元；误区二，规范即价值。学校普遍都重视学生的品德培养，但在教育评价中，品德常被当作规范(包括校规校纪、法律法规及伦理规范等)的同义语，品德培养注重的只是规范的传授与灌输或行为习惯的训练和养成，品德的高低也常常是以“听话、守纪律、懂事”等作为评价尺度。忽视规范与品德的差别，将直接导致学校教育评价导向偏离，其具体表现在两个方面，一是重“评”轻“价”，重规范遵守轻意义揭示，重习惯养成轻精神探索。二是评价视域狭隘，集中于校园表现，而学生在家庭、社会生活中的表现往往被排除在外。〔徐朝晖，2012(6)〕

有论者认为，我国教育评价中存在的问题很大程度上是因为教育元评价研究还存在一定缺失，即对教育评价活动本身研究不够。当前，从实践层面来看，我国教育元评价的缺失主要表现在以下几个方面：一是我国教育元评价的对象和内容极为狭窄。对实践应用的研究远远多于基本理论的探讨，在实践应用的研究上则主要集中于高等教育领域，在基础教育方面相对来说较少，研究的问题也较为零散；二是在教育元评价主体方面存在缺失，我国由于当前对教育元评价还不是很重视，同时也没有将其作为一项常规性的工作，所以几乎没有专门负责教育元评价工作的组织或机构；三是评价标准缺失和指标片面。一般将美国教育评估标准联合委员会提出的效用性、可行性、适切性和精确性作为教育元评价的标准，但在实践中往往选取其中一个标准来进行评价，导致评估结果片面化。〔霍国强，2012(15—16)〕

2. 教育评价的改革

(1) 教育评价改革的价值选择

有论者认为，教育评价改革是教育改革的重中之重，其中的核心问题是评价标准的制定。不同的评价标准隐含着不同的价值取向，这些价值取向缘于特定的教育价值观念。由于以往的教育评价改革并不是建立在对评价标准及其作为依据的价值观念的清晰了解的基础之上，难免引起不同个人、群体、阶层对改革的非议，因为他们所信奉的价值观念很可能就被排除在评价标准的制定过程之外，由此导致教育评价改革遇到重重阻力。

该论者认为，从教育评价的实践来看，在以何种价值观念作为评价标准依据的问题上大致有三种基本的路径选择方式，即强制性的价值选择、竞争性的价值选择和协商性的价值选择。〔苏启敏，2012(4)〕

① 强制性的价值选择

强制性的价值选择与社会共同体采用的政治系统模式有关。在民主的政治系统模式中，社会发展变化产生政策问题，政府为解决政策问题作出决策。民主的政治系统输入的是社会和公众的需要和要求，输出的是政府的政治决策。在专制政治系统中，政府依据自身统治的需要做出决策，以引起社会的变化。专制的政治系统输入的是政府的需要和要求，输出的是社会根据这些需要和要求所作出的变化。专制的政治系统以强制性的价值选择进行政治决策，制定方针政策是主要的政治手段。在专制的政治系统中，制定教育评价标准的权力完全掌握在政府下属的教育行政主管部门手中，评价标准制定的首要原则是满足政府的需要和要求。

② 竞争性的价值选择

竞争性的价值选择源于政治决策过程中市场机制的引入。市场机制首先以经济人假设为基石，这一假设认为“追求自己的利益”是人的本性。社会上不同的个人、群体、阶层具有各自的利益诉求，同时也具有各自所信奉的价值观念。这意味着在政治决策过程中存在着多种代表不同个人、群体、阶层利益的价值观念。只有在决策权力被赋予更多决策主体的情况下，代表不同个人、群体、阶层的价值观念才有可能进入到决策过程中，竞争性的价值选择才有可能实现。

③ 协商性的价值选择

教育评价标准的制定涉及公正性问题。当不同个人、群体、阶层的价值观念彼此对立时，如何做到既满足强势群体在评价标准上的利益诉求，同时又不忽略弱势群体对评价标准的公正性抱怨呢？协商性的价值选择对这一问题的回应，恰好体现了其自身的价值。评价标准不再是一把预先设定好的尺子，而是由教师和学生共同协商制定。通过协商性的价值选择方式，评价标准最大限度地顾及到了参加评价的全体学生的需要，并尽可能减少了不公正现象的发生。

(2) 教育评价的改革路径

对教育评价的改革首先是观念层面的改革。对于教育评价如何进行改革，有论者认为首先要明白教育评价的应然性，回答理想的教育评价是什么，其又包括三个基本问题，即教育评价是什么、为什么进行教育评价和怎么才能开展好教育评价。①什么是教育评价，教育评价是价值判断的过程，教育评价是追求理想的过程，教育评价是一个动态的极限发展过程。②为什么进行教育评价。教育评价是为了促成人的全面发展，教育评价是为了促进教育公平，教育评价是为了尊重人。③教育评价应怎么去做。评价者、评价的执行者和评价对象应该具有客观中立的立场，教育评价应以实事求是的思想方法论为基础。〔韩炎坪，2012(30)〕

对于教育评价改革的路径，论者们基于不同的理论提出了不同的建议。有论者认为，教育评价改革应在价值观念多元的前提条件下，通过不同的价值选择路径达成价值一致，从而制定出相应的评价标准，来引领具体的教育评价实践，在如何选择路径进行价值选择的问题上，还需要注意到以下几个方面：

① 在思维方式上，实现从“方法中心”到“问题中心”的转变。以“方法中心”为轴的学生评价改革，主要围绕着“究竟是量化的评价方法多一点，还是质性的评价方法多一点，又或是两者的混合比例应该如何确定”这一主题来进行，忽视了价值观念的多元性和评价目的的复杂性，从而容易导致评价目的与评价方法(手段)的分离。教育评价改革应把焦点从方法重新调回到目的上，制定评价标准首先要明确评价的目的，针对某一目的而实施的教育评价需要解决为达成目的而不断出现的各种问题。

② 在评价跨度上，实现从“阶段评价”到“终身评价”的转变。教育评价应以“终身教育”思想为依据，建立“终身评价”观。在这一评价观的指导下，一方面，不同阶段的学校教育评价应该建立有效的衔接。另一方面，应该进行定期的、有组织的追踪评价(follow-up evaluation)。

③ 在价值追求上，实现从“同而不和”到“和而不同”的转变。“同而不和”的观点倾向于确定一种价值选择路径，制定一种教育评价标准，满足一个群体、阶层、集团的价值诉求，这就会造成教育评价标准在功能、模式、适用对象等方面的单一性。“和而不同”的观点提倡价值选择的多样可能性。通过不同的教育评价标准以满足不同群体、阶层、集团的价值诉求。教育评价标准呈现的是一种多元的有序格局。不同的评价标准具有各自的功能、模式、适用对象，从而形成一个充满活力的教育评价标准体系。〔苏启敏，2012(4)〕

还有论者从复杂理论出发，认为教育评价改革应从以下几方面进行：①加强教育评价理论研究，树立科学的教育评价观。应借鉴不同学科的研究成果，深刻反思教育评价实践中的矛盾和问题，在此基础上，建立科学的教育评价目的观、教育评价对象观、教育评价内容观、教育评价方法观等。②准确把握教育评价的发展阶段，加强评价目的和对象的针对性。③建立分层分类的评价标准，完善评价指标体系的系统性。应建立分层分类的评价标准，提高教育评价标准的科学性，努力克服评价内容的片面性，完善指标体系的系统性。④建立第三方评价制度，完善评价组织体系，转换评价模式，合理选择和建构教育评价类型，改进评价方法，提高教育评价实践的有效性。⑤加快教育评价立法，增加教育投入。〔王军红等，2012(3)〕

■ 论文索引

〔说明：同一期号期刊按刊名的拼音字母排序〕

王斌华：《学生评价的发展轨迹》，载《华东师范大学学报》(教育科学版)，2012(1)。

杨　洁、岳大鹏：《档案袋评价法与国际学生评价项目的对比与思考》，载《江苏教育学院学报》(社会科学)，2012(1)。

葛　斌、吴志华：《课程质量评价的选择策略之一：课程效能评价》，载《教育科学》(辽宁师范大学)，2012(1)。

徐　丹、牛月蕾：《教育增值评价先行者——美国田纳西州教育增值评价模式解析》，载《教育科学》(辽宁师范大学)，2012(1)。

蔡　敏：《课堂评定：学生学业评价的重要方式》，载《教育科学》(辽宁师范大学)，2012(1)。

姚林群、郭元祥：《中小学学业质量标准的理论思考》，载《教育研究与实验》(华中师范大学)，2012(1)。

党保生：《增值评价：一种新的教育评价模式》，载《南昌高专学报》，2012(1)。

许瑜函、杨向东：《促进学生学习和发展的课堂评价——2011 课堂评价国际研讨会会议综述》，载《全球教育展望》(华东师范大学)，2012(1)。

温雪梅、孙俊三:《论教育评价范式的历史演变及趋势》,载《现代大学教育》(中南大学),2012(1)。
谈松华、黄晓婷:《我国教育评价现状与改进建议》,载《中国教育学刊》(北京),2012(1)。
林樟杰、沈 研、何玉海:《论基于教育服务观的教师教育质量评价》,载《东北师大学报》(哲学社会科学版),2012(2)。
丁念金:《学习过程评价的方法探讨》,载《基础教育》(华东师范大学),2012(3)。
潘 涌:《PISA 价值观和评价观对中国教育创新的启示》,载《教育发展研究》(上海),2012(2)。
韩叶秀、杨 成:《认识论视野下学习过程性评价探析》,载《教育探索》(哈尔滨),2012(2)。
王军红、周志刚:《复杂性视野下的教育评价探析》,载《国家教育行政学院学报》(北京),2012(3)。
吴 扬、高凌飚:《后现代主义思潮与教育评价观念的演变》,载《教育科学研究》(北京),2012(3)。
王 蕾:《PISA 的教育测量技术在高考中的应用前景初探》,载《清华大学教育研究》,2012(3)。
周燕、边玉芳:《美国 TVAAS 的解读及其对我国教育评价的启示》,载《全球教育展望》(华东师范大学),2012(3)。
钟启泉:《课堂评价与教师课堂评价素养的养成》,载《现代基础教育研究》(上海师范大学),2012(3)。
苏启敏:《教育评价改革的价值选择路径探寻》,载《教育理论与实践》(太原),2012(4)。
张东娇、王 颖:《学校文化评估:主体、模型与工具》,载《教育科学》(辽宁师范大学),2012(4)。
邓森碧、边玉芳:《教师效能增值模型的研究与应用》,载《教育学报》(北京师范大学),2012(4)。
刘长铭:《数字化学生评价的理论框架与操作方法》,载《教育研究》(北京),2012(5)。
郝美田、胡增顺:《论"发展性教育评价"理念及其体系的构建》,载《教育与职业》(北京),2012(5下)。
陈振华:《教师评价若干变革评析》,载《教师教育研究》(北京师范大学、华东师范大学等),2012(5)。
何彤宇、江慧玲:《基于多元智能理论的学习评价体系构建策略》,载《教学与管理》(太原),2012(5)。
苏 红:《美国基础教育学业质量评价:体系、机制与启示》,载《世界教育信息》(北京),2012(5A)。
马世晔、章建石:《基于考试结果挖掘的教育评价:理论与实践》,载《心理学探新》(南昌),2012(5)。
辛 涛、乐美玲、张佳慧:《教育测量理论新进展及发展趋势》,载《中国考试》(北京),2012(5)。
王晓妹:《义务教育阶段学校内涵发展督导评估指标体系的研究》,载《教育科学》(大连),2012(6)。
赵德成:《以学生发展为本的学校办学质量评估体系构建》,载《教育研究》(北京),2012(6)。
徐朝晖:《学校教育评价中两种价值认识误区》,载《中国教育学刊》(北京),2012(6)。

陈　举:《小学生综合素质评价模式的新构想》,载《教育测量与评价》(长沙),2012(7)。
萨丽·托马斯、彭文蓉、田慧生、李建忠、任春荣、马晓强:《学校效能增值评量研究》,载《教育研究》(北京),2012(7)。
张　娜、申继亮:《教师评价发展趋势新探》,载《河北师范大学学报》(教育科学版),2012(8)。
冯翠典:《"以证据为中心"的教育评价设计模式简介》,载《上海教育科研》,2012(8)。
谈松华:《我国教育评价及高考招生制度的改革与发展》,载《基础教育课程》(北京),2012(9)。
王小金:《国内 PISA 研究现状——基于 CNKI 的统计分析》,载《中小学电教》(吉林),2012(9)。
杜　瑛:《西方教育评价理论发展的社会文化基础探析》,载《教育测量与评价》(长沙),2012(10)。
杨宝山:《实践能力评价的现状、问题与方法》,载《教育研究》(北京),2012(10)。
庞忠荣、田友谊:《教育考试的异化与回归》,载《中国考试》(北京),2012(11)。
罗庸贞、冯海英:《论教育评价的改革与发展》,载《群文天地》(西宁),2012(12)。
霍国强:《我国教育元评价的实践缺失及对策思考》,载《教育发展研究》(上海),2012(15—16)。
韩炎坪:《关于教育评价的哲学考察》,载《教育理论与实践》(太原),2012(30)。

十六、国际教育新动向

目录

全球经济和政治领域不断变化，这影响着国际教育的变革与发展。2012年，论者们对国际教育变革的动向给予了多方面的积极关注，主要围绕英才教育、教师教育和学校发展等问题展开了讨论。

（一）英才教育

尽管英才教育在东西方国家历史悠久，但现代意义上的英才教育是伴随着20世纪20年代智力测验(IQ Test)才开始的。二战以后，由于冷战和其他因素导致的国家间竞争加剧，一些国家开始关注英才教育。进入21世纪，很多国家对英才教育与国家发展之间联系的认识空前强化，诸国试图通过英才教育追求教育的卓越，进而实现国家的卓越，提升国家在全球化时代的国际竞争力。〔褚宏启，2012(11)〕

1. 美国

① 历史背景——“二战”后，尤其是1957年苏联人造卫星上天，引起了美国政府对教育的深刻反思，为提高国际竞争力，美国把英才教育作为一项国家战略予以实施。1958年，美国国会通过了《国防教育法》，历史上第一次以法律的形式把教育置于事关国家安全的重要战略地位。此后十年，美国掀起了一场轰轰烈烈的英才教育运动。1972年，美国教育部设立了英才处(Office of Gifted and Talented, OGT)负责协调、推动、监督、处理各州英才教育的活动和计划。进入20世纪80年代，美国的英才教育向纵深发展。1988年，国会通过了《贾维茨英才儿童教育法案》，再次确定要向英才教育提供拨款。2010年，美国的《教育改革方案》(*A Blueprint for Reform*)出台，明确要求加强英才教育。目前，美国的英才教育水平居于世界前列，其对英才教育的重视和发展经验，对世界其他国家起到了重要的引领和示范作用。〔曹原等，2012(12)〕有论者认为，根据美国英才儿童学会在1994年、2001年、2004年、2008年的调查数据，美国50个州年度选拔英才儿童的人数占入学人数的百分比各州不一，但基本在15%之内，并

集中在3%—10%的范围内。〔褚宏启,2012(11)〕

② 选拔方法——有论者认为,美国英才儿童的选拔主要有三种方法:一是推选法。主要包括自我推选、父母推选、教师推选。自我推选法适用于初高中阶段学生,主要检核的项目通常包括一般智力能力、数学、科学、社会研究、语言才能、阅读、艺术、音乐、戏剧、舞蹈、创新能力和领导能力。父母推选是一种非常重要的选拔方法,主要基于父母见证了孩子的成长过程,对孩子的了解比较全面,只要稍加注意便可发现孩子行为表现的过人之处。教师推选是各州最为常用的一种推选方法,因为教师受过许多教育方面的专业训练,具有丰富的教学经验,与学生的接触比较多,对学生会有比较全面的了解。二是标准化测验法。为了让选拔的结果更为客观,各州还采用了多样化的测验来进行佐证,比较常用的有智力测验、成就测验、创新能力测验等。三是非正式选拔法。近年来,许多州通过使用矩阵来对筛选出的英才儿童进行遴选。主要是根据鲍德温(Baldwin, J. W.)所提出的选拔矩阵法,把前面所得的测验结果或评量结果,按其得分的高低,区分为五个等级,并分别赋予1—5的分值。然后把所得的等级分值进行累加,按照得分的高低,作为选取的标准。另外,作品成果评价也是一种非正式的选拔方法,但是带有较强的主观成分。〔贾继娥等,2012(3)〕

③ 培养模式——有论者认为,美国英才教育的培养方式可归为三个模式,即加速教育模式、充实教育模式和能力分组教育模式。(a)加速教育模式(Acceleration)。加速教育是一种帮助学生以加快学习进度或小于常规年龄提早完成常规教育的教育手段。(b)充实教育模式(Enrichment)。充实教育模式是指在不改变就读年级的情况下,向英才学生提供常规课程之外的拓展课程,或在常规课程的基础上学习更加高深的内容,或使用更加复杂的教学策略。(c)能力分组教育模式(Ability Grouping)。能力分组是指按照学生的学习能力和特点重新进行安置,通过适当的分组来促进英才学生的发展,大体有普通型分组、特殊型分组和资源教室。〔曹原等,2012(12)〕

2. 韩国

有论者认为,韩国英才教育萌芽于20世纪60年代,成熟于80年代。韩国英才教育的形成与发展主要依托于1974年高中"平均化"教育政策的实施和1997年亚洲金融危机两次重要契机。韩国英才教育的基本理念在《英才教育振兴法》与《英才教育振兴法施行令》中做了明确的界定与说明。英才教育的目的具体包括两个方面:一是试图实现"个人的自我实现"这一个人与教育的层面;二是"寄希望于国家和社会的发展"这一国家与社会的层面。英才教育的实施对象是"才能优秀者,是为启发与生俱来的潜力而有必要实施特殊教育者”。韩国对“英才”的定义强调才能的先天性，并以法令的形式明示才能的先天性，其理由有三点：①不在国民之间激发英才教育热；②明示英才的先天性，还表现出尽可能从英才教育中排除家庭经济实力等后天因素这样一种意志；③韩国英才教育中具有强烈的民族主义情节和优生学志向，这也是毫不犹豫强调英才先天性的原因之一。基于《英才教育振兴法》的韩国英才教育制度的结构特征体现在其制度模型呈现“金字塔结构”（如图 1 所示），韩国教育开发院报告书显示，一般学校设置的英才班级的教育对象（英才儿童）仅占学校教育对象的 3%—5%。〔刘继和等，2012(12)〕

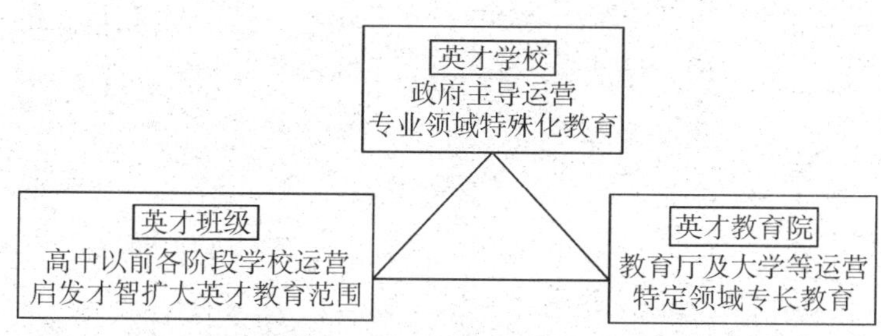

图 1 “金字塔”式的英才教育制度模型图

3. 以色列

在以色列，英才指的是那些在艺术、数学和科学等领域具有杰出才能的儿童。英才教育指的是有目的、有组织、有系统地对这些杰出儿童进行鉴别、潜能开发，并促进其全面发展的各种活动，其目的在于促进每位儿童充分、自由的发展，实现真正的教育公平。

① 现状。为满足英才儿童的教育需要，以色列几乎拥有每一种可以想象得到的英才教育计划。一是特殊班（Special classes）：指在普通学校为天才儿童专门设立的特殊班级，使具有相似能力的学生能一起开展学习。目前，以色列已经有 9 大城市、共 24 所中小学设立了特殊班。二是天才中心（Gifted centers）：以色列有遍布全国 52 个城市和地区的天才中心，为中小学英才学生提供交流和学习的场地，类似于资源教室。三是学校内的特殊计划（Special “At school programs”）：除国家统一的英才计划外，各地区及学校内部也会根据当地学生的具体情况设立英才教育计划。四是艺术特长学校（Special schools for the arts）：为培养艺术领域的英才学生，以色列创办了专门的艺术特长学校，面向全国招生。五是虚拟学校（Virtual School）：英才学生部门设立了一个虚拟学校，面向所有的英才中学生开放。该虚拟学校的学习内容包括 12 次网上学习课程和 1 次见面会。六是导师计划（Mentors program）：该计划面向全国十一至十

二年级的超级天才儿童。七是塔皮奥特(Talpiot)计划。〔吴春艳等,2012(12)〕

② 特点。有论者认为,以色列的英才教育有五个特点:一是教育目标全面化。在教育目标上,以色列英才教育注重英才儿童认知、道德和情感的全面发展;二是教育内容综合化。以色列在制定英才教育内容时,更倾向于充实式课程,即在普通课程之外,增加和扩充不同的教育内容,通过综合化的教育内容来满足英才儿童的不同需要和兴趣。充实式课程主要包括以下四类:强化类课程、无关类课程、文化背景类课程和相关类课程;三是教育模式多样化。鉴于全国各地具体情况不同,以色列设置了多样化的英才教育模式,以便每个英才儿童都能根据自己的实际需要接受适合自己的教育;四是选拔过程公平化。为了使全国儿童都有一个平等的机会证明自己适合英才教育,以色列教育和文化部在全国范围内运用统一规则和测评工具组织英才鉴别和选拔;五是测评方法规范化。以色列英才教育每个阶段的测试内容也各有侧重,这样就避免了测试难度太大而挫伤被试学生的自信心。〔李玉芳,2012(11)〕

4. 澳大利亚

有论者认为,在追求教育卓越和公平的双重目标下,澳大利亚政府通过实施英才教育,因材施教,帮助英才学生充分发挥潜能,最大限度地实现其人生价值,也为国家培养了大量创新型人才,增强了国家竞争力。

① 定义——澳大利亚将英才学生(students regarded as being gifted)定义为:在某一个或数个领域中表现出很好能力或潜在能力的儿童,极大地超越了处于相同年龄、相同文化或相同环境中的其他儿童。

② 特征——澳大利亚认为英才应具备如下特征:既拥有先天能力、也拥有后天发展能力,且可带来潜在或显见的绩效;在某一个或多个领域中表现出比同龄人、相同文化背景下或者同样环境中其他人优异的能力,但也可能在其他领域表现一般;一些英才儿童处于不利的发展环境中可能无法表现出获得性技能或才能,此时,他们可能看起来绩效不佳或者具有分裂性人格;为激发潜能,一般来说,他们需要拥有与同龄伙伴不一样的学习条件,需要一个支持性环境,以满足其特殊的社会和情感需求。

③ 原则——澳大利亚英才甄选的原则是:在全校范围内进行;鉴定是一个系统化的持续过程,而不是特定时间内的一连串考试;鉴定要动态并随时进行,要质性和量化相结合,并不断检视英才学生的学习状况,给予转进和转出的机会;鉴定并不是标记,而在于提供给英才一个具挑战性及支持性的环境;尽早实施,教育对能力的发展具有重要的影响作用,对学生的特殊能力进行辨别,越早进行越好;确保残疾学生和少数种

族学生中的英才儿童能够得到辨识；确保在尽可能多的领域内辨识英才；为英才学生提供展现自我的机会。〔高莉等，2012(12)〕

（二）教师教育

1. PTRA型初任教师专业化培训模式

PTRA型初任教师专业化培训是基于现实需要提供的一个促进初任教师专业化的项目，其主要采用"计划(plan)—教学(teach)—反馈(reflect)—应用(apply)"循环系统(简称PTRA型)对初任教师进行培训。该项目具有三个基本特征：①合作学习、结构化的个人训练计划；②提供专业导师指导；③学习型社区的创造性学习。PTRA型初任教师专业化培训系统的目标是促使初任教师认同教师专业并且提升他们的教育教学技能，通过一个参与者之间互相学习的模式来确保导师(经验丰富型教师或专家型教师)传授专业发展课程。

PTRA型初任教师专业化模式通过解放和自我实现区域为教师专业发展提供优良的教学情境。PTRA型培训模式的实施依次包括五个阶段：①新手阶段，初任教师表现为孤独、新手、需要帮助、从属、依赖等；②参与合作阶段，初任教师表现为期望授权、赋权、期盼参与合作等；③熟练阶段，初任教师表现为熟练、精通、独立、自主等；④自我实现阶段，初任教师表现为自我效能感良好，已开始变得经验丰富等；⑤高峰体验阶段，初任教师获得专门知识或技能，已经从经验不足向经验丰富教师、专家型教师转变。〔何李来，2012(4)〕

(1) 澳大利亚

澳大利亚的维多利亚州在基于教师专业发展历史阶段论和教师专业学习理念的基础上，建立了以"初任教师辅导制"(Beginning Teacher Mentoring)为核心的包括校内外资源融合、学习共同体与个人相互促进的初任教师培训模式。该州的教师专业学习理念来自于州教育部关于"专业学习理念"(Professional Learning)的定义，认为教师与学生互动的学习过程是专业学习的重要部分，强调教师的实践就是专业学习的过程，由此发展出的教师专业学习理念主要概括为五点：①教师专业学习不仅是教师个体的需要，还要侧重学生的学习成果。②教师的专业学习是集中且嵌入于教师的实践当中的，与学校教学密不可分。教师专业学习应以学校为基础，建立于日常教学工作当中。③教师专业学习要以有效教学研究(research on effective learning and teaching)

的最新成果为依据，而不局限于已有的理论基础。④教师专业学习是学习共同体的合作，包括反思与反馈，而不仅仅是个体的答疑解惑(individual inquiry)。⑤教师专业学习是在实证和数据的驱动下指导改进和衡量影响的，不是基于任何道听途说的轶事(anecdotal)。教师专业学习是持续性的，而非片段和零散的(episodic and fragmented)，应该得到支持并充分融入由学校、各种工作关系、区域等构成的文化和业务系统当中。〔袁丽等，2012(5)〕

(2) 加拿大

根据加拿大西北行政区"初任教师入职指导计划"的规定，该区初任教师入职教育的具体目标是：①提高教师技能；②吸引与保留有能力的教师；③促进新教师和初任教师的个人健康和职业幸福；④通过与指导教师、行政人员和其他经验丰富的教师有组织地进行联络，为将来的职业发展打下基础；⑤传播学校文化和教育文化。

从入职教育的内容架构来看，加拿大西北行政区初任教师入职教育的内容包括三个方面：①导向性指导。导向性指导的目的在于帮助初任教师在来到一个新的社区或者一所新的学校之后应对来自专业、环境以及个人生活方面的新挑战；②导师制指导。导师制指导是西北行政区初任教师入职教育极富特色之处，它主要有正式指导项目、学校团队计划或团队教学、观摩优质课三种主要形式；③专业发展培训。专业发展培训是西北行政区初任教师入职教育的重要内容之一，初任教师需要在临时教师资格证获得的前三年参加50个小时以上的专业发展培训，从而使初任教师把在职前教育阶段所学到的理论更好地和教学实践相融合。〔姚琳等，2012(11)〕

(3) 日本

1986年4月，临教审会议在第二次咨询报告中指出，政府实施"初任教师研修"。1987年1月，文部省制定了《试办初任教师研修实施纲要》和《拟定年度研修计划纲要》。1988年，各都、道、府、县先后两次试办初任教师研修。从1989年开始，日本政府规定，所有中小学、特殊学校以及幼儿园的初任教师，必须接受为期一年的初任研修，并由主管行政机关指定的"指导教师"给予初任教师"完成教师职务所需具备事项"的指导。日本的初任教师研修制度需要完成两个重要目标：①培养适应教学环境的能力，学会在实际教学情境中所需要的实际知识与技能。②充实学校教育阶段所欠缺的实践研究能力，初任教师虽然在大学时学过各科教学法和生活指导知识，但是大学的研究往往与学校现场的研究不完全相同。日本政府对初任教师的研修有明确的法律规定，各都、道、府、县也会根据实际情况制定相应的实施细则。研修结束后经过一定的考核，只有合格者才被都、道、府、县教育委员会任命为正式教师。〔高忠明等，2012(5)〕

2. 教师教育课程改革

教师教育课程思想的学术性源于强调“教什么”(what to teach)的课程思想，“教什么”重视学术学科课程(通识教育课程和学科专业课程统称为学术学科课程)。教师教育课程思想的“师范性”源于强调“如何教”(how to teach)的课程思想，“如何教”重视教育专业课程。当前，世界各国纷纷制定教师教育标准来保障教师教育质量，这对教师教育课程的设置与实施提出了新要求，构建基于标准的教师教育课程成为重要发展趋势。〔戴伟芬，2012(1)〕

(1) 美国

20 世纪 80 年代在“基于标准的教育运动”推动下，美国教师教育发生了重要转型，教师教育机构和认证组织积极研制高质量的教师专业标准，并在其基础上开发教师教育课程，使绩效标准本位教师教育课程得到快速发展。绩效标准本位教师教育课程源于绩效标准本位教师教育(Performance Standards-Based Teacher Education, PSBTE)理念的提出与实践，绩效标准本位教师教育又被称为“基于标准的教师教育”。绩效标准本位教师教育课程是指以标准为依据来设置教师教育课程，以绩效评价的方法来组织、实施课程，主要通过评价活动过程中教师的表现来判断他们的学习成就。绩效标准本位教师教育课程集中包括教师观、知识观、教学观及评价观四个维度的变革，同时这四个维度也可作为指导和衡量一项绩效标准本位教师教育课程改革实施的标准。(如表 1 所示)①教师观：教师是从事复杂性知识工作的专业人员；②知识观：教学知识具有复杂性、综合性特征；③教学观：要以学生为中心，基于情景进行教学；④在教学质量评价过程中各方共同承担责任。〔戴伟芬，2012(10)〕

表 1　资格能力本位与绩效标准本位教师教育课程比较

	资格能力本位 教师教育课程	绩效标准本位 教师教育课程
教师观	技术员 死记硬背任务	专业人士 繁杂问题
教学知识基础观	原子论 行为学 规则建议	综合 认知科学 困境/案例

续 表

	资格能力本位 教师教育课程	绩效标准本位 教师教育课程
教学观	教师为中心 情境独立	学生为中心 基于情境
评价观	外部评判 模拟 操作频率	共同责任 真实环境 个体发展

(2) 英国

有论者认为,英国培养中小学教师历史比较悠久、管理相对严格,其教师教育经过近两百年的演进、发展和改革,建立了以合格教师资格标准来设计和实施的教师教育课程模式。英国本科层次职前教师教育课程内容一般分为"核心课程研究"、"专业研究"、"学科研究"、"实践体验"四大模块,其中"核心课程"具有明显的通识教育课程性质,包含英语、数学、科学等一系列基础学科课程。英国从事教师教育职业的人一般至少需要硕士文凭,核心课程通常是在本科阶段完成的,而且对于专业来源并没有太多限制。〔钱小龙等,2012(1)〕

英国教师教育机构对"实践体验"的时间安排大致有三方面特点:①连续性和阶段性,多次进行而又相对集中,贯穿在师范生整个学习过程。②"实践体验"的内容与大学中的学习内容紧密结合。教师教育机构将"实践体验"置于整个教师教育课程方案的核心,将之整合到其他各个模块中,分散安排在各个学年,与其他内容的学习交叉进行、互为支撑。③强调教育经验多样化。〔张文军等,2012(10)〕

(3) 土耳其

土耳其的教师教育课程改革不仅注重教师素养类课程的创新与改革,而且重视对教师教育课程中的基础课程之变革,特别是提出了重新设计教师教育课程中的基础课程改革方案。与一些特殊学科有关的教学经验与方法在新的教师教育课程改革中被淡化,重新设计的教师教育课程更强调教学方法与教学实践。教师教育课程中的基础课程也被重新设计,诸如教学计划、课堂管理、计算机与多媒体科技应用等都被纳入其中。

土耳其的改革特别强调"实践"在教师教育课程中的地位。与欧洲一些国家重视教师教育课程中的基础理论与学术研究不同,它更为关注的是教师的"在场实践",甚至认为这是培养合格师范生、未来优秀教师的唯一途径。土耳其的教师教育课程改革看到了“实践”的重要意义，提供给师范生相当多的教学实践现场，从而促进师范生的教学素养的积淀与形成。土耳其提出了教师教育课程改革的重要路径，即研制与开发适应本国国情与特色的课程方案体系与教材。土耳其教师教育课程改革中特别提出要建立适合本国历史与文化传统，适应本国中小学教育发展需求，适切于本国教师发展中的机遇、挑战与困境的新课程体系与方案。〔姜勇等，2012(8)〕

(4) 新加坡

进入21世纪，新加坡的教师教育课程改革进入了崭新的阶段。这一时期的新加坡教师教育课程改革特别关注了教师的“精神”养成。21世纪之前，新加坡的教师教育课程关注的是学科知识、专业技能为主的“实践”课程。“实践”取向的课程非常注重师范生的技能训练，包括师范生要写一份详细的课程教学和教学理念的报告说明书，根据所教学生的年龄、个性特点和学习需求挑选合适的教学指导材料，在课堂教学中教师如何给予有效的指令与指导，在师生互动中如何及时、有效地应对学生的行为，提供必要的练习及充分的反馈等。但近年来新加坡教育主管部门发现了令人忧虑的问题，特别是教师拥有教学技能，却缺乏教学思想，自主精神比较薄弱。因此，进入21世纪，新加坡开始了新一轮的教师教育课程变革，特别是突出了师范生培养的“精神”取向。

在“精神”取向的课程中，教师教育是对“整个人”的培养，特别是心智的成长、精神的砥砺、思想的启蒙。新加坡“精神”取向的教师教育课程改革主要提出了六个方面的观点与主张：①提供教师充分的教育自由；②提供教师对于即将要教授的学科拥有一个更为开阔的学术背景与知识；③帮助教师形成对儿童心理发展、教育过程、教育目的和意义以及教育问题的洞察力；④帮助教师了解教育的艺术与魅力，帮助教师理解教育的精神价值；⑤提供开放式的阅读，促进教师有能力在儿童发展中提供帮助和关心；⑥提供社团环境使职前教师发展个性及领导力。〔黄瑾等，2012(8)〕

(5) 澳大利亚

在澳大利亚，完成本科层次的教师教育课程一般并不能获得教师认证资格，必须完成硕士层次的课程才有机会走上教师的工作岗位。因此，澳大利亚教师教育的课程设置与英国非常相似，具有通识教育课程性质的普通教育课程通常也是在本科阶段完成。

课程类型涉及学科包括社会学、体育学、心理学、艺术学、政治学、道德学和文化学等各种类型，并分别按照课程类型、学习顺序、课程关系进行了科学的分类，学生可以根据自己的兴趣和专业特长选择合适的课程群和课程顺序学习，保证了学生能够既广泛地涉猎各类学科，同时又能强化课程学习的质量和效率，为学生的专业成长打下坚实的理论与实践基础。〔钱小龙等，2012(1)〕

(三) 学校发展

1. 未来学校

(1) 产生背景

1997年4月，新加坡政府出台了"信息技术在教育中的应用计划"(Master Plan, MP)。该项计划以"教育应不断预测未来社会需求并为不断满足这些需求而努力"为指导思想，关注学生的思考、学习及交流等方面，以实现学校与外部世界的联系，拓展和丰富学习环境，鼓励创造性思维，发挥信息技术在教育系统行政管理方面的优势为主要目标。五年后该计划取得巨大成功，为信息技术在新加坡的全面推广打下了根基。2002年，新加坡教育部出台了信息技术在教育中的应用规划—MP2。MP2制定了一套完整的方法，将课程、评价、教育指导、职业指导以及学校文化等与信息技术更好地结合起来，并呼吁教育界人士积极挖掘信息技术在教育中的应用潜能，从更微观、更细致的层面加强信息技术在教育领域的全面运用。2006年，新加坡信息通讯发展管理局(IDA)联合新加坡教育部发起了一项为期10年的新加坡信息计划—"智慧国2015"(Intelligent Nation 2015，又称为In Twenty-fifteen)。2007年，新加坡教育部选出5所"未来学校"以实施"未来学校"计划(Future Schools @ Singapore programme)，其目的在于发挥"未来学校"在促进新加坡信息技术教育及学习发展中的示范作用，让其他学校日后能更容易、更快捷地将信息科技与课程和教学相融合，最终达到信息科技促进教育发展的目的。〔王冬梅，2012(4)〕

(2) 培养策略

新加坡"未来学校"的培养策略主要概括为四个方面：①开发3D仿真学习环境。新加坡崇辉小学独创"崇辉世界"，这是一种交互式、拥有多种虚拟学习工具和学习场景的3D仿场(Live Arena)，是一个虚拟的场景，由一个公共区域和附加的虚拟空间组成。在这里，参与者可以通过一套通讯工具进行互动，并交流意见和经验。②创新课程体系和教学方法。"未来学校"十分注重新课程体系的开发和创新，强调使用信息通讯技术对现行的课程和教学方法进行系统的加工和改进，以形成更符合现代教学的、可推广的新课程体系和方法。新加坡义安中学开发的启发式在线学习媒介（Heuristic Online Learning Agent，简称 HOLA）是一个在线为学习者提供教育信息的项目，为学习者提供多学科顶尖私人教师和学习同伴的帮助，学生只需要在线注册，相关的问题和疑惑就可当场得到解决。③培养学生的自主学习能力。"未来学校"强调在基于技术的学习中培养学生的自主学习意识，利用先进的教学辅助工具强化学生的自主学习能力和问题解决能力。如新加坡康培小学在其项目"康培现场"（CANBERRA LIVE）中为促进学生的自主学习意识设计了备忘包（imprints），这是一个学校生活的文件包，收录学生的相关资料和学习进程数据，学生利用这个工具能够按照自己的学习进程进行自主学习，能及时发现问题并进行改进。④加强对外交流与学习。新加坡"未来学校"注重与其他学校和学习团体分享自身的优秀成果和先进的教学方式。它们积极组织各种论坛，主动探索基于技术的新型教学方法。〔王冬梅，2012(4)〕

2. "在家上学"

"在家上学"（home schooling），亦称家庭学校（home school）、家庭教育（home education）等，通常指基础阶段的孩子以家庭为基础，在家庭内部接受由父母为主来担任教育者的有计划的教学、育人和管理活动，它是一种与正规学校教育相对而言的"非学校形态化"教育形式。当前，在欧美等一些发达国家，在家上学日趋流行，越来越多的父母将孩子带出学校，选择在家庭中教育自己的孩子。〔贺武华，2012(11)〕

(1) 美国

自 20 世纪 70 年代以来，在美国形成了一场轰轰烈烈的"在家上学"运动。据美国教育统计中心（National Center for Educational Statistics，简称 NCES）的统计，20 世纪 70 年代，美国"在家上学"的儿童数量大约在 1 万到 1.5 万之间；到 80 年代中期，这一数字增加到了 12 万至 24 万；在 1999 年，该数字为 85 万；而到了 2007 年，美国已经有大约 150 万名学生"在家上学"，占到了美国学龄儿童总数的 2.9%。据美国家庭教育研究会（National Home Education Research Institution，简称 NHERI）的最新统计，2010 年美国"在家上学"的儿童总数已经达到了 204 万。〔王佳佳，2012(1)〕

美国各州在教育议题上的管理权限和自由度比较大，因此在"在家上学"的政策制定和法律监管方面也存在较大差别。在全美 50 个州中，针对"在家上学"有四类不同的规定。第一类是高标准、严要求的州，比如纽约州、佛蒙特州、马萨诸塞州等，要求父母将实施"在家上学"的计划通知所在地的教育部门，开设的课程经过州的审核同意，并接受教育行政部门的定期检查，参加标准化考试，父母必须具备任教资格等。第二类是中等程度规定的州，比如佛罗里达州、田纳西州、俄亥俄州等，通常要求父母向教育当局提交子女的学习报告、考试成绩或有关学业进展的专业性评估。第三类是低要求的州，比如加利福尼亚州、蒙大拿州、亚利桑那州等，父母只需确认子女在家接受教育即可。第四类是不要求父母与教育部门进行任何联系的，比如密歇根州、伊利诺伊州、密苏里州等。从数量上看，第三类最多，其次是第二类，第四类较少，第一类最少。〔徐星，2012(9)〕

(2) 俄罗斯

根据《俄罗斯报》2012 年 4 月 10 日报道，现在越来越多的俄罗斯家庭自己承担起了教育孩子的责任，这些孩子在家学习，而不去学校。据统计，俄罗斯目前在自己家里接受教育的孩子超过 10 万人，而在 2008 年这个数字还仅仅是 18000。短短四年间，“在家上学”的孩子数量翻了 6 倍。〔李小萌，2012(7)〕

俄罗斯于 1992 年出台了《教育法》，明确了以家庭为教学场所的教育方式的合法性。《教育法》中详细列出了本国三种合法的“在家上学”形式。第一，教师上门授课。严格意义上说，这算不上真正的“在家上学”，而是为患有严重疾病、无法正常参与学校教学活动的孩子准备的。学校教师亲自上门，免费为他们授课。第二，父母教学。孩子必须先在当地某所学校注册，他的父母须与该校签订一份合约，形成一种挂靠关系，并协商好双方的权利义务关系。第三，校外就读。这种方式和“父母教学”非常类似，不同的是，在这种形式中，学校掌握着更大的主动权，家庭和所挂靠学校的权利义务关系主要由校长决定。〔方兆玉，2012(9)A〕

在俄罗斯，办理“在家上学”程序包括五项：①找到一所在章程中规定能够注册“在家上学”形式的学校；②谈妥孩子考核的条件(需要商榷每月 1 次、每三个月 1 次还是每两周 1 次)；③以学校校长的名义开具“转为家庭教育形式的申请”；④学校和学生家长(合法代表)之间签订协议；⑤向学校提交有关家庭教育形式的文件，最迟提交时间为每年的 9 月 6 日。〔李小萌，2012(7)〕

(3) 法国

在法国，父母既可以让孩子在家学习到初中或高中毕业阶段，融入主流教育系统，也可以将孩子随时拉回家中，自己进行教育，这都是合法的。法国教育部规定：在父母享有运用最合适的方式教育子女的合法权利的同时，他们也需确保在家学习的子女必须在法定受教育年限(16 岁)结束之前，掌握八种技能，以为将来的工作和生活奠定基础。①法文的读写能力；②数学和基础科学能力；③至少掌握一门外语；④熟悉法国、欧洲乃至全世界的历史地理概况；⑤对艺术有所了解；⑥计算机应用能力；⑦参与社会生活、公民生活能力；⑧创新精神、自治能力。

法国还规定，到16岁末，在家上学的孩子必须被培养成一个合格的公民，具体指标包括：会问问题；会就某个话题从亲身的体验、观察并结合相关资料，推导出合理的结论；良好的推理能力；原创性思维活跃、富于创造性和目标导向性；熟练使用电脑；合理利用知识资源；善于评估风险。〔方兆玉，2012(9)B〕

■ 论文索引

〔说明：同一期号期刊按刊名的拼音字母排序〕

戴伟芬：《学术性与师范性的抉择与融合》，载《教师教育研究》(北京师范大学、华东师范大学等)，2012(1)。

陈　斐：《初任教师专业发展初探》，载《教育评论》(福州)，2012(1)。

钱小龙、汪　霞：《美、英、澳三国教师教育课程改革动向分析》，载《外国教育研究》(东北师范大学)，2012(1)。

王佳佳：《美国"在家上学"儿童的社会化问题之争》，载《外国教育研究》(东北师范大学)，2012(1)。

马克·贝磊著、廖　青译：《"影子教育"之全球扩张：教育公平、质量、发展中的利弊谈》，载《比较教育研究》(北京师范大学)，2012(2)。

杨洪亮：《影子教育的挑战：欧盟家教及其对政策制定者的影响》，载《外国中小学教育》(上海师范大学)，2012(2)。

陈全功：《补习教育的地域发展及其社会效应分析》，载《比较教育研究》(北京师范大学)，2012(3)。

贾继娥、曹　原：《美国英才教育中的选拔机制：能力要求与方法选择》，载《外国教育研究》(东北师范大学)，2012(3)。

何李来：《PTRA型初任教师专业化培训模式：目标、实施及评价》，载《外国教育研究》(东北师范大学)，2012(4)。

王冬梅：《新加坡"未来学校"的实践探索及其对我国的启示》，载《外国教育研究》(东北师范大学)，2012(4)。

戴伟芬：《美国跨文化模式的多元文化教师教育课程分析》，载《比较教育研究》(北京师范大学、华东师范大学等)，2012(5)。

高忠明、郭小琴：《从国外教师入职培训看我国的初任教师培训》，载《教学与管理》(太原)，2012(5)。

戴伟芬：《当代美国教师教育课程思想的三种价值取向分析》，载《教育研究》(北京)，2012(5)。

袁　丽、刘维兰、黄云红:《澳大利亚维州基于教师专业学习理念引领下的初任教师培训模式述评》,载《外国教育研究》(东北师范大学),2012(5)。
李小萌:《俄罗斯:"在家上学"发展迅速》,载《比较教育研究》(北京师范大学),2012(7)。
王艳玲、苟顺明:《教师教育课程改革:一种整合的观点》,载《教育理论与实践》(太原),2012(7)。
杨明全:《基于需求的教师教育课程设置:印度的经验与启示》,载《比较教育研究》(北京师范大学),2012(8)。
杨洪亮:《欧盟"影子教育"初探》,载《教育科学》(辽宁师范大学),2012(8)。
姜　勇、张明红:《土耳其教师教育课程改革述评》,载《外国教育研究》(东北师范大学),2012(8)。
黄　瑾、姜　勇:《新加坡"精神"取向的教师教育课程改革述评》,载《外国中小学教育》(上海师范大学),2012(8)。
方兆玉:《俄罗斯:"在家上学"可挂靠学校,获政府补贴》,载《上海教育》,2012(9)A。
方兆玉:《法国:政府、家庭合力保障"在家上学"质量》,载《上海教育》,2012(9)B。
徐　星:《美国:"在家上学"已成不可忽视的教育选择》,载《上海教育》,2012(9)。
李广平:《20世纪末以来土耳其教师教育的重构与课程改革》,载《外国教育研究》(东北师范大学),2012(9)。
曾晓东、龙怡:《对补习教育体系的争论及其政策意义》,载《比较教育研究》(北京师范大学),2012(10)。
戴伟芬:《美国绩效标准本位教师教育课程理念与实践探析》,载《教育发展研究》(上海),2012(10)。
张文军、钟启泉:《教师教育课程改革的国际趋势》,载《教育发展研究》(上海),2012(10)。
姚　琳、彭泽平:《加拿大中小学初任教师的入职教育—以加拿大西北行政区为例》,载《比较教育研究》(北京师范大学),2012(11)。
李玉芳:《以色列英才教育的源起和特点》,载《教学与管理》(太原师范学院),2012(11)。
褚宏启:《追求卓越:英才教育与国家发展——突破我国英才教育的认识误区与政策障碍》,载《教育研究》(北京),2012(11)。
王卫肖:《根植中华,面向世界,赢得未来——精英未来学校未来教育办学思想及实践》,载《世界教育信息》(北京),2012(11)。
张英伯:《卓有成效的民办英才教育—以色列访问纪实》,载《数学通报》(北京师范大学),2012(11)。
贺武华:《我国"在家上学"现象深度分析中美比较视角》,载《浙江社会科学》,2012(11)。
曹　原、朱庆环:《美国英才教育政策及启示》,载《比较教育研究》(北京师范大学),2012(12)。
高　莉、褚宏启、王　佳:《卓越与公平:澳大利亚英才教育发展》,载《比较教育研究》(北京师范大学),2012(12)。
刘继和、赵海涛:《韩国英才教育制度及启示》,载《比较教育研究》(北京师范大学),2012(12)。
吴春艳、肖　非:《以色列的英才教育现状研究》,载《比较教育研究》(北京师范大学),2012(12)。

后 记

《中国教育研究新进展2012》继续秉承往年的编撰风格和体例，努力聚焦主题，整合材料，理清观点，反映“进展”。

本书的序次、课题及其纂辑者如下：

序次	课 题	纂辑者
一	教育学的理论研究	吴 煌
二	教育综合改革	程 胜
三	教育现代化与教育发展方式转变	杜明峰
四	基础教育优质均衡发展	刘素玲
五	城乡教育一体化	赵成亮
六	农村教育	刘素玲
七	农民工随迁子女教育	许环环
八	教育质量	张 芸
九	新课程改革	汪亚琼
十	教学的有效性与道德性	宋萍萍
十一	生活德育与公民教育	杨晓娟、李伶俐、李 静、余维武
十二	教师专业的维度与发展	欧颖欣、张 博、王敬英、宋 萑
十三	高中教育改革	高欣欣
十四	高考制度改革	高欣欣
十五	教育评价	朱 丽
十六	国际教育新动向	孙 雪

各课题都易稿多次，孙勇、刘素玲、吴煌等认真地参与了校对工作。同时，华东师

大出版社教育与心理分社社长彭呈军先生和编辑孙娟为本书编辑出版费力颇多，特别感谢。

最后，我们谨向教育科学学院领导以及龚浩先生的鼎力支持深致谢悃！

华东师范大学基础教育改革与发展研究所、教育学系

郑金洲　程　亮

2014 年 7 月